29,–

Franz/Krieg Biologische Schädlingsbekämpfung

Biologische Schädlingsbekämpfung

Von Professor Dr. Jost Martin Franz
und Dr. Aloysius Krieg

Institut für biologische Schädlingsbekämpfung,
Biologische Bundesanstalt für Land- und Forstwirtschaft,
Darmstadt

Mit 14 Abbildungen im Text, 25 Abbildungen auf 12 Tafeln
und 8 Tabellen

2., neubearbeitete und erweiterte Auflage 1976

Verlag Paul Parey · Berlin und Hamburg

Schriftenreihe »Pareys Studientexte« Nr. 12

CIP-Kurztitelaufnahme der Deutschen Bibliothek

Franz, Jost Martin
Biologische Schädlingsbekämpfung / von
Jost Martin Franz u. Aloysius Krieg. –
2. Aufl. – Berlin, Hamburg: Parey, 1976.

(Pareys Studientexte; Nr. 12)
ISBN 3-489-66626-7
NE: Krieg, Aloysius:

Umschlag: Jan Buchholz und Reni Hinsch, Hamburg

Anschriften: D-1000 Berlin 61, Lindenstr. 44–47,
D-2000 Hamburg 1, Spitalerstr. 12

Gesetzt aus der Korpus Times Roman
Satz: IBV Lichtsatz KG, D-1000 Berlin 62
Druck (Tafeln): Saladruck Steinkopf & Sohn,
D-1000 Berlin 36
Druck (Text) und Bindung: Ruksaldruck,
D-1000 Berlin 61

ISBN 3-489-66626-7 · Printed in Germany

Vorwort zur zweiten Auflage

In einer Zeit, in der sich die Menschheit bemüht, ihre Umwelt so weit als möglich zu schonen, kann eine kurzgefaßte Darstellung biologischer Methoden vielleicht dazu beitragen, die Schädlingsbekämpfung ohne Umweltschäden zu erleichtern. Das vorliegende Buch ist vorwiegend für jene geschrieben, die beruflich mit der Bekämpfung schädlicher Organismen zu tun haben, aber auch für alle, die an angewandter Biologie interessiert sind, insbesondere Lehrer und Studenten. In erster Linie sind die tierischen Schädlinge und ihre Vertilger behandelt; hier liegen die meisten Erfahrungen mit der Manipulation natürlicher Gegenspieler vor. In jüngster Zeit hat sich auch die biologische Bekämpfung von Unkräutern und Schadpflanzen stärker entwickelt. Dies ist in der vorliegenden 2. Auflage ebenso berücksichtigt wie die Entwicklung auf den übrigen Gebieten der biologischen Bekämpfung in den letzten 4 Jahren. Wesentlich erweitert ist der Abschnitt über mikrobiologische Verfahren, der erstmalig auch die Nutzung von Mikroben bei der Abwehr von Krankheiten der Pflanzen, Tiere und Menschen mit in die Betrachtung einbezieht; daneben wird die Bekämpfung von Wirbeltieren, Insekten, übrigen Wirbellosen, Unkräutern und Mikroorganismen geschildert. – Die allgemeine Darstellung populationsdynamischer Vorgänge, nicht-biologischer und biologischer Verfahren (Kap. 1–3 und 9) steckt den Rahmen ab, in dem die anschließend geschilderten Erfahrungen mit der Verwendung der einzelnen Gruppen von Nutzorganismen gesammelt worden sind. Dem Charakter eines Taschenbuches entsprechend sind dabei vorwiegend die Arbeitsprinzipien und eine Auswahl praktischer Beispiele dargestellt. Die Abbildungen wurden ergänzt und vermehrt. Außer weiterführenden Publikationen sind hin und wieder typische Einzelarbeiten genannt. Eine exemplarische Behandlung der umfangreichen Befunde auf diesem Gebiet erschien gerechtfertigt, da dem Interessenten einige umfassende Darstellungen des gesamten Themas zur Verfügung stehen (DeBach, 1964 und 1974; Franz, 1961; Huffaker, 1971; Jones & Solomon, 1974).

Wir haben versucht, die Vielfalt der Verfahren vorzustellen, die sich seit fast 100 Jahren aus dem »klassischen« Beispiel einer Nützlingseinfuhr und den ersten Versuchen zur mikrobiologischen Schädlingsbekämpfung inzwischen entwickelt hat. Bei der Schilderung ihrer gegenseitigen Beziehungen und der Verknüpfungen auch mit nicht-biologischen Verfahren waren gewisse Wiederholungen im Text zweckmäßig. Dadurch sollen die einzelnen Kapitel für sich allein verständlich bleiben, obwohl die Lektüre der ersten drei eigentlich unentbehrlich erscheint.

Die meisten Originalarbeiten und zusammenfassenden Werke über biologische Bekämpfung sind im Ausland erschienen und behandeln jene Formen der biologischen Bekämpfung, die in subtropischen Regionen, wie in Kalifornien, Hawaii oder Australien, entwickelt worden sind. Obwohl dorther auch tatsächlich die überzeugendsten Beispiele stammen, versuchen wir hier, die Verhältnisse in Mitteleuropa besonders zu beleuchten und bevorzugt Beispiele aus unserem Heimatkontinent zu verwenden.

In unserem Lebensraum, der durch hohe Bevölkerungsdichte und intensive Landwirtschaft gekennzeichnet ist, haben sich die meisten der biologischen Verfahren mit anderen, meist chemischen Abwehrmaßnahmen auseinanderzusetzen. Anstelle einer vielleicht naheliegenden Polarisation der Standpunkte versucht dieses Buch den Ausgleich zwischen biologischen und nicht-biologischen Verfahren. Dem Kapitel über integrierte Schädlingsbekämpfung (16) und dem Ausblick in die Zukunft (17) wurde hierfür die angemessene Position eingeräumt, die zur Synthese führt. – Wir hoffen, die Diskussionen zwischen den Vertretern verschiedener Methoden der Schädlingsbekämpfung einerseits zu versachlichen, andererseits durch einige neue Thesen und Begriffe zu beleben.

Die Kapitel über mikrobiologische Bekämpfung (9–14) und über biotechnische Verfahren (15) wurden von A. Krieg geschrieben, die übrigen von J. M. Franz. Jeder Autor ist für seinen Teil verantwortlich. Gemeinsam verfaßt wurde das Glossarium. – Dank schulden wir den Herren Dr. G. Zimmermann (Darmstadt) und Dr. H. Steiner (Stuttgart) für Hinweise und Anregungen zu einigen Kapiteln. – Für das Verständnis des Verlages Paul Parey, vor allem von Herrn Senator e.h. Dr. h.c. F. Georgi, für unsere Wünsche sei auch hier herzlich gedankt.

Darmstadt, August 1976 Prof. Dr. Jost Martin Franz – Dr. Aloysius Krieg

Geleitwort zur ersten Auflage

Lange Zeit hat die bloße Erwähnung der biologischen Schädlingsbekämpfung in vielen Kreisen nur mitleidiges Achselzucken hervorgerufen; war doch dieses Verfahren im Verruf, erst bei bereits angerichtetem Schaden zu wirken. Damit konnte es auch unzweckmäßig erscheinen, Mittel in diese Forschungsrichtung zu stecken, insbesondere auch in Anbetracht der Leichtigkeit, mit der die meisten Pflanzenschutzprobleme chemisch gelöst werden konnten. An ein Zurück zum ursprünglichen natürlichen Gleichgewicht eines Biotopes, wo antagonistische Kräfte die Schadorganismen in ihrer Entwicklung hemmen, war ja in modernen Intensivkulturen ohnehin nicht zu denken.

Diese Auffassung, welche während der ersten Nachkriegszeit schwer zu widerlegen war, haben aber vorausschauende Biologen und Ökologen nicht geteilt. Mit meist bescheidenen Mitteln, aber einer bewundernswürdigen Energie und Weitsicht, haben sie die schwierige Aufgabe der Erforschung der Mechanismen, die den Schwankungen von Populationen und Infektionen zugrunde liegen, übernommen. Zu diesen Pionieren gehört Herr Professor Dr. J. M. Franz, Leiter des Instituts für biologische Schädlingsbekämpfung der Biologischen Bundesanstalt in Darmstadt. Ihm und seinen Kollegen verdanken wir es, daß gegenwärtig ökologische Daten verfügbar sind, die eine erfolgreiche Kombination der chemischen und biologischen Methoden überhaupt in die praktische Reichweite des Pflanzenschutzes bringen.

Wie wichtig Alternativmethoden zum vorbeugenden, kalendermäßigen Ausbringen von persistenten Chemikalien sind, zeigen die Bestrebungen um die Erhaltung der Umwelt. Viele andere Gründe und nicht zuletzt wirtschaftliche Erwägungen sprechen ebenfalls für die gezielte Anwendung von Mitteln, die erst dann spezifisch gegen Schadorganismen eingesetzt werden, wenn deren Dichte kritische Schwellenwerte übersteigt. Diese Werte sind deswegen kritisch, weil die Schädlinge bei deren Überschreitung am Erntegut wirtschaftlich fühlbare Verluste bedingen. Die Erfassung der unerwünschten Arten und ihre quantitative sowie qualitative Bewertung mag für den Laien einfach erscheinen; in Wirklichkeit verlangen sie aber gründliche Kenntnisse komplizierter, fein abgestimmter biozönotischer Vorgänge, die nur in langer Forschung erarbeitet werden können. In einem System, wo Populationsschwankungen periodisch registriert werden, sind naturgemäß keine überraschenden Ausbrüche von Schädlingen zu befürchten, und man wird logischerweise bedacht sein, für letztere möglichst ungünstige Lebensbedingungen zu schaffen.

Wie vielfältig die biologischen Möglichkeiten der Niederhaltung von Schadorganismen sind, wird in diesem Buch in einer Form dargelegt, die auch für den Laien leicht verständlich ist und dem Biologen eine Fundgrube an Dokumentation bietet.

Es ist das große Verdienst der beiden Autoren, die oft recht komplizierten Vorgänge, die biologischen Systemen eigen sind, in geradezu exemplarischer Einfachheit und Klarheit dem Leser zu präsentieren. In einer Zeit, wo so viel vom Umweltschutz die Rede ist und zu oft Argumente an die Öffentlichkeit gelangen, für die eine wissenschaftliche Untermauerung fehlt, bietet dieses Werk einen besonders wertvollen Beitrag.

Dr. G. Mathys, Generaldirektor der EPPO, Paris

Inhalt

1 Die Dynamik natürlicher Populationen

1.1 Einleitung

Das zentrale Problem für die heute lebende Menschheit, also für uns alle, ist die drohende Übervölkerung. Bei der jetzigen Vermehrungsrate schätzt man, daß sich die Erdbevölkerung etwa alle 21 Jahre verdoppelt. Mit dieser »Bevölkerungsexplosion« hängen die Probleme der Bekämpfung von Schadorganismen[1] in verschiedener Weise zusammen. Einerseits führen wir mit den anderen Verzehrern von organischer Substanz einen Konkurrenzkampf um Nahrung und andere pflanzliche oder tierische Produkte. Nur eine ständige Steigerung der Lebensmittelproduktion vermag die drohende Hungerkatastrophe noch hinauszuschieben, die uns sicher bevorsteht, wenn die Menschheit sich weiterhin so schnell vermehrt wie in den letzten Jahrzehnten. Andererseits fühlen wir uns aus humanitären Gründen verpflichtet, durch Bekämpfung von Krankheitserregern und Krankheitsüberträgern dafür zu sorgen, daß immer weniger Menschen an Seuchen sterben. Grob vereinfachend können wir also sagen, daß wir die Menschen, die wir durch Bekämpfung von Hygieneschädlingen am Leben erhalten haben, nur dann ausreichend ernähren können, wenn es uns gelingt, konkurrierende Lebewesen, also Vieh-, Material- und besonders Pflanzenschädlinge, zurückzudrängen.

Bei globaler Betrachtung dieses Problems leuchtet es ein, warum wir gezwungen sind, Schadorganismen zu bekämpfen. Trotzdem hört man gerade heute, wo die Gefahren mancher Bekämpfungsmittel sichtbar werden (vgl. 2.2), nicht selten, die Natur würde auch ohne Hilfe des Menschen mit Schädlingsplagen fertig; wenn wir die Kulturpflanzen richtig anbauten und die Haustiere naturgemäß aufzögen, so könnten ihnen Schädlinge und Krankheiten nichts anhaben. Wie in vielen extremen Anschauungen liegt auch in dieser ein gutes Stück Wahrheit. Tatsächlich steigern ungünstige Aufwuchsbedingungen oft die Disposition von Lebewesen für Krankheiten, und tatsächlich wirken verschiedene Mechanismen in einer natürlichen Lebensgemeinschaft (Biozönose) so, daß sich eine Tendenz zur Gleichgewichtslage einstellt, die allen Gliedern der Gemeinschaft die weitere Existenz erlaubt. Im folgenden sei daher kurz erläutert, wie sich Bevölkerungen (Populationen)[2] in natürlichen Biozönosen ohne Mitwirkung des Menschen im Gleichgewicht halten, welche Komponenten dieser Regulationsfähigkeit in den verarmten Lebensgemeinschaften der Felder und Obstanlagen noch vorkommen und welche davon auch für eine künstliche Begrenzung von Schädlingsplagen genutzt werden können.

[1] Hier verstanden als *Krankheitserreger* von Pflanze, Tier und Mensch, ihre *Überträger* und *Schädlinge,* einschließlich der Unkräuter, im Sinne von Zerstörern oder Beschädigern von pflanzlichen, tierischen oder anderen Materialien, die für uns von Wert sind.

[2] Individuen einer Art, die in Fortpflanzungs- oder anderem Kontakt miteinander stehen.

1.2 Populationsdynamik

Innerhalb einer Art und einer Population ändert sich ständig ihre Dichte (Individuen je Flächeneinheit). Das wird ohne weiteres verständlich, wenn man sich klarmacht, daß die Dichte von 2 Paaren gegenläufiger Prozesse abhängt: der Vermehrung (Natalität) und der Sterblichkeit (Mortalität) sowie der Zu- und Abwanderung. Niemals sterben genau so viele Einzelwesen, wie gleichzeitig in der Bevölkerung dazugeboren werden; es wandern auch nie genau so viele ab, wie zuwandern. Scheinbar gleichbleibende Populationen zeigen also, wenn man genau zu zählen versteht, Schwankungen, und zwar sowohl innerhalb einer Generation (Oszillationen) als auch von einer zur anderen Generation (Fluktuationen). Fluktuationen von Schädlingen, die das übliche Maß nach oben überschreiten und dadurch besonders schädlich werden, bezeichnet man als Übervermehrungen oder Gradationen.

1.2.1 Endogene Faktoren

Bei allen Tieren und Pflanzen übersteigt die ursprünglich erzeugte Nachkommenschaft die Zahl der Individuen, die sich schließlich fortpflanzen können. Das

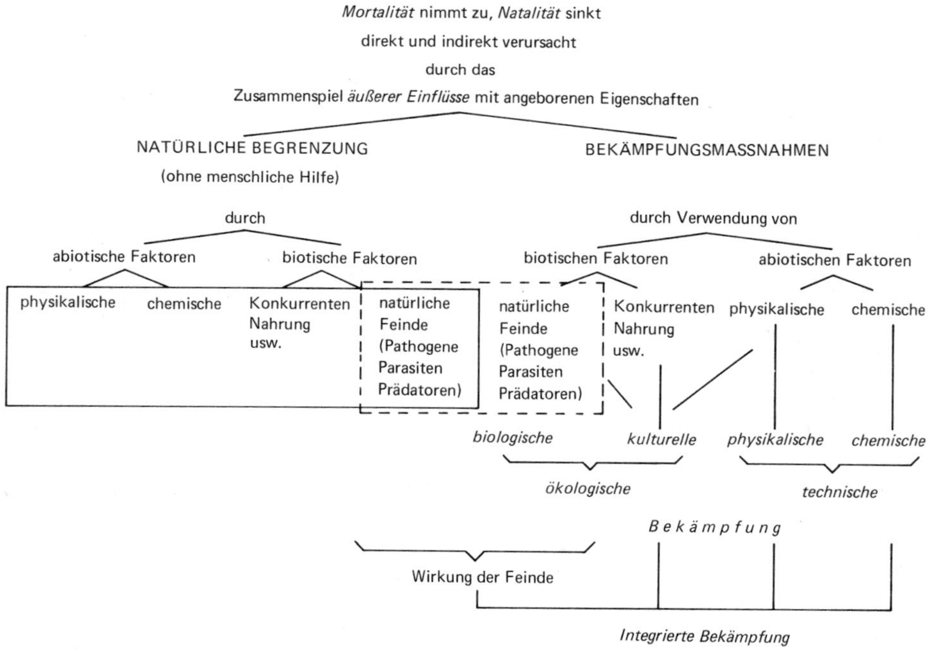

Abb. 1. Schema für die Bezeichnungen und gegenseitigen Beziehungen von natürlichen Begrenzungsfaktoren und Bekämpfungsmaßnahmen. Näheres siehe Text (aus Franz, 1962)

gilt ganz besonders für die Insekten, auf die wir uns im folgenden zumeist beziehen. Die unabgebremste Vermehrungskraft allein würde in geometrischer Progression sehr schnell zur Übervölkerung und zur Vernichtung der Lebensgrundlagen führen. Dieser Überproduktion wirkt eine Vielzahl von Faktoren (Begrenzungsfaktoren) entgegen. In Abb. 1 oben und links sind einige Hauptgruppen dieser Begrenzungsfaktoren gezeigt. Außeneinflüsse wirken mit *angeborenen* (endogenen) *Eigenschaften* der betreffenden Lebewesen zusammen. Konstitution und arteigenes Verhalten beeinflussen viele Prozesse, die sich auf Vermehrung und Sterblichkeit auswirken. Denken wir nur an die Partnersuche, Kopulation und Eiablage, typische Verhaltensformen zweigeschlechtlicher Tierarten, von deren Ablauf der Vermehrungserfolg weitgehend abhängt. Auch die Leistungsfähigkeit (Qualität) einer Art oder Population kann sich aus den verschiedensten Gründen ändern; zum Beispiel führen hohe Verluste zum Rückgang der genetischen Vielfalt einer Population; oder die mangelhafte Ernährung, z. B. von Schmetterlingsweibchen im Raupenstadium, bewirkt oft, daß nur noch weniger lebenstüchtige Nachkommen erzeugt werden (Beobachtungen an *Malacosoma*-Arten, Verwandten unseres Ringelspinners in Kanada; Wellington, 1965).

1.2.2 Exogene Faktoren

Außer diesen endogenen Faktoren, die im Schema der Abb. 1 nur in der Überschrift erscheinen, spielen die von außen kommenden, *exogenen Faktoren* und die von diesen verursachten begrenzenden Prozesse eine entscheidende Rolle. Von den unbelebten *(abiotischen) Außenfaktoren* sind als wirksam bekannt z. B. Temperatur, Luftfeuchtigkeit und Licht. Im aktuellen Wettergeschehen und in dessen langfristigem Durchschnitt, den klimatischen Bedingungen eines bestimmten Standortes, treten diese physikalischen Faktoren gemeinsam auf. Chemische Einflüsse machen sich beispielsweise beim direkten Kontakt mit dem Substrat bemerkbar, wirken vor allem aber auch über Nahrung und Atemluft. Der Nahrungsfaktor, ausführlicher besprochen unter der benachbarten Überschrift »biotische Faktoren«, muß auch bei der Diskussion chemischer Faktoren erwähnt werden. Wir sehen daraus, daß unser Schema nur einer ersten Ordnung der scheinbar unübersehbaren Vielfalt dient. Über funktionelle Zusammenhänge sagt es noch nichts aus. Wir kommen darauf nochmals zurück (vgl. 1.3).

Zuvor wollen wir uns noch die *biotischen Faktoren* näher ansehen. Nahrungsmenge und Nahrungsqualität sind – wie wir es immer wieder aus den Hungergebieten der Welt hören – überaus drastische Begrenzungsfaktoren. Konkurrenten machen den Einzelwesen in einer Population lebenswichtige Grundlagen wie Nahrung, Brutstätten oder Geschlechtspartner streitig. Unter Artgenossen ist der Konkurrenzkampf besonders hart, da sie alle die gleichen Ansprüche stellen. Aber auch verschiedene Arten können untereinander wirksam konkurrieren, etwa um Brutplätze, Verstecke oder wieder um die Nahrung. Ein Beispiel bieten zwei Vertilger von Eichenblättern: der Maikäfer frißt im Frühjahr manchmal so radikal alle Eichenblätter ab, daß für die an den gleichen Blättern lebenden Raupen des Eichenwicklers nichts mehr übrig bleibt.

Alle Lebewesen, einschließlich der Insekten, haben außer den Konkurrenten (s.o.) ihre Vertilger und Schädiger, für die sich der nicht ganz zutreffende Ausdruck »natürliche Feinde« eingebürgert hat. Er paßt deshalb nicht ganz, weil diese Feindtätigkeit nichts mit Feindschaft im Sinne des Gegenteils von Freundschaft zu tun hat. Wir verwenden den Ausdruck in Angleichung an den internationalen Gebrauch trotzdem, aber im Sinne von »Gegenspieler«, »Antagonisten« oder »Vertilger«. Als natürliche Feinde bezeichnen wir somit Lebewesen, die als Krankheitserreger (Pathogene), Räuber (Prädatoren) oder Schmarotzer (Parasiten bzw. Parasitoide) Individuen einer bestimmten Art schädigen oder abtöten. Diese Gruppe der biotischen Begrenzungsfaktoren wird uns noch eingehend beschäftigen, da wir sie gebrauchen, wenn wir biologische Schädlingsbekämpfung betreiben (vgl. Kap. 3). Während der Vertilgerkomplex einschließlich der Konkurrenten stets nur begrenzend eingreift, können alle anderen, zuvor genannten Faktoren sich auch fördernd auswirken. Dies mag beispielsweise dadurch geschehen, daß sich durch günstige Temperaturbedingungen die Eizahl der Weibchen vergrößert oder der Sexualindex zugunsten der Weibchen verschiebt. Viele Begrenzungsfaktoren wirken nicht nur direkt, sondern auch indirekt auf Populationen ein. Eine indirekte Wirkung höherer Temperatur kann z.B. darin bestehen, daß sie die Suchaktivität und Vermehrungskraft von Parasiten stärker fördert als die Vermehrung der Wirtstiere. Die Braconide *Praon palitans,* eine Schlupfwespe, die an Luzerneblattläusen parasitiert, kann z.B. die Vermehrung der Wirte bei 21 °C gut abbremsen, nicht jedoch bei 12,5 °C. Ähnliche indirekte Wirkungen von Witterungsfaktoren auf Vermehrungspotential oder Sterblichkeit sind weit verbreitet.

1.2.3 Natürliche Gradationen

Eine solche kurze Übersicht über populationsdynamische Faktoren vermittelt noch keinen Einblick in das Funktionieren eines Mechanismus, bei dem selbstmörderische Übervermehrung ebenso selten vorkommt wie die Ausrottung der betreffenden Art. Allerdings gibt es in der vom Menschen unbeeinflußten Natur, z.B. in manchen Urwaldtypen, hin und wieder Gradationen von pflanzenfressenden Insekten (Phytophagen). Ein klassisches Beispiel ist der Amerikanische Tannentriebwickler (spruce budworm) *Choristoneura fumiferana.* Seine Massenvermehrungen lassen sich durch eine Messung der Jahresringbreite in alten Stämmen bis zum Anfang des vorigen Jahrhunderts zurückverfolgen. Obgleich gelegentlich große Flächen durch diesen Wickler völlig kahlgefressen worden waren, entstand doch im Laufe der Zeit der gleiche Fichten-Tannen-Mischwald jedesmal wieder. Die Klimaxform der Vegetation, in der die Pflanzenproduktion am größten ist, wird also nicht zerstört und keine irreversible Veränderung der Pflanzendecke verursacht. Der Begriff des Schädlings paßt hier demnach nicht ganz. Wir haben ihn daher ausdrücklich in bezug auf den Menschen definiert (vgl. 1.1). Solange eine natürliche Vegetationsform immer wieder erscheint nach Feuer, Sturm oder Insektenfraß, sind solche Unterbrechungen des Endstadiums mehr im Sinne einer Sukzession als einer Schädigung zu deuten. Erst wenn sich derartige Waldzerstörungen in bewirtschafteten Wäldern (oder Beständen anderer Kulturpflanzen) abspielen, können wir von »Kalamitäten« oder von »Schadauftreten« sprechen.

Wie das oben erwähnte Beispiel zeigt, kommen massenhaftes Auftreten von Pflanzenfressern und zeitweilige großflächige Zerstörung einer Altersklasse einer Baumart auch gelegentlich in verschiedenen Urwaldtypen vor. Beginnende Gradationen von Pflanzenfressern werden in Naturlandschaften jedoch gewöhnlich durch einen Komplex begrenzender Faktoren abgebremst, bevor die Nahrungspflanze auf größerer Fläche geschädigt ist. Diese Dämpfung natürlicher Gradationen verhindert, daß die Phytophagen sich ihrer eigenen Nahrungsgrundlage berauben. Auf der Basis einer solchen Selbstregulation können die Systeme Pflanze/Pflanzenfresser sowie Pflanzenfresser/Antagonist weiterbestehen. – Die Tendenz zur Stabilisierung von Populationen (Homöostasis) kann als das Ergebnis von Selektionsvorgängen gedeutet werden. Hierbei wird die durch Photosynthese bedingte Primärproduktion (= Pflanzenmasse P) teilweise in Zoomasse (Z) umgesetzt. Das natürliche Verhältnis P/Z eines fortgeschrittenen Systems wird gestört, sobald große Teile der Primärproduktion entfernt werden. Dies trifft insbesondere für den Pflanzenanbau zu, wo die Primärproduktion weitgehend mit der Ernte entnommen wird (van Emden & Williams, 1974).

1.3 Ursachen der Populationsdynamik

Mit den Ursachen der Populationsdynamik haben sich viele Forscher eingehend beschäftigt. Manche untersuchten vorwiegend die Ursachen des sogenannten Massenwechsels, also wie es dazu kommt, daß sich ein oft kaum sichtbarer Ausgangsbestand einige Generationen hindurch sehr intensiv vermehrt, dann jedoch schnell zurückgeht und längere Zeit über wieder unauffällig bleibt. Andere haben mehr danach gefragt, wie es auf die Dauer möglich ist, daß die obenerwähnten Zu- und Abgänge einer Population sich schließlich ausgleichen, wie also das dynamische Geschehen innerhalb der Grenzen selbstzerstörender Übervölkerung oder extrem niedriger Dichte bleibt. Auf diese Theorien im einzelnen einzugehen, fehlt uns hier der Raum. Der folgende, gedrängte Überblick lehnt sich daher an Schwerdtfeger (1968) an, der sich ausführlich und zusammenfassend über eine integrierte Theorie zur Dynamik tierischer Populationen geäußert hat. Auf seinem Schema (Abb. 2), das im folgenden als Leitfaden dient, steht im Mittelpunkt die gegenwärtige Dichte einer Population (Abundanz). Änderungen (Fluktuationen) der Populationsdichte entstehen, wie gesagt (vgl. 1.2), durch das Gegenspiel von fördernden (Vermehrung, Zuwanderung) und reduzierenden (Sterblichkeit, Abwanderung) Prozessen. Der langfristige Durchschnitt ergibt die

Gleichgewichtsdichte. Sie darf angesichts einer ständigen *Dynamik* nicht als festliegende Größe verstanden werden. Um diese durchschnittliche Dichte herum schwankt die Population, vielleicht ohne sie viele Generationen lang genau zu erreichen. – Die genannten Dichteänderungen werden durch zwei ihrer Art nach verschiedene Mechanismen in Grenzen gehalten, die sogenannte Determination und Limitation.

1.3.1 Determination

Unter Determination (oberer Teil des Schemas) verstehen wir die Tatsache, daß der Schwankungsbereich (die Amplitude) der Dichte einer bestimmten Population in ihrem jeweiligen Lebensgebiet festgelegt ist. Die untere zulässige Grenze liegt bei der Mindestdichte, die eine Bevölkerung braucht, um überhaupt weiterexistieren zu können. Wird sie unterschritten, so finden sich die Geschlechtspartner nicht mehr, und die Population stirbt aus. Wo die Art dauernd vorkommt, müssen die Verhältnisse demnach so beschaffen sein, daß die untere Dichtegrenze niemals unterschritten wird.

Die obere Grenze des Schwankungsbereiches hängt davon ab, wieviele Individuen einer Art in einer gegebenen Umwelt existieren können, also von der sogenannten Umweltkapazität. Diese wird entweder dadurch bestimmt, wieviel der lebenswichtigen Existenzgrundlagen (Requisiten) vorhanden sind bzw. von der Bevölkerung auch genutzt werden können; Beispiel dafür ist der Nahrungsvorrat. Oder die lokale Umweltkapazität hängt von den schädlichen Einwirkungen ab, etwa der noch ertragenen Winterkälte oder trockenen Sommerhitze. Dieses Aufnahmevermögen der Umwelt kann fixiert sein oder schwanken. Eine fixierte obere Dichtegrenze findet sich z. B. bei Tieren mit ausgesprochenem Revierverhalten wie den Meisen. Durch Aufhängen von Nisthöhlen in nahrungsreichen Waldtypen haben sie sich erstaunlich dicht ansiedeln lassen. Doch konnte man diese Dichte nicht beliebig steigern, da jedes Paar einen Mindestraum benötigt, ein Revier, in dem andere Artgenossen während der Brutzeit nicht geduldet werden. Bei den meisten Tierarten hat sich die Umweltkapazität jedoch als eine variable Größe erwiesen. Das Nahrungsangebot für rindenbrütende Borkenkäfer hängt z. B. von der Zahl geschwächter, zur Brut geeigneter Stämme ab. Zufällige Ereignisse wie Sturm oder Schneebruch können also die Aufnahmefähigkeit der Umwelt für den Borkenkäfer steuern, indem sie deren Eignung verändern. In anderen Fällen ändert sich die Umweltkapazität zyklisch, etwa durch den Gang der Jahreszeiten. Schließlich kann eine Population auch die Fassungskraft ihrer Umwelt selbst verändern. Wenn z. B. wirksame natürliche Feinde die Dichte ihrer Beutetiere stark senken, verschlechtern sie damit die Eignung ihrer Umwelt für ihr eigenes und ihrer Nachkommen Überleben. –

Im Prinzip bleibt es sich andererseits gleich, ob ein Tier mehr geboten bekommt oder ob es weniger benötigt; in beiden Fällen können sich in einer gegebenen Umwelt mehr von dieser Art erhalten. Damit soll angedeutet werden, daß sich die Kapazität der Umwelt für eine Population auch dadurch ändern kann, daß die *Qualität der Population* selbst, ihre Konstitution, variiert. Es gibt dafür Beispiele, die zeigen, wie durch Auslese oder durch zurückliegende Umwelteinflüsse Individuen entstehen, die andere Anforderungen stellen, also z.B. sich bei geringerer Temperatur fertig entwickeln können, oder die trotz Nahrungsüberfluß nur zu schwächlichen Einzelwesen oder (ein Grenzfall) gar nicht mehr heranwachsen. Nicht nur die Änderungen der Umwelt selbst, sondern auch die Änderungen der Konstitution der sie bewohnenden Bevölkerung sind also für Änderungen der Umweltkapazität verantwortlich. Damit bestimmen sie die

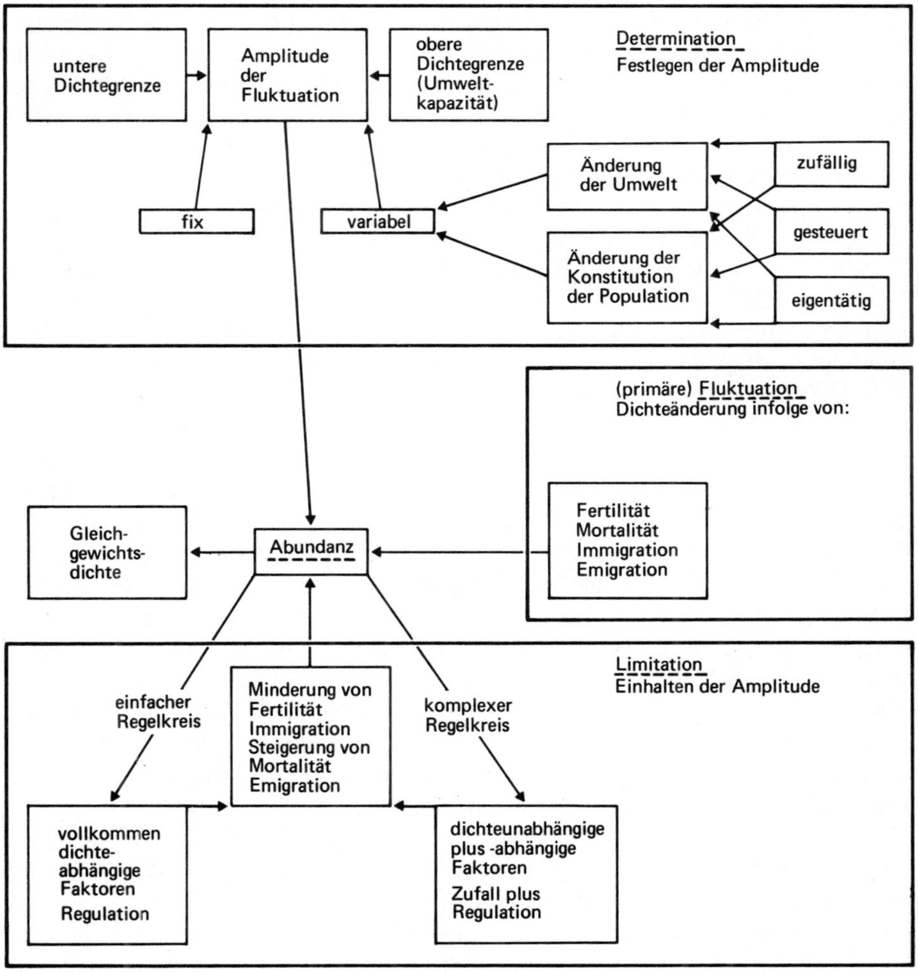

Abb. 2. Schema zur integrierten Theorie der Dynamik tierischer Populationen (aus Schwerdtfeger, 1968)

obere Grenze der Amplitude von Fluktuationen, nehmen also an dem Prozeß der Determination teil.

1.3.2 Limitation

Die Fruchtbarkeit tendiert ständig dazu, die Populationsdichte zu erhöhen. Begrenzende Prozesse, hier als Limitation bezeichnet, wirken dem entgegen (Abb. 2, untere Hälfte). Dieses System kann nur funktionieren, wenn eine sogenannte dichteabhängige Komponente eingebaut ist. Darunter versteht man einen Vorgang, der um so effektiver ist, je höher die Populationsdichte ansteigt, und der durch dieses Ansteigen der Populationsdichte selbst erst in Gang gesetzt wird. Wir begegnen hier dem Prinzip der »negativen Rückkoppelung«, wie es z. B. auch bei der selbständigen Regelung einer Raumtemperatur mittels eines Thermostaten angewandt wird. Die Temperatur, die geregelt werden soll, ist die Regelgröße. Wird sie durch Außeneinflüsse (Störgrößen) verändert, reagiert darauf ein Regler, der nach Bedarf die Heizung oder Kühlung anstellt. Dadurch wird die auf den Sollwert eingestellte Temperatur (Stellgröße) bald wieder erreicht. Mit dem Temperaturabfall oder -anstieg von außen ist also etwas Gegensinniges gekoppelt, das die Abweichung vom Sollwert wieder rückgängig macht (negative Rückkoppelung). Raum und Regler bilden ein geschlossenes System, den sog. Regelkreis. Die hier verwendeten Bezeichnungen sind der kybernetischen Regeltheorie entnommen. Sie erleichtern als formales Gedankengerüst das Verständnis vor allem dann, wenn es sich um komplexe Regelvorgänge handelt (Wilbert, 1975).

Die Limitation von Übervermehrungen, z. B. von Kleinnagern, läßt sich mit einem einfachen Regelkreis vergleichen. Statt der Temperatur ist eine bestimmte Populationsdichte die Regelgröße. Sie wird durch dichteunabhängige Faktoren (Störgrößen) immer wieder verändert. Steigt dadurch die Dichte infolge starker Vermehrung oder Zuwanderung an, dann rufen dichteabhängige Faktoren (als Regler) eine dichteabhängige Sterblichkeit und Abwanderung hervor; zugleich drosseln sie auch die Fruchtbarkeit der Population. In unserem Beispiel wirken Vorgänge der innerartlichen (intraspezifischen) Konkurrenz als sofortige, genau dichteabhängige Bremse. Gegenseitige Störungen und Kämpfe reduzieren so schnell die Abundanz, daß man von einem regelrechten Zusammenbruch der Gradation spricht. Wenn noch eine massierte Abwanderung dazukommt, wie bei manchen Lemmingen in den Tundren des Nordens, erlebt man im Zusammenbruchsjahr die Auswanderung eines Großteiles der Bevölkerung. Dabei lassen sich die Tiere, die unterwegs von Eulen, Greifvögeln und Polarfüchsen dezimiert werden, von Tälern leiten und kommen häufig massenweise im Meer um. Tatsächlich endet diese Lemmingsvermehrung wieder bei einer oft sehr geringen Dichte, von der aus der neue Anstieg der Population beginnt. – Abundanzsteigerungen bei Insekten werden zumeist nicht in so einfacher Weise, also nicht vorwiegend durch intraspezifische Konkurrenz mit ihrer perfekt dichteabhängigen Wirkung reguliert.

Statt von einem einfachen sprechen wir von einem komplexen Regelkreis, wenn sich außer den genannten Faktoren auch solche an der Limitation beteiligen, die entweder verzögert oder nur zeitweilig oder gar nicht dichteabhängig einwirken. Beispiele dafür sind manche Arten natürlicher Feinde, die oft erst mit zeitlichem Verzug eingreifen, da sie den Ereignissen sozusagen hinterherlaufen, weil sie sich erst stärker zu vermehren beginnen, wenn ihre Beutetiere schon einen Vorsprung haben. Allerdings können das manche Feinde durch entsprechendes Verhalten (Spezialisierung auf diese Beute) wieder ausgleichen. – In für viele Insektenarten klimatisch suboptimalen Bereichen wie Mitteleuropa können auch (zufällige) Witterungsereignisse wie ein kühler Sommer soviel von der Vermehrungspotenz abschöpfen, daß die regulatorischen Prozesse nicht anzulaufen brauchen. Als einzig zuverlässige Notbremse bleibt aber trotzdem das als Regulation bezeichnete Wirken mehr oder weniger dichteabhängiger Prozesse verfügbar, also die intraspezifische Konkurrenz oder die Tätigkeit spezialisierter Feinde. Der Lärchenwickler *(Zeiraphera diniana)* in den Zentralalpen bietet ein gut untersuchtes Beispiel dafür, wie Raum- und Nahrungskonkurrenz sowie zyklische Veränderungen der Nahrungsgrundlage gemeinsam mit natürlichen Feinden eine maximale, dynamische Entfaltung des Pflanzenfressers ohne Gefährdung des Baumbestandes gestatten (Benz, 1974). Nur diese können gewährleisten, daß die Population niemals die obere Grenze der Abundanz überschreitet. Die Erhaltung solcher regulatorischen Kräfte liegt daher sehr im Interesse des Menschen, wenn es gilt, die Übervermehrung von Schädlingen zu verhindern oder zu dämpfen (Varley et al., 1974; Wilbert, 1975).

1.3.3 Zusammenfassung

Zusammenfassend läßt sich diese Vorstellung entsprechend der Abb. 2 so darstellen: In der Determination werden die Grenzen abgesteckt, innerhalb derer sich Schwankungen einer Population abspielen dürfen, wenn diese nicht gefährdet werden soll. Die Prozesse der Limitation sorgen dafür, daß die determinierten Grenzen eingehalten werden. Da beide, Determination und Limitation, sich ständig ändern und von Außen- und Inneneinflüssen mitgesteuert werden, entstehen naturgemäß oft schwer durchschaubare Verhältnisse. Zum Beispiel unterliegen die natürlichen Gegenspieler von Schädlingen ihrerseits auch den in Abb. 2 dargestellten Regeln der Abundanzdynamik. Dieselben Schwankungen der Witterung können sich z. B. bei ihnen ganz anders auswirken als bei ihren Beutetieren. Daher bilden diese einleitenden Betrachtungen über die Populationsdynamik die Basis für ein volles Verständnis der Versuche des Menschen, durch verschiedenartige Bekämpfungsmaßnahmen Populationen der Schädlinge nach eigenen Wünschen zu regulieren. In den folgenden Kapiteln sollen dann jene Regulationsfaktoren in ihren Möglichkeiten und Grenzen erläutert werden, die man bei der biologischen Bekämpfung verwendet. Dabei sollte man die hier geschilderte Verzahnung ganz verschiedenartiger Prozesse im Auge behalten, da sie alle in irgendeiner Weise an der Erhaltung oder Wiederherstellung eines Gleichgewichtes beteiligt sind.

2 Die Verfahren nicht-biologischer Schädlingsbekämpfung

Ziel aller Bekämpfung von Schädlingen ist es, sie entweder stark zu vermindern oder sie auszurotten. Die Ausrottung zu versuchen, läßt sich vor allem aus ökonomischen, aber auch aus Gründen des Naturschutzes nur vertreten, wenn es sich um ein mehr oder weniger isoliertes Schadvorkommen handelt. Das trifft zu, wenn ein Schädling in ein neues Faunengebiet eingeschleppt wurde, oder auch, wenn er in gut abgegrenzten Bereichen vorkommt, wie in isolierten Landschaften oder in einzelnen Gewächshäusern. Eine Elimination auch der letzten Einzeltiere kostet erfahrungsgemäß immer unverhältnismäßig viel mehr als lediglich eine starke Verminderung der Schädlinge. Ob der Aufwand eines Ausrottungsversuches lohnt oder bis zu welchem Niveau man einen Schädling beziehungsweise den von ihm verursachten Schaden reduzieren muß, hängt zumeist von dem Verhältnis des notwendigen Aufwandes zum gewünschten Erfolg ab. Das Ergebnis dieser Überlegungen bildet zum mindesten im Pflanzenschutz die sogenannte »wirtschaftliche Schadensschwelle«. Sie kann bei Null liegen, und dann erscheint die Ausrottung als der empfehlenswerte Weg. Zumeist jedoch genügt die Senkung des Schadens auf ein wirtschaftlich uninteressantes Niveau (Kap. 16). Hier sei lediglich festgehalten, daß dem Ziel jeder Bekämpfung, der Ausrottung oder Minderung der Schädlingspopulationen, verschiedenartige Maßnahmen dienen. Sie verwenden prinzipiell die gleichen Faktorengruppen, die auch ohne Eingreifen des Menschen wirken, allerdings in teilweise stark abgeänderter Form. Die rechte Hälfte der Schemazeichnung auf Abb. 1 kann uns das erläutern.

2.1 Physikalische Verfahren

Physikalische und chemische Verfahren, zusammengefaßt als technische Bekämpfung, arbeiten mit abiotischen Faktoren.

Beispiele für *physikalische Verfahren* sind Fallen einschließlich Fanggräben oder Leimstreifen zum Fliegenfangen und die Verwendung von Hitze (Flammenwerfern) etwa gegen Heuschrecken. Auch Unkräuter lassen sich vor dem Auflaufen der Kultur durch Abflammen beseitigen. Moderne Varianten dieser zweifellos ältesten Verfahren der Schädlingsabwehr sind z.B. energiereiche Bestrahlung von Vorräten, Lagerung in kontrollierter Atmosphäre, Erhitzen (Entlausung) oder Tiefkühlen (Fleischkonservierung). Im Gegensatz zu diesen unspezifischen physikalischen Verfahren nutzen manche biotechnischen Methoden (vgl. 15.1) bestimmte physikalische Signale aus und wirken dadurch u.U. spezifischer.

2.2 Chemische Verfahren

Chemische Verfahren benutzen Stoffe, die für Schadorganismen giftig sind. Sie sind so verbreitet, daß der Laie bei dem Ausdruck »Schädlingsbekämpfung« immer zuerst an die Applikation von toxischen Substanzen denkt. Eine chemische Bekämpfung von Schadorganismen aller Art bringt vor allem folgende Vorteile: Sie kann schnell angewandt werden, verspricht bei richtiger Verwendung eine hohe Abtötung der Schädlinge und erfordert verhältnismäßig geringe Kenntnisse über deren Eigenheiten. Eine reiche Palette von Substanzen ist heute verfügbar, die mit mehr oder weniger komplizierten Geräten als Staub, Granulat, Spritzmittel, Nebel oder Gas ausgebracht werden können. Ihre Wirkung entfalten sie dann als Fraß-, Kontakt- oder Atemgift. Sachkundige Berater der amtlichen Pflanzenschutzdienste stehen dem Verbraucher zur Seite; außerdem kann er Merkblätter zur Orientierung heranziehen.

Die Entwicklung neuer chemischer Präparate zur Bekämpfung von Schädlingen und Unkräutern, kurz Pestizide[1], nahm seit dem letzten Weltkrieg einen großen Aufschwung. Ihnen verdankt die Menschheit viel, vor allem eine gesteigerte Ernte von Kulturpflanzen und eine wirksame Eindämmung mancher, von Tieren übertragenen Seuchen (Malaria, Gelbfieber, Fleckfieber usw.). Hier ist nicht der Ort, näher auf die Eigenschaften und den Gebrauch von Pestiziden einzugehen. Jedoch gehört es zur Thematik dieses Kapitels, kurz auszuführen, warum sich die ursprünglichen Hoffnungen nicht alle erfüllt haben, die man auf die neu gefundenen chemischen Mittel gesetzt hatte, und warum man heute stärker als je zuvor daran arbeitet, auch andere, nicht-chemische Bekämpfungsverfahren zu entwikkeln.

Folgende unerwünschte Begleiterscheinungen haben sich in den letzten Jahrzehnten infolge besonders intensiver Anwendung von Pestiziden herausgestellt:

2.2.1 Entstehung resistenter Schädlingsstämme

Die langfristige Dezimierung einer Population durch einen neuen Mortalitätsfaktor, hier also durch künstlich ausgebrachte Giftstoffe, begünstigt jene Einzeltiere, die weniger empfindlich gegen das betreffende Mittel sind oder ihm rechtzeitig auszuweichen verstehen (Verhaltensresistenz). Wir wissen heute, daß die angeborene Empfindlichkeit gegen Pestizide bei den Schädlingen individuell recht unterschiedlich ist. Dadurch werden also, wenn die Selektion lange genug anhält, die überlebenden toleranten Individuen zu Stammeltern unempfindlicher

[1] Von engl. »pest« = Schadorganismus, also giftige Stoffe zur Abtötung von schädlichen Tieren, Pflanzen und Mikroorganismen; z. B. zum Abtöten von Nagetieren (Rodentizide), von Insekten (Insektizide), von Milben (Akarizide), von Nematoden oder Fadenwürmern (Nematizide), von Unkräutern (Herbizide), von Pilzen (Fungizide) oder von Bakterien (Bakterizide). Der Ausdruck »Pestizide« wird hier in Anpassung an das internationale System der Fachausdrücke verwendet, zumal es kein deutsches Wort gibt, das die gleiche umfassende Bedeutung besitzt.

Nachkommen. Heute kennen wir weder eine wichtigere Schädlingsfamilie noch eine bereits länger eingesetzte Wirkstoffgruppe, bei denen es noch nicht zur Herausbildung resistenter Stämme gekommen ist. Die Zahl der brauchbaren Schädlingsgifte wird hierdurch ständig eingeschränkt. Dazu kommt, daß gegen ein Präparat resistente Tiere dann gegen mehr oder weniger verwandte Pestizide schneller unempfindlich werden (Kreuzresistenz). Sobald es nötig wird, die Dosis mehrfach zu steigern, um die erwünschte hohe Abtötung weiterhin zu erzielen, verbietet sich die Anwendung des Präparates zumeist schon aus wirtschaftlichen, nicht selten auch aus hygienischen Gründen. Obwohl die Entwicklung neuer Wirkstoffe und geeignet formulierter Präparate[1] viel Zeit benötigt, war es bisher der Industrie doch meistens möglich, die durch Resistentwerden von Schädlingen örtlich unbrauchbar gewordenen Mittel durch neue Präparate zu ersetzen. Wo dies aber nicht gelang, weil alle verfügbaren Mittel entweder versagten oder in nicht zulässigen Mengen hätten ausgebracht werden müssen, sahen sich die Anwender naturgemäß nach anderen Verfahren um. So hat die weltweite Entstehung gerade von resistenten Insekten- und Milbenstämmen ganz wesentlich zur heutigen Aktualität nicht-chemischer und vor allem biologischer Bekämpfungsmethoden beigetragen.

2.2.2 Wirkungen auf die Tierwelt

Pestizide wirken in der Regel nicht spezifisch, das heißt sie vernichten außer den Schädlingen, gegen die sie wirken sollen, auch andere Lebewesen. Von der Tierwelt sind einerseits *Bodentiere* wie Springschwänze (Collembola), Milben (Acarina) oder Regenwürmer (Lumbricidae) besonders gefährdet, da alle länger wirksamen (persistenten) Mittel früher oder später auch in den Boden gelangen. Da die humusbildende Tätigkeit von Bodentieren für den ungestörten Kreislauf der Stoffe sehr wichtig ist, kann diese Nebenwirkung an entscheidender Stelle schaden.

Andererseits werden die *oberirdisch lebenden Tiere* z.B. von Insektiziden häufig schon bei oder nach der Anwendung betroffen. Nach jeder flächenhaften Applikation von Insekten- und Milbengiften verenden große Mengen von Gliedertieren. Die Arthropoden-Fauna in häufig mit chemischen Mitteln bearbeiteten Gebieten verarmt also zunehmend. Außer den anschließend zu besprechenden, schädlingsvertilgenden Insekten, Spinnen und Milben kommt auch den sogenannten indifferenten Arten eine wichtige Rolle im Naturhaushalt zu. Von ihnen leben z. B. viele insektenvertilgende (entomophage) Nützlinge wie Raubinsekten oder insektenfressende Vögel und Säuger, wenn Schädlinge selten geworden sind. – Direkt gefährdet durch viele Insektizide ist bekanntlich die *Honigbiene.* Deshalb werden Pflanzenschutzmittel heute auch vor der Zulassung auf

[1] Wirkstoffe werden mit Streck-, Haft- und/oder Netzmitteln so gemischt (formuliert), daß sie sich in einem definierten Biotop gut anwenden lassen.

ihre Wirkung gegen Bienen geprüft und die Ergebnisse dieser Untersuchung auf der Verpackung des Mittels vermerkt. – Schließlich reagieren auch verschiedene *Wirbeltiere*, vor allem Fische, empfindlich auf viele Insektizide. Unter den Vögeln und Säugetieren sind zwei Gruppen besonders gefährdet: Jene, die mit konzentrierten Insektiziden direkt behandelte Produkte fressen, also z. B. Tauben, die mit Aldrin inkrustierte Samen aufnehmen, oder Weidevieh auf Wiesen neben Waldrändern kurz nach einer Maikäferbekämpfung mit Endosulfan; sowie alle räuberischen Tierformen, auch unter den Wechselwarmen, da sich in der Nahrungskette die Konzentration persistenter Giftstoffe anreichert. So verendeten zum Beispiel nach DDT-Begiftungen von Ulmen gegen den Ulmensplintkäfer in Nordamerika im folgenden Jahr zahlreiche der dort lebenden Rotbrustdrosseln. Wie eine Untersuchung ergab, hatte sich die DDT-Konzentration über die Blätter und die blattfressenden Regenwürmer so erhöht, daß die Drosseln nach dem Verzehr solcher Regenwürmer akut vergiftet wurden. Auch Greifvögel sind als letzte Glieder in der Nahrungskette in vielen Teilen der Erde stark gefährdet durch die laufende Aufnahme von Spuren persistenter Präparate, vor allem von chlorierten Kohlenwasserstoffen (etwa DDT). Durch ihre Beutetiere kann sich so viel von diesen Giftstoffen in ihrem Körper anreichern, daß z. B. die normale Erzeugung widerstandsfähiger Eischalen unmöglich wird. Riesige Mengen von Pestiziden gelangen regelmäßig in Gewässer und über das Plankton in höhere, planktonverzehrende Wassertiere. Immer neue Beispiele dieser Schädigungen, die in der Nahrungskette zunehmen, werden laufend bekannt, nachdem Rachel Carson die bis 1962 vorliegenden Forschungsergebnisse so wirkungsvoll dargestellt hatte, daß die Weltöffentlichkeit alarmiert wurde. Durch akute und chronische Vergiftung tragen somit viele Pestizide zur Verarmung der Lebensgemeinschaften bei (Blaszyk, 1972; Pimentel, 1971).

2.2.3 Erzeugung von Schädlingskalamitäten

Daß Schädlingsbekämpfungsmittel neue Kalamitäten hervorrufen, erscheint auf den ersten Blick unverständlich. Tatsächlich beobachtet man jedoch nicht selten eine solche unerwartete Wirkung, und zwar unter zwei Voraussetzungen: 1. Wenn die verwendeten Pestizide die Vermehrung anderer Schädlinge direkt stimulieren, oder 2. wenn sie natürliche Schädlingsvertilger beseitigen. Den Fall einer direkten Stimulation kennt man von manchen Insektiziden und Fungiziden, welche die Vermehrung gewisser Schadmilben im Obst- und Weinbau fördern, und zwar auch über eine Veränderung der Wirtspflanze. Der Fall einer indirekten Wirkung durch Elimination biotischer Gegenspieler tritt häufig in Pflanzungen auf, die regelmäßig mit Insektiziden behandelt worden sind. Die Erscheinung beruht im wesentlichen darauf, daß Entomophagen den heute üblichen breitenwirksamen (unspezifischen) Berührungsgiften schneller erliegen als Phytophagen. Außerdem erholen sich Pflanzenfresser schneller als ihre Feinde von starken Verlusten, da letztere immer erst einen gewissen Anstieg der Abundanz ihrer

Beutetiere abwarten müssen, ehe sie »nachziehen« können (vgl. 1.2 und 3.1). Infolge dieser Schädigung von Entomophagen beobachtet man nicht selten, daß die ursprünglich bekämpfte, meist nur gelegentlich auftretende Schädlingsart schneller wieder zunimmt als zuvor und zum Dauerschädling wird; Übervermehrungen des Schwammspinners *(Lymantria dispar)* dauern z. B. in den USA nach chemischer Bekämpfung eindeutig länger. Außerdem zeigt sich häufig, daß andere, bisher nicht schädliche – weil nicht häufige – Pflanzenfresser nun, ihrer sie eindämmenden Feinde beraubt, zu neuen Schädlingen werden. Ein Beispiel hierfür liefert die Zunahme von Blattläusen und Schadraupen in Apfelanlagen infolge regelmäßiger Spritzungen gegen den Apfelschalenwickler *(Adoxophyes reticulana)* (Steiner, 1965a). Da in wärmeren Klimagebieten die Begrenzung von Phytophagen durch ihre Gegenspieler in der Regel besonders wichtig ist, wirkt sich der unüberlegte Gebrauch von breitenwirksamen Pestiziden gerade etwa in Entwicklungsländern häufig nachteilig aus: Aus der gelegentlichen, segensreichen Möglichkeit, die Ernte durch solche Präparate zu schützen, leiten die Bauern meist die Verpflichtung ab, so und nur so vorzugehen. Die nach übermäßiger Pestizidanwendung in warmen Ländern üblichen Nebenschäden können oft vorausgesagt werden und gehören zum sogenannten »Pestizid-Syndrom« (Huffaker (edit.), 1971, p. 3–15) (vgl. Kap. 16). Übersichten zu diesem Thema finden sich z. B. bei Ripper (1956), Croft & Brown (1975) und in den im Vorwort zitierten Büchern.

2.2.4 Schädigung von Kulturpflanzen

Außer der oben erwähnten, indirekten Schädigung des Pflanzenwachstums über eine Beeinträchtigung der Bodenfauna kommt es auch vor, daß Kulturpflanzen von Pestiziden direkt geschädigt werden. Manche Fungizide auf Schwefel- oder Kupferbasis und verschiedene Insektizide können Verätzungen an Pflanzen hervorrufen oder ihr Wachstum beeinträchtigen. Naturgemäß sind vor allem Herbizide gefährlich, da sie zur Vernichtung von Pflanzen entwickelt worden sind. Zwar gelingt es heute, durch Auswahl der richtigen Mittel und Beachtung der vorgeschriebenen Anwendungstermine selektiv viele Unkräuter innerhalb des umgebenden Bestandes von Kulturpflanzen zu beseitigen. Unerwartete Witterungsextreme oder das Verwehen der Herbizide auf benachbarte Anlagen mit empfindlichen Kulturen haben aber schon viel Schaden angerichtet. Durch exemplarische Untersuchungen sollte noch besser als bisher geklärt werden, ob die restlose Beseitigung der zum Unkraut erklärten Begleitflora immer die optimale Lösung darstellt. Einerseits schaden die Unkräuter den Kulturpflanzen als Nahrungskonkurrenten und manche auch als Reservoir pflanzenpathogener Viren. Andererseits konzentrieren sich manche phytophagen Wurzelfresser wie Drahtwürmer (Elateridae) oder Springschwänze (Collembola) erst an den Kulturpflanzen, wenn die Unkräuter beseitigt wurden. Außerdem trägt die Erhaltung einer vielfältigen Vegetation zum Überleben von Nutzinsekten bei und bewahrt damit Reste eines natürlichen Regulationsvermögens; schließlich verhindern Unkräuter in Hanglagen manche Erosionsschäden. Ein mäßiger Unkrautbestand kann in einer Kultur gelegentlich mehr nützen, als eine gewisse Konkurrenz den Kulturpflanzen schadet. Der große ökonomische Vorteil von Herbiziden in einer Zeit, in der landwirtschaftliche Hilfskräfte immer seltener werden, bleibt unbestritten. Genau wie bei den vor 30 Jahren so enthusiastisch begrüßten, heute aber in ihrer Zweischneidigkeit durchaus erkannten synthetischen Insektiziden wird es jedoch auch bei der Anwendung von Herbiziden gut sein, rechtzeitig an die möglichen Folgen einseitigen Gebrauches zu denken. Schon heute gehören resistente Unkräuter, die durch Herbizide nicht zu beseitigen sind, örtlich zu den schlimmsten Plagen der Landwirtschaft (z. B. Brombeeren, Bluthirse und Amarand in Gemüse, Kartoffeln oder Mais).

2.2.5 Gefährdung menschlicher Gesundheit

Pestizide sind als Gifte zur Vernichtung von Organismen entwickelt worden. So wundert es nicht, daß viele von ihnen auch dem Menschen schaden können. Um dies zu verhindern, gibt es über den Umgang mit Schädlingsgiften genaue Vorschriften. Wenn diese aus Leichtsinn oder Bequemlichkeit nicht beachtet werden, kommt es zu akuten Vergiftungen, also zu Schäden durch hohe Einzeldosen. Manche organische Phosphorsäure-Ester sind zum Beispiel so giftig, daß man sie nicht ohne Atemmaske und Schutzanzug ausbringen darf. Solange derartige giftige Substanzen an jeden Landwirt abgegeben werden und nicht – wie manche gasförmigen Insektizide zur Behandlung von Vorräten – nur durch den Fachmann angewandt werden dürfen, kommt es immer wieder zu Unfällen und zu Mißbrauch.

Beunruhigender für die Masse der Verbraucher sind jedoch mögliche Gefahren durch ständige Aufnahme sogenannter Rückstände von Pestiziden mit der Nahrung (Übersicht bei Schuphan, 1974). Das läßt sich bei der Allgegenwart mancher persistenter Mittel heute kaum noch völlig vermeiden, da auch Wasser und Luft gelegentlich mit verunreinigt (kontaminiert) sind. Sorgfältige, jeweils den neuesten medizinischen Erkenntnissen angepaßte Vorschriften gestatten in den meisten technisierten Ländern nur ganz bestimmte Höchstmengen (Toleranzen) von Pestizidrückständen auf Lebensmitteln. Bei der Festlegung solcher Toleranzen arbeiten Hygieniker und Experten des Pflanzenschutzes eng zusammen, und staatliche Untersuchungsämter sollen die Einhaltung überwachen. Weder der Anwender noch der Verbraucher kann solche Spuren von Mittelrückständen feststellen. Daher hat man »Wartezeiten« eingeführt, die von der letzten Anwendung bis zur Ernte vergehen müssen, damit keinesfalls mehr als die zulässigen Rückstände auf dem Erntegut verbleiben. Diese sehr ins einzelne gehenden Vorschriften, die sich auf alle chemischen Pflanzenschutzmittel bei den wichtigsten Kulturpflanzen beziehen, zeigen bereits, wie ernst man heute die Gefahren solcher Mittel für die menschliche Gesundheit nimmt. Es ist nur zu begrüßen, daß viele Staaten jetzt darangehen, den Gebrauch von persistenten Mitteln, wie etwa den chlorierten Kohlenwasserstoffen (mit DDT, HCH, Endrin, Aldrin, Heptachlor und anderen Wirkstoffen) stark einzuschränken. Dies geschieht in der vorsorglichen Absicht, durch solche Rückstände die Umweltbelastung für den Menschen nicht noch weiter zu vergrößern. Verunreinigungen der Luft und des Wassers bringen schon so große Gefahren hygienischer Art mit sich, daß man vernünftigerweise bei den einschränkenden Vorschriften über Rückstände der Pflanzenschutzmittel nicht noch in jedem Einzelfall den Nachweis einer unmittelbaren Schädigung auch des Menschen abwartet. Es genügt vollauf zu wissen, daß Warmblüter, die sich im Prinzip ähnlich wie wir ernähren, durch solche Pestizidrückstände geschädigt werden.

Persistente Pestizide hat man unter anderem in der Muttermilch, in käuflicher Säuglingsnahrung und im Fettgewebe Erwachsener nachgewiesen; aus dem Körperfett können sie bei besonderer Belastung oder unter Einwirkung gewisser Medikamente ausgeschwemmt werden. Diese und andere alarmierende Befunde haben die gesetzgebenden Körperschaften veranlaßt, sich der hygienischen Probleme im Pflanzenschutz stärker anzunehmen. Das im Mai 1968 in Kraft getretene neue Pflanzenschutzgesetz der Bundesrepublik Deutschland mit seinen 1975 herausgekommenen Ergänzungen kann als beispielhaft gelten. Hier wie in den entsprechenden Gesetzen mancher anderer Länder steht der Schutz der Gesundheit von Mensch und Tier gleichwertig neben dem Schutz der Kulturpflanze. Die Arbeit zahlreicher internationaler Kommissionen gilt dem Ziel, die nationalen Bestimmungen weiter einander anzugleichen. Noch sind allerdings viele Fragen offen (Warmbrunn, 1976). Die Wartezeiten garantieren zum Beispiel nur die Einhaltung der vorgeschriebenen Toleranzen, wenn bei der Applikation der Pestizide richtig dosiert wurde und wenn dann die Witterungsfaktoren voll einwirken konnten; das ist aber mit ungepflegten Applikationsgeräten bzw. bei Gewächshauskulturen unmöglich. In Böden unter Glas halten sich Rückstände von früher einmal zugelassenen, später erst als zu giftig erkannten Mitteln noch jahrelang (z.B. Hexachlorbenzol und Dithiocarbamate). Verantwortungslose Überdosierungen oder erhöhte Rückstandswerte können nur dann vom Verbraucher ferngehalten werden, wenn genügend amtliche Stellen Geräte und die betreffenden Lebensmittel ständig überwachen. Hiervon sind wir noch weit entfernt. Für den Eigenverbrauch erzeugtes Obst und Gemüse, bei uns rund 50% bzw. 40% der Gesamtproduktion, kommt z.B. ohne Kontrolle auf toxische Rückstände direkt zum Verzehr. Für zahlreiche zugelassene Pestizide sind (noch) keine zulässigen Rückstandswerte bekanntgegeben. Ähnlich unbefriedigend ist die Situation bei Lebensmittelimporten aus Ländern mit weniger strengen Vorschriften. Auch werden Pestizide außerhalb des Pflanzenschutzes, also zum Beispiel bei der Abwehr von Stechmücken, Fliegen und Hausungeziefer sowie bei der Behandlung von Textilien, häufig bedenkenlos angewandt, da geeignete Überwachungsvorschriften fehlen. Der Laie ist auch überfordert, wenn man von ihm verlangt, ein im Handel ohne Einschränkung erhältliches Präparat zurückhaltend oder gar nicht zu verwenden, um mögliche spätere Folgen für seine oder seiner Mitmenschen Gesundheit zu vermeiden.

2.2.6 Zusammenfassung

Zusammenfassend müssen wir also festhalten, daß chemische Verfahren der Schädlings- und Unkrautbekämpfung zu einer Reihe von unerwünschten Nebenwirkungen führen können. Sie sind einerseits bei vernünftiger und überwachter Handhabung der Pestizide nicht so gefährlich, daß man auf diese wirksame Waffe zur Abwehr von Schadorganismen ganz verzichten muß. Andererseits zwingen uns solche Nebenwirkungen, zu überlegen, wie wir den gleichen Zweck vielleicht auch anders erreichen können. Die Einsicht setzt sich immer stärker durch, daß die Biosphäre, die dünne, lebenserhaltende Zone der Erde, nicht beliebig vom Menschen ausgebeutet werden darf. Unüberlegte Eingriffe in ihre Ökosysteme, das heißt in den Komplex der Lebewesen mit ihrer Lebensstätte, können die ausgewogene Balance in diesem System vernichten, deren Unzerstörbarkeit man so lange als selbstverständlich hinnimmt, bis es zu spät ist. Warnende Beispiele dafür sind Landschaften wie die mediterranen Karstgebiete oder die großen Erosionsgebiete Nordamerikas, deren ursprünglichen Charakter der Mensch im Laufe seiner Geschichte total zerstört hat. Vor diesem Hintergrund und angesichts der erwähnten sprunghaften Vermehrung der Menschheit wird es verständlich, daß man sich bei der Wahl geeigneter Verfahren der Schädlingsbekämpfung nicht nur nach momentanen wirtschaftlichen, sondern heute immer mehr auch nach langfristigen ökologischen Gesichtspunkten orientieren sollte.

2.3 Kulturverfahren

In diesem Sinne sind die noch zu besprechenden Formen der Schädlingsabwehr (Abb. 1) als ökologische Methoden bezeichnet und den technischen gegenübergestellt worden. Sie umfassen die *kulturellen* (auch: *kulturalen*) und die biologischen *Verfahren.* Das Wort »Kultur« wird hier als eine Gestaltung von Landschaft und Umwelt verstanden. Im wesentlichen handelt es sich dabei um den Versuch, die Lebensbedingungen für die betreffenden Schadorganismen ungünstiger zu machen. Sie können sich dann nicht mehr ausreichend vermehren, so daß es gar nicht mehr zu einem Schaden kommt. Solche vorbeugenden Verfahren bilden daher auf lange Sicht die eleganteste und energiesparendste Lösung der Schädlingsprobleme. Als Beispiele seien genannt: Die Sanierung von Gelbfieber- und Malaria-verseuchten Gebieten durch Entwässerung der Brutplätze Erreger-übertragender Mücken; die Verhinderung des Massenauftretens von Möhrenfliegen oder von Kohlherzgallmücken durch Anbau ihrer Wirtspflanzen auf windexponierten Feldern. Manche Schädlinge, wie zum Beispiel viele Larven von Blattwespen oder Schmetterlingen im Forst, gedeihen besser auf kümmernden Bäumen, andere dagegen, wie Milben oder Blattläuse, die Pflanzensaft saugen, bevorzugen turgeszente Pflanzen mit hohem Saftdruck. Ganz allgemein läßt sich sagen, daß die Verhältnisse des Standortes beim Anbau von Kulturpflanzen zu berücksichtigen sind. Je nach den ökologischen Ansprüchen der in Frage kommenden Krankheiten oder Schädlinge läßt sich die Aussicht für einen Schadensfall (die Gradationswahrscheinlichkeit) vermindern, indem man bei Standortwahl, Düngung, Bodenbearbeitung, Fruchtfolge und Sortenwahl die Gesichtspunkte der Pflanzenkultur mit denen der vorbeugenden Schadensabwehr vereint. Kulturverfahren sind in großer Auswahl verfügbar und bilden stets die Grundlage für Anbau und Schutz von Pflanzen; ihr besonderer Vorzug in unserem Zusammenhang liegt in der guten Verträglichkeit geeigneter Verfahren mit den Schädlingsvertilgern aller Art. Als Beispiel sei die Bekämpfung des Kartoffelschorfs durch Kulturmaßnahmen genannt (Wenzl, 1975).

Gerade die Züchtung und Verwendung schädlingsfester (resistenter) Sorten von Kulturpflanzen hat sich als ein äußerst wichtiges Verfahren zur Vorbeugung (Prophylaxe) gegen Schädlingsbefall erwiesen. Denken wir nur daran, daß sich nach Einschleppung der Reblaus in der zweiten Hälfte des vorigen Jahrhunderts der Weinbau in Europa nur dadurch retten ließ, daß man die europäische Rebe auf amerikanische, gegen die Reblaus unempfindliche Unterlagen pfropfte. Heute spielen z.B. Kartoffelsorten, die gegen verschiedene Viruskrankheiten und Nematoden, sowie Getreidesorten, die gegen Rostpilze resistent sind, auch bei uns eine wichtige Rolle. Zukünftig wird es noch mehr als bisher darauf ankommen, bei der Kulturpflanzenzüchtung die Aspekte der Produktion und des umweltschonenden Pflanzenschutzes in einem gemeinsamen System zu vereinigen. Ansatzpunkte hierzu finden sich bereits heute bei der Kultur der für die menschliche Ernährung entscheidenden Pflanzenarten wie Reis, Mais und Sorghum (Hirse). Wegen der Anpassung infolge Rassen- und Varietätenbildung der Schadorganismen ist der Züchter jedoch meist gezwungen, durch Auslese und Kreuzung ständig neue Sorten zu suchen, da die einmal erzielte Resistenz mit einer Umstellung der Schadorganismen auch wieder verlorengehen kann (Fuchs & Ullrich, 1972).

Besonders im Forst werden Kulturverfahren zur Schädlingsbekämpfung heute immer stärker anerkannt. Das liegt mit daran, daß die früher in der Forstwirtschaft dominierenden Gesichtspunkte höchstmöglicher Holzerträge besonders in Europa weitgehend ergänzt werden von der Forderung nach einem möglichst dauerhaften Wald. Das Betriebsziel schließt außer der ökonomischen auch gleichgewichtig die soziale Aufgabe und Bedeutung eines Waldes mit ein (Kap. 16).

Wie bereits angedeutet, werden Übervermehrungen von Schadorganismen wahrscheinlicher, wenn die Umweltverhältnisse für sie optimal sind. Der Anbau empfindlicher Kulturpflanzen in großen Reinbeständen (Monokulturen) fördert die Vermehrungsfähigkeit der Verzehrer dieser Pflanzenart, da einer der wesentlichsten natürlichen Begrenzungsfaktoren, die Beschränkung des Nahrungsangebotes, wegfällt. Falsche Düngung, vor allem übermäßige Stickstoffgaben, prädisponieren viele Kulturpflanzen für Schädlingsbefall. Auch verschiedene sogenannte Pflanzenbehandlungs- und Pflanzenschutzmittel verändern, wie oben erwähnt, den physiologischen Zustand der Blätter so, daß Pflanzen dadurch anfälliger gegen saugende Schädlinge werden. Die Art der Pflanzenkultur und nicht zuletzt auch die dabei verwendeten Maschinen beeinflussen also häufig direkt oder indirekt den Schädlingsbefall. Die Verhinderung solcher selbstgemachten Kalamitäten gehört zu den Kulturverfahren im Pflanzenschutz. In einförmigen Monokulturen ist zumeist auch der Vertilgerkomplex artenärmer; daher wird er häufig nicht oder nicht rechtzeitig wirksam. Wir können als eine durch viele Beobachtungen in Natur- und Kulturlandschaften erhärtete Regel festhalten, daß in vielseitigen, gegliederten und artenreichen Lebensgemeinschaften seltener eine Art zur Eruption kommt als in einförmigen Lebensstätten. Ein allgemeines Verfahren der kulturellen Schädlingsabwehr besteht daher darin, die Vielfalt einer Landschaft zu steigern und damit häufig ihre biotisch bedingte Regulationsfähigkeit zu erhöhen (vgl. aber van Emden & Williams, 1974). So gut das in nur extensiv bewirtschafteten Wäldern oder Obstanlagen zu verwirklichen ist, so schwierig wird es in Anlagen, die auf Höchsterträge angewiesen sind. Hier läßt sich daher die allgemeine, ungezielte Mannigfaltigkeit ökologischer Bedingungen meist nicht erreichen. Eher gelingt es, jene natürlichen Gegenspieler zu fördern, die sich in entsprechenden Untersuchungen als besonders wirksam herausgestellt haben. An diesem Punkt endet daher das kulturelle und beginnt das biologische Verfahren. Erst wenn wir gezielt einige Arten von besonders wirksamen Schädlingsfeinden nutzen, gehen wir von der kulturellen zur biologischen Bekämpfung im engeren Sinne über. – Manche Autoren bezeichnen kulturelle und biologische Verfahren gemeinsam als »biologische Bekämpfung«, da in beiden Fällen Lebewesen mobilisiert werden, einmal die Pflanzen zu gesteigerter Abwehr und zum anderen die Feindarten zur aktiven Schädlingsvernichtung. Im »biologisch-dynamischen« und auch im »organischen« Pflanzenbau stehen Anbauverfahren, Bodenkultur und Düngung im Mittelpunkt der stets auf den ganzen Betrieb bezogenen Arbeit (Koepf et al., 1974). Wir halten uns hier, vor allem aus praktischen Gründen, an die engere Definition der biologischen Bekämpfung. Zu umfassende Begriffe werden erfahrungsgemäß leicht mißverstanden. Außerdem verwendet man im internationalen Sprachgebrauch »biologische Bekämpfung« vorwiegend in dem von uns im folgenden definierten Sinn.

3 Eigenarten der biologischen Verfahren

Unter biologischer Schädlingsbekämpfung verstehen wir die Verwendung von Lebewesen, um mit ihnen (durch menschlichen Eingriff) die Populationen bestimmter schädlicher Tiere oder Pflanzen zu begrenzen. Dabei bedienen wir uns entweder solcher Nutzorganismen, wie sie als natürliche Feinde vorkommen, also Räuber, Schmarotzer und Krankheitserreger, oder wir verändern die Individuen einer Schädlingsart selbst so, daß sie ihre eigenen Artgenossen schädigen. Im Bereich der Verwendung und Bekämpfung von Mikroorganismen (einschließlich der Viren) bewährt es sich, den Begriff des Nutzorganismus so zu erweitern, daß dieser außer intakten Lebewesen auch Einzelzellen, Virionen und genetisches Material einbezieht (vgl. Kap. 14). Das wesentliche Merkmal einer biologischen

Bekämpfung besteht in der Manipulation von Lebewesen (Nützlingen), mit dem Ziel, Populationen von Schadorganismen so zu vermindern, daß ihr Schaden auf einen wirtschaftlich oder hygienisch unbedenklichen Stand sinkt. Dies kann auf verschiedene Weise erfolgen: Als vorbeugende Bereitstellung von Nützlingen (Prophylaxe), als Mittel zur unmittelbaren Senkung einer Übervermehrung (Suppression) und als Abschirmung, um weitere Angriffe der Schaderreger zu unterbinden (Protektion). Diese Phasen gehen oft ineinander über. Führen wir zum Beispiel einen wirksamen Parasiten ein, damit die Übervermehrung eines eingeschleppten Schädlings zurückgeht, so folgt auf eine kurze, suppressive Phase in der Zeit der ersten starken Reduktion des Schädlings eine langdauernde protektive Phase, in der es – dank der Wirkung des Nützlings – gar nicht mehr zum Schadauftreten kommt. In diesem Sinne sind also Ausdrücke wie »biologische Regelung« oder »biologische Vorbeugung« gleichbedeutend mit der hier definierten »biologischen Bekämpfung«. Wie wir noch sehen werden, gibt es allerdings auch biologische Maßnahmen, die nur kurzfristig, also nur suppressiv wirken; dies ist dann der Fall, wenn die Umweltbedingungen den Nützlingen keine dauernde Existenz erlauben. – Zur Geschichte der biologischen Verfahren in den verschiedenen Teilen der Welt vgl. Hagen & Franz, 1973.

Die meisten der folgenden Kapitel bringen die einzelnen Formen der biologischen Schädlingsbekämpfung im wesentlichen unter dem Gesichtspunkt, welche Nützlingsgruppen man verwendet. Hier wollen wir zuvor die *Merkmale der Nützlingsgruppen* und das Prinzip der drei *Anwendungsformen* erläutern, die bei der Verwendung aller Nützlingsgruppen gültig sind:

1. Einbürgerung neuer Nützlinge; 2. Erhaltung und Förderung; 3. periodische Freilassungen.

3.1 Merkmale der Nützlingsgruppen

Unter *Räubern,* Prädatoren oder Episiten verstehen wir in unserem Zusammenhang solche vielzelligen Organismen, die mehr als *ein* Beute-Individuum zu ihrer eigenen Entwicklung benötigen. Typische Prädatoren unter den Wirbeltieren sind: Raubfische, Eidechsen, Greifvögel, Fledermäuse und Raubkatzen; unter den Insekten die Libellen, viele Laufkäfer (Carabidae), Marienkäfer (Coccinellidae), Raubwanzen und ihre Larven, aber *nur* die Larven von Schwebfliegen (Syrphidae) oder von räuberischen Gallmücken (Itonididae). Bei anderen Prädatoren leben dagegen allein die Vollinsekten (Imagines) räuberisch, z.B. bei vielen Wespen (Vespidae, Eumenidae, Pompilidae).

Zu den *Schmarotzern* oder Parasiten zählen wir hier jene Vielzeller, die sich auf Kosten eines anderen Individuums – ihres Wirtes – entwickeln und dieses dabei abtöten beziehungsweise schwer schädigen. Da in Nachbargebieten der Biologie (Human- und Veterinärmedizin) jene Lebewesen als Parasiten angesprochen werden, die von anderen Tieren leben, ohne sie (direkt) wesentlich zu schädigen (Beispiel: Kopfläuse), nennt man im Gegensatz hierzu die ihren Wirt abtötenden Parasiten oft auch *Parasitoide* oder Raubparasiten. Zu dieser Gruppe gehören z.B. die parasitischen Hymenopteren (Schlupfwespen), die Tachinen (Raupenfliegen) und einzelne Vertreter anderer Insektenordnungen.

Als *Krankheitserreger* oder Pathogene bezeichnen wir schließlich jene parasitischen Mikroorganismen (hier also Pilze, Bakterien, Rickettsien, Protozoen) und Viren, die in ihren Wirten z.T. tödliche Infektionskrankheiten hervorrufen. Sie lassen sich gegen Gliedertiere (Arthropoden) und auch gegen andere Lebewesen verwenden, doch liegen die meisten Erfahrungen bei der sogenannten »mikrobiologischen Schädlingsbekämpfung« bisher gegen Insekten vor (vgl. Kap. 9–14).

Der Fall, daß man auch *Pflanzenfresser* oder Phytophagen als Nützlinge einsetzen kann, trifft für den Bereich der Unkrautbekämpfung zu. Naturgemäß kommen dafür allein überaus spezifische, streng an eine Wirtspflanze gebundene Arten in Frage (Kap. 7). – Die Verwendung von *Artgenossen* als natürliche Gegenspieler setzt deren genetische Abänderung, zumeist Sterilisation, voraus (Kap. 8).

Zum Wirkungsprinzip von Räubern, Schmarotzern, Krankheitserregern (und zum Teil auch von Unkrautvertilgern) sei daran erinnert, daß ihre Effektivität oft eine dichteabhängige Komponente aufweist. Je nach ihrer Bindung an bestimmte Wirte/Beutetiere, ihrer Fähigkeit, diese zu finden und zu attackieren, und ihrer Vermehrungskraft neigen diese natürlichen Feinde also dazu, besser zu wirken, das heißt prozentual mehr Wirte abzutöten, je höher deren Dichte ist. Wir hatten gesehen, daß darauf ihre spezifische, abbremsende Wirkung beruht. Gewöhnlich muß man allerdings eine gewisse Anlaufzeit einrechnen, bis sie in der Lage sind, sich dem höheren Angebot an Beutetieren entsprechend stärker zu vermehren. Außerdem unterliegt ihre Zu- und Abnahme auch anderen limitierenden und determinierenden Faktoren, vor allem den übergeordneten Witterungseinflüssen (vgl. 1.3).

Die Wirkung der Nützlinge vorauszusagen, erfordert eine gute Kenntnis der Ansprüche und Leistungen der beiden Antagonisten, der Schädlinge und ihrer Feinde. Rechtzeitig, das heißt *vor* dem Auffälligwerden einer Gradation aktiv gewordene Nützlinge bemerkt man gewöhnlich gar nicht. Ihre meist unauffällige Wirkung läßt sich demonstrieren – und das ist unabsichtlich schon oft geschehen –, indem man die Nützlinge selektiv eliminiert, etwa durch Verwendung von Insektiziden, die stärker gegen Entomophagen als gegen bestimmte Schadinsekten wirken (Beispiel: DDT gegen Schildläuse) und damit Gradationen auslösen (vgl. 2.2.3).

Auffällig sind dagegen jene natürlichen Feinde, die erst erscheinen, wenn eine Schädlingsgradation bereits ausgebrochen ist. In solchen Fällen sollte man sich fragen, warum wohl die natürliche Regulation hier versagt hat. Auf jeden Fall sollte man sich hüten, die voreilige Folgerung zu übernehmen, Schädlingsfeinde kämen immer zu spät. Bei solchen Kalamitäten handelt es sich sozusagen um Unfälle in der Biozönose, um ein Versagen eingebauter Bremsmechanismen. Man prüft bei »Regulationsunfällen« in Kulturlandschaften vor allem, wie man Landschaft oder Pflanzenbau so verändern kann, daß die Gradationswahrscheinlichkeit zurückgeht und die Regulation besser funktioniert (zu den möglichen Ursachen vgl. 2.2.3).

In diesem Zusammenhang sei schon hier erwähnt, wie der Erfolg bei drei besonders wichtigen Bekämpfungsverfahren in ganz verschiedener Weise von der Populationsdichte abhängt: Die Wirkung chemischer Verfahren, das heißt ihre prozentuale Abtötung, ist unabhängig von der Schädlingsdichte; die Wirkung von Nützlingen ist zwar nicht perfekt dichteabhängig, tendiert aber mehr oder weniger stark in diese Richtung; die Wirkung des sogenannten Selbstvernichtungsverfahrens (Kap. 8) ist dagegen umgekehrt dichteabhängig, das heißt, es funktioniert um so besser, je geringer die Schädlingsdichte ist. Aus diesen Unterschieden läßt sich folgern, bei welcher Schädlingssituation eine bestimmte Methode am günstigsten eingesetzt werden kann (Kap. 16).

3.2 Die Anwendungsformen

3.2.1 Die Einbürgerung neuer Nützlingsarten

Die Einbürgerung neuer Nützlingsarten in ein fremdes Faunengebiet, in das zuvor der Schädling eingeschleppt worden war, ist die bekannteste Form der biologischen Bekämpfung. Sie strebt eine dauerhafte Lösung an und hat nur Erfolg, wenn der eingeführte Nützling sich in der neuen Umwelt vermehren und ausbreiten kann. Sie beruht auf der Annahme, daß ein eingeschleppter Schädling deswegen häufig und damit schädlich geworden ist, weil ihm Gegenspieler fehlten, die ihn in seinem Herkunftsgebiet wirksam begrenzt hatten. Daß diese Annahme oft richtig ist, haben rund 100 voll erfolgreiche und rund 200 teilweise gelungene Versuche der biologischen Bekämpfung durch Nützlingsimport gezeigt. Das bekannteste Beispiel ist die Einbürgerung eines aus Australien importierten Marienkäfers *(Rodolia cardinalis)* in Kalifornien in den Jahren um 1890; er vernichtete dort die zuvor eingeschleppte Australische Wollschildlaus *(Icerya purchasi)* so schnell und gründlich, daß damit der Zitrusanbau in diesem Staat gerettet war. – Die inzwischen gesammelten Erfahrungen zeigen, daß sich das Prinzip, neue Nutzinsekten einzubürgern, in verschiedener Richtung ausweiten läßt: Je nach der Spezifität der Entomophagen kann man auch andere geographische Rassen oder Feinde von nahe verwandten Arten verwenden; außer entomophagen Arthropoden eignen sich praktisch auch alle übrigen Gegenspieler für solche Einbürgerungsversuche, z. B. Pathogene, räuberische Wirbeltiere oder Unkrautvertilger.

Nachteilig an der Importmethode ist, daß langfristige Vorstudien durch Experten dazu gehören, daß die Erfolge nie sicher vorauszusagen sind und daß es auch bei gelungenen Projekten meist einige Zeit dauert, bis praktische Resultate auf größerer Fläche vorliegen. Andererseits stellt die dauerhafte Lösung eines

Schädlingsproblems durch Einbürgerung eines oder einiger neuer Gegenspieler zweifellos die ideale Lösung dar. Sie sollte angesichts der zunehmenden Verschleppung von potentiellen Schadorganismen von einer Faunen- oder Florenregion zur anderen noch intensiver als bisher genutzt werden.

3.2.2 Erhaltung und Förderung natürlicher Feinde

Die Erhaltung und Förderung von natürlichen Feinden der Schädlinge betrifft sowohl künstlich eingebürgerte Arten als auch solche, die als natürliche Glieder der heimischen Fauna schon immer vorkamen. Nützlinge lassen sich erhalten und fördern, indem man ihre Lebensbedingungen günstiger gestaltet. Wo es sich zeigt, daß sie bestimmte Nahrung oder Verstecke benötigen, muß man diese zu schaffen versuchen. Gerade in den immer einförmiger werdenden Landschaften der vom Menschen umgestalteten Erde können Reste der Naturlandschaft oder andere Formen der Vielseitigkeit auch entscheidend sein für die Eignung des Gebietes für Nützlinge. Sogar die Art der Bodenbearbeitung oder der Ernte kann auf dieses Ziel ausgerichtet werden. In Kalifornien hat man z.B. die streifenförmige Ernte von großen Luzerneschlägen als eine Methode zur Erhaltung von Entomophagen entwickelt. Dabei können die vom Schnitt der Wirtspflanze überraschten beweglichen Räuber und Parasiten auf die verschonten Streifen überwechseln, wo sie wieder Schatten und Nahrung finden (vgl. 5.2.3). Das Aufhängen von Nistkästen für insektenfressende Vögel ist ein anderer Versuch, die Einförmigkeit einer bewirtschafteten Landschaft zu mildern und die Lebensbedingungen so zu gestalten, wie sie für die Existenz erwünschter Nützlinge notwendig sind. Diese Lebensbedingungen der Nutzorganismen zu erkennen und sie dann zu schaffen, bildet einen wesentlichen Teil der Forschungsarbeit und Praxis in der biologischen Bekämpfung.

Erst recht gilt die Forderung, Nützlinge zu erhalten, wenn man mit Pestiziden arbeitet, die meist mehr als nur die Schadorganismen vernichten, gegen die sie eingesetzt werden. Hierfür gibt es verschiedene Techniken, die im Kapitel 16 (integrierte Schädlingsbekämpfung) besprochen werden. Dabei muß man sich immer wieder klarmachen, daß man auch indirekte Schädigungen der uns unmittelbar interessierenden Nützlinge vermeiden sollte. Dies geschieht beispielsweise, wenn man die Reservenahrung von Insektenfressern durch Mitvergiften sogenannter indifferenter Arten vernichtet oder jene Arthropoden beseitigt, die sich an der Verbreitung von Krankheitserregern der Schadinsekten beteiligen können (»Vektoren« – vergleiche Kapitel 9.1). Schließlich gibt es sogar Fälle, in denen man für die spezifischen Insektenfeinde ihre *Wirtstiere,* also die Schädlinge selbst, bereitstellen muß, um die Kontinuität der Nützlingswirkung zu erhalten. Ein Beispiel dafür ist die Schwarze Ölbaumschildlaus (black scale = *Saissetia oleae*), die im trockenheißen Inneren von Kalifornien ihre Entwicklung im Sommer langfristig unterbricht. Durch Anpflanzen bewässerter Oleanderbüsche neben den Zitrusplantagen können diese Schildläuse sich laufend weiterentwickeln;

dies ermöglicht auch dem spezifischen Parasiten, der Schlupfwespe *Metaphycus helvolus,* sich ständig zu vermehren und vor allem die trockenheiße Sommerperiode zu überstehen. Es gehört natürlich für den Anwender ziemlich viel ökologisches Verständnis dazu, Schädlinge eigens bereitzustellen, zumal die Vertreter von technischen Formen der Bekämpfung die möglichst hohe Abtötung der Schädlinge als das Ideal hinstellen.

3.2.3 Die periodische Freilassung von Nutzorganismen

Sie praktiziert man dann, wenn eine dauerhafte Einbürgerung nicht möglich ist. Periodische Freilassungen eignen sich z.B. dazu, kritische und verlustreiche Perioden von Nützlingen zu überbrücken. So züchtet man in Spanien und Kalifornien in Insektarien Marienkäfer der Art *Cryptolaemus montrouzieri,* da sie während des Winters im Freien meist hohe Verluste erleiden. Im Frühling ausgesetzt, können sie sich dann bis zum Ende der Vegetationsperiode als sehr wirksame Vertilger einer Schmierlaus an Zitrus *(Pseudococcus citri)* betätigen und dabei vermehren. – Die Basis für periodische Freilassungen sind Massenzuchten von Entomophagen. Sie werden praktiziert, wenn man Nützlingen für die folgende Vegetationsperiode einen guten Start geben will, oder auch nur für eine ganz kurzfristige Nutzwirkung während weniger Tage oder Wochen. Ein Beispiel dafür ist die Freilassung von räuberischen Florfliegen-*(Chrysopa)*-Larven gegen Blattläuse im Gewächshaus. Zu einer kurzfristig wirksamen periodischen Applikation benutzt man außer entomophagen Arthropoden auch häufig Insektenpathogene wie Bakterien oder Viren (Kap. 9). Auch bei diesen bildet meist die vorherige Massenproduktion die notwendige Voraussetzung für einen wirksamen Einsatz. Damit ähnelt das Verfahren ein wenig der Ausbringung von zuvor als Vorrat erzeugten Pestiziden. In Amerika spricht man deshalb sogar von »microbial pesticides«, mikrobiologischen Schädlingsbekämpfungsmitteln. Allerdings geht die Vergleichbarkeit von Pestiziden und massenhaft periodisch applizierten Nützlingen nicht sehr weit. Letztere sind Organismen, die meist sehr spezifisch bestimmte Schädlinge angreifen und sich an oder in ihnen häufig auch noch vermehren. Durch und infolge ihrer extremen Spezifität leisten sie natürlich etwas ganz anderes als die Pestizide. Wieder etwas anders ist das Wirkungsprinzip der beim Selbstvernichtungsverfahren freigelassenen, genetisch veränderten bzw. sterilisierten Tiere (Kap. 8). Sie haben als bewegliche Organismen für uns den großen Vorteil, daß sie ihre fertilen Artgenossen, die eigentlichen Schädlinge, aktiv über weite Strecken aufsuchen. Wir sehen also, daß die verschiedenen Varianten der periodischen Freilassung von Nutzorganismen den Aktionsbereich der biologischen Verfahren wesentlich erweitern. Alle drei hier besprochenen Anwendungsformen werden in den folgenden Kapiteln an ausgewählten Beispielen für die verschiedenen Nützlingsgruppen nochmals abgehandelt.

4 Verwendung von Wirbeltieren

4.1 Fische

Von den Fischen hat man vor allem die Gambusien aus der Gruppe der *Cyprinidontes* und ihre Verwandten zur Bekämpfung von Mückenlarven verwendet. Da bestimmte Mücken Malaria, Gelbfieber und andere Seuchen des Menschen übertragen, wurden vor allem in den ersten Jahrzehnten dieses Jahrhunderts Gambusien in verseuchten Gebieten der meisten Kontinente ausgesetzt. Sie halten sich auch in kleinen Tümpeln oder Regentonnen, solange diese nicht austrocknen. Nach dem Aufkommen der wirksamen Kontaktinsektizide bei Kriegsende verließ man sich bei der Mückenbekämpfung mehr auf diese. Viele mückenfressende Fische erlagen dann den Insektiziden, von denen manche besonders toxisch für Fische sind, z.B. Rotenon, Endrin, Endosulfan, Toxaphen, Dieldrin, Aldrin, Metoxychlor, Gusathion und DDT. Erst neuerdings hat man sich wieder mehr für die Einbürgerung geeigneter »Moskitofische« interessiert, da manche krankheitsübertragenden Mücken gegen Insektizide resistent geworden waren und da man sich heute mehr als früher bemüht, unsere Umwelt rein zu erhalten. Je nach den örtlichen Verhältnissen und vor allem in Klimaten mit milden Wintern können solche Moskitofische den Mückenbestand dauerhaft stark reduzieren und zur Beseitigung der Seuchengefahr erheblich beitragen (Übersicht bei Gerberich & Laird, 1968). Dadurch, daß auch bei Gambusien an besonders stark mit Pestiziden behandelten Standorten weniger empfindliche (tolerante) Formen entstanden sind, läßt sich manchmal Nützlingseinsatz und chemische Abwehr bis zu einem gewissen Grade vereinigen.

4.2 Amphibien

Von den Amphibien haben eigentlich nur Kröten den Ruf erworben, volle und direkt nutzbare Bundesgenossen bei der Vertilgung von Insekten und Schnecken zu sein. Früher war es üblich, daß Gärtner Erdkröten *(Bufo bufo)* in ihren Gewächshäusern hielten. Vom Menschen in neue Faunenbereiche eingebürgert wurde bisher vor allem die aus Mittelamerika und den Kleinen Antillen stammende Riesenkröte *(Bufo marinus)*. In ihrer Heimat und in den neu besiedelten Gebieten wie Puerto Rico, Hawaii, den Philippinen, Pazifischen Inseln usw. hat sie sich als Vertilger von schädlichen Insekten, von Tausendfüßlern und von Nacktschnecken auf Kulturfeldern gut bewährt. Allerdings wurden auch dort mancherorts die natürlichen Brutstätten knapp, so daß den Farmern empfohlen wurde, Brutbecken für die Kröten anzulegen. Nicht verschwiegen sei, daß das Hautgift der Kröte Hunde und kleinere Tiere vergiften kann und daß ihr Speisezettel auch nützliche Tiere mit einschließt, z.B. kleinere der aus Afrika importierten Dungkäfer (vgl. 5.1.7). Andere Amphibien und Reptilien haben wohl als Insekten- und Schneckenfresser ihre Bedeutung in der Natur, sind aber bisher noch kaum stärker genutzt worden.

4.3 Vögel

Der Umgang mit Vögeln, vor allem Singvögeln, bereitet den meisten Menschen so viel Freude, daß sich diese Beschäftigung als Genesungshilfe im sogenannten »therapeutischen Vogelschutz« nutzen läßt (Pfeifer & Keil, 1963). Ein wenig von dieser Motivation spielt wohl auch dann mit, wenn es um die hier allein diskutierte Verwendbarkeit von Vögeln im Rahmen der biologischen Schädlingsbekämpfung geht.

Einbürgerungen von Vögeln in fremden Faunengebieten spielen für die Schädlingsbekämpfung keine große Rolle. Manche von ihnen, die Kolonisten früher aus sentimentalen Gründen oder gar zur Schädlingsvertilgung mitgenommen hatten, wurden in der neuen Heimat selbst schädlich (z. B. Haussperling und Star in Nordamerika, Grünling und Amsel in Neuseeland). Praktisch viel wichtiger als Umsiedlungen sind daher die Versuche, bereits vorkommende Vogelarten, meist Insektenfresser, so *anzureichern*, daß ihre Tätigkeit zur gezielten Verminderung bestimmter Schädlinge beiträgt. Dabei muß zwischen dem Erfolg bei der Ansiedlung und den damit erzielten Bekämpfungserfolgen unterschieden werden.

Die Siedlungsdichte von nicht gesellig brütenden Vögeln wird unter anderem von dem Angebot an Nahrung und Niststätten sowie von den angeborenen Ansprüchen an die Mindestgröße des eigenen Reviers bestimmt. Von diesen Parametern lassen sich nur die beiden ersten beeinflussen, am leichtesten das Angebot an Nistgelegenheiten, und zwar um so besser, je kleiner das beanspruchte Revier ist. Das Aufhängen von künstlichen Nisthöhlen ermöglicht die Ansiedlung von Höhlenbrütern in höhlenarmen Wirtschaftswäldern.

Für Meisen und Fliegenschnäpper haben sich Nisthöhlen aus Holzbeton mit relativ kleinem Einflugloch und abnehmbarer Vorderwand bewährt. Baumläufer und manche Meisen bevorzugen Höhlen mit Einflugschlitz. Auch für Schwalben, Turmfalken, Eulen und andere Vogelarten gibt es spezielle Nisthöhlen. Halbhöhlen werden vom Hausrotschwanz, vom Grauschnäpper sowie gelegentlich auch von Bachstelze, Gebirgsstelze und Zaunkönig angenommen.

Geeignete Typen werden in der Bundesrepublik Deutschland von den Vogelschutzwarten (vgl. Anhang) geprüft. Höhlen mit abnehmbarer Vorderwand erleichtern die herbstliche Reinigung, die notwendig ist, weil oft Wespen, Fledermäuse, Mäuse oder andere Einmieter die weitere Besiedlung durch Vögel verhindern. Besondere Vorrichtungen an den Nisthöhlen können die Vogelbrut und auch die brütenden Altvögel vor Katzen, verschiedenen Schläfern, Eichhörnchen und Baummardern schützen.

Auch Freibrüter wie Grasmücken lassen sich durch richtiges Quirlschneiden an Hecken vermehrt ansiedeln. Gern angenommen werden auch an Stämmen befestigte Kiefernzweige (Nisttaschen) oder Reisighaufen, die zugleich vor Greifvögeln schützen. Anpflanzen von Vogelschutzhecken und Futtersträuchern, Einrichten von Tränken und – für den Winter – Fütterungen, Kurzhalten von Vogelfeinden und waldbauliche Maßnahmen zur Vermehrung von Dickungen und Unterholz sind schließlich bewährte Methoden, den Vogelbestand zu erhöhen. Über die Einzelheiten unterrichten z. B. die Bücher von Brandt (1962) und Pfeifer (1973) sowie das AID-Merkblatt Nr. 65 über Vogelschutz.

Mit den hier kurz geschilderten Maßnahmen kann man in vogelarmen Gärten und Wäldern die Dichte der Brutvögel etwa um das 5- bis 10fache erhöhen. Besonders hohe Werte erzielte man in insektenreichen und vielseitigen Auwäldern bei der Vogelschutzwarte Frankfurt a. M. mit rund 50 Vogelpaaren je Hektar. Da das Beschaffen, Aufhängen und Versorgen der künstlichen Nisthöhlen nicht unerhebliche Kosten verursacht, konzentriert man Vogelansiedlungen schwerpunktmäßig auf Standorte, die erfahrungsgemäß durch solche Schädlinge besonders gefährdet sind, gegen die Vögel etwas ausrichten können (vor allem Schmetterlingsraupen). Infrage kommen dafür besonders Kiefernwälder mit und ohne Laubholz-Unterbau, Lärchenbestände (zur Verminderung der Lärchenminiermotte, *Coleophora laricella*) und Obstgärten.

Gefährdet wird ein Vogelbestand manchmal durch Insektizide, die auch für Warmblüter toxisch sind, selbst wenn man sie richtig ausbringt. Dabei können sich die Vögel an dem aufgenommenen Futter vergiften. Als Folge des neuen Pflanzenschutzgesetzes und der damit zusammenhängenden verschärften Zulassungsbestimmungen für Pflanzenschutzmittel werden solche Gefahren für die Vogelwelt in Zukunft weiter zurückgehen. Auch abgesehen von der Vergiftungsgefahr läßt sich ein intensiver Vogelschutz, etwa in einer Obstanlage, nicht mit häufigen Applikationen breitenwirksamer Insektizide verbinden, einfach weil dort dann die Nahrung für Insektenfresser knapp wird. In Anlagen, wo man sparsam mit solchen Mitteln umgeht und die Fauna daher weniger verarmt, läßt sich die Tätigkeit z.B. von Meisen sinnvoll in das Bekämpfungsprogramm einbauen (Kap.16).

Die tatsächliche *Bedeutung von Vögeln* bei der Verhinderung oder Beendigung von Insektenkalamitäten wurde bisher nur selten vollständig ermittelt. Das liegt daran, daß zu einer solchen Analyse das sehr aufwendige, gemeinsame Studium aller wichtigen Begrenzungsfaktoren während der Dauer einer Gradation gehört. Man kennt aber Beispiele dafür, daß sich bestimmte insektenfressende Vögel auf die häufiger werdenden Beutetiere eingestellt und dadurch wenigstens eine Zeitlang als dichteabhängige Feindarten gewirkt haben (vgl. 3.1). Eine derartige Wirkung hat aber zum Beispiel bei Übervermehrungen des Amerikanischen Tannentriebwicklers *(Choristoneura fumiferana)* oder unseres Eichenwicklers *(Tortrix viridana)* nur bis zu einer mittleren Schädlingsdichte angehalten. Wegen ihrer geringen Vermehrungskraft vermögen offenbar die meisten Vogelarten auf die schnellen Insektenvermehrungen nur kurzfristig durch Zusammenscharen und Umstellung auf die leicht erreichbare Beute zu reagieren. Läuft die Gradation der Insekten, durch andere Einflüsse begünstigt, weiter, vermögen Vögel dies dann offenbar nicht oder nicht zuverlässig zu verhindern. Anderseits gibt es Beobachtungen aus Kiefernwäldern bei Steckby an der Elbe, die durch (neuerdings allerdings angefochtenen) Vergleich wahrscheinlich machen, daß die langfristige Ansiedlung vor allem von Meisen und Trauerschnäppern in einem früher vom Kiefernspanner *(Bupalus piniarius)* geschädigten Gebiet später dann solche Spannervermehrungen verhindert hat. – Auch im langjährigen Vergleichsversuch auf ähnlichen Probeflächen, von denen eine absichtlich »vogelarm«, die andere mittels vieler Nistgeräte »vogelreich« gehalten worden war, ergab sich eine deutliche Minderung von größeren Raupen und Schmetterlingen (z.B. Frostspannern, *Operophtera brumata*) auf vogelreichen Flächen. In den vogelarmen Gebieten erzielten aber oft andere Feindarten (räuberische und parasitische Insekten) größere Verluste bei den Schädlingen, so daß man von einem Kompensationseffekt sprechen kann. Vögel wirken eben nie allein und sind nur kurzfristig ein wenig auf die Beseitigung der uns gerade schädigenden Insekten spezialisiert. Ihre Hauptstärke liegt auf folgenden stichwortartig zusammengefaßten Gebieten:

a. Vögel lassen sich, im Gegensatz zu vielen anderen polyphagen Prädatoren, relativ leicht auch in wirtschaftlich genutzten Landschaften vermehren.

b. Jede Bereicherung der Lebewelt trägt gerade in armen Wirtschaftswäldern dazu bei, die Abundanzdynamik mancher Insekten abzupuffern.

c. Vögel sind auch an der Ausbreitung von Insektenkrankheiten beteiligt und können hierdurch, zusätzlich zu ihrer direkten Wirkung als Räuber, indirekt die Sterblichkeit mancher Schadinsekten beeinflussen.

d. Auch absolut kleine Verluste durch Vögel können ganz entscheidend sein, wenn sie die Schädlingspopulation in kritischen Zeiten treffen, also wenn diese zahlenmäßig stark zurückgegangen ist.

Wie stark die durch Vögel verursachte Sterblichkeit die Population mancher Insektenarten beeinflußt, erhellt aus der Entstehung der sogenannten Industrie-Melanismen bei vielen Schmetterlingen. Englische Biologen (Kettlewell, 1956) konnten zeigen, daß es auf eine ganz starke Auslese durch Vögel zurückzuführen war, daß in Wäldern, in denen sich durch Industrieeinwirkungen die Baumstämme dunkel verfärbt hatten, früher helle Falter *(Biston betularia)* jetzt fast nur noch als dunkle Mutanten überlebten; helle Exemplare werden, wie Versuche zeigten, binnen weniger Tage von Vögeln weggefressen, da sie mehr als ihre dunklen Artgenossen auffallen.

Es wird noch zu klären sein, an welchem Standort, bei welchen Wirtschaftsformen und gegen welche Schadinsekten sich die zweifellos vorhandenen Potenzen insektenfressender Vögel im Sinne einer vorbeugenden biologischen Bekämpfung verwenden lassen. Als Beitrag zur Regulationsfähigkeit einer Landschaft sind Ansiedlungen derartiger Vögel jedenfalls ebenso erwünscht wie zur Belebung unserer immer tierärmeren Umwelt.

4.4 Säugetiere

Die Verwendung von Säugetieren zur biologischen Bekämpfung begann mit einem Mißerfolg, aus dem man einiges gelernt hat: 1872 brachte man einige Mungos *(Herpestes edwardsi)* von Indien nach Jamaica, um dort die Rattenplage in Zuckerrohrplantagen zu bekämpfen. Die Mungos vermehrten sich stark und vertilgten auch viele Ratten. Anschließend fraßen sie aber so viele Hühner, bodenbrütende Wildvögel, Reptilien usw., daß sie selbst zu Schädlingen wurden. Ähnliche Mißerfolge wiederholten sich später auf Hawaii und Trinidad. Daraus hat man gelernt, nicht-spezialisierte Säuger und andere polyphage Feindarten nicht einzuführen, ehe man alle möglichen Konsequenzen überprüft hat. Ein neuer Vorschlag lautet, von solchen vielseitigen Räubern nur Männchen *oder* Weibchen zu importieren. Da diese sich ohne Geschlechtspartner nicht fortpflanzen können, wirken sie nur während einer begrenzten Zeit. So wird es unwahrscheinlich, daß sie sich nützlichen Tieren zuwenden. –

Bei spezialisierteren Räubern sind solche Gefahren gering. Erst kürzlich gelang es, zur Verminderung einer nicht heimischen Lärchenblattwespe *(Pristiphora erichsonii)* eine Spitzmaus *(Sorex cinereus)* vom kanadischen Festland aus auf der Insel Neufundland einzubürgern. Dort trägt sie durch Vernichtung der im Boden liegenden Kokons wesentlich zur Begrenzung des Schädlings bei. – Im übrigen hat man sich oft bemüht, die Lebensbedingungen für insektenvertilgende Säuger zu verbessern, z. B. durch Anbieten von Brutstätten für Fledermäuse oder durch Anlage von Dickungen für Schwarzwild, da Wildschweine im Winter den im Boden überwinternden Schadinsekten sehr intensiv nachstellen. Über lokale, im einzelnen schwer belegbare Erfolge kamen diese Versuche aber nicht hinaus. Der Eintrieb von Hausschweinen in den Forst zur Verminderung der Puppen in der Bodenstreu bei einer Kalamität hat bei uns nur noch historisches Interesse. Auch andere Insektivoren wie unsere Spitzmäuse oder der Igel tragen zur Verminderung von Schadinsekten bei, ohne daß man sie bei der biologischen Bekämpfung direkt verwenden könnte.

5 Verwendung von Gliedertieren (Arthropoden)

Die meisten Versuche und auch die eindrucksvollsten Erfolge bei der biologischen Schädlingsbekämpfung beziehen sich auf die Verwendung von Gliedertieren (Arthropoden) gegen ihresgleichen, also vorwiegend gegen Insekten und Milben. Zwei Sonderfälle sind die Verwendung von Arthropoden zur Beseitigung schädlicher tierischer Produkte (vgl. 5.1.7) und zur Schneckenbekämpfung (5.4). Angesichts der überwältigenden Artenfülle der Arthropoden, zu denen mehr als 75% aller bekannten Formen gehören, ergeben sich bei dem Versuch, die einzelnen Arten zu bestimmen, erhebliche Probleme. Für die Identifikation mancher Schlupfwespen, Gallmücken, Raubmilben oder anderer Entomophagen gibt es z. B. nur ganz wenige Spezialisten. Daher hat man in Europa einen Internationalen Identifikationsdienst für Entomophagen errichtet, der zur Westpaläarktischen Regionalen Sektion (WPRS) der Internationalen Organisation für Biologische Schädlingsbekämpfung (IOBC) gehört und den Fachinstituten hilft (vgl. Anhang). Weitere Zentren dieser Art befinden sich am Britischen Museum (Natural History) in London, beim US-Landwirtschaftsministerium in Washington und in wenigen anderen Ländern. – Glücklicherweise genügt es für einen wichtigen Teil der biologischen Bekämpfung, die Schonung von Nutzarthropoden, oft schon, die Familienzugehörigkeit zu erkennen. Das gelingt meistens an Hand von kleineren Bestimmungsbüchern (z. B. Brohmer, 1969; OILB/SROP, 1974; Stresemann, 1964/69). Tabelle 1 soll an Hand der hier verfügbaren Bilder den Habitus von einigen Vertretern wichtiger Entomophagen-Familien vorstellen. Zur Lebensweise der Insekten vgl. Jacobs & Renner (1974).

Tabelle 1. Beispiele für wichtige Familien der Entomophagen (arthropodenverzehrende Arthropoden)

Ordnung	Familie	Vorwiegend Vertilger von	Feindstatus Parasit (P) Räuber (R)	Als Beispiel abgebildete Entomophagen-Art (Abb. Nr.)
Hymenoptera	Ichneumonidae (Echte Schlupfwespen)	Eiern, Larven und Puppen von Lepidopteren u. a. Insekten	P	*Pleolophus basizonus* an Kokon der Rotgelben Kiefernbuschhornblattwespe (15)
Hymenoptera	Braconidae (Brackwespen)	Vertretern zahlreicher Insektenfamilien, verschiedene Stadien	P	*Apanteles glomeratus,* Larven verlassen Kohlweißlingsraupe (16)
Hymenoptera	Trichogrammatidae	Eiern von Lepidopteren u. a. Insekten (seltener)	P	*Trichogramma evanescens* an Eiern der Kohleule (17)
Hymenoptera	Eulophidae (Zehrwespen)	Schildläusen, Schmierläusen u. a. Homopteren	P	*Prospaltella perniciosi* an San-José-Schildlaus (18)
Hymenoptera	Eulophidae (Zehrwespen)	Schildläusen, Schmierläusen u. a. Homopteren	P	*Aphelinus mali* an Blutlaus (19)
Hymenoptera	Platygasteridae	Gallmücken	P	*Platygaster manto* (6)
Diptera	Tachinidae (Raupenfliegen)	Larven und Imagines der Lepidopteren, Coleopteren u. a.	P	*Doryphorophaga doryphorae* an Kartoffelkäferlarve (20)
Diptera	Itonididae (Gallmücken)	Blattläusen, Wolläusen u. a. Homopteren	R	*Aphidoletes aphidimyza* an Kohlblattlaus (21)
Diptera	Syrphidae (Schwebfliegen)	Blattläusen, Wolläusen u. a. Homopteren	R	*Syrphus corollae* an Rübenblattlaus (22)
Coleoptera	Coccinellidae (Marienkäfer)	Blattläusen, Schildläusen u. a. Homopteren	R	*Coccinella septempunctata* (23)
Coleoptera	Carabidae (Laufkäfer)	Insektenlarven, auch Regenwürmern, Schnecken	R	*Pterostichus* sp. mit Kartoffelkäferlarve (24)
Hemiptera	Pentatomidae (Asopinae) (Raubwanzen)	Eiern und Larven von Coleopteren, Lepidopteren, Tenthrediniden u. a. Insekten	R	*Perillus bioculatus* an Kartoffelkäferlarve (25)
Neuroptera	Chrysopidae (Florfliegen)	Blattläusen, Schmierläusen, aber auch Raupen u. a. Insekten	R	*Chrysopa* sp. frisch geschlüpfte Larve verläßt gestieltes Ei (26)
Dermaptera	Forficulidae (Ohrwürmer)	nicht flüchtigen Stadien vieler Insektengruppen; auch Insektenkadaver	P und Aasfresser	*Forficula auricularia*

5.1 Importieren von Nutzarthropoden

Importieren von Nutzarthropoden aus anderen Faunenbereichen war nach dem Erfolg des australischen Marienkäfers *Rodolia cardinalis* in Kalifornien (vgl.

3.2.1) für lange Zeit nahezu die einzige anerkannte Technik der biologischen Bekämpfung. Der erwähnte Erfolg, der sich auch in 40 anderen Ländern mit dem gleichen Räuber wiederholen ließ, führte Ende vorigen Jahrhunderts zu einer erheblichen Überschätzung der Einfuhrmethode. Erst nach verschiedenen Rückschlägen begann man auch auf diesem Gebiet mit der Grundlagenforschung. Sie hat die Möglichkeiten und Grenzen klar abgesteckt. In diesem Rahmen besitzt das Einbürgerungsverfahren auch heute noch seine Bedeutung, die sogar ständig zunimmt. Trotz aller Kontrollen an den Landesgrenzen werden immer mehr Schädlinge, die früher begrenzt auftraten, über die ganze Welt verbreitet (Elton, 1958). Als Ausgleich dafür hat sich, wie in diesem Kapitel gezeigt wird, die Einbürgerung wirksamer Feindarten aus dem Herkunftsgebiet häufig bewährt. Zusätzlich zu den geplanten Einfuhren gelangen natürliche Feinde auch zufällig, vermutlich mit unkontrollierten Importen, in neue Gebiete und tragen dort zur Minderung des Schadens bei (»fortuitous biological control«, DeBach, 1974; vgl. Tab. 2).

5.1.1 Ziel der Einfuhr

Je leichter die technische Seite von Nützlingstransporten zu bewältigen ist, desto größer wird die *Verantwortung* der durchführenden Stellen. Das Ziel der Einfuhr muß klar umrissen und eine Strategie der Nützlingsansiedlung entworfen sein, die unerwünschte Nebenwirkungen ausschließt. Dies geht allein schon daraus hervor, daß man einmal ausgesetzte Tiere nicht mehr einfangen kann. Bevor man sich also zu einer irreversiblen Veränderung der Fauna entschließt, müssen die möglichen Folgen bedacht und, so gut das geht, erforscht sein. Nützlingsimporte stehen daher heute überall unter der Aufsicht staatlicher Fachinstitute (vgl. 5.1.3).

Als Ziel der Einfuhr von Nutzarthropoden aus anderen Faunenbereichen gilt nicht (wie bei manchen Wildarten) die Faunenbereicherung, sondern meist die dauerhafte Senkung der Bevölkerungsdichte von schädlichen Arthropoden oder Pflanzen (Ausnahme vgl. 5.1.7). – Als »klassischer« Fall gilt die Einfuhr mehr oder weniger spezifischer Feindarten zur Vertilgung oder Verminderung zuvor eingeschleppter Arthropoden (vgl. 3.2.1). Die meisten gelungenen Fälle dieser Art haben sich gegen Schild-, Schmier- und Blattläuse sowie gegen Lepidopteren gerichtet (s. Tab. 3). Von diesem üblichen Fall abweichend hat man auch folgende Varianten praktiziert, die alle darauf beruhen, daß das potentielle und das effektive Wirtsspektrum bei den (importierten) Entomophagen nicht immer übereinstimmen:

1. Einbürgerung von Feinden, die nicht von dem eingeschleppten Schädling, sondern von einer (geographisch isolierten) verwandten Art stammen. Ein Beispiel ist die erfolgreiche Bekämpfung der Zygaenide *Levuana iridescens* auf den Fidschi-Inseln durch Einfuhr der Tachine *Ptychomyia remota,* eines Parasiten von Raupen der Gattung *Artona* in Malaysia. Manche Autoren vertreten die Anschauung, daß solche Übertragungen von Entomophagen auf Verwandte beson-

ders aussichtsreich seien, da hier noch keine spezifischen Abwehrmechanismen entstehen konnten, wie sie sich sonst im Laufe der Evolution zwischen Wirt und Parasit bzw. Räuber oft herausbilden (Pimentel, 1963). Ein weiteres Beispiel ist *Apanteles flavipes,* erfolgreich adaptiert an den Amerikanischen Zuckerrohrbohrer (vgl. 5.1.8).

2. Ein sehr ähnliches Verfahren nutzt die Beobachtung, daß in andere Faunenbereiche verschleppte Schädlinge dort öfter von einheimischen Entomophagen akzeptiert und manchmal sogar wirksam vermindert werden (Übersicht bei Zwölfer & Pschorn-Walcher, 1968). Werden solche plastisch sich adaptierenden Räuber oder Parasiten aus fremden Faunenbereichen in das Herkunftsgebiet des Schädlings eingeführt, spricht man von »Adaptations-Importen« (Franz, 1964a). Ein solcher Versuch ist in Europa gerade mit zwei Schlupfwespenarten im Gange *(Itoplectis conquisitor* und *Elachertus (Hyssopus) thymus),* da sie sich in Kanada als recht wirksam gegen den dort aus Europa eingeschleppten Kieferntriebwickler *(Rhyacionia buoliana)* erwiesen hatten.

3. a. Schließlich kann es sich herausstellen, daß gegen bestimmte eingeschleppte Schädlinge importierte Entomophagen in dem neu besiedelten Gebiet auch andere Schadarten annehmen. Dieser unbeabsichtigte Effekt eines Wirtsspektrums, das breiter war als ursprünglich angenommen, erwies sich bei Arthropoden öfter schon als vorteilhaft und noch nie als nachteilig (vgl. aber die Gefahren durch polyphage Wirbeltiere, 4.2 und 4.4). b. Das gleiche Phänomen mit umgekehrtem Vorzeichen, also die Annahme eingeschleppter Schadarthropoden durch einheimische Feindarten in der neuen Heimat, trägt mit zu der bekannten Erscheinung bei, daß der Schaden neu eingeschleppter Arten oft nach einigen Jahren »von selbst« wieder geringer wird. Dies gilt z.B. für den Weißen Bärenspinner *(Hyphantria cunea),* in einem geringeren Maße auch für den Kartoffelkäfer *(Leptinotarsa decemlineata),* die, beide aus Nordamerika stammend, erst nach dem 2. Weltkrieg große Gebiete von Europa besiedelt haben und die von Räubern und Parasiten, speziell *Hyphantria* auch von Krankheiten aus dem europäischen Invasionsgebiet, wirksam angegriffen werden. Wenn damit auch keineswegs überall ein Schaden vermieden wird, so liefert der einheimische Vertilgerkomplex als Ganzes doch meist einen Beitrag zur Begrenzung der großen Vermehrungspotenz von Einwanderern. Wegen der größeren Wirksamkeit spezifischer Feinde, die zunächst noch fehlen, schließen sich an solche Invasionen oft Pläne für die ergänzende Einfuhr von Feindarten aus dem Herkunftsgebiet an. So hat man jahrelang in vielen europäischen Ländern versucht und setzt dies heute noch in der UdSSR fort, gegen den Kartoffelkäfer eine oligophage Raubwanze (*Perillus bioculatus* – Abb. 25) und Tachinen der Gattung *Doryphorophaga* (Abb. 20) aus Nordamerika einzubürgern. Bisher kam es, soweit bekannt, noch zu keiner dauerhaften Ansiedlung. Auch zur weiteren Unterdrückung des Weißen Bärenspinners laufen ähnliche Versuche, die alle bisher noch keinen praktischen Erfolg hatten. Dies zeigt die Schwierigkeit der Einfuhrmethode gegen jene Schadinsekten, die auch in ihrer Heimat zu Übervermehrungen neigen und von denen wir keine wirksamen (regulierenden) Feinde kennen.

5.1.2 Wahl der geeigneten Entomophagen

Die Wahl der geeigneten Entomophagen erfordert meist gründliche Voruntersuchungen. Allgemeine Regeln dafür, wie man wirksame Feindarten vor der Erprobung am Bestimmungsort erkennt, lassen sich nur begrenzt aufstellen (Pschorn-Walcher & Zwölfer, 1968). Üblicherweise versucht man heute, mehrere Entomophagen nacheinander einzubürgern. Der Vorteil eines vielgliedrigen Vertilgerkomplexes liegt darin, daß beim Ausfall einer Art, etwa durch ungünstige Witterung, eine andere Art einspringen kann. Solch ein kompensatorischer Effekt durch eine vielfältige Feindfauna trägt zur Stabilisierung der regulativen Potenz bei. Gewöhnlich bietet dafür, wie schon erwähnt (vgl. 2.3), eine vielfältige Landschaft mit reicher Flora die beste Grundlage. Beispiele bilden die 3 Parasitenarten, die gegen die Luzerneblattlaus *(Therioaphis trifolii)* in den verschiedenen Regionen Kaliforniens eingebürgert wurden, und die 2 Arten, die sich bei der Bekämpfung der Grauen Obstbaum-Löffelschildlaus *(Parlatoria oleae)* ebenfalls in Kalifornien gegenseitig ergänzen. Die Beobachtung, daß eingeführte Feindkomplexe auf größeren Gebieten mögliche Gradationen vielseitig abpuffern können, läßt sich nicht in dem Sinne umkehren, daß Phytophagen mit komplexen Vertilgerkreisen *immer* gut unter Kontrolle seien. Erstaunlicherweise gibt es mehrere Schadinsekten, die in ihrer Heimat trotz reicher Feindfauna regelmäßig überhandnehmen, so die Nonne *(Lymantria monacha)* in Osteuropa oder der Nordamerikanische Tannentriebwickler *(Choristoneura fumiferana)* in Kanada und den USA. Bei diesen Arten liegen in bestimmten Zonen ihrer Verbreitung so extrem günstige Ernährungsverhältnisse vor, daß nach Serien klimatisch besonders geeigneter Jahre kein natürlicher Begrenzungsfaktor (außer Kahlfraß) mehr als Bremse funktioniert. Da ein reicher Vertilgerkomplex jedoch auch bei vielen Arten die Regel ist, die sich *nie* übermäßig vermehren (also den Bestand ihrer Wirtspflanze nicht gefährden), läßt sich allein aus dem Vorkommen vieler natürlicher Feinde noch nichts folgern, weder über ihre abbremsende noch über ihre untereinander konkurrierende Rolle im Rahmen der Populationsdynamik. Jedes Schädlingsproblem muß daher für sich erforscht werden, und voreilige Verallgemeinerungen bringen keinen Fortschritt.

In vielen anderen Fällen (Tab. 2) ist jedoch auch jeweils eine einzige Entomophagenart fähig, Schädlinge dauernd unter der »wirtschaftlichen Schadensschwelle« (Kap. 16) zu halten. Je größere Räume man bei solchen Feststellungen im Auge hat, um so mehr wird man Zonen finden, in denen der sonst überall ausreichend wirksame Vertilger versagt (Beispiel: *Rodolia cardinalis* gegen die Australische Wollschildlaus im Tessin). Dies führt zu dem immer wieder bestätigten Schluß, daß die ökologischen, vor allem klimatischen Ansprüche eines Phytophagen geringer sind als die seiner spezifischen Feinde. Schädlinge haben, mit anderen Worten, in der Regel größere Verbreitungsareale als ihre spezifischen Feindarten, welche ihnen nur selten bis in die (klimatischen) Randgebiete zu folgen vermögen. Das gilt ganz besonders für Gebiete, in denen auch die Wirtspflanze erst künstlich eingebracht worden ist. So leben in Schweden z. B. an der dort nicht heimischen Weißtanne *(Abies pectinata)* zwar Tannenstammläuse *(Dreyfusia piceae)*, aber nur noch wenige ihrer vielen Raubfeinde, die bereits bei uns vorkommen. Hier kann das Verfrachten von Nützlingen weiterhelfen (vgl. 5.2.1).

Die Qualität der importierten Nützlinge und damit ihr Leistungspotential läßt sich dadurch verbessern, daß man die neuen Arten aus verschiedenen Teilen des Verbreitungsgebietes beschafft. Die dadurch erreichbare Vielfalt führt, wie man heute annimmt, schließlich zur Selektion von jenen Biotypen, die unter den neuen Bedingungen am besten überleben. Auch nachträglich lassen sich unbefriedigende Leistungen eingebürgerter Nützlinge manchmal korrigieren, neuerdings z. B. die Überlebensrate des aus Australien zur Vertilgung von Schmierläusen im nördlichen Kalifornien eingeführten Marienkäfers *Cryptolaemus montrouzieri;* man holte sich dazu Käfer aus winterkalten Zonen in Australien, und diese Tiere zeigten eine geringere Wintersterblichkeit in kühleren Zonen der neuen Heimat (Bartlett, 1974). Da Massenzuchten im Laboratorium unter Umständen eine einseitige Auslese bringen, kann es vorteilhafter sein, die im Freiland gesammelten Nutzarthropoden – wenn sich genügend beschaffen lassen – im neuen Faunenbereich sogleich freizulassen. Auf jeden Fall ist anzustreben, die Nützlinge dort zu sammeln, wo die Lebensbedingungen ungefähr jenen am Ansiedlungsort entsprechen. Sind Zuchten unvermeidlich, sollten sie unter Bedingungen stattfinden, die dem Freiland ähnlich sind.

Die Wirksamkeit eines Entomophagen in seiner Heimat gilt als wertvoller Hinweis auf seine Eignung auch in anderen Gebieten, kann jedoch nicht als »Gütegarantie« verstanden werden. Spezifische Arten des Vertilgerkomplexes mögen sich im Herkunftsland wenig an der Gesamtsterblichkeit des Schädlings beteiligen, weil sie entweder unter Konkurrenzdruck von anderen primären Vertilgern stehen oder weil sie von sogenannten Hyperparasiten (den Parasiten 2. Ordnung) selbst kurzgehalten werden. Am Ende einer natürlichen langfristigen Entwicklung dürfte ein abgepuffertes Konkurrenzverhalten unter Gliedern eines Parasitenkomplexes stehen, das aber keineswegs als Ganzes die stärkste Senkung der Populationsdichte bei dem Schädling (Wirt) garantiert. Die Wirkung einzelner, zuvor unterlegener Arten kann sich nach ihrer Umsiedlung stark steigern, wenn sie die bisherigen Hemmungsfaktoren hinter sich gelassen haben. Daher sollen die spezifischen, aber unterdrückten Arten immer *zuerst* eingebürgert werden, damit sie eine Chance erhalten zu zeigen, was sie allein können. Ganz generell läßt sich eine *wirksame Entomophagen-Art* vielleicht so kennzeichnen: sie sollte a. dem Lebensraum und der Lebensweise eines Schädlings gut angepaßt sein; b. eine gute Beweglichkeit zum Auffinden ihrer Wirte/Beutetiere besitzen; c. sich ohne übermäßigen Nahrungsverbrauch und auch im Verhältnis zu ihren Wirten/Beutetieren schnell vermehren können; d. auf kleine Dichtesteigerungen des Wirtes sofort mit gesteigerter Aktivität und/oder Vermehrung reagieren.

5.1.3 Einfuhrkontrolle und Freilassung

Daraus leitet sich ganz von selbst die Forderung ab, immer nur Arten einzubürgern, deren Lebensweise, Verhalten gegenüber Konkurrenten oder Auswahl ihrer Wirte/Beutetiere man genau kennt. Das Kennenlernen beginnt mit der genauen Bestimmung (Kap. 5, einleitender Absatz), die dazu beiträgt, daß keine als Hyperparasiten bereits bekannten und somit schädlichen Entomophagen für den Versand vorgesehen werden. Die notwendige Überwachung eingehender Nützlings-Sendungen findet in den Ländern, die auf diesem Gebiet die größte Erfahrung haben (z. B. USA, Kanada, Australien, UdSSR) in ganz wenigen *Zentralen für die Einfuhrkontrolle* (Nützlingsquarantäne) statt. Diese Laboratorien müssen garantieren, daß keine Feinde nützlicher Insekten mit hereinkommen. Außerdem muß durch strenge Isolierung und entsprechende technische Einrichtungen dafür gesorgt werden, daß versehentlich in der Sendung, z. B. an Zweigen oder in Erdproben, mitenthaltene Schadorganismen ausgesondert und vernichtet werden. In der Bundesrepublik gehen die meisten derartigen Sendungen über das entsprechend eingerichtete Institut für biologische Schädlingsbekämpfung der BBA in Darmstadt. – Früher bereitete der Transport von lebenden Entomophagen auf Schiffen die größten Schwierigkeiten. So dauerte es 4 Jahre, bis es 1910 nach vielen Fehlschlägen gelang, die Tachine *Microceromasia sphenophori,* Parasit des Zuckerrohrrüßlers *Rhabdoscelus obscurus,* von Neuguinea lebend nach Hawaii zu bringen. Sie trägt noch heute wesentlich zur Verminderung von Schäden bei. – Inzwischen wurde die Technik des Versands auf dem Luftweg so vervollkommnet, daß man nahezu von jedem Ort der Erde (in Flugplatznähe) zu jedem anderen Kontinent lebende Insekten in 2–3 Tagen versenden kann. Am besten eignen sich dafür Eier und Puppen (Kokons), da sie unterwegs keine Nahrung brauchen. Für Larven und Imagines hat man spezielle Versandgefäße und -käfige entwickelt, in denen Futter so angeboten wird, daß die Insekten nicht ankleben (z. B. Tropfen aus einer Honig-Agar-Mischung auf die Unterlage; methodische Einzelheiten vgl. Franz, 1961; DeBach, 1964). Durch den verkürzten Transport ergeben sich mehr Probleme bei der zeitlichen Umstimmung der Importe. Einfuhrkontroll-Labors sind daher auch häufig an dem Versuch beteiligt, frisch übersandte Entomophagen an die neuen Lebensbedingungen zu gewöhnen. Bei Importen von der anderen Seite des Äquators kann es z. B. vor der Freilassung notwendig werden, die Nützlinge an den Tages- und Jahresrhythmus des Empfängerlandes anzupassen.

Schließlich sind bei der Freilassung der Entomophagen selbst alle Variationsmöglichkeiten zu nutzen. Als günstig gelten viele, über längere Zeiträume ausgesetzte, mittelgroße Kolonien der Entomophagen, für die man eine möglichst große Vielfalt der Lebensbedingungen und der Koinzidenzverhältnisse mit dem Schädling anstrebt. Je größer die Neigung zur Ausbreitung, um so mehr Einzeltiere muß eine Anfangskolonie umfassen. Andererseits genügten für die Ansiedlung z. B. der Schlupfwespe *Opius ilicis* in British Columbia, Kanada, bereits 10 Individuen, um die Ilexminierfliege *(Phytomyza ilicis)* wirksam zu bekämpfen.

Massenfreilassungen haben aber auch schon versagt. Offenbar sind die Startbedingungen einer Ausgangskolonie überaus labil, so daß Zufälligkeiten wie Witterung, Finden der Geschlechter, Synchronisation mit dem Wirt usw. eine ausschlaggebende Rolle spielen. Vermutlich hat man viele der bisher erfolglosen Projekte nicht lange und umfassend genug betrieben, so daß sich manchmal eine Wiederholung lohnen dürfte (van den Bosch, 1968).

5.1.4 Können Schädlinge gegen ihre Feinde resistent werden?

Nach den Enttäuschungen, die man in den letzten Jahrzehnten mit den Insektiziden erlebt hat, gegen die viele Schadinsekten resistent wurden, taucht natürlich immer wieder die Frage auf, ob nicht auch die biologische Bekämpfung in eine ähnliche Sackgasse geraten könne. Anders als bei der Insektizidresistenz, die meist durch einen einzigen chemischen und genau definierten Mortalitätsfaktor selektioniert wird, findet hier die Auseinandersetzung zwischen zwei Systemen mit variablen Eigenschaften statt, wie es Populationen in der Regel sind (Abb. 3). Beide haben dann etwa gleiche Aussichten, sich zu verändern. Bessere Abwehr des Verteidigers könnte also im günstigsten Falle durch bessere Angriffsweise des Aggressors kompensiert werden, entsprechend der den Populationen innewohnenden Flexibilität. Anders läßt es sich jedenfalls nicht erklären, daß die

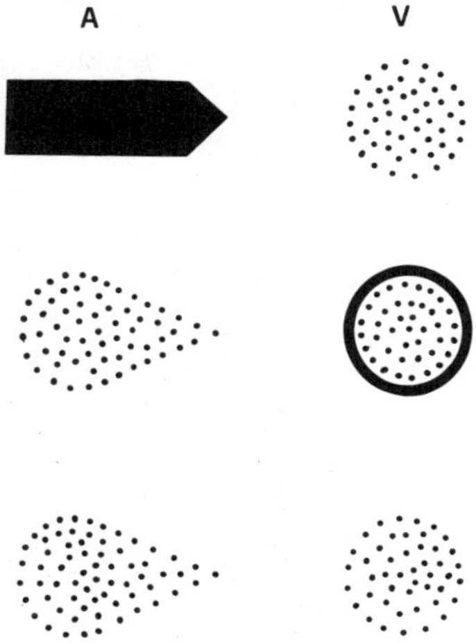

Abb. 3. Resistenzentstehung – Schema der Auseinandersetzung zwischen aggressivem Mortalitätsfaktor (A) und einer Population in der Verteidigung (V). – Oben: *Pestizidresistenz* – ein in seinen Eigenschaften konstanter Angreifer trifft auf einen plastischen Verteidiger, die genetisch vielseitige Population des Schadorganismus. Unempfindliche Individuen überleben. – Mitte: *Kulturpflanzen-Resistenz* – die durch künstliche Selektion unempfindlich gewordene Pflanzensorte ist in ihren Eigenschaften festgelegt (umrandeter Kreis) und der natürlichen Selektion weitgehend entzogen; da der angreifende Schadorganismus seine volle Plastizität behält, resultiert häufig eine nur befristete Resistenz bei Kulturpflanzen. – Unten: Wechselbeziehungen zwischen angreifendem *Entomophagen* und sich verteidigendem *Schädling* (= Wirt), wobei sich zwei in den Eigenschaften variable Populationen mit ungefähr gleichen Chancen gegenüberstehen.

entscheidenden Gegenspieler in den Vertilgerkomplexen ihre wesentliche regulative Leistung offenbar ohne Effektivitätsschwund dauerhaft beibehalten, auch wenn man sie ihren Wirten in andere Faunenbereiche nachgeführt hat. Im Laborversuch ließ sich allerdings unter extrem einseitigen Bedingungen eine hohe Toleranz von Stubenfliegen *(Musca domestica)* im Puparium gegenüber ihren Parasiten *(Nasonia vitripennis)* erzielen (Olson & Pimentel, 1974).

Man kennt bisher nur einen Fall in der biologischen Bekämpfung, in dem ein zuerst wirksamer Feind später in der Wirkung nachgelassen hat. Die Große Lärchenblattwespe *(Pristiphora erichsonii)* in Kanada wurde durch die aus England nachgeführte Ichneumonide *Mesoleius tenthredinis* zwei Jahrzehnte lang sehr wirksam begrenzt. Das Nachlassen des Parasitierungserfolges nach 1940 in weiten Gebieten Nordamerikas führte wieder zu vermehrtem Auftreten der Blattwespe. Bedingt war dies dadurch, daß es die Wirtspopulation weitgehend fertigbrachte, die Parasiteneier abzukapseln, wodurch die effektive Parasitierung stark zurückging. Man vermutet als Ursache für diese Erscheinung die relativ einseitige genetische Struktur der seinerzeit nur aus England – also einem Randgebiet des Lärchenvorkommens – importierten Parasiten. Aus anderen Teilen Eurasiens nachgeführte Kolonien der gleichen Art sowie vor allem eine zusätzliche Schlupfwespenart *(Olesicampe benefactor)* aus dem vielseitigen Feindkomplex im paläarktischen Herkunftsgebiet bewirkten kürzlich, daß die Parasitierung inzwischen auf großen Flächen wieder stark anstieg. Angesichts der Seltenheit solcher Resistenzentstehung gegen natürliche Feinde dürfte sie sich ganz vermeiden lassen, wenn man die eingeführten Startkolonien bewußt genetisch vielseitig aufbaut, und zwar durch Verwendung verschiedener »Herkünfte« der gleichen Art. Zusätzlich empfiehlt sich, wie gesagt, der Import mehrerer, sich ergänzender Arten. Bezüglich der Entstehung einer Resistenz gegen Krankheitserreger vgl. 9.5.1 und der Verwendung Insektizid-resistenter Nutzarthropoden vgl. 5.2.2.

5.1.5 Die Begrenzungsfaktoren im neuen Ökosystem

Jedes Ökosystem bietet für die Kolonisation von Entomophagen andere Bedingungen. Daher gibt es hier auch keine identischen Wiederholungen. Selbst Einbürgerungen von den gleichen, zuvor erfolgreichen Nützlingen (*Rodolia cardinalis* [vgl. 3.2 und Tab. 2] oder Blutlauszehrwespe *Aphelinus mali* [Abb. 19] in allen Kontinenten) sind stets wieder ein neuer »Fall«. Eine weltweite Erfolgsserie mit diesen und anderen Entomophagen spricht indessen dafür, daß deren ökologische Ansprüche besonders gut mit denen der Wirte (Schädlinge) übereinstimmen. Solche Übereinstimmung findet man nur bei spezifischen Feindarten, die sich im Laufe der Evolution ganz auf den einen oder wenige, nahe verwandte Wirte/Beutetiere eingestellt haben.

Die wichtigsten biotischen Begrenzungsfaktoren für den importierten Nützling ergeben sich aus den *faunistischen Bedingungen* seines neuen Ökosystems. So müssen z.B. die Wirte/Beutetiere zu dem Zeitpunkt und im richtigen Stadium vorhanden sein, in dem ein Entomophage sie benötigt. Ei-, Larven- und Puppenparasiten müssen also freigelassen werden, wenn die entsprechenden Wirtsstadien vorliegen. Ferner muß die Fauna vielseitig genug sein, um *Zwischenwirte*[1]

[1] Zwischenwirte (Zwischenbeute), definiert als jene Wirte/Beutetiere, die angenommen werden müssen, weil der Hauptwirt (die Hauptbeute) zeitweise nicht verfügbar ist.

Tabelle 2. Beispiele für die weltweite Verbreitung von Nutzarthropoden durch Verfrachtung zur biologischen Bekämpfung (nach DeBach, 1964)

Entomophage	Familie	Herkunft	Räuber (R) oder Parasit (P)	Zur Bekämpfung von	erfolgreich eingebürgert in Ländern
Rodolia cardinalis	Coccinellidae (Marienkäfer)	Australien	R	*Icerya purchasi* (Australische Wollschildlaus)	29
Aphelinus mali	Eulophidae (Zehrwespen)	USA	P	*Eriosoma lanigerum* (Blutlaus)	25
Prospaltella berlesii	Eulophidae	USA	P	*Pseudaulacaspis pentagona* (Maulbeerschildlaus)	6
Eretmocerus serius	Eulophidae	Malaysia	P	*Aleurocanthus woglumi* (Zitrus-Mottenschildlaus)	8
Aphytis lepidosaphes	Eulophidae	Südost-Asien	P	*Lepidosaphes beckii* (Zitrus-Kommaschildlaus)	9 (+ 13 durch zufällige Importe)

für jene Entomophagen verfügbar zu haben, die mehr Generationen im Jahr als ihre Hauptwirte durchmachen. Dieses sogenannte Koinzidenzproblem war schon oft entscheidend für das Gelingen einer Einbürgerung. Auch die *Feindfauna* kann frischbegründete Populationen freigelassener Entomophagen gefährden. Polyphage Räuber wie Ameisen sind z. B. in der Lage, die zur Freilassung vorgesehenen Eiparasiten der Gattung *Trichogramma* zu vertilgen, wenn man diese als Vorpuppen in den Eiern der Produktionswirte aussetzt. – Hyperparasiten haben oft ein weiteres Wirtsspektrum als Primärparasiten und akzeptieren daher häufig auch faunenfremde Arten. Offenbar sind Einwanderer in einer »eingespielten« Biozönose besonders gefährdet, bis sie sich im scharfen Selektionsprozeß während der ersten Generationen angepaßt haben.

Da die Ausbreitung einer Startpopulation zugleich deren Verdünnung herbeiführt, gefährden sich gut bewegliche Formen durch weite Wanderflüge manchmal selbst, indem sie sich verlieren. Bei Einbürgerungsversuchen spielen somit auch die *räumlichen Bedingungen* eine erhebliche Rolle. Weit verbreitet ist heute noch die Ansicht, Nützlingseinfuhren seien nur auf tropischen Inseln gut anwendbar. Tatsächlich erkennt man bei der schnellen Generationsfolge in warmen Klimaten und auf begrenztem Areal die Erfolge freigelassener Nützlinge schneller. Auf Hawaii und den Fidschi-Inseln betreibt man diese Form der Schädlingsbekämpfung auch bereits seit über 80 Jahren und sehr intensiv, da dort eingeschleppte Schädlinge dominieren. Richtig ist ferner, daß in wärmeren Klimaten für Entomophagen besonders günstige Lebensbedingungen bestehen. Die

Erfahrung der letzten Jahrzehnte beweist aber eindeutig, daß sich auch große kontinentale Gebiete der temperierten Zone für das Arbeiten mit Nutzinsekten eignen. Genannt seien aus Kanada die erfolgreiche Bekämpfung der Europäischen Getreidehalmwespe *(Cephus pygmaeus)* und des ebenfalls eingeschleppten Kleinen Frostspanners *(Operophtera brumata),* aus Südafrika die Reduktion des Eukalyptusrüßlers *(Gonipterus scutellatus),* jeweils durch nachgeführte Parasiten. Weitere Beispiele aus Europa enthält der folgende Abschnitt (Tab. 3).

Erst an der Klimagrenze der Verbreitung von Schadarthropoden gibt es offenbar Zonen, wo Entomophagen weniger zur Regulation von Phytophagen beitragen, weil sie, wie bereits erwähnt (vgl. 5.1.2), gewöhnlich ökologisch anspruchsvoller sind als ihre Wirte. In solchen Grenzgebieten, zu denen für manche Arten Norddeutschland und Skandinavien gehören, hängt die Wirksamkeit vieler Nutzinsekten stärker vom jeweiligen Witterungsablauf ab als in wärmeren Gebieten. Dort sollte daher die Möglichkeit einer Ansiedlung von importierten Entomophagen im Klimasimulator vorher überprüft werden. Der geminderten Kapazität vieler Entomophagen in Randzonen der Schädlingsverbreitung ist auch wohl die Tatsache zuzuschreiben, daß dort oft größere Schäden auftreten als im klimatischen Optimum, eben weil im klimatisch suboptimalen Gebiet die Regu-

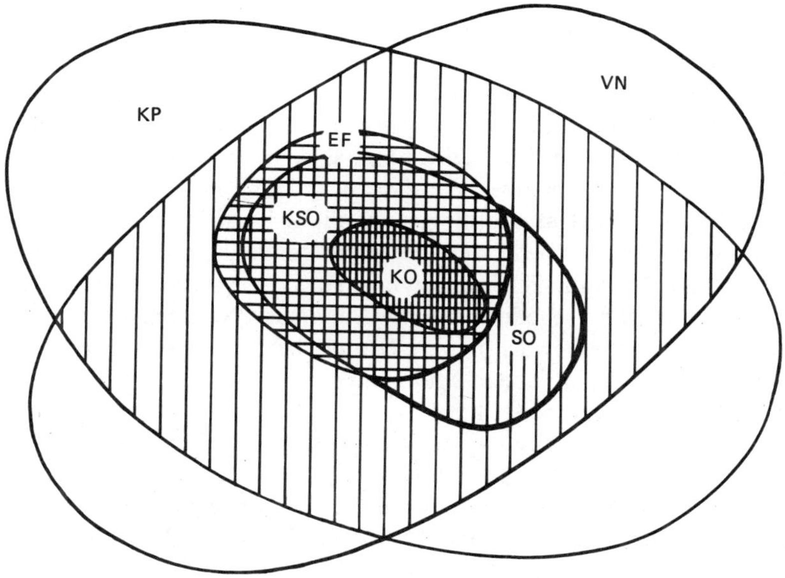

Abb. 4. *Synökologisches Optimum* (SO) für eine monophage Pflanzenfresserart. Es ist bestimmt durch die unvollständige räumliche Deckung der geeigneten Klimazone, der Verbreitung der Nährpflanze und der Verbreitungsgebiete von Wirt und effektivem Feind. KP = klimatisch-potentielles Verbreitungsgebiet des Phytophagen; VN = Verbreitungsgebiet der Nährpflanze; KO = klimatisch optimale Zone; KSO = klimatisch suboptimale Zone; EF = Verbreitung der effektiven Feindart (nach Franz, 1964b).

lation durch Feindarten weniger gut funktioniert. Daher bezeichnet man die Zone der günstigsten Gesamtkonstellation aller ökologischen Bedingungen für eine Art auch als *synökologisches Optimum* (Abb. 4).

5.1.6 Erfolge und Erfolgskontrolle

Von 390 aus allen Teilen der Welt nach den Vereinigten Staaten eingeführten und dort freigelassenen Entomophagen-Arten wurden bis 1956 nur 95 (81 Parasiten und 14 Prädatoren) dauerhaft eingebürgert (rund 24%) (Clausen, 1956). Und wiederum nur ein Teil dieser Arten trug zur Minderung von Schadarthropoden derartig bei, daß man sie als wirksam bezeichnen kann. Anscheinend waren also die meisten Versuche zur Einfuhr natürlicher Feinde Fehlschläge. Prüft man nun die Erfolgsstatistik anderer Schädlingsbekämpfungsverfahren, so erhält man jedoch noch ungünstigere Ergebnisse. Dies gilt z.B. für die Züchtung resistenter Kulturpflanzen und, noch viel stärker, für die Entwicklung neuer Pestizide. So ist es kein Geheimnis, daß Hersteller von Insektiziden beim »screening«, d.h. der Auswahl geeigneter Verbindungen aus einer großen Vielfalt von Stoffen, mit Erfolgsprozenten von nur 0,01 und weniger rechnen, bevor alle Ansprüche auf Wirksamkeit und Ungefährlichkeit erfüllt sind. Damit verglichen besitzen Versuche zur Einbürgerung von faunenfremden Entomophagen eine weit größere Erfolgsaussicht. Lassen sich nämlich von 10 importierten Arten nur 2 einbürgern und vermindern diese den Schädling beträchtlich, so ist das Projekt gelungen. Mit zunehmender Einsicht in die Wirkungsprinzipien der verschiedenen Nutzorganismen läßt sich ihre Brauchbarkeit immer sicherer voraussagen.

DeBach (1964) zählt in einer Weltübersicht 225 Fälle gelungener Bekämpfung durch Importe von Entomophagen auf, die sich auf 110 Schädlingsarten beziehen. Von den genannten Ländern zeigen folgende die größte Anzahl von gelungenen Fällen: USA mit Kalifornien und Hawaii, Australien, Kanada, Chile, Fidschi-Inseln, Westindische Inseln, Israel, Japan und Neuseeland. Von den meisten dieser Länder gibt es auch neuere Sammelberichte. Besonders oft wiederholte Erfolge haben die in Tabelle 2 genannten Entomophagen gebracht, die man über die ganze Erde verbreitet hat.

Betrachtet man die Verteilung der Beispiele erfolgreicher Anwendung über die Erde, so liegt es nahe, zunächst an ökologische oder tiergeographische Gründe zu denken. Diese sind auch ausführlich diskutiert worden. Nach DeBach (1964) läßt sich aber nur zu *einem* Parameter eine klare Beziehung erkennen: Zu der Dauer und Intensität, mit der man in der betreffenden Region den Import von Nutzarthropoden betrieben hat. Daher führen die oben genannten Länder mit ihren großen und seit vielen Jahrzehnten tätigen Instituten in der »Rangliste«. Daß sich solche Arbeiten auch wirtschaftlich rentieren, wird noch gezeigt (vgl. 5.1.8).

Bevor wir uns mit weiteren Beispielen näher befassen, soll noch geklärt werden, welche *Grade des erfolgreichen Einsatzes* von Nutzarthropoden man unterscheidet und wie man sie ermittelt. Die Senkung der Populationsdichte einer Schädlingsart, das erste Ziel einer Nützlingseinfuhr, kommt naturgemäß allmählich. Während besonders *durchschlagende Arten* ihre Wirkung im Freilassungsgebiet meist schon nach drei Generationen oder drei Jahren deutlich zeigen, gibt es andere, die erst nach viel längerer Zeit und im Verein mit später nachgeführten Entomophagen einen vollständigen oder einen teilweisen Erfolg erkennen lassen. Im ersten Fall verliert der bisherige Schädling – meist ohne ausgerottet zu werden – seine frühere wirtschaftliche Bedeutung im Ansiedlungsgebiet. Bei *Teilerfolgen* tragen die eingebürgerten Nützlinge nur zur Verminderung des Schadens bei. Zusätzlich bleiben aber – wenigstens zeitweilig – weitere Bekämpfungsmaßnahmen erforderlich. Solche Fälle bieten sich besonders für integrierte Bekämpfungsprogramme an, bei denen die vorhandenen Nützlinge bewußt geschont werden (vgl. Kap. 16). Die gleiche Entomophagen-Art kann je nach Umweltbedingungen durchaus verschieden gut wirken. Die Zehrwespe *Prospaltella perniciosi,* spezifischer Parasit der San-José-Schildlaus *(Quadraspidiotus perniciosus),* erreichte z.B. im Wallis (Schweiz) eine schnellere Senkung der Schildlausdichte als bei Genf oder in Südwestdeutschland (vgl. 5.1.6.1.2). *Die Ermittlung des Erfolges* von eingeführten Entomophagen beginnt mit der Nachsuche, entweder nach den Nützlingen oder (leichter) nach den Spuren ihres Fraßes (Räuber) oder nach parasitierten Wirten (Schmarotzer). Das erste Problem ist dabei, festzustellen, ob und in welchen Gebieten sich die neue Art eingebürgert hat. Erst nach dem Verstreichen mehrerer Generationen und schwieriger Witterungsperioden wie Kälte- oder Trockenzeiten läßt sich ein Ansiedlungserfolg endgültig belegen. Diesem qualitativen Nachweis folgt dann baldmöglichst ein quantitativer, der über die Bedeutung des Nützlings für die Verminderung des Schädlings und damit für die Schadensreduktion informiert. Grundsätzlich stehen bei der Erfolgskontrolle zwei Verfahren zur Verfügung: a. die Beobachtung und b. das Experiment.

a. *Beobachtungen* beruhen meistens auf Stichproben der untersuchten Schädlinge. Man prüft diese auf Kriterien für die Einwirkung von Feindarten. Durch sukzessive Probeentnahme läßt sich der Fehler ausgleichen, der dadurch entstehen könnte, daß die entnommenen Schädlinge dem weiteren Einwirken ihrer Feinde entzogen werden. Eine über mehrere Generationen fortgesetzte Mortalitätsanalyse, die alle Stadien umfaßt (life table), vermittelt Einblicke in die *Dichteabhängigkeit der Feindwirkung* und damit in ihre regulative Wirkung. Auch weniger komplette Untersuchungen, wie etwa die winterliche Ermittlung des Parasitierungs-Prozentsatzes bei Schildläusen (vgl. 5.1.6.1.2), ergeben bereits einen Eindruck von der Nützlingstätigkeit. Man muß sich nur davor hüten, diese Zahlen ohne Bezug auf die absolute Schädlingshäufigkeit zu werten. Unter Umständen können geringe zusätzliche Verluste, wenn sie in Perioden niedriger Schädlingsdichte auftreten, mehr regulative Wirkung erzielen als hohe Verlustprozente während des Höhepunktes einer Gradation. Entscheidend ist, was übrigbleibt, ob also eine Feindart fähig ist, ihre Wirte/Beutetiere unterhalb der wirtschaftlichen Schadensschwelle zu halten.

b. *Experimente* mit Entomophagen zur Erfolgskontrolle beruhen im Prinzip auf einem Vergleich. Dazu hält man eine Art oder Gruppe von natürlichen Feinden auf begrenzter Fläche von ihren Wirten/Beutetieren fern. Verglichen wird dann die Differenz der Sterblichkeit zwischen der geschützten und einer entsprechenden ungeschützten Teilpopulation; sie gilt als Maß für die Wirksamkeit der ferngehaltenen Feinde. Bei dieser *Differenzmethode* können die verglichenen Gebiete größere Flächen umfassen, von denen einige noch nicht, andere schon

Tabelle 3. Beispiele für die biologische Bekämpfung von Schadarthropoden durch Einbürgerung faunenfremder Entomophagen in Europa

Schädling (Familie)	Gebiet	Nützling (Familie) (nur wirksame Arten) R = Räuber P = Parasit	Bemerkungen ++ = voller Erfolg + = Teilerfolg (+) = nur eingebürgert
Icerya purchasi Australische Wollschildlaus (Margarodidae)	südliche UdSSR und Mediterrangebiet	*Rodolia cardinalis* (Coccinellidae) R	++ und +
Pseudococcus spp. Schmierläuse (Pseudococcidae)	südliche UdSSR und Mediterrangebiet	*Cryptolaemus montrouzieri* (Coccinellidae) R	++ und + z. T. künstliche Vermehrung u. Herdbildung im Frühling
Pseudococcus comstocki Bananenschmierlaus (Pseudococcidae)	südliche UdSSR	*Pseudaphycus malinus* (Encyrtidae) P	++
Pseudococcus gahani (Pseudococcidae)	südliche UdSSR	*Coccophagus gurneyi* (Eulophidae) P	++
Diaspididae Schildläuse – verschiedene Arten	südliche UdSSR und Mediterrangebiet	*Lindorus lophanthae* (Coccinellidae) R	++ und +
Pseudaulacaspis pentagona Maulbeerschildlaus (Diaspididae)	südliche UdSSR und Mediterrangebiet	*Prospaltella berlesei* (Eulophidae) P	++ und +
Quadraspidiotus perniciosus San-José-Schildlaus (Diaspididae)	UdSSR südliches Europa einschließlich Südwestdeutschland	*Prospaltella perniciosi* (Eulophidae) P	++ und + (s. S. 57ff.)
Saissetia oleae Schwarze Ölbaumschildlaus (Diaspididae)	südliches Griechenland	*Metaphycus helvolus* (Encyrtidae) P	++
Aonidiella aurantii *Chrysomphalus dictyospermi* (Diaspididae)	südliches Griechenland und Kreta	*Aphytis melinus* (Eulophidae) P	++ und +

von der betreffenden Entomophagen-Art besiedelt sind. Künstlich lassen sich kleinere feindfreie Zonen schaffen; dazu eignen sich mechanische Abschirmung (Käfige um Pflanzenteile), chemische Verfahren (welche die unterschiedliche Empfindlichkeit von Entomophagen und Phytophagen nutzen), biologische Verfahren (z. B. Raubameisen wie *Iridomyrmex humilis*, welche Schildlauskolonien von Angreifern freihalten) oder das laufende Absammeln bestimmter Entomophagen mit der Hand. Durch Kombination mancher Methoden lassen sich, wie aus der Spezialliteratur ersichtlich, Nachteile einzelner Verfahren ausgleichen (Franz, 1961; DeBach, 1964). Der so gewonnene Vergleich bietet den Vorteil,

Tabelle 3. (Fortsetzung)

Schädling (Familie)	Gebiet	Nützling (Familie) (nur wirksame Arten) R = Räuber P = Parasit	Bemerkungen ++ = voller Erfolg + = Teilerfolg (+) = nur eingebürgert
Lepidosaphes beckii Zitrus-Kommaschildlaus (Diaspididae)	südliches Griechenland	*Aphytis lepidosaphes* (Eulophidae) P	++ und +
Eriosoma lanigerum Blutlaus (Aphididae)	südliche UdSSR und Süd- bis Mitteleuropa	*Aphelinus mali* (Eulophidae) P	+ + und + (s. S. 56)
Aleurothrixus floccosus (Aleurodidae)	Mittelmeergebiet	*Cales noacki* (Eulophidae) P	+ und ++
Stictocephalus (Ceresa) bubalus (Zikade) (Membracidae)	Italien	*Polynema striaticorne* (Mymaridae) P	(+)
Lymantria dispar Schwammspinner (Lymantriidae)	Spanien	*Ooencyrtus kuwanai* (Encyrtidae) P	+

die Wirkung der partiell abgeschirmten Entomophagen selbst innerhalb der gleichen Wirtspflanze oder des gleichen Feldes, also unter voller Erhaltung der übrigen Umweltbedingungen, demonstrativ zu zeigen und quantitativ zu erfassen.

Übersichten über dauerhafte Erfolge durch Einbürgerung importierter Nutzarthropoden sind mehrfach veröffentlicht (Sweetman, 1958; Franz, 1961; DeBach, 1964 u. 1974). Da eine weltweite Übersicht den Rahmen dieses Taschenbuches sprengen würde, begnügen wir uns mit den für deutschsprachige Leser wohl besonders interessanten Beispielen aus Europa (Tabelle 3). Eine neue Übersicht gibt Greathead (1976).

Außerdem werden gegenwärtig unter anderem folgende Projekte zur Einbürgerung neuer Entomophagen in Europa bearbeitet: a. Gegen den eingeschleppten Kartoffelkäfer die amerikanische Raubwanze *Perillus bioculatus* (Pentatomidae) in Osteuropa (vgl. Abb. 23 u. Kap. 5.1.1); einige Tachinen der Gattung

Doryphorophaga (Tachinidae), vor allem die Art *D. doryphorae,* in der UdSSR (vgl. Abb. 20). – b. Gegen den Weißen Bärenspinner die aus den USA importierten Parasiten *Mericia ampelus* (Tachinidae), *Campoplex validus* (Ichneumonidae) und andere Schlupfwespen in Jugoslawien und der UdSSR (vgl. 5.1.1). – c. Gegen den eingeschleppten Pfirsichwickler *(Grapholitha molesta)* die Braconide *Macrocentrus ancylivorus* in der UdSSR, zeitweilig auch in Frankreich.

Der Schwerpunkt dieser Einbürgerungen, die teilweise ausgezeichnete Ergebnisse gebracht haben, liegt nach Tabelle 3 eindeutig in den wärmeren Gebieten Europas. Am Mittelmeer, der Nordostküste des Schwarzen Meeres und am Kaspisee haben in den dortigen Zitruskulturen manche Importe von in den USA (Kalifornien) bereits gut untersuchten und dort bewährten Schild- und Schmierlaus-Parasiten schnelle und relativ leichte Erfolge ergeben. In wärmeren Zonen sind die Schäden durch eingeschleppte Insekten besonders groß. Dort sind aber auch die thermischen Bedingungen für das Wirken von Entomophagen im ganzen günstiger.

5.1.6.1 Beispiele aus Deutschland

Die folgenden Fälle sollen zeigen, daß sich – zum mindesten in den wärmeren Landesteilen – auch bei uns eingeführte Entomophagen als nützlich erweisen können.

5.1.6.1.1 Die Blutlaus

Die Blutlaus *(Eriosoma lanigerum),* ein gefährlicher Apfelschädling, wurde bereits Ende des 18. Jahrhunderts aus ihrer nordamerikanischen Heimat nach Europa verschleppt. Ihren spezifischen Parasiten, die Blutlauszehrwespe *Aphelinus mali,* brachte der bekannte amerikanische Entomologe L. O. Howard im Jahre 1920 persönlich zu P. Marchal nach Paris. Vier Jahre später wurden dann auch bei uns in Deutschland die ersten Freilassungsversuche gemacht (Landsberg a. W.), allerdings mit Material, das man vorher aus den Vereinigten Staaten nach Uruguay eingeführt hatte. Offenbar war damals die europäische Zusammenarbeit auf diesem Gebiet nicht so gut wie heute (Kap. 17). In den folgenden Jahren wurde dann die Blutlauszehrwespe ausgesetzt in der Rheinpfalz (1925 und 1926), in Berlin-Dahlem (1928), in der Gegend von Naumburg und Halle a. S. (1928/29 und 1932/33) und im Obstbaugebiet von Stade (1934). Die von Sachtleben (1941) eingehend referierten Versuche lassen sich folgendermaßen zusammenfassen: In wärmeren Lagen und Jahren und vor allem in geschlossenen Obstbaugebieten verringert die Zehrwespe den Blutlausbefall ganz erheblich. Allerdings sind im Frühling der Wirt und sein Schmarotzer schlecht synchronisiert. Die Wespen erscheinen zu früh, können sich in den wenigen Wirten nach der Überwinterung kaum vermehren und müssen dann im Sommer erst wieder aufholen. Die in England eine Zeitlang übliche Hilfe bei der Überwinterung, Zweigstücke mit parasitierten Blutläusen im Keller zu lagern, hat sich bei uns nicht eingeführt. Starke Kältegrade, welche die in versteckten Plätzen überwinternde Blutlauslarve überlebt, vertragen auch die in den Wirten überwinternden Parasitenlarven. – Die Zehrwespen haben, wie alle anderen Entomophagen, sehr unter der Verwendung breitenwirksamer Insektizide zu leiden. Die zunehmende Bedeutung der Blutlaus in intensiven Obstanlagen liegt somit sicher teilweise an den dort üblichen häufigen Insektizidbehandlungen, z.B. gegen den Apfelwickler, ferner auch daran, daß man stark Blutlaus-empfindliche Apfelsorten anbaut (z.B. Weißer Klarapfel, Goldparmäne). Für den Übergang zu einem integrierten Pflanzenschutzprogramm wäre es wünschenswert, wenn von einer Zentrale Zweige mit parasitierten, an ihrer schwarzen Verfärbung gut erkennbaren Blutläusen (Abb. 19) bezogen werden könnten, da sich die lokale Wiedereinbürgerung dadurch sehr beschleunigen läßt. An der Entwicklung selektiver Blattlausmittel wird zur Zeit gearbeitet. Insgesamt kann man in wärmeren Gebieten auch bei uns die Hilfe der Blutlauszehrwespe benutzen. Sie ist aber allein, vor allem an empfindlichen Apfelsorten, nicht in der Lage, jeden Schadbefall zu verhindern. Ähnliche Beobachtungen gibt es auch aus anderen europäischen Ländern, wo ebenfalls die Berichte um so günstiger lauten, je wärmer und geschützter die untersuchten Anlagen waren.

5.1.6.1.2 Die San-José-Schildlaus

Die San-José-Schildlaus (SJS) *(Quadraspidiotus perniciosus)* gelangte als Dauerschädling erst nach dem 2. Weltkrieg zu uns. Obwohl ihre ursprüngliche Heimat in Ostasien liegen dürfte, erreichte sie uns, von Nordamerika aus, über einige europäische Länder. Der Gedanke, gegen den in den Obstanlagen Südwestdeutschlands verheerend auftretenden Schädling durch Parasiteneinfuhr vorzugehen, stammte von Wolfgang Klett, dem damaligen Direktor der Landesanstalt für Pflanzenschutz in Stuttgart. Auf einer Studienreise durch die Vereinigten Staaten war ihm 1950 aufgefallen, daß dort die früher sehr ernsten Schäden durch die SJS nachgelassen hatten. Nachsuchen zeigten, daß dafür offenbar parasitische Zehrwespen verantwortlich waren. So entstand der Plan, den wichtigsten Parasiten *(Prospaltella perniciosi)* nach Europa zu bringen, hier in Massenzuchten zu vermehren und dann freizulassen.

Ohne auf Einzelheiten der Entwicklung dieses Projektes einzugehen, seien hier lediglich die Lebensweise des Schmarotzers und der jetzige Stand seiner Einbürgerung kurz geschildert (Neuffer, 1975). Die 0,8 mm große Schlupfwespe entwickelt sich nur in der San-José-Schildlaus, nicht einmal in nahe verwandten, für uns kaum unterscheidbaren Arten. Das Weibchen kann 10–40 SJS mit je einem Ei belegen, das mit dem Legestachel durch den Deckschild in den Körper der bevorzugt 10–20 Tage alten Laus eingeführt wird (Abb. 18). Dort wächst der Parasit bis zum Vollinsekt heran. Die Zehrwespe beißt sich durch die Wirtsreste und den Deckschild hindurch und hinterläßt dabei ein kennzeichnendes Loch. Im Freiland treten in Südwestdeutschland in der Vegetationszeit 3–4 Generationen auf, während im Insektarium für eine Generation bei konstant 27 °C: 21–24 Tage, bei Wechseltemperaturen 15/25 °C: 40–44 Tage benötigt werden. Wechseltemperaturen haben sich als notwendig herausgestellt, um die in unseren Breiten offenbar wirksamere zweigeschlechtliche Form zu erhalten. Die Männchen, die sich als Hyperparasiten in den Weibchen der eigenen Art entwickeln (Autoparasitismus), benötigen Freiland-ähnliche Temperaturen. Dabei ist entscheidend, daß sich die mit einem Parasitenei belegten SJS nicht weiter vermehren können.

Um die zur schnellen Einbürgerung notwendigen Mengen der Parasiten zu erhalten, wurde in Stuttgart ein *Insektarium zur Massenzucht* angelegt. Die gut haltbaren Wassermelonen bzw. südländischen Kürbissorten werden dort künstlich mit SJS besetzt und in einen Parasitierungskäfig gebracht, in dem die Wespen unter optimalen Bedingungen ihre Eier ablegen. Kurz vor dem Schlüpfen der Wespen hängt man die Melonen mit ihrem stark parasitierten Schildlausbesatz in einem Netz so in die Zweige eines befallenen Baumes, daß die ausschlüpfenden Parasiten sogleich neue Wirte finden. In den ersten Jahren dieser Versuche hatte man sogar Zelte über den Freilassungsbäumen errichtet, eine Fürsorge, die sich später als entbehrlich erwies. Die weitere Ausbreitung von dem Ansiedlungsbaum aus, im Jahr je nach Wetterlage rund 80 bis mehrere hundert m, überläßt man den Zehrwespen dann allein.

Von den aus China, der UdSSR und verschiedenen Gebieten Nordamerikas bezogenen Proben dieses Parasiten haben sich bei uns offenbar jene aus dem mittleren Westen und den Neuenglandstaaten der USA besonders gut bewährt. Auch die anderen Herkünfte ließen sich ansiedeln. Da zu erwarten ist, daß jede Lokalform besondere Anlagen für die Anpassung an spezielle Bedingungen mitbringt, bedeutet die hier erreichte genetische Vielfalt zweifellos einen Vorteil für die zukünftige Entwicklung. – Im Laufe der Jahre 1954 bis 1974 wurden in Baden-Württemberg 27,5 Millionen *P. perniciosi* freigelassen. Damit konnte inzwischen eine annähernd durchgehende Besiedlung aller SJS-Schadgebiete in diesem Lande erreicht werden.

Zur Ermittlung des Wirkungsgrades verwendete man während des Winters entnommene und im Laboratorium warmgestellte Schildlaus-besetzte Zweigproben. Aus diesen schlüpfen die Parasiten und lassen sich arten- und zahlenmäßig auswerten. Abb. 5 zeigt den kontinuierlichen Anstieg der Gesamtparasitierung von 7% bis auf annähernd 45–36%, bezogen auf die in der Probe vorhandene Zahl erwachsener SJS. In diese Werte eingeschlossen ist die Parasitierung durch heimische Schildlausparasiten, z. B. *Aphytis proclia, Aphytis mytilaspidis* und andere, die seit dem Winter 1965/66 zusammen nur aus 1 bis 6% der Schildläuse schlüpften. Die besser an ihren Wirt angepaßte und von den Witterungsfaktoren offenbar weniger abhängige spezifische, eingeführte Schmarotzerart hat also ihre einheimischen Konkurrenten zurückgedrängt. Insgesamt werden heute durchschnittlich bereits über ein Drittel der SJS durch Parasiten ausgeschaltet. Etwa 5 Jahre nach einer Freilassung von *P. perniciosi* beobachtet man örtlich nicht selten Parasitierungswerte von 70 bis 90%, die sich nach Absinken des SJS-Bestandes wieder bei 35–45% Gesamtparasitierung (davon 34–43% *P. perniciosi*) einpendeln. Damit werden Vermehrung und Ausbreitungspotenz des Schädlings erheblich beschnitten. Das wirkt sich besonders auf die mit chemischen Mitteln nicht behandelten extensiven Anlagen und Nebenwirtspflanzen aus (z. B. Weißdornhecken), von denen aus leicht neue Befallsplätze entstehen. Die winterliche Erfolgskontrolle vermittelt nur ein Augenblicksbild während einer Ruhephase. Aus dem allgemeinen Rückgang der SJS-Schäden im ganzen Lande und aus der abnehmenden SJS-Dichte auf den

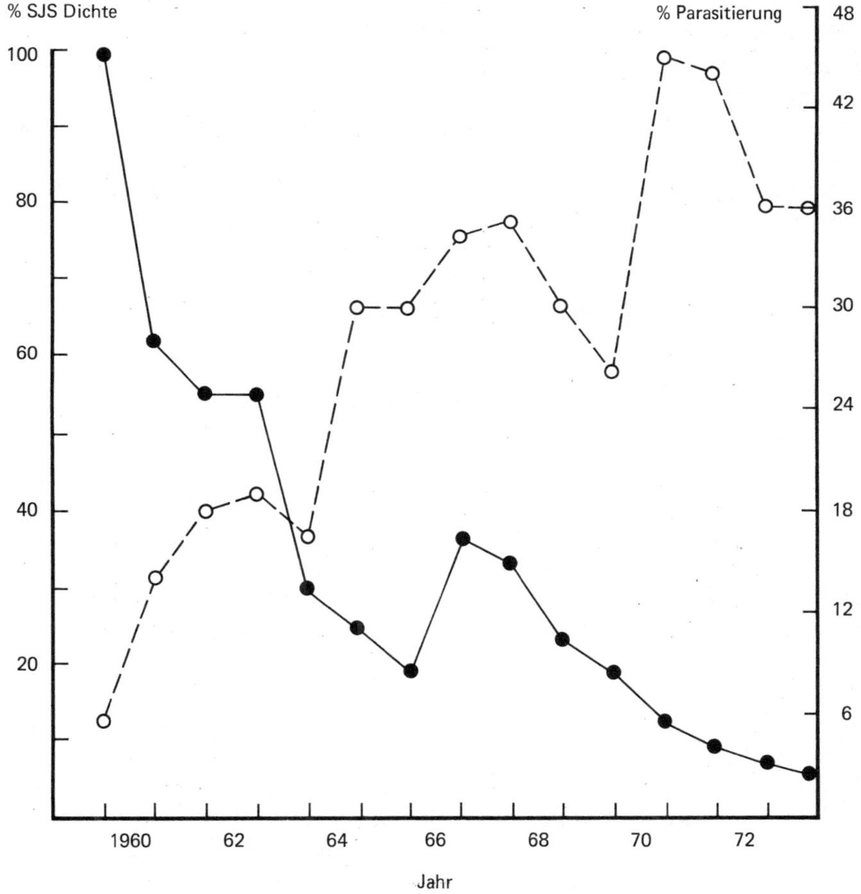

Abb. 5. Abnahme der Dichte der San-José-Schildlaus *(Quadraspidiotus perniciosus)* (●——●) und Zunahme der prozentualen Gesamtparasitierung, vorwiegend durch die Zehrwespe *Prospaltella perniciosi* (○— —○) in Südwestdeutschland; jeweils Durchschnittswerte von herbstlichen Apfelzweigproben vom Baum der Freilassung und Nachbarbaum (nach Zahlen von Neuffer, 1975).

weit verstreut eingesammelten Zweigproben (Abb. 5) kann gefolgert werden, daß *Prospaltella* nach dichteabhängiger Steigerung der Parasitierungsrate besonders die Ausbreitungszentren des Schädlings begrenzt und damit zu seiner allgemeinen Reduktion mehr beiträgt, als aus den Durchschnittswerten der winterlichen Zweigproben hervorgeht.

Somit entspricht der Verlauf von Parasitierung und Abnahme des Schädlings in Südwestdeutschland im Prinzip dem noch etwas schneller verlaufenen Geschehen im Wallis (Schweiz). Dort kam es bereits in den 60er Jahren, 2–4 Jahre nach der Freilassung, zur maximalen, 70–90%igen Parasitierung; anschließend blieb der SJS-Bestand ganz niedrig, und der Parasitierungsgrad blieb, wie bei uns, bei 30–50%.

Auch aus Frankreich, Österreich, Jugoslawien, der Slowakei und der UdSSR werden Erfolge durch Einbürgerung der *P. perniciosi* gemeldet. Allerdings scheinen sie nicht überall so vielversprechend zu sein wie bei uns. Am Gesamtresultat sind außer den Klimafaktoren auch die jeweils üblichen Applikationen von Insektiziden beteiligt. In intensiv betriebenen Obstanlagen verlangt die Schonung neu eingebürgerter Nutzinsekten eine erhebliche Umstellung des gesamten Spritzprogramms, eine Forderung, die sich nicht von einem Tag zum andern erfüllen läßt (vgl. Kap. 16 – integrierte Schädlingsbekämpfung).

5.1.6.2 Europa als Exportland von Entomophagen

Europa hat der übrigen Welt sehr viel mehr Schädlinge »geliefert« als selbst empfangen. Bedingt durch den Auswandererstrom gelangten in den letzten zwei Jahrhunderten viele Kulturpflanzen und, unabsichtlich mit ihnen, zahlreiche Schädlinge, vor allem Insekten, nach Nordamerika, Australien, Neuseeland und anderen Faunengebieten. Seitdem man die Bedeutung der biologischen Bekämpfung durch Nachführen der natürlichen Feinde aus dem Herkunftsgebiet der Schädlinge erkannt hatte, konnte man durch den Versand und die Einbürgerung derartiger Entomophagen aus Europa schon viele Probleme entweder vollständig lösen oder doch Schäden erheblich mildern. Tabelle 4 nennt einige Beispiele.

Die Erforschung der bei uns vorkommenden Entomophagen, ihre Auswahl und Verschickung übernehmen heute vor allem zwei, von den Empfängerländern finanzierte Organisationen:

1. Das Commonwealth Institute of Biological Control (CIBC), dessen europäisches Laboratorium in Delémont (Schweiz) liegt. – 2. Das European Parasite Laboratory (Agricultural Research Service) des US-Landwirtschaftsministeriums, vertreten durch ein Laboratorium bei Paris. – Außerdem haben mehrfach ausländische Forscher in direkter Zusammenarbeit mit europäischen Instituten die sie interessierenden Nutzarthropoden in Europa studiert und von hier exportiert.

Tabelle 4. Beispiele für Erfolge der biologischen Bekämpfung mit Entomophagen aus Europa

Entomophagenart (Familie)	Schädlingsart (Familie)	Land	Erfolg (++ = vollständig + = teilweise)
Cyzenis albicans (Tachinidae) *Agrypon flaveolatum* (Ichneumonidae)	*Operophtera brumata* Kleiner Frostspanner (Geometridae)	Ostkanada	++
Angitia cerophaga (Ichneumonidae)	*Plutella maculipennis* Kohlschabe (Hyponomeutidae)	Java	++ und +
Apanteles solitarius (Braconidae)	*Stilpnotia salicis* Weidenspinner (Lymantriidae)	USA Kanada	++ und +
Apanteles glomeratus (Braconidae) *Pteromalus puparum* (Pteromalidae)	*Pieris rapae* Kleiner Kohlweißling (Pieridae)	Neuseeland	++ und +
11 Hymenoptera, Diptera und Coleoptera (9 Parasiten, 2 Räuber)	*Lymantria dispar* Schwammspinner (Lymantriidae)	östliche USA	+
Mesoleius tenthredinis (Ichneumonidae) *Olesicampe benefactor* (Ichneumonidae)	*Pristiphora erichsonii* Große Lärchenblattwespe (Tenthredinidae)	Nordamerika	++ und + (s. Kap. 5.1.4)
Collyria calcitrator (Ichneumonidae)	*Cephus pygmaeus* Europäische Getreidehalmwespe (Cephidae)	Ostkanada	++ (s. Kap. 5.1.5)
Exenterus-Arten (Ichneumonidae); *Drino bohemica* (Tachinidae) – zusammen mit Virose	*Diprion hercyniae* Fichtenbuschhornblattwespe (Diprionidae)	östliches Kanada und USA	++ (s. Kap. 10.6)
Allotropa ulicis (Platygasteridae)	*Phenacoccus aceris* Gemeine Schmierlaus (Coccidae)	Kanada (Brit. Columbia)	++
Opius ilicis (Braconidae) *Epilampsis gemma* (Eulophidae)	*Phytomyza ilicis* Ilexminierfliege (Agromyzidae)	Kanada (Brit. Columbia)	+ (s. Kap. 5.1.3)

5.1.7 Importe zur Beseitigung tierischer Produkte

Ein voll gelungenes Beispiel einer Verwendung eingeführter Arthropoden zur Beseitigung von tierischen Produkten stammt aus Australien und betrifft Kuhfladen (Waterhouse, 1974). Kühe sind in diesem Erdteil nicht heimisch. So gibt es dort auch dort keine Tiere, vor allem keine Mistkäfer, die in der Lage sind, Kuhdung schnell zu zerlegen und dadurch zu beseitigen. Vielmehr trocknen dort Kuhfladen bald ein, halten sich jahrelang, fördern den Wuchs ungenießbarer Weidepflanzen und bieten gewissen Fliegen *(Haematobia; Musca),* die für Mensch und Vieh lästig bis gefährlich werden, massenhafte Brutsubstrate. Die Größenordnung dieser Schäden wird klar, wenn man bedenkt, daß es in Australien etwa 30 Mio Stück Rindvieh gibt, von denen jedes am Tag etwa 12 Kuhfladen produziert und damit zu dem jährlichen Gesamtverlust von rund 2,4 Mio ha Weideland beiträgt.

Die biologische Abwehr besteht darin, aus Afrika, der Heimat der Wiederkäuer, für die verschiedenen Klimazonen geeignete Mistkäfer einzubürgern. Über 20 Arten mit sehr verschiedener Lebensweise haben sich bereits ansiedeln lassen. Dabei sind Formen, die Kuhfladen sofort an Ort und Stelle vergraben, und auch solche, die aus dem Dung Pillen drehen, diese wegrollen und sie dann erst, mit einem eigenen Ei versehen, eingraben. Eine 1967 erstmalig importierte Mistkäferart *(Ontophagus gazella)* ist z. B. inzwischen in den Tropenzonen Australiens großflächig angesiedelt worden; ein Käfer kann in der Regenzeit jeden Tag einen Kuhfladen eingraben. Kleinere Versuche dieser Art hatte man zuvor bereits in Hawaii durchgeführt, vor allem zur Unterdrückung der Hornfliege *(Haematobia irritans),* die sich als Larve im Dung entwickelt und als Vollinsekt am Vieh Blut saugt. Auch in Australien sind die dungbrütenden Fliegen im Gebiet erfolgreicher Freilassung der importierten Mistkäfer zurückgegangen. Die Beseitigung der Kuhfladen durch biologische Verfahren erhält somit nicht nur Weideland, sondern vermindert die Überlebenschance blutsaugender Insekten, die sich im Dung entwickeln. Gegenwärtig erwägt man, mit den Mistkäfern zugleich auch die auf ihnen lebenden Raubmilben zu importieren, da sie sich an der Vernichtung der Fliegeneier und -maden im Dung beteiligen. Im Prinzip gelten für diese Sonderform des Importverfahrens die gleichen Regeln und Erfahrungen, die sich bei der Einfuhr von Entomophagen bewährt haben (vgl. 5.1).

5.1.8 Wirtschaftliche Aspekte

Der besondere ökonomische Vorteil des erfolgreichen Importes von Nutzarthropoden (und von anderen, neu eingebürgerten Nutzorganismen) besteht naturgemäß in ihrer *Dauerwirkung.* Das gilt außer für die Fälle guten Erfolges, die andere Bekämpfungsmaßnahmen überflüssig machen, auch für Teilerfolge. Diese können die Gradationswahrscheinlichkeit und damit den durchschnittlichen Schaden so reduzieren, daß nur noch Bruchteile der bisherigen Aufwendungen für andere Arten der Schädlingsbekämpfung anfallen.

Obwohl diese Vorteile der Importmethode allgemein anerkannt sind, lassen sich zahlenmäßige Unterlagen dafür mangels vorhergehender Schadensermittlung nicht leicht beschaffen. Folgende Beispiele sind jedoch eindrucksvoll: Der erste und bekannteste Fall, die Einbürgerung des Marienkäfers *Rodolia cardinalis* aus Australien in den 80er Jahren des vorigen Jahrhunderts, kostete den Staat Kalifornien seinerzeit weniger als 5000 US-Dollar. Das Unternehmen rettete die weitere Existenz der von der eingeschleppten Wollschildlaus *(Icerya purchasi)* ernstlich bedrohten Zitrusindustrie. Deren Wert betrug 1963/64 rund 174 Millionen US-Dollar. Die Abschöpfung entsprechender jährlicher Gewinne über nunmehr 90 Jahre, in denen die Wirkung ohne weitere Unkosten anhielt, ergibt gewaltige Beträge. – Nach F. J. Simmonds (1970) betrugen die Ausgaben des von ihm geleiteten Commonwealth Institute of Biological Control (CIBC), das sich im wesentlichen mit der Einbürgerung von Nutzinsekten befaßt, in den letzten 35 Jahren rund 1 Million Pfund Sterling. Die nachweisbaren Gewinne (Mehrerträge, Ersparnisse) von nur 6 der vom CIBC erfolgreich durchgeführten Importe belaufen sich alljährlich bereits auf über $^1/_2$ Million Pfund Sterling. – Ein weiteres, in seinen monetären Auswirkungen besonders klar faßbares Beispiel bildet die Einbürgerung der von verwandten Wirtsarten aus Indien stammenden, 1967 an den Amerikanischen Zuckerrohrbohrer *(Diatraea saccharalis)* auf der Insel Barbados adaptierten Braconide *Apanteles flavipes.* Durch ihre Parasitierung der Schädlingsraupen verringerte sie die Ernteverluste um mehr als die Hälfte (von 7,5 auf 3%). Dieser »Teilerfolg« bringt der Zuckerindustrie von Barbados nun jährlich eine Mehrernte im Wert von 300000 Pfund Sterling (Simmonds, 1970). Im Jahresbericht 1971 des Kanadischen Ministeriums für Forsten und Fischerei wird vorgerechnet, daß für die Jahre 1960–70 durch den eingeschleppten Kleinen Frostspanner ein Holzverlust in der Höhe von 17 Mio Kan. Doll. vorauszusehen war; demgegenüber kostete die Suche nach und die Einbürgerung erfolgreicher Parasiten, die jene Verluste verhindert haben, nur 160000 Kan. Doll. (vgl. Tab. 4 und 5.1.6.2) (Rentabilität im Gewächshaus vgl. 5.3.2.3).

Wegen der unterschiedlichen Verteilung der Kosten für Forschung, Entwicklung und Applikation lassen sich Rentabilitätsvergleiche zwischen der Anwendung chemischer und biologischer Verfahren nicht leicht aufstellen. In einer vom Wissenschaftlichen Beratungskomitee des U.S. Präsidenten ausführlich begründeten Studie (Washington, D.C., 1966) ließ sich am Beispiel des Staates Kalifornien, in dem biologische und chemische Verfahren langfristig und vielseitig eingesetzt worden waren, folgendes zeigen: Im Jahre 1963 erbrachte jeder in der Pestizidforschung und -anwendung investierte Dollar einen volkswirtschaftlichen Gewinn von 4 bis 5 Dollar; für die biologische Schädlingsbekämpfung (vorwiegend Nützlingseinfuhr) betrug der entsprechende Gewinn je Dollar das 6–7fache, also rund 30 Dollar. Trotz der verschiedenen Ausgangslage der verglichenen Methoden (Entwicklung breitenwirksamer Mittel bzw. Manipulation relativ spezifischer Schädlingsvertilger) ist hier ein Vergleich berechtigt und läßt sich eine größere Rentabilität des biologischen Verfahrens eindeutig belegen. Sie ist in allen Fällen dauerhafter Wirkung von importierten Nutzorganismen von vornherein zu erwarten. – Ihre auch ökonomische Überlegenheit können biologische Verfahren dann besonders klar demonstrieren, wenn die durch überzogene Pestizidanwendung verursachten Folgeschäden einschließlich der Minderung der Umweltqualität (vgl. 2.2) vollständig mit in den Vergleich eingehen. Daß trotzdem gegenwärtig rund 20mal mehr Geld in die Forschung des Pestizidsektors investiert wird als in die zu biologischen Verfahren führenden Vorhaben, läßt sich nur aus dem von der Technik geprägten Denken und Planen der Gegenwart verstehen, bei dem lineare Kausalketten mit sofort registrierbaren Resultaten beliebtere Entscheidungshilfen darstellen als die Berücksichtigung von komplexen und dynamischen Systemen.

5.2 Förderung von Entomophagen

Das Vorkommen von einheimischen oder fremden, künstlich eingebürgerten Räubern und Parasiten allein garantiert noch nicht ihre maximale Wirksamkeit als Begrenzungsfaktoren. Vielmehr benötigen hierzu viele Nützlinge eine Nachhilfe des Menschen. Dies gilt vor allem in den verhältnismäßig einförmigen Kulturbiotopen. Je genauer die ökologischen Ansprüche einer Art bekannt sind, um so gezielter kann man sie fördern, z. B. durch ihre Verfrachtung in neue Lebensbereiche, die Zucht von besser an die neue Umwelt angepaßten Rassen und die Abänderung der von ihnen bewohnten Lebensstätten.

5.2.1 Verfrachten

Verfrachten innerhalb eines Faunenbereiches stellt häufig nichts anderes dar, als daß man die natürliche Ausbreitung einer Art beschleunigt. Bei der Einbürgerung faunenfremder Arten bildet dies einen ganz üblichen Teil des Vorhabens, besonders bei solchen Entomophagen, die sich allein nur langsam ausbreiten. Ein Beispiel ist der Versand von *Prospaltella perniciosi,* dem Parasiten der San-José-Schildlaus, von Baden-Württemberg in die nördlich angrenzenden Gebiete. Hierzu benötigt man keine neuen Einfuhren aus Übersee; vielmehr genügt es, in neuen Befallsgebieten gut mit parasitierten SJS besetzte Zweige in unmittelbarer Nähe der Wirte aufzuhängen. Die ausschlüpfenden Schmarotzer können sich dort weiter vermehren und ausbreiten. Die schon erwähnten Fälle weltweiter Verwendung einzelner Nutzinsekten wurden zum Teil auch auf diesem Weg erreicht (vgl. 5.1.6).

Die Verfrachtung, auch intraareale Ausbreitung genannt, ließ sich auch bei einheimischen Arten erfolgreich praktizieren. Sie bietet sich an, wenn heimische oder eingeschleppte, von der betreffenden Entomophagenart örtlich wirksam begrenzte Schädlinge, sich schneller ausbreiten, als ihre Feinde folgen können. Beispiele dafür sind die Verfrachtungen: der Blutlauszehrwespe im nordamerikanischen Heimatgebiet der Blutlaus (vgl. 5.1.6.1.1); von Feinden der Braunen Dattelpalmenschildlaus *(Parlatoria blanchardi)* im Gefolge ihrer Ausbreitung vom östlichen zum westlichen Nordafrika; von räuberischen Laufkäfern (Gattung *Calosoma*) aus der Waldsteppenzone Südrußlands in die neu angelegten Waldstreifen, die man zur Klimaverbesserung in der Steppe begründet hatte. Alle Länder von kontinentaler Ausdehnung, vor allem UdSSR, Kanada, USA und Australien, haben diese intraareale Verfrachtung mit oft recht befriedigenden Erfolgen durchgeführt.

Solche Umsiedlungen lohnen manchmal auch über geringe Entfernungen. Postner (1960) konnte z.B. eine besonders wirksame Parasitenart *(Platygaster manto)* (Platygasteridae) an der Tannennadelgallmücke *(Agevillea abietis)* von stark in schwach parasitierte Befallsplätze der bayerischen Tannengebiete umsiedeln. Hierzu verfrachtete er die Nadelstreu, in der sich auch die Parasiten als Puppen in ihren Wirten befanden (Abb. 6). Dadurch ließ sich dort die Übervermehrung der Gallmücken abstoppen. –

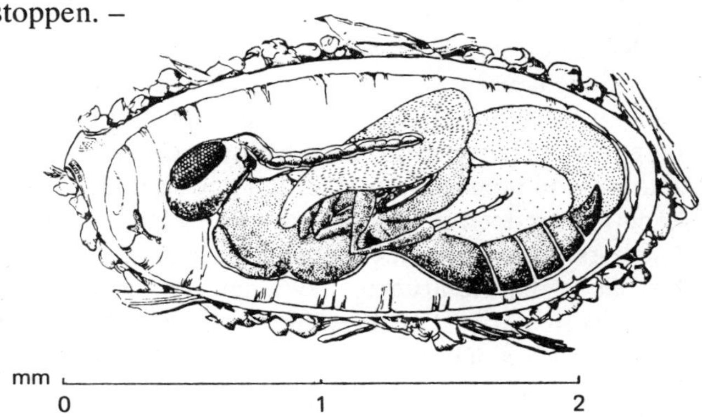

Abb. 6. Puppe eines Parasiten *(Platygaster manto)* im Kokon der Tannennadelgallmücke (aus Postner, 1960)

Derartige Nahverfrachtungen dürften vor allem zur Erst- oder Wiederbesiedlung solcher Anbaugebiete von Kulturpflanzen bedeutsam sein, die entweder als Neuanlagen oder als Folge übermäßiger Anwendung chemischer Mittel nur eine unzureichende Nützlingsfauna beherbergen. Ein Beispiel hierfür ist die in Holland mit Erfolg durchgeführte Verfrachtung von Raubmilben (*Typhlodromus potentillae* und *Amblyseius finlandicus*) von ungespritzten Apfelanlagen in intensiv behandelte und daher raubmilbenfreie Betriebe. Dadurch ließ sich die Obstbaumspinnmilbe *(Panonychus ulmi)* unterdrücken (vgl. 5.3.2).

Einen besonderen Platz unter solchen Umsiedlungen nehmen jene Fälle ein, bei denen sich einheimische Parasiten auf neue, eingeschleppte Schädlinge umgestellt haben. Beispiele dafür sind:

a. die nordamerikanische Braconide *Macrocentrus ancylivorus,* ursprünglich ein Schmarotzer am dortigen Erdbeerwickler *(Ancylis comptana fragariae),* die schnell auf den eingeschleppten Pfirsichwickler *(Grapholitha molesta)* überging und durch künstliche Ausbreitung innerhalb des ganzen amerikanischen Kontinents zum wichtigsten Parasiten des neuen Schädlings wurde. b. Noch stärker war die Spezialisierung der Encyrtide *Anicetus beneficus,* die seit 1946 als Parasit der 50 Jahre zuvor eingeschleppten Roten Wachsschildlaus *(Ceroplastes rubens)* lokal in Südjapan auftrat und die anschließend mit durchschlagendem Erfolg in anderen Gebieten des Landes eingebürgert wurde.

5.2.1.1 Ansiedlung räuberischer Ameisen

Bei der Insektenbekämpfung durch Ansiedlung räuberischer Roter Waldameisen (*Formica rufa*-Gruppe) spielt die Verfrachtung eine besondere Rolle. Sie hilft den Nützlingen, sich an früher bereits bewohnten oder an neuen Lebensstätten anzusiedeln. In Deutschland wurde die wichtigste Art, die durch zahlreiche Königinnen und Nestkuppeln ausgezeichnete Kahlrückige Waldameise *(Formica polyctena)*, in vielen schädlingsbedrohten Waldungen über verschiedene Distanz kolonisiert. In Italien hat man in den 50er Jahren Hunderte von Kolonien der *Formica nigricans* vom Südrand der Alpen nach dem Apennin und südlich bis Sardinien und Sizilien verfrachtet, dort leider ohne praktische Erfolge im Forstschutz.

Nach den von Gösswald weiterentwickelten Verfahren entnimmt man zur Gründung neuer Kolonien aus alten Nestern im Frühjahr 200 l Nestmaterial mit einigen 100000 Arbeiterinnen und etwa 200 Königinnen. Am Ansiedlungsort, möglichst an besonnter Stelle, schüttet man alles über einen Stubben. Später im Jahr entnommenes Material enthält gewöhnlich keine Königinnen mehr. Diese kann man jedoch in sogenannten Weiselstationen beim Ausschwärmen fangen und vorsichtig an die neue, weisellose Kolonie gewöhnen. Künstlich begründete Verbände der Kahlrückigen Waldameise wandern häufig an ihnen zusagende Örtlichkeiten, meist in die Nähe von Bäumen mit gutem Blattlausbesatz. Vor allem die Lachniden, aber auch andere Pflanzensauger mit ihren zuckerhaltigen Exkrementen liefern ihnen den Kohlenhydrat-Anteil ihrer Nahrung. Die Beuteinsekten decken dann den bei der Aufzucht der Brut ansteigenden Eiweißbedarf. Neugründungen sind durch verschiedene Faktoren besonders gefährdet, z.B. durch einen ungünstigen Standort, durch natürliche Feinde (Spechte, Dachse, Parasiten) und durch den Menschen. Eigens entwickelte Schutzhauben aus Draht oder Plastik können manche Feinde abhalten. Sie versagen aber vor menschlichen Nestplünderern, die es auf Ameisenpuppen (als Vogelfutter) abgesehen haben und die vor allem in stadtnahen Wäldern die Wiederansiedlung von Ameisen erschweren.

Über die Erfolge und Erfolgsaussichten künstlich angesiedelter Roter Waldameisen gehen die Ansichten etwas auseinander. Die Nutzwirkung dieser Räuber hängt unter anderem von den Eigenschaften der Art und Rasse, von der Beute, der Witterung, dem Bestandscharakter und der Koloniegröße ab. Nicht selten verschwinden neu angesiedelte Nestgruppen wieder vollkommen. Nach den bisherigen Erfahrungen dürften noch die besten Chancen für eine Schutzwirkung gegen Schmetterlingsraupen und Blattwespenlarven bestehen. Besonders aussichtsreich erscheinen dabei Ansiedlungen in Gradationsgebieten folgender Forstschädlinge: Kiefernspanner *(Bupalus piniarius)*, Kieferneule *(Panolis flammea)*, Kiefernspinner *(Dendrolimus pini)*. In isolierter Lage gelang kürzlich in Norddeutschland die Unterdrückung der Kleinen Fichtenblattwespe *(Pristiphora abietina)* (Schwerdtfeger, 1971). Weniger aussichtsreich ist die Verwendung von Waldameisen gegen die Nonne *(Lymantria monacha)* und andere Schadraupen

(Otto, 1967). Einzelbeobachtungen über das Eintragen von Schädlingen sind oft sehr eindrucksvoll, sagen aber über die Bedeutung des Räubers als Begrenzungsfaktor nicht allzuviel aus. Der Aktionsradius effektiver Beuteverminderung mit > 50% Rückgang liegt bei großen Nestern bei etwa 35 m, bei kleineren entsprechend näher am Nest. Daraus ergibt sich ein optimaler Abstand der Nester bei der Koloniegründung.

Gewisse Nachteile der Ameisenansiedlung entstehen manchmal dadurch, daß die Räuber ihre Honigtau liefernden Blatt- und Schildläuse vor den Angriffen von Blattlausvertilgern schützen und dadurch einen stärkeren Läusebefall verursachen. Vor allem bei Buchen im Unterstand, aber auch bei Kiefern und anderen Gehölzen sind auf diese Weise erhebliche *Zuwachsschäden* aufgetreten. Außerdem kostet die notwendige laufende Betreuung neuer Kolonien viel Geld. Auf der positiven Seite kann dagegen verbucht werden, daß der Ameisenbesuch die Produktion von Honigtau derartig stimuliert, daß davon auch die Honigbiene bzw. der Imker profitiert. In Südwestdeutschland ließ sich an großem Material zeigen, daß die Waldhonigtracht um etwa 50% zunahm, wenn im Fluggebiet der Bienen mehrere Ameisenkolonien lagen (Wellenstein, 1962). Dieses Beispiel gehört zu den wenigen Fällen, in denen sich ein Nutzen vorbeugender biologischer Maßnahmen ermitteln läßt. – Dieser kurze Überblick über das Problem der Ansiedlung von Roten Waldameisen dürfte genügen, um zu zeigen, daß wir es hier mit sehr komplexen Fragen zu tun haben, die keine leichte, schnelle oder umfassende Lösung aller Forstschädlingsprobleme versprechen. Der Gedanke, zur kommerziellen Gewinnung von Ameisenpuppen für die Vogelaufzucht regelrechte »Ameisenfarmen« anzulegen, erscheint durchaus sinnvoll, da sich dadurch der große Bedarf decken ließe, ohne die bedrohten Kolonien der nützlichen Ameisenarten zu gefährden.

5.2.2 Die Auslese leistungsfähiger Rassen

Die Auslese leistungsfähiger Rassen von Entomophagen kann, wie wir im letzten Abschnitt sahen, von selbst erfolgen. Anpassungen an neue Wirte/Beutetiere werden hin und wieder beobachtet. Trotzdem besteht ein großer Bedarf an geeigneteren Formen, da oft die ökologische Valenz der Nutzinsekten kleiner ist als die ihrer Wirte (vgl. 5.1.5); dadurch entstehen bei einer großräumigen Verwendung Schwierigkeiten. Vor allem Klimafaktoren wirken häufig als Schranke für Ausbreitung oder Wirksamwerden von Nutzinsekten. An sich stellt bereits jede Verfrachtung in einen neuen Faunenbereich einen solchen Versuch dar, weil von der in einem neuen Gebiet ausgesetzten Art verlangt wird, daß sie sich an besondere Lebensbedingungen anpaßt. Eine ähnliche Selektion ließ sich gelegentlich auch künstlich in der Massenzucht erreichen. Genannt sei die Eulophide *Dahlbominus fuscipennis,* Parasit verschiedener Nadelholzblattwespen (Diprionidae), von der neue Stämme ausgelesen werden konnten, die bei niederer Temperatur (12,5 °C) aktiver als der Ausgangsstamm waren. In einem anderen Versuch ließen sich im Laboratorium Tiere mit größerer Lebensdauer und einem höheren Weibchenanteil selektionieren, und diese Eigenschaften blieben dann in dem betreffenden Stamm genetisch fixiert. – Ähnliche Beispiele gibt es von anderen Entomophagen, zumeist von Schlupfwespen (Sexualindex, Wirtskreis), neuerdings sogar bezüglich der Toleranz gegen Temperaturextreme z. B. bei *Aphytis lingnanensis,* dem Parasit der Roten Zitrusschildlaus *Aonidiella aurantii.* Dabei erhöhte man durch Röntgenbestrahlung über eine Steigerung der Mutationsrate die genetische Vielfalt des Ausgangsstammes und betrieb dann eine Auslese über 100 Generationen (White et al., 1970). Trotz dieser vielversprechenden Ansätze fehlen bisher noch Beweise dafür, daß sich solche Auslesestämme nach der Zucht im Laboratorium dann im Freiland wirklich besser bewähren als der Ausgangsstamm. Systematische Versuche in Kalifornien zur Auslese von *Trichogramma*-Stämmen mit höherer Bewegungsaktivität und Toleranz gegen Temperaturextreme führten zu keinen verwertbaren Ergebnissen. Dagegen hat man schon den Ausfall wichtiger Verhaltenselemente, z. B. der Suchaktivität, bei Tieren aus langjährigen Massenzuchten beobachtet; dadurch ist dann das Gegenteil des in diesem Abschnitt besprochenen Zieles erreicht. Das Problem der genetischen Veränderung von Entomophagen für und durch die Einbürgerung in anderen Regionen erfordert noch intensive Forschungsarbeit (Simmonds, 1963; Wilson, 1965). Es bildet gleichzeitig das Gegenstück zu den Versuchen der »genetischen Schädlingsbekämpfung«, bei der man das Erbgut von Schädlingen im Sinne einer Verschlechterung der Leistung manipuliert (Kap. 8).

Einen Sonderfall der Auslese bei Entomophagen stellt die *Entstehung Pestizid-resistenter Stämme* dar. Raubmilben (z. B. *Typhlodromus occidentalis* in Kanada, *T. tiliae* in Süddeutschland), Raubspinnen (*Oxypes salticus* in den Südstaaten der USA), Schlupfwespen (*Macrocentrus ancylivorus* in Kanada) und andere Gruppen (Moskitofische, vgl. 4.1), die in sehr intensiv behandelten Arealen vorkommen, haben zum Teil gegen DDT und auch gegen verschiedene organische Phosphorsäure-Verbindungen von selbst eine gewisse Resistenz entwikkeln können. Diese Fähigkeit ließ sich auch in einigen künstlichen Selektionszuchten verwenden, um Stämme von weniger Pestizid-empfindlichen Nutzarthropoden zu erhalten (Beispiel: *Bracon mellitor,* wichtiger Parasit des Mexikanischen Baumwollkapselkäfers *Anthonomus grandis* in den USA). Diese Arbeitsrichtung verspricht zweifellos wertvolle Hilfe bei dem Versuch, auch dort Entomophagen zu erhalten, wo wegen der besonderen Bedingungen und Intensität der Pflanzenkultur, z. B. in Gewächshäusern oder in Reisfeldern mit Brutplätzen von Stechmücken, die häufige Verwendung von chemischen Präparaten vorläufig unvermeidlich sein dürfte. Die meisten neueren Erfahrungen liegen mit Raubmilben vor. In den Vereinigten Staaten wurden bei folgenden Arten gegen verschiedene OP-Insektizide (auf der Basis **o**rganischer **P**hosphorverbindungen) resistente Stämme gefunden, die man in den USA, teilweise auch in anderen Faunenbereichen umgesiedelt hat: *Amblyseius fallacis* nach Kanada und Neuseeland; *Typhlodromus occidentalis* nach Australien und neuerdings auch nach Europa (Planung); *Typhlodromus pyri.* Durch diese Einbürgerungen ließ sich örtlich der Vertilgerkomplex gegen Schadmilben verbessern, obwohl Spritzungen mit diesen breitenwirksamen Mitteln gegen Schadinsekten weitergingen. Eine gegen Carbaryl bei *A. fallacis* aufgetretene Resistenz hielt sich dagegen weniger gut. Einzelheiten über diese Arbeitsrichtung vgl. Croft (1976); Grundsätzliches über die langfristige Auswirkung chemischer Mittel auf Nutzarthropoden vgl. Croft & Brown (1975). Wegen ihrer schnellen Generationenfolge versprechen bei dieser Sonderform des integrierten Pflanzenschutzes Milben die besten Resultate. Wir sollten uns aber davor hüten, angesichts solcher Möglichkeiten so zu tun, als wäre damit, daß wir über ein paar resistente Entomophagen verfügen, das Problem der schädlichen Nebenwirkungen von Pestiziden auf die Begleitfauna schon gelöst.

5.2.3 Änderung der Lebensbedingungen

Die schon früher erwähnten ökologischen Bedingungen in einer Kulturlandschaft sind gekennzeichnet durch artenarme, aber individuenreiche Pflanzenbestände. Kulturpflanzen in Monokulturen, unterholzfreie, saubere Forste und großflächige chemische Unkrautbekämpfung ergeben eine Situation, die sich zumeist für Entomophagen ungünstig auswirkt. Die Erfahrung hat jedoch gezeigt, daß es oft mit relativ kleinen Kunstgriffen möglich ist, spezifische Bedürfnisse von Nutzarthropoden zu befriedigen, ohne die intensive Form des Pflanzenbaues aufzugeben. Allerdings muß man dazu wissen, welche Nützlinge förderungswürdig und welche besonderen Ansprüche dabei zu erfüllen sind. Die folgenden Abschnitte erläutern diese Möglichkeiten an Beispielen.

Nektarpflanzen wie Umbelliferen, *Phacelia* und andere haben sich als wichtige Nahrungsquellen für parasitische Schlupfwespen und Tachinen erwiesen und im Versuch eine deutliche Förderung mancher Parasiten erkennen lassen (z.B. Tachinen der Kohleule; längere Lebensdauer von *Apanteles glomeratus,* Parasit an Kohlweißlingen). Beim Fehlen solcher Blütenpflanzen läßt sich der Bestand an Entomophagen auch durch *Ausbringen von künstlicher Nahrung* heben. So vergrößern z.B. ein kombiniertes Hefepräparat oder Honigtau mit Proteinzusatz die Eiproduktion von Florfliegen *(Chrysopa carnea).* Gegenwärtig laufen in den USA Untersuchungen darüber, wie sehr sich die Nützlingsfauna in Maisfeldern, vorwiegend Coccinelliden, Nitiduliden und Chrysopiden, durch Ausbringen von Zuckerlösungen fördern läßt; auf den Feldern beobachtete man bereits im Verlauf solcher Versuche einen deutlichen Rückgang des Blattlausbefalls bzw. der Schäden durch Maiszünsler *(Ostrinia nubilalis).*

Auch *Verstecke für Entomophagen* können entscheidend für deren Wirkung sein. Künstliche Versteckplätze haben z.B. den Effekt von Parasiten gegenüber der Asiatischen Getreidewanze *(Eurygaster integriceps)* gesteigert. In Pfirsichplantagen des Staates Washington, USA, gelang es, überwinternde Entomophagen durch Stoffbandagen an den Stämmen anzulocken und zu schützen. An Überwinterungsplätzen von Coccinelliden ausgelegte steinerne Verstecke erhöhten die Anzahl der den Winter überlebenden Marienkäfer in Südfrankreich.

In den Vereinigten Staaten hat man durch planmäßiges Aufstellen von Nistverstecken für die räuberischen Feldwespen *(Polistes)* den Schaden durch Raupenfraß der Tabakschwärmer *(Protoparce)* um 74% senken können. – Ganz allgemein wird immer wieder gefordert, unbebaute Straßenränder und Feldraine nicht unnötig mit Herbiziden zu behandeln und als *Refugien für Nützlinge* zu erhalten. Hierbei sollte man jedoch klären, inwieweit solche Plätze den benötigten nützlichen Arten dienen oder ob sie vorwiegend Schadarten beherbergen.

Günstigere mikroklimatische Bedingungen für Entomophagen lassen sich manchmal durch Kulturmaßnahmen erzielen. In trocken-heißen Gebieten schaffen Schattenbäume häufig die kleinklimatischen Voraussetzungen für das Vorkommen von Nutzinsekten.

Wesentliche Vorteile bringt in Kalifornien ferner das Verfahren des streifenweisen Luzerne-Schnitts (strip cutting). Die beweglichen Nutzinsekten können den Mähmaschinen ausweichen und finden in den stehengebliebenen Streifen Schutz vor Austrocknung. Durch alternierendes Abernten großer Schläge hat sich dort ein wirksamer und dauerhafter Bestand an Entomophagen erhalten lassen. – In anderen Fällen konnten die Tiefe des Pflügens, die Art der Fruchtfolge und andere Kulturverfahren den Nützlingsbestand stark beeinflussen. So ließ sich durch planmäßiges Anlegen von Erbsen- und Weißkohlfeldern nebeneinander erreichen, daß viele Blattlausvertilger von der ersten Kultur bei der Ernte zur zweiten überwanderten und dort den Befall durch die Mehlige Kohlblattlaus *(Brevicoryne brassicae)* merklich einschränkten (Abb. 21) (El Titi & Steiner, 1975).

Lockpflanzen sind manchmal dazu geeignet, Nutzinsekten indirekt anzureichern. Praktisch erprobt ist das in Peru ausgearbeitete Verfahren, zwischen jede 8. bis 10. Baumwollfurche eine Reihe von frühblühendem Mais anzusäen. Dort legen dann die Baumwolleulen *(Heliothis virescens)* bevorzugt Eier ab; dies lockt Raubwanzen an, und später wandern die Prädatoren dann auf die Baumwollpflanzen über.

Zwischenwirte oder Ersatz-Beutetiere sind für die Entwicklung von Entomophagen oft notwendig (vgl. 3.2.2). Durch Anbau entsprechender Pflanzen in oder nahe von Kulturen lassen sich, wenn man die Bedingungen für das Überleben der Arten erst geklärt hat, gezielt die entscheidenden Hilfen geben. Der wichtigste Parasit der Rebzikade *(Erythroneura elegantula)* in Kalifornien, die Mymaride *Anagrus epos*, kann z. B. nur dort überwintern, wo als Zwischenwirt eine andere Zikadenart an Brombeeren vorkommt. Reihenweises Anpflanzen von Brombeeren auf insgesamt 800 m^2 genügte, um auf einem 12 km^2 großen Rebgelände die Zikade hinreichend zu unterdrücken.

In unserer Landschaft spielen Schwebfliegen (Syrphidae, vgl. Abb. 22) als Blattlausfeinde eine wichtige Rolle. Je stärker die erste Schwebfliegengeneration im Frühjahr ist, um so mehr dieser Räuber stehen dann in der Vermehrungsperiode der Läuse im Frühsommer zur Verfügung. Die Frühlingsgeneration der betreffenden Arten kann nur gedeihen, wenn sie bereits im März und April Beutetiere findet. So früh treten Blattläuse jedoch nur an Gehölzen auf. Hecken und

Feldgehölze schaffen also für Schwebfliegen eine Nahrungsreserve, von deren Ergiebigkeit es vorwiegend abhängt, ob später hinreichend Syrphiden verfügbar sind als Vertilger von Blattläusen auf Rübenfeldern oder anderen Kulturen. – Ähnliche Beobachtungen liegen von zahlreichen anderen Nutzarthropoden vor.

5.2.4 Schädlingsvermehrung zur Nützlingsförderung

Eine Schädlingsvermehrung zur Nützlingsförderung scheint auf den ersten Blick paradox zu sein. Tatsächlich hat es sich jedoch häufig gezeigt, daß die dauerhafte Erhaltung eines hinreichenden Bestandes an plurivoltinen[1], spezifischen Entomophagen von dem Vorkommen der Schädlinge selbst zu bestimmten kritischen Zeiten abhängen kann. Das Beispiel der Schwarzen Ölbaumschildlaus, die man in Kalifornien mit geeigneten Wirtspflanzen versorgt hat, um ihr Weiterleben und damit das von ihren Parasiten zu sichern, war schon im Kap. 3.2.2 erwähnt worden. Sogar das künstliche Ausbringen von Schädlingen in solchen kritischen Zeiten hat sich in Versuchen als sinnvoll erwiesen, z. B. von Eiern der Amerikanischen Gemüseeule *(Trichoplusia ni)* zu Beginn der Vegetationszeit als »Starthilfe« für den Eiparasiten *Trichogramma,* oder von Schadmilben *(Tetranychus urticae)* zur Ansiedlung von Raubmilben in Gurkenhäusern (vgl. 5.3.2.3). In einem Gradationsgebiet des Schwammspinners *(L. dispar)* in Jugoslawien hat man 4 Jahre lang Eigelege am Versuchsort massenhaft zusammengetragen und dadurch eine hohe Parasitendichte *(Apanteles porthetriae)* herbeigeführt. Offenbar war das die Ursache für einen dort vergleichsweise sehr harmlosen Verlauf der Übervermehrung (Maksimović et al., 1970). Dieser ungewohnten, vielleicht aber sehr aussichtsreichen Methode der künstlichen Wirtsanreicherung liegt der gleiche Gedanke zugrunde wie der Aktiv-Schutzimpfung; sie vermeidet eine schwere Infektion durch künstliche Erzeugung einer milden, die den Abwehrmechanismus in Gang setzt. Förderungsmaßnahmen dieser Art müssen naturgemäß im Rahmen der gesamten Strategie einer Schädlingsbekämpfung gesehen und durchgeführt werden. Bekanntlich kann eine einzige unüberlegte Bekämpfungsaktion mit breitenwirksamen persistenten Insektiziden den Erfolg von ökologisch ausgerichteten Methoden in Frage stellen. Daher bleibt die Integration aller Einzelverfahren in ein gemeinsames Programm das entscheidende Ziel.

5.3 Massenapplikation von Entomophagen

Will man eine größere Menge von Nutzarthropoden zu einer bestimmten Zeit an einem bestimmten Ort einsetzen, so muß man sie entweder vorher einsammeln oder (häufig) züchten. Bei der anschließenden Freilassung kann die selbständige Weitervermehrung während einiger Generationen eingeplant sein (Anreicherung oder Herdbildung); oder es interessiert nur die sofortige Wirkung der frei-

[1] mit mehreren Generationen im Jahr

gelassenen Individuen (Überschwemmung). Nützlingszuchten, Anreicherungs- und Überschwemmungsverfahren sollen daher als wichtigste Abschnitte der Massenapplikation im folgenden besprochen werden.

5.3.1 Nützlingszuchten

Die Technik der Nützlingszucht besteht aus vielen Einzelschritten, die sich den ökologischen Ansprüchen der gezogenen Tiere anpassen. Hier sollen unter Hinweis auf zusammenfassende Darstellungen (Franz, 1961; DeBach, 1964) nur die grundsätzlichen Gesichtspunkte kurz besprochen werden. – Entomophagen-Zuchten sind insofern stets anspruchsvoll und aufwendig, als sie eine Zucht der Wirtstiere oder Beutetiere voraussetzen, die häufig wiederum auf dem Vorhandensein von Wirtspflanzen beruht. Jede Entomophagenzucht muß »von unten«, also mit der Bereitstellung der *Nahrung für die Wirtszucht* beginnen. Die Entdeckung, daß sich Schmierläuse *(Pseudococcus)* an Kartoffeltrieben und viele Schildläuse an Kartoffelknollen züchten lassen, war ein großer Fortschritt in der Entwicklung billiger Massenzuchten. Die Tendenz geht heute dahin, die Wirtszucht auf gut haltbarem Substrat durchzuführen. Das können entweder Pflanzenteile sein wie Getreidekörner, Kürbisse, Melonen, Kartoffeln (siehe oben) oder künstliche Nährsubstrate, welche die essentiellen Nährstoffe, Mineralien und meist auch gewisse Fraßstimulantien enthalten (Übersicht bei Vanderzant, 1974). Die Massenzucht von Schadarthropoden hat sich heute zu einem sehr gut ausgebauten Zweig der angewandten Entomologie entwickelt, da sie für die Prüfung von Insektiziden (zum »screening«), beim Selbstvernichtungsverfahren (Kap. 8), für die Produktion von insektenpathogenen Viren (vgl. 9.2) und von Nützlingen in gleicher Weise benötigt wird (Smith, 1966). Soweit grüne Pflanzen unentbehrlich sind, wie z. B. für die Zucht der meisten Blattläuse und vieler Milben, müssen die Aufwuchsbedingungen so gestaltet sein (Lichtintensität und -dauer), daß die Pflanzen das ganze Jahr über wachsen können.

Erfahrungsgemäß bereitet eine störungsfreie *Zucht der Wirte* besondere Schwierigkeiten. Wirtsnahrung, Wirtszucht und Entomophagenzucht sollten räumlich getrennt bleiben und die Zuchten zeitlich unabhängig voneinander durchführbar sein. Vorteilhaft ist es, wenn die Wirtstiere polyphag sind, sich schnell entwickeln und vermehren, sich nicht gegenseitig fressen, keine schützenden Ausscheidungen erzeugen und leicht von mehreren Entomophagenarten angenommen werden.

Die Schildlauszucht hat man vor allem in Kalifornien zur Perfektion entwickelt. Die jungen Wanderlarven lassen sich unter Ausnützung ihrer positiven Phototaxis leicht an einer Licht-Schatten-Grenze konzentrieren und von dort zur Neuinfektion abschütten. In anderen Fällen, wie bei der Zucht der San-José-Schildlaus (vgl. 5.1.6.1.2), hat sich das Abpinseln der Wanderlarven von der besetzten auf die neue, unbesetzte Melone bewährt (dargestellt z.B. im Film C 862, Institut für den Wissenschaftlichen Film, Göttingen). Vielseitig verwendbare Wirtsinsekten sind z.B. die Kartoffelmotte *(Phthorimaea operculella)*, da man ihre Kokons durch Laugeneinwirkung gut aus dem Sand herauslösen kann; oder die Getreidemotte *(Sitotroga cerealella)*, deren Raupen nur im befressenen Korn spinnen und nicht außerhalb, wie etwa Mehlmotten. *Sitotroga*-Falter lassen sich gut über Trichter in Sammelgefäße einbringen, in denen sie dicht aufeinander sitzend ihre Eier legen, die abgesiebt und vor allem für Zuchten des Eiparasiten *Trichogramma* und der jungen Florfliegenlarven *(Chrysopa)* verwendet werden. – Die ununterbrochene Entwicklung von Wirten, die normalerweise eine Diapause haben, läßt sich manchmal durch Langtag-Beleuchtung oder durch Temperaturschocks erreichen.

Zu *Ersatzwirten* greift man, wenn die normalen oder die zu bekämpfenden Wirtsinsekten nicht leicht züchtbar sind. Als Beispiele seien außer *Sitotroga* noch erwähnt: die Mittelmeerfruchtfliege *(Ceratitis capitata)*, deren Larven sich leicht in Möhrenbrei aufziehen lassen, an Stelle der eigentlich zu bekämpfenden, aber nur schwierig züchtbaren Olivenfliege *(Dacus oleae)* bei der Massenzucht der Schlupfwespe *Opius concolor* in Sizilien. *C. capitata* wurde auch von weiteren *Opius*-Arten akzeptiert, die man zur Bekämpfung anderer Fruchtfliegen in Hawaii eingeführt und zur schnelleren Ansiedlung zuerst in Massen gezüchtet hat. – Gelegentlich gelang es auch, anfänglich abgelehnte Ersatzwirte dadurch für die gewünschte Nützlingsart annehmbar zu machen, daß man ihnen die entscheidenden Duftstoffe vom üblichen Wirt als Auslöser beigab, wie sie z. B. in Gespinsten und Kotkrümeln vorkommen.

Krankheiten und Befall mit Schädlingen vermeidet man in Wirtszuchten am besten durch prophylaktische Maßnahmen: Sterilisation oder Desinfektion des Handwerkszeugs, Sauberkeit bei Bereitung und Wechsel des Substrates und Einhaltung möglichst optimaler Zuchtbedingungen (vgl. 9.2.1).

Die *Zucht der Entomophagen* auf halbsynthetischem Substrat ist bisher nur sehr selten gelungen, z. B. bei dem Marienkäfer *Coleomegilla maculata* (an Pollen mit getrockneten Blattläusen) oder bei Raubmilben der Gattung *Typhlodromus* (an Nähragar mit Hefehydrolysat, Honig und getrockneten Milben). Künstliche Medien für *Chrysopa*-Larven, angeboten in einer wachsartigen Umhüllung, werden angenommen, genügen aber noch nicht für langfristige Dauerzuchten. Schon die Annahme von toten Wirten erleichtert die Zucht, da sie sich gegebenenfalls tiefgekühlt lagern lassen (z. B. totgekühlte Eier von *Sitotroga cerealella* für *Trichogramma, Chrysopa* und andere Nützlinge). Auch kurz erhitzte Raupen werden von manchen Schlupfwespen angenommen und erlauben damit eine vereinfachte Zucht. – Schließlich kann man das Füttern der Wirtsinsekten während des Kontaktes mit ihren Parasiten oder Räubern dadurch umgehen, daß man unbewegliche, nicht-fressende Stadien anbietet (z. B. Vorpuppen der Kartoffelmotte *P. operculella* zur Aufzucht von *Chrysopa*-Larven).

Im allgemeinen aber müssen der Massenzucht von Entomophagen lebende Wirte zur Verfügung stehen. Ein Hauptproblem bei den *Prädatoren* bildet ferner deren Neigung, sich gegenseitig aufzufressen. Frisch geschlüpfte Erstlarven der Florfliegen (Chrysopidae) (Abb. 26) sind z. B. überaus gefräßig; die gestielten Eier dieser Arten erklärt man sich als Anpassung an solche kannibalistischen Neigungen, um zu vermeiden, daß die Erstgeborenen ihre Geschwister noch im Eistadium verzehren. Nach 1–2 Mahlzeiten, z. B. an *Sitotroga*-Eiern, vermindert sich aber die wahllose Freßgier, so daß man die Tiere dann nicht mehr isoliert halten muß. Im Hungerzustand fressen fast alle Prädatoren die Eier und Jungstadien der eigenen Art, oft auch die Puppen und sich häutende, unbewegliche Tiere. Für diese müssen in Zuchtbehältern daher genügend Verstecke vorhanden sein.

Bei *Parasitenzuchten* hat es sich als günstig herausgestellt, den Parasiten die Wirte nur für eine begrenzte Zeit anzubieten. Dazu kann man die Wirte regelmäßig auswechseln, wie das etwa in Massenzuchten von *Trichogramma* geschieht.

Papierstreifen mit dicht aufgestreuten, angeklebten Eiern (etwa 450/cm²) von *Sitotroga cerealella* lassen sich sehr leicht austauschen, da die Wespen zum Licht streben und auf die dort ausgelegten Eistreifen überlaufen. Diese Streifen kann man dann bebrüten und vor dem Schlüpfen der nächsten Generation je nach Wunsch zur Weiterzucht oder zur Freilassung verwenden. – Manchmal ist es auch praktischer, Parasiten aus den Zuchtbehältern durch kurzes Betäuben mit CO_2 abzufangen, wenn sie erst einen Teil ihrer Eier abgelegt haben, so daß die gleichen Tiere erst zur Weiterzucht und dann direkt zur Bekämpfung beitragen (z. B. *Aphytis lingnanensis,* Parasit der Roten Zitrusschildlaus).

Rationelle Massenzuchten erreicht man nur, wenn die potentielle Vermehrungsfähigkeit der Entomophagen durch die Zuchtbedingungen nicht zu stark beschnitten wird. Verluste von 50–70% sind durchaus noch tragbar, zumal es für die Gesunderhaltung der Zuchteinheiten wichtiger ist, sie schnell zu wechseln, als die letzte Eikapazität noch auszunützen. Vor allem in den USA ist es gelungen, durch gute Organisation riesige Mengen von Nutzarthropoden zu annehmbaren Preisen zu erzeugen. So kosten z. B. in einer Großzucht von *Aphytis lingnanensis* 1000 der gegen die Rote Zitrusschildlaus eingesetzten Erzwespen umgerechnet nur etwa 35 Pfennige, bei einer Tagesproduktion von 630000 Weibchen (DeBach & White, 1960). Im Rahmen der Umstellung auf biologische Verfahren im Zitrusanbau wurden in einem Insektarium im Ventura Valley in Kalifornien z. B. 1954/55 5,2 Millionen von *Metaphycus helvolus* erzeugt, einem Parasiten der Schwarzen Ölbaumschildlaus *(Saissetia oleae).* Der Eiparasit *Trichogramma minutum* und die Florfliege *Chrysopa carnea* werden gegenwärtig in Kalifornien von spezialisierten Firmen angeboten, die sich eine dauernde hohe Rentabilität der Wirtszucht *(Sitotroga)* auch dadurch sichern, daß sie Falterreste und Eier als Futter für Aquariumstiere verkaufen. Die fast industrielle Organisation des Massenzuchtverfahrens gestattet es, Millionen von Trichogrammen für wenige Dollar anzubieten. Da Beratung und Applikation häufig mit zum Angebot gehören, lassen sich zum Teil niedrigere Preise als bei der Verwendung chemischer Präparate erzielen. – Auch in der Alten Welt gibt es einige Beispiele für Massenzuchten von Nutzinsekten. So wurde in Kleinasien ein Verfahren zur Produktion von Eiparasiten *(Microphanurus*-Arten) der Asiatischen Getreidewanze *(Eurygaster integriceps)* entwickelt, das von der Möglichkeit profitiert, die Wirte im Winterquartier eimerweise einzusammeln. Dadurch kosten Zucht und Ausbringung der Parasiten für 1 ha nur umgerechnet 7,50 bis 9,– DM, das heißt nur knapp ein Drittel des Preises für die sonst übliche chemische Bekämpfung (Remaudière, 1961). Ähnlich günstige Preisrelationen werden für die Anwendung von *Trichogramma* gegen verschiedene landwirtschaftliche Schädlinge in der UdSSR berichtet. Eine in Leningrad entwickelte, nahezu vollautomatisierte Anlage zur Produktion von *Trichogramma* soll über *Sitotroga*-Zuchten auf Mais bzw. Weizen pro Tag 3 bzw. 5 Mio Trichogrammen erzeugen. – Wichtig ist bei allen derartigen Massenzuchten die laufende Überwachung der Qualität der produzierten Nützlinge im Freiland, da die Selektion zur Entstehung von leicht züchtbaren, aber im Gelände weniger tauglichen Biotypen führen kann.

5.3.2 Herdbildung

Im Laboratorium gezüchtete oder aus dem Freiland eingetragene Nutzarthropoden hat man häufig dazu verwendet, den schon vorhandenen Bestand an Entomophagen zu verstärken. Gewöhnlich handelt es sich dabei um periodische Freilassungen, die nach einer Ruhezeit (Winter, Dürrezeit) das Anlaufen der autochthonen Vermehrung beschleunigen oder nach einer Totalbehandlung mit breitenwirksamen Insektiziden den Nützlingsbestand neu begründen. Da sich kurzfristiges »Überschwemmen« von Freilandbezirken oft nicht klar von der länger wirksamen periodischen Herdbildung trennen läßt, sollen hier beide Formen der Anreicherung von Nutzarthropoden gemeinsam besprochen werden. Beispiele, die auch eine Verfrachtung einschließen, sind bereits in 5.2.1 genannt.

5.3.2.1 Herdbildung mit im Freiland gesammelten Entomophagen

Das ältere Verfahren bildet die Anreicherung von im Freiland gesammelten Entomophagen. Schon 1880 sammelte Decaux in Frankreich abgefallene Apfelknospen mit den Larven des Apfelblütenstechers *(Anthonomus pomorum)*, die man früher verbrannt hatte, züchtete daraus die Schlupfwespen und ließ diese in einem Obstgarten frei. Im Prinzip ähnliche, wenn auch in größerem Maßstab durchgeführte Aktionen haben wohl schon öfter zur Minderung von Schädlingsplagen beigetragen, besonders im Obstbau und im Forst. Häufig fehlten allerdings dabei die Erfolgskontrollen. – Sicher unwirksam war die zu Unrecht berühmt gewordene Verfrachtung von Marienkäfern *(Hippodamia convergens)* aus den Winterquartieren, wo man sie bequem einsammeln konnte, in die Gärten der Kalifornischen Ebene; die meisten von ihnen flogen, ihrem saisonbedingten Wandertrieb folgend, schnell weiter. Durch Umstellung der Nahrung (von Blattläusen auf Honigagar) und anschließende Abkühlung und Lagerung der Tiere bei 5–8 °C läßt sich bei jungen Imagines des Marienkäfers *Semiadalia undecimnotata* eine vorzeitige Dormanz (Ruhestadium) auslösen, aus der man sie bei Bedarf durch Erwärmen wieder aktivieren kann (Iperti & Hodek, 1974). – Erfolgreich ließen sich Raubmilben *(Typhlodromus)* auf neu angelegten Erdbeerfeldern in Kalifornien ansiedeln, wenn man dorthin mit Schad- und Raubmilben besetzte Ableger aus älteren Anlagen brachte. So baute sich von vornherein ein neues Gleichgewicht auf, welches Schäden durch die Milbe *(Tarsonemus pallidus)* vermied. Die Raubmilben *Typhlodromus pyri* und *Amblyseius finlandicus* ließen sich in holländischen Apfelanlagen für spätere Verfrachtungen (vgl. 5.2.1) dadurch in großer Menge gewinnen, daß man die Bäume im Vorfrühling mit Teerölen behandelte; dies erzeugte zunächst eine Übervermehrung der Obstbaumspinnmilbe *(Panonychus ulmi)* und als Folge einen dichten Besatz ihrer Vertilger, der genannten Raubmilben.

5.3.2.2 Herdbildung mit Entomophagen aus Massenzuchten

Gewöhnlich liefern Massenzuchten das Material für die periodische Anreicherung von Entomophagen. Ein bekanntes Beispiel dafür bilden Eiparasiten der Gattung *Trichogramma.* Schon vor 90 Jahren hat man diese winzigen Schlupfwespen (Abb. 17) in Kanada gezüchtet und dann gegen eine Blattwespenart freigelassen. Seitdem werden die Möglichkeiten des *Trichogramma*-Einsatzes in allen Erdteilen immer wieder erprobt und verbessert (s. Übersichten bei Schieferdecker, 1970, und bei Franz & Voegele, 1974). Ohne hier auf die umfangreiche Literatur über Erfolge und Mißerfolge einzugehen, seien Beispiele erwähnt, die sich auf die gegenwärtige Verwendung beziehen. In Osteuropa, vor allem in Bulgarien und der UdSSR, hat sich *Trichogramma* gegen Apfelwickler *(Laspeyresia pomonella),* Pflaumenwickler *(Grapholitha funebrana),* Kohl- und Wintersaat-Eule *(Mamestra brassicae* und *Agrotis segetum),* Maiszünsler *(Ostrinia nubilalis)* sowie andere Lepidopteren bewährt. In Polen erzielte man z. B. mit rund 3000 Wespen je Baum etwa 60% (erste Generation) bzw. 87% (2. Generation) Parasitierung beim Pflaumenwickler. In gleicher Höhe soll auch bei den genannten Eulen der Parasitierungsgrad liegen nach Freilassung von 10–50 000 Trichogrammen/ha auf Feldern in der Ukraine und anderen Teilen der UdSSR. Dort besteht neuerdings die Tendenz, die Zucht von kleineren, sog. »Biolabors« wegzuverlegen in große landwirtschaftliche Produktionsgenossenschaften (Kolchosen usw.) und hier weitgehend automatisierte Anlagen für eine Massenzucht der Parasiten zu betreiben (vgl. 5.3.1). Neuere Berichte geben an, daß man dort – nicht zuletzt wegen der geringeren Kosten – mehrere Millionen ha Anbaugebiete von Rüben und Mais so behandelt (Dysart, 1973). Aus Mittel- und West-Europa liegen neue, durchschlagende Erfolge zur Unterdrückung des Maiszünslers in Frankreich (Elsaß) vor, und zwar mit einer auf diesen Wirt spezialisierten Form von *Trichogramma* aus der Sowjetunion (Voegele et al., 1975). Im Unterschied zur Anwendung im Herkunftsgebiet verwendete man bei der Erstansiedlung im Elsaß 150 000 Tiere/ha (statt 100 000/ha), ausgebracht in 4 Raten (SU: 3 Raten) und gezogen aus Eiern der Mehlmotte *Ephestia kühniella* (SU: *Sitotroga*). Nach Versuchen unseres Institutes läßt sich der Apfelwicklerbefall durch rechtzeitiges Freilassen der Parasiten erheblich senken, wobei ihre Zahl der Kronengröße ungefähr entsprechen muß; dabei erreicht man zwar etwa eine Halbierung des Schadens, aber nicht ganz die bei uns im Intensivanbau erwünschte minimale Befallsstärke von $< 5\%$. Parasitierungsprozente und Erfolgsberichte müssen also immer auf die in dem betreffenden Land übliche oder tolerierte Schadenshöhe bezogen werden. Diese hängt auch davon ab, ob eine chemische Behandlung unerwünscht hohe Rückstände oder eine Übervermehrung anderer Schädlinge veranlassen würde (Kap. 16).

In den USA beschäftigt man sich sehr intensiv mit der Nutzung von Trichogrammen. Die Leistungsfähigkeit der verschiedenen lokalen Formen, arbeitsparende Zuchtmethoden und Einsatz im Rahmen der integrierten Bekämpfung bestimmen auch hier das Bild der anwendungsorientierten Forschung. Kommerzielle Insektarien bieten heute Trichogrammen für Landwirte und Gärtner zu mäßigen Preisen an. Bei der in Arizona und Kalifornien offenbar zunehmenden Anwendung liegt *ein* Vorteil bereits darin, daß Farmer, die Trichogrammen freigelassen haben, von vornherein bei der Anwendung von Insektiziden zurückhaltend sind und damit auch anderen Nützlingen das Eingreifen ermöglichen. – Produzenten von *Trichogramma* übernehmen auch gelegentlich die *Applikation.* Während hierbei in der UdSSR offenbar noch viele Helfer – auch Kinder – Blätter mit frisch geschlüpften Wespen auf die zu schützenden Kulturpflanzen legen, versucht man in lohnintensiveren Ländern, arbeitsparende Methoden zu entwickeln, vor allem das in Deutschland erstmalig erprobte, nun auch in den USA und anderenorts übernommene und ausgebaute Versprühen einer Suspension von Wirtseiern mit fast schlüpfbereiten Trichogrammen. Das Grundkonzept ist dabei in allen Ländern das gleiche: Zu Beginn der Schädlingssaison, wenn Entomophagen gewöhnlich noch rar sind, so viele Trichogrammen auszubringen, daß die Schädlingsvermehrung gar nicht erst richtig anlaufen kann. Gewöhnlich werden 2–3 Freilassungen in etwa 10tägigem Abstand empfohlen, beginnend mit dem ersten Erscheinen der Schädlingseier. Da die geringe Dichte der Wirte zu Beginn der Saison die Zunahme der Parasiten erschwert, wurde die direkte Zugabe von Schädlingen erprobt (vgl. 5.2.4) und außerdem vorgeschlagen, sterilisierte Schadlepidopteren freizulassen, die nicht mehr entwicklungsfähige Eier ablegen (Knipling & McGuire, 1968).

Zusätzlich zu *Trichogramma* (gegen Schadraupen) verwendet man neuerdings auch nach entsprechender Massenzucht Florfliegen gegen saugende Insekten und Raupen, meist die Art *Chrysopa carnea* (vgl. 5.3.1). Auf Papier, an dem die z.B. in Kalifornien käuflichen Florfliegeneier abgelegt sind (etwa 500 Eier für 2,70 DM), befindet sich bereits Nährsubstrat für die Junglarven. Zur Blattlausbekämpfung auf Kartoffelfeldern hat man auch Florfliegen-Eier zusammen mit einem zuckerhaltigen Nährsubstrat verspritzt. Verwendet werden diese Methoden in den USA zumeist in Spezialkulturen, ferner, wie auch in England und im übrigen Europa, in *Gewächshäusern,* in denen aus den verschiedensten Gründen Insektizide unerwünscht sind oder – wegen einer immer weiter verbreiteten Resistenz bei Blattläusen – auch versagen (Übersicht bei Hassan, 1974a).

5.3.2.3 Herdbildung in Gewächshäusern

Weil in Gewächshäusern das Klima leicht zu manipulieren und der Raum begrenzt ist, weil außerdem unter Glas das Problem der Rückstände und der resistenten Schädlingsrassen besonders aktuell wird, wächst überall das Interesse für die Verwendung von Entomophagen innerhalb dieser extrem intensiven Pflanzenkulturen. Soweit sich die Ansprüche von Pflanzen und Nutzinsekten vertragen, lassen sich sehr bemerkenswerte Erfolge erzielen (Übersicht und Methoden bei Bravenboer, 1973). Außer den obengenannten Florfliegen spielen heute mehrere ziemlich spezifische Feindarten eine Rolle: a. Die Erzwespe *Encarsia formosa* (Eulophidae) zur Unterdrückung der Weißen Fliege *(Trialeurodes vaporariorum),* die an Zierpflanzen und Gemüse saugt; b. die aus Chile stammende Raubmilbe *Phytoseiulus persimilis* (= *riegeli*) gegen die Gemeine Spinnmilbe *(Tetranychus urticae);* c. die Blattlaus-Schlupfwespe *Aphidius matricariae* (Aphidiidae) zur Unterdrückung Insektizid-resistenter Pfirsichblattläuse *(Myzus persicae),* bewährt neben anderen Aphidiiden in verschiedenen Ländern, auch in Europa (Tremblay, 1974).

Vor allem in Gurkenhäusern hat man mit der Raubmilbe sehr erfolgreiche Versuche durchgeführt und das Verfahren z. B. in England, Finnland, Rumänien, Holland und vielen anderen Ländern praxisreif gemacht. Gurkenkulturen sind für dieses relativ langsame, aber sehr preiswerte Verfahren besonders geeignet, da sie erhebliche Saugschäden an Blättern tolerieren, ehe die Ernte beeinträchtigt wird. Gute Ergebnisse liegen aber auch vor gegen *T. urticae* an Tomaten, Paprika und Rosen. Die Weiße Fliege läßt sich an Gurken, Tomaten und Zierpflanzen häufig mittels der genannten Erzwespe *(E. formosa)* kurzhalten. Dabei sind Synchronisierung von Wirt und Parasit sowie relativ hohe Temperaturen und hohe Beleuchtungsintensität im Gewächshaus förderlich. Der Einsatz von Nutzarthropoden im Gewächshaus wurde dadurch erleichtert, daß man *P. persimilis* und auch *E. formosa* heute bei verschiedenen ausländischen Firmen beziehen kann. Zum Aufbau eines beständigeren Gleichgewichtszustandes zwischen Schädlingen und ihren Vertilgern hat es sich bewährt, sowohl Schadmilben als auch Weiße Fliegen zu Beginn der Saison gleichmäßig auf die Kulturen zu verteilen. Die Gegenspieler werden dann je nach Temperatur etwa 2 Wochen später zugegeben. Dies ist sicherer, allerdings bei Anfängern weniger beliebt, als Nützlinge erst zuzugeben, wenn Herde sichtbar geworden sind. Erfahrungsgemäß bemerkt der Praktiker solche Befallszentren nämlich erst spät, und dann dauert die biologische Korrektur zu lange (Gould et al., 1975). Speziell im Glasshouse Crops Research Institute in Littlehampton, England, wird über die biologische Bekämpfung dieser und anderer Schadorganismen in Gewächshäusern gearbeitet. Das gleichzeitige Auftreten verschiedener Schädlinge und Krankheiten an derselben Kultur erfordert, wenn man sich zur Abkehr von Breitband-Präparaten entschlossen hat, die Kombination mehrerer selektiver Agentien. So läßt sich diese biologische Methode mit anderen Verfahren integrieren, was beim Auftreten verschiedener Schadorganismen an einer Kultur manchmal notwendig ist. Die zitierten Arbeiten nennen auch die wenigen, heute verfügbaren, relativ selektiven Präparate, die den jeweiligen Entomophagen wenig schaden. Zur Anwendung von Nematoden vgl. Kap. 6, von Mikroorganismen vgl. Kap. 10, von integrierten Verfahren vgl. Kap. 16.4.

5.4 Verwendung von Arthropoden zur Schneckenbekämpfung

Unter den natürlichen Feinden von Schnecken, die als Pflanzenfresser oder als Zwischenwirte von parasitischen Krankheitserregern (Trematoden) schädlich werden, spielen Arthropoden eine große Rolle. Von den Krebsen und Tausendfüßlern bis zu den Insekten und Milben reicht die vielfältige und z.T. stark spezialisierte Reihe der Schneckenvertilger. Unter den Insekten sind sie bei folgenden Ordnungen nachgewiesen (besonders wichtige Vertreter in Klammern): Hymenoptera (Ameisen); Coleoptera (Carabidae, Silphidae, Lampyridae, z.B. mit den Larven der Leuchtkäfer, *Lampyris nocticula*); Hemiptera (aquatische Raubwanzen); Diptera (Phoridae, Sciomyzidae, Sarcophagidae). Das Erhalten einer vielfältigen Fauna trägt somit sicher zur Stabilisierung bei.

Zur eigentlichen biologischen Bekämpfung mit Hilfe von Arthropoden gibt es auch mehrere Versuche, aber nur wenige Erfolgsmeldungen. Als Beitrag zur Bekämpfung der über weite Tropengebiete verschleppten Afrikanischen Riesenschnecke *(Achatina fulica)* hat man außer Raubschnecken (vgl. 6.3) auch mehrere Insekten (Carabidae, Lampyridae) importiert. Keine der z.B. nach Hawaii eingeführten Arten hat jedoch den Schädling merklich reduziert. Mit Recht betont Mead (1961) in seiner Übersicht die Komplexität der ökologischen Verknüpfungen und die Gefahr für die Fauna durch Freilassen von polyphagen Arten. – Zur Bekämpfung eines Leberegels *(Fasciola gigantica)* gelang es auf verschiedenen Inseln von Hawaii, aus Mittelamerika bzw. Japan stammende Sciomyziden *(Sepedon macropus* und *S. sauteri)* anzusiedeln, die seither zur Verminderung der als Zwischenwirte dienenden Schnecken *(Galba viridis)* beitragen. Erst die weitere Aufklärung der Biologie und Spezifität dieser und anderer Schnecken-vertilgenden Arthropoden wird die Basis für erfolgreichere Einbürgerungsversuche schaffen.

6 Verwendung von anderen Wirbellosen

Evertebraten, die nicht zu den Arthropoden gehören, sind schon mehrfach erprobt und auch gelegentlich eingesetzt worden, um andere Wirbellose, vor allem Insekten, zu bekämpfen. Einige praktisch wichtigere Beispiele sind im folgenden genannt.

6.1 Verwendung von Planarien

Diese freilebende, durch ihre große Regenerationsfähigkeit bekannte Gruppe (Turbellaria: Plathelminthes) erwies sich neuerdings in Kalifornien als praktisch nutzbar zur Vertilgung von Entwicklungsstadien verschiedener Culiciden und Chironomiden im Wasser. Die vor allem nachtaktiven Planarien immobilisieren ihre Beute durch klebrigen Schleim, den sie ausscheiden. Anschließend saugen sie allein oder gruppenweise die Beute aus. Durch Zugabe von 30 Planarien der Art *Dugesia dorotocephala* je m^2 ließ sich im Freiland die Dichte der Mückenlarven und -puppen so reduzieren, daß keine Adulten mehr schlüpften (Legner et al., 1975b). Die optimale Wassertemperatur liegt bei 20–29 °C. Planarien sind für biologische Verfahren vielversprechend, da sie sich leicht in großer Menge züchten lassen, da sie widerstandsfähige Ruheeier legen, die man lagern kann, und da sie sogar auch in flachen, gelegentlich austrocknenden Gewässern oder Reisfeldern überleben.

6.2 Verwendung von Nematoden

Unter den Fadenwürmern *(Nematodes)* gibt es viele Gruppen, deren Vertreter sich als fakultative oder obligate Parasiten in Insekten entwickeln (entomogene Nematoden – Übersicht bei Poinar jr., 1975). Dabei schädigen sie meist ihre Insektenwirte oder töten sie ab. Feldversuche zur biologischen Bekämpfung mit Hilfe entomogener Nematoden sind bisher im wesentlichen auf die im folgenden besprochenen 3 Vertreter beschränkt.

1. *Neoaplectana carpocapsae,* auch bekannt unter der Bezeichnung »DD-136«, gehört zu den Steinernematidae. Die Art wurde in den 50er Jahren als vielseitig verwendbarer Insektenvertilger angekündigt. Die in Wachsmottenraupen (s. Abb. 27) oder künstlichem Nährmedium leicht in Massen züchtbaren Fadenwürmer durchbohren, wenn sie mit der Nahrung gefressen worden oder selbständig in den Wirt eingedrungen sind, die Darmwand ihres Wirtes und entlassen in seine Körperhöhle Bakterien (meist *Achromobacter*-Arten). Unter deren Einfluß stirbt das Wirtsinsekt bald ab und zersetzt sich im Laufe von 2–3 Wochen. In dem entstehenden bakterienhaltigen Gewebebrei vermehren sich die Folgegenerationen des Nematoden. Die Larven vertragen es, in Wasser aufgeschwemmt, mit den im Pflanzenschutz üblichen Spritzen ausgebracht zu werden. Obwohl sich inzwischen mehr als 130 Insektenarten der verschiedensten Ordnungen im Schalenversuch als empfindlich erwiesen haben, blieben nach anfänglich großen Erwartungen nur wenige positive Freilandversuche übrig. Die erhoffte massive Invasion der Schädlinge gelang selten, vor allem weil die Nematoden einen ständigen Wasserfilm benötigen und ihre Wirte nicht aktiv aufsuchen.

Angesichts dieser ökologischen Ansprüche konzentriert man sich jetzt auf eine Anwendung im Boden. Dabei werden gewöhnlich wäßrige Suspensionen von 10^4 bis 10^6 Larven je m^2 ausgebracht. Als neuere Beispiele seien Aktionen gegen im Boden lebende Stadien folgender Schädlinge genannt, die durch diese Behandlung hohe Verluste erlitten: Rapserdfloh *(Psylloides chrysocephala)*; Rapsglanzkäfer-Arten (*Meligethes* spp.); Kohlschotenrüßler *(Ceuthorrhynchus assimilis)*; Wurzelfliegen an Tabak (*Phorbia florilega* und *P. platura*); *Diabrotica*-Arten (Chrysomelidae) an Süßkartoffeln, Mais und Zierpflanzen; *Grapho-*

gnatus peregrinus (Curculionidae) auf Grünflächen; Kleiner Frostspanner *(Operophtera brumata)* im Apfelanbau; Schnaken (*Tipula* sp.) im Grünland (Übersichten bei Poinar jr., 1971, und Benham jr. & Poinar jr., 1973). In den Vereinigten Staaten sind Nematodenpräparate erhältlich, die in mit Agar beschichteten Flaschen abgegeben und vom Verbraucher vor dem Verspritzen angesetzt werden. Da sich diese Fadenwürmer sehr billig produzieren und jahrelang im Kühlschrank aufheben lassen, sieht man in ihnen ein aussichtsreiches Agens gegen manche Schadinsekten im Boden.

2. Die Mermithide *Reesimermis nielseni* befällt Larven von Stechmücken (Culicidae) verschiedener Gattungen und läßt sich in lebenden Wirten leicht vermehren. In den Vereinigten Staaten hat man mit Unterstützung der WHO die Technik der Massenzucht so vorangetrieben, daß 1 Million infektiöse Larven dieser Art weniger als eine DM kosten. In Freilandeinsätzen erreichte man damit eine Verminderung des Larvenbestandes je nach Art und Biotop um 50 bis 95% (Nickle, 1973).

3. *Deladenus siricidicola* (Neotylenchidae) parasitiert in der Blauen Fichtenholzwespe *(Sirex noctilio)* und macht hierdurch die Weibchen steril. Bei der Eiablage gelangen die Nematoden mit einem symbiontischen Pilz in das Stammholz und entwickeln sich zunächst freilebend als Verzehrer dieses Pilzes. Später befallen dann einige die *Sirex*-Larven und gelangen so erneut in die Imagines. In Australien, wohin die genannte Holzwespe ohne diesen Parasiten eingeschleppt worden war und nun riesige Kiefernwaldgebiete bedroht, hat man Verfahren entwickelt, den Nematoden in Kulturen des spezifischen Pilzes zu vermehren und damit von *Sirex* befallene Stämme zu injizieren, so daß heute große Teile der eingeschleppten Holzwespen-Population bereits den Parasiten beherbergen und dadurch in ihrer Vermehrungsfähigkeit stark eingeschränkt sind (Bedding & Akhurst, 1974). Diese Nematoden ergänzen somit die Wirkung von ebenfalls eingeführten Schlupfwespen, die sie als spezifische Antagonisten jedoch nicht befallen.

6.3 Verwendung von Raubschnecken

Die Verwendung von Raubschnecken in der biologischen Bekämpfung richtete sich vor allem gegen die aus Afrika über die pazifische Region verschleppte Afrikanische Riesenschnecke *(Achatina fulica)*. Dieser sehr gefräßige Schädling vertilgt wenig wählerisch die meisten Kulturpflanzen. Von seinen zahlreichen natürlichen Feinden hat man aus Südostafrika Raubschnecken eingeführt und speziell mit den Arten *Gonaxis kibweziensis* und *G. quadrilateralis* auf verschiedenen Inseln im Pazifik und auch auf Mauritius gute Erfolge erzielt. Die Raubschnecke *Euglandina rosea* hat sich, auf Hawaii mit *Gonaxis* zusammen, mehrfach bei der Vernichtung verschiedener Schadschnecken bewährt (z.B. auf den Bermudas). – Zur Vertilgung von Leberegel-übertragenden Schnecken hat man in Puerto Rico und anderen tropischen Inseln Versuche mit der Raubschnecke *Marisa cornua-*

rietis unternommen, welche die Eigelege der Schneckenarten frißt, die als Zwischenwirte dienen, z. B. *Biomphalaria glabrata.* Außerdem vertilgt sie viele Wasserunkräuter, verschont aber an feuchten Standorten auch Kulturpflanzen nicht. – Beide Beispiele haben für Mitteleuropa keine Bedeutung, zeigen aber die reichen, noch weitgehend ungenutzten Möglichkeiten einer Verwendung von Tiergruppen an, über deren Rolle als Gegenspieler von Schädlingen nur wenig bekannt ist.

7 Biologische Unkrautbekämpfung

Unter Unkräutern versteht man Pflanzen, die am »falschen« Ort wachsen und dadurch schaden. Die biologische Bekämpfung solcher Unkräuter besteht darin, ihren Bestand und ihre Konkurrenzfähigkeit durch Manipulation von Unkrautvertilgern dauerhaft unter die Schadensschwelle zu senken. Eine Ausrottung wird hier weder erreicht noch angestrebt. Dabei sind phytophage Organismen (meist Insekten, aber auch Phytopathogene, Schnecken, Fische oder Vögel) die »Nützlinge« und ihre Feinde die »Schädlinge«, also gerade umgekehrt wie bei der üblichen Bekämpfung von Schädlingen.

Biologische Verfahren der Unkrautbekämpfung sind Beispiele für gezielte Eingriffe in das Ökosystem, bei denen man bestimmte Erfahrungen beachten muß (Zwölfer, 1973). Das dauerhafte Einfügen von Unkrautvertilgern in das System stellt eine überaus umweltfreundliche, rückstandsfreie und wirtschaftliche Korrektur in dem Gleichgewichtsverhältnis von Organismenarten dar. Sie gelingt naturgemäß am ehesten in einigermaßen stabilen Lebensstätten, also in Wäldern oder extensiven Kulturen. Die ökologischen Ansprüche der betroffenen Arten müssen vorher genau bekannt sein. Außer bei der Beseitigung von Wasserunkräutern darf man nur spezifische Vertilger bestimmter unerwünschter Pflanzen verwenden, da sonst unabsehbare Gefahren für die Kulturpflanzen entstehen. – Physikalische, chemische oder kulturelle Unkrautbekämpfung läßt sich lokalisieren, nicht jedoch ein biologisches Verfahren. Freigelassene Organismen breiten sich mehr oder weniger unkontrolliert aus. Dieses Verhalten zwingt dazu, vor der Einleitung biologischer Maßnahmen zu klären, ob eine Pflanze überwiegend schädlich oder nützlich ist. Die Feigenkakteen *(Opuntia*-Arten) wurden z. B. in vielen Teilen der Welt durch Insekten erfolgreich bekämpft. Wo man aber stachellose Opuntien als Viehfutter in Dürrezeiten schätzt, wie in Südafrika, richten die gleichen Opuntienvertilger Schaden an. Auch die bei uns aus Nordamerika eingeschleppten Goldruten-Arten (*Solidago* spp.) sind einerseits unerwünscht als Forstunkräuter, aber anderswo wieder geschätzt als Bienenweide oder als Schutz gegen Erosion. Stets sind also die zu erwartenden Folgen einer Bestandsminderung gründlich zu prüfen, ehe man sich zur Verwendung von Phytophagen entschließt. Hierzu gehört auch die Abstimmung mit Nachbarländern, in die ein importierter Unkrautvertilger einwandern kann.

7.1 Einheimische Unkräuter

Bisher wurden fast nur eingeschleppte Unkräuter biologisch bekämpft, und zwar durch Nachführen ihrer Vertilger aus ihrem Herkunftsgebiet in einen anderen Florenbereich. Einige Erfahrungen mit florenfremden, eingeschleppten Antagonisten haben aber erwiesen, daß deren Wirtsbereich über das hinausgehen kann, was im Herkunftsland sichtbar wird, wenn sie mit neuen Wirten zusammentreffen. Der aus Ostasien stammende Kastanienrindenkrebs *(Endothia parasitica)* hat z.B. in Nordamerika die dort heimische echte Kastanie *(Castanea dentata)* fast vollkommen eliminiert. Über Verkehrswege verschleppt setzt er sein Werk an der Eßkastanie *(C. sativa)* in Südeuropa fort. Ähnlich verheerend wirkt der pilzliche Erreger des Ulmensterbens *(Ceratocystis ulmi)* in beiden Kontinenten. Nun sind Kastanie und Ulme keine Unkräuter, sondern überall geschätzte Baumarten. Trotzdem zeigen diese und ähnliche Beispiele, daß sich in anderen Florenbereichen geeignete Phytopathogene und Phytophagen finden lassen müßten, die sich zur biologischen Bekämpfung einheimischer Unkräuter verwenden lassen. Hierzu folgendes Beispiel von einer sehr polyphagen Art: Zur Verminderung vorwiegend einheimischer Unkräuter in stehenden und langsam fließenden Gewässern erprobt man derzeit in Europa und Nordamerika den aus China stammenden Grasfisch *(Ctenopharyngodon idella)*. In Holland und der DDR brachten Besatzdichten von 180 bis 360 kg/ha gute Ergebnisse und erhebliche Einsparungen, ohne dabei die Mannigfaltigkeit von Fauna oder Flora zu verringern (Jähnichen, 1974; van Zon, 1974). Auch in der Bundesrepublik sind die ersten guten Erfahrungen in mittelfränkischen Teichen gesammelt worden (Weigand & Parusel, 1976). Bei Wassertemperaturen von > 20 °C haben sich in kalifornischen Bewässerungsgräben zur Verminderung von *Potamogeton*- und *Myriophyllum*-Gewächsen zwei *Tilapia*-Arten aus Afrika bewährt (Legner et al., 1975a). Vor einer großflächigen Verwendung von Fischen zur Unkrautbekämpfung sind allerdings noch manche Fragen zu klären. – Zur Abrundung sei erwähnt, daß man auch Schwäne *(Cygnus olor)* zur Beseitigung von Wasserunkräutern und Hausgänse zum Abweiden von Gras in Baumwoll-, Erdbeer-, Rüben- u.a. Kulturen genutzt hat (Johnson, 1960).

Einheimische Arten gegeneinander einzusetzen, hat bisher nur ganz selten zu praktischen Erfolgen geführt. Aus der UdSSR wird allerdings über neue und gelungene Versuche zum Einsatz von Pathogenen gegen einheimische, parasitische Schadpflanzen der Gattung *Orobanche* (Sommerwurz) berichtet. (Weiteres über die mikrobiologische Bekämpfung von Unkräutern vgl. Kap. 13.)

7.2 Eingeschleppte Unkräuter

Das Schwergewicht der bisherigen Arbeit auf diesem Sektor liegt bei der *Einbürgerung von faunenfremden phytophagen Insekten* zur Verminderung von *eingeschleppten Unkräutern* (Sammelberichte bei Huffaker, 1964; Holloway, 1964;

F. Wilson, 1964). Die Vorarbeiten, die der eigentlichen Freilassung von Unkrautverzehrern vorausgehen, ähneln teilweise jenen, die bei dem Import von Entomophagen anfallen (vgl. 5.1). So müssen die Art des Unkrauts, seine geographische Verbreitung und sein Herkunftsgebiet eindeutig geklärt sein. Bei der Auswahl der geeignetsten Unkrautvertilger empfiehlt es sich, den gesamten Artenkomplex zu berücksichtigen, der im Heimatgebiet an der betreffenden Pflanze frißt. Dabei sollen diese Untersuchungen in möglichst verschiedenen Klimazonen und Standorten angestellt werden, weil man dadurch etwas über die ökologischen Ansprüche der Phytophagen erfährt. – Die entscheidende Vorarbeit betrifft, wie gesagt, die Prüfung der Selektivität des Unkrautvertilgers, also seine eindeutige Bindung an die zu bekämpfende Unkrautart. Sie allein garantiert, daß sich der eingeführte Unkrautverzehrer nicht anderen Pflanzen zuwendet, wenn er seine eigentliche Wirtspflanze dezimiert hat. Je näher verwandt ein Unkraut mit manchen Kulturpflanzen ist, um so entscheidender wird diese Frage nach der Spezifität. Sie läßt sich im sogenannten »Hungertest« prüfen, bei dem man die Situation vorwegnimmt, die im Freiland entstehen kann. Phytophagen, die auch im Herkunftsland gelegentlich auf Kulturpflanzen übergehen, werden dabei ausgeschieden. Anderseits kann es bedeutungslos sein, wenn eine Art im Hungertest zögernd und kurzfristig an Kulturpflanzen frißt, solange sie sich an diesen unter Freilandbedingungen nicht fortpflanzen kann. Der grobe Raster eines Hungerversuches läßt sich noch dadurch verfeinern, daß man durch eingehende Verhaltensstudien klärt, an welchen Erkennungsmerkmalen (Auslösern) sich eine Art bei der Futterwahl orientiert. Dabei spielen die fördernden und hemmenden chemischen und physikalischen Signale der Pflanze eine wichtige Rolle. Die Stabilität der Bindung an bestimmte Pflanzen läßt sich durch Ermittlung des gesamten Wirtspflanzenkreises im Herkunftsland abschätzen (Zwölfer & Harris, 1971). Tatsächlich haben derartige langfristige Vorstudien es verhindert, daß bei den zahlreichen Importen zur biologischen Unkrautbekämpfung dadurch Schäden entstanden sind, daß eingeführte Unkrautfresser später auf andere Pflanzen übergingen. Die instinktmäßige Bindung der Futterwahl an eine einzige Pflanzenart oder -gattung ist gerade bei den hierbei bevorzugten Spezialisten sehr starr; daher verschwindet sie auch nicht unter dem Selektionsdruck einer kurzen Hungerphase, die entsteht, bis das neue Gleichgewicht zwischen Pflanze und Pflanzenfresser hergestellt ist.

Hat sich in diesen Prüfungen dann eine Art als hinreichend spezifisch erwiesen und verspricht ihre Fraßweise auch eine wirksame Einschränkung des Unkrauts, dann müssen noch geeignete Techniken für Versand, Massenzucht und Freilassung gefunden werden. Wie bei den Entomophagen ist sehr genau darauf zu achten, daß nicht natürliche Feinde der Unkrautvertilger unabsichtlich mit eingeführt werden. Vor allem Krankheiten können die Überlebens-Chancen einer freigelassenen Population mindern und damit das ganze Projekt gefährden (Goeden & Louda, 1976). Das endgültige Ergebnis einer Einbürgerung läßt sich, wie neuere Erfahrungen gezeigt haben (vgl. 7.2.1.2), manchmal erst nach langjähriger Anpassungszeit beurteilen.

7.2.1 Beispiele

Insgesamt hat die Methode als rationelle Alternative zu chemischen oder mechanischen Verfahren neuerdings sehr an Bedeutung gewonnen. Allein in den USA und Kanada laufen derzeit rund 80 Vorhaben, von denen etwa bei der Hälfte die Einfuhren beginnen (Goeden et al., 1974a). Aus den etwa ein Dutzend Fällen bereits gelungener biologischer Unkrautbekämpfung, die man in allen Erdteilen außerhalb der Paläarktis bisher an eingeschleppten Schadpflanzen durch Nachführen ihrer spezifischen Vertilgerinsekten erzielt hat, seien hier zwei erwähnt, die Feigenkakteen in Australien und das Johanniskraut in Kalifornien.

7.2.1.1 Feigenkakteen

Verschiedene Opuntien-Arten (*Opuntia inernis, O. stricta* und andere) wurden etwa 1840 aus Mittelamerika nach den australischen Staaten Queensland und New South Wales gebracht. Diese äußerst trockenresistenten Pflanzen breiteten sich unerwartet schnell aus und bedeckten 1925 bereits eine Fläche von etwa 24 Millionen ha. Alljährlich kamen weitere 400000 ha dazu, die der landwirtschaftlichen Nutzung verlorengingen. Nach Vorversuchen seit 1913 kam es von 1921 bis 1935 zu einem großen Projekt biologischer Bekämpfung, in deren Verlauf rund 160 Opuntienverzehrer aus Nord- und Südamerika untersucht, 48 in eine dem Kontinent vorgelagerte Quarantänestation eingeführt und 23 Arten freigelassen wurden. Von den 13 schließlich eingebürgerten Phytophagen (12 Insekten und 1 Milbe) war der argentinische Kleinschmetterling *Cactoblastis cactorum* (Phycitidae) am erfolgreichsten. Das Zerstörungswerk seiner minierenden Raupe wurde durch eine Bakterienfäule beschleunigt, die von den Minen ausging. Außerdem waren an der Zurückdrängung der Opuntien noch besonders Schildläuse der Gattung *Dactylopius* beteiligt. Die riesigen, zuvor von einem Opuntien-Dickicht überwucherten Flächen waren bis 1936 in Queensland fast gänzlich, in New South Wales bis auf 10% wieder für die Landwirtschaft nutzbar. Auf dem somit erreichten niedrigen Niveau pendelte sich eine neue Gleichgewichtsdichte ein (F. Wilson, 1963). Manche der genannten Insekten haben sich als Vertilger von Opuntien auch außerhalb von Australien bewährt, so z.B. *Cactoblastis cactorum* auf Hawaii und *Dactylopius* in Asien und Südafrika. In Afrika hat man die genannten Schildläuse manchmal durch Ausbringen breitenwirksamer Kontaktinsektizide gefördert, da diesen – wie üblich (vgl. 2.2.3) – besonders die räuberischen Schildlausvertilger erlagen.

7.2.1.2 Johanniskraut

Das in ganz Europa weitverbreitete Johanniskraut *(Hypericum perforatum)* eroberte seit dem Ende des vorigen Jahrhunderts Australien und später die westlichen Staaten der USA und Kanadas. Es verdrängte nicht nur auf Weideflächen wertvolle Futtergräser, sondern wirkte durch Photosensibilisierung auch schädlich auf Vieh mit unpigmentierter Haut. 1944 bedeckte es allein in Kalifornien rund 1 Million ha Weideland, das damit der Nutzung entzogen war. Dank der Vorarbeit australischer Kollegen, die sich schon seit 1928 in Westeuropa mit den Vertilgern des Johanniskrauts beschäftigt hatten, konnten sogleich die beiden wirksamsten Blattkäfer eingeführt werden, *Chrysolina hyperici* und *C. quadrigemina*. Die ersten Käfer ließ man nach sorgfältiger Spezifitätsprüfung im Frühling 1945 im nördlichen Kalifornien frei. Da die Kriegslage damals Importe aus Europa verhinderte, verwandte man dazu Tiere, die früher schon in Australien eingebürgert worden waren. Schon nach 2 Jahren vermehrten sie sich so stark, daß 3 Millionen Käfer im Freiland gesammelt und andernorts ausgesetzt werden konnten. Die Käfer und Larven entblätterten das Unkraut kurz vor der Trockenperiode, wodurch es nach 2–3 Jahren einging. Besonders die Art *C. quadrigemina* war dafür verantwortlich, daß nach Ablauf von 10 Jahren das Johanniskraut in Kalifornien praktisch keine Rolle mehr spielte. Es verschwand von den Weideflächen dieses Staates völlig und ging auch in Oregon, Washington und Idaho stark zurück (Holloway, 1964). Heute kommt es dort nur noch auf schattigen Flecken oder am Straßenrand vereinzelt vor. Der dadurch jährlich entstehende volkswirtschaftliche Nutzen in Höhe von 2 Millionen US-Dollar ist über den Wert des Viehbestandes errechnet, der auf den neugewonnenen Weideflächen heranwächst.

Die gleichen Chrysomeliden haben auch in Australien (Viktoria), Neuseeland und Chile nützlich gewirkt. Die klimatische Abhängigkeit solcher Bekämpfungsverfahren erkennt man deutlich aus den Ergebnissen entsprechender Einfuhren in British Columbia, Kanada: dort war der Erfolg mit den genannten Chrysomeliden und anderen Arten zunächst wesentlich geringer und außerdem auf die feuchteren Standorte beschränkt. Erwartungsgemäß zeigt sich hier, ganz ähnlich wie bei den Entomophagen, daß die ökologische Valenz der Vertilger geringer ist als diejenige ihrer Wirtspflanzen bzw. Wirtstiere (vgl. 5.1.5). Allerdings kann es im Laufe der Zeit zu Anpassungen der eingeführten Unkrautvertilger an die örtlichen Klimabedingungen kommen. In diesem Beispiel dauerte es 11 bis 15 Jahre, ehe die *Hypericum*-Bestände in West-Kanada von *C. quadrigemina* sichtbar zurückgedrängt wurden. Die Selektion hatte Käfer begünstigt, die beim Winteranbruch besonders früh Verstecke aufsuchten, mehr Eier legten und schneller auf Herbstregen reagierten. Somit hat sich, wie diese und mehrere andere Fälle zeigen, die Einführung von spezifischen Unkrautvertilgern als eine überaus wirksame und preiswerte Methode zur Abwehr eingeschleppter Unkrautarten erwiesen.

7.3 Europäische Probleme

Da sehr viele solcher Unkräuter aus Europa stammen und mit den Kolonisten nach Nordamerika, Australien und Neuseeland gelangt waren, arbeiten in Europa gegenwärtig Fachleute aus diesen Ländern oft gemeinsam mit dem Europäischen Laboratorium des C.I.B.C (vgl. 5.1.6.2) an dem Studium von einfuhrwürdigen Unkrautfeinden. Besonders aussichtsreich und fortgeschritten sind z. B. die Untersuchungen an Distelarten *(Carduus, Cirsium),* Flockenblumen *(Centaurea),* Wolfsmilcharten *(Euphorbia),* Leinkraut *(Linaria),* Ginster *(Ulex)* und Knorpellattich *(Chondrilla).*

Eingeschleppte Unkrautarten gibt es auch in Europa, wie die Franzosenkräuter (*Galinsoga*-Arten), die Goldruten *(Solidago),* das Kanadische Berufkraut *(Erigeron canadensis)* und das Traubenkraut *(Ambrosia artemisiifolia).* Nur gegen die zuletzt genannte, sehr heftige Allergien erzeugende Pflanze werden gegenwärtig biologische Abwehrmaßnahmen durchgeführt; sie sind auch für uns interessant, da die Art außer im russischen Schwarzmeergebiet auch im Balkan und in Südfrankreich vorkommt und nach Norden vordringt. In der Sowjetunion sind eine Noctuide *(Tarachidia candefacta)* und eine Fruchtfliege (Trypetidae) *(Euaresta bella)* aus Nordamerika zur Einbürgerung vorgesehen. Bei der erstgenannten Art ist sie bereits gelungen (Goeden et al., 1974b). – Für Mittel- und Osteuropa bietet sich die Einfuhr natürlicher Feinde der *Solidago*-Arten an, zumal Vorarbeiten hierzu bereits in Japan und Nordamerika, dem Herkunftsland, geleistet worden sind (Zwölfer, 1973, 1976).

8 Selbstvernichtungsverfahren

8.1 Einleitung

Das Wesen des Selbstvernichtungs- oder Autozidverfahrens (autocidal control) besteht darin, Schädlinge zur Vernichtung ihrer eigenen Art anzusetzen. Das geschieht dadurch, daß man bei einem Teil der Population die Fortpflanzungsfähigkeit oder andere lebenswichtige Leistungen künstlich vermindert und die Träger einer solchen Schädigung in die Freilandpopulation entläßt. Da man hierbei zumeist vererbbare Eigenschaften beeinträchtigt, also gleichsam mit Hilfe der manipulierten Artgenossen eine Erbkrankheit in die Population einführt, bezeichnet man dies auch als *»genetische Methode der Schädlingsbekämpfung«* (genetic control).[1] Auf jeden Fall handelt es sich hier um ein Verfahren der biologischen Bekämpfung, da man sich lebender Tiere bedient, um die Schädlingspopulation zu vermindern. Dabei ist es von sekundärer Bedeutung, wie die Schäden induziert werden, die dann mit Hilfe der »behandelten« Artgenossen in die Freilandpopulation gelangen. Bis sich diese geniale Idee durchsetzte, dauerte es erstaunlich lange. Bereits 1937 äußerte E. F. Knipling in den USA den entscheidenden Gedanken, und unabhängig von ihm veröffentlichte der russische Genetiker A. S.

[1] Definition von Spezialisten bei der Weltgesundheitsorganisation (WHO), 1964: »Der Gebrauch einer Bedingung oder Behandlung, die das Vermehrungspotential von Schädlingen durch Veränderung oder Ersetzen des genetischen Materials einschränken kann« (Orig. englisch).

Serebrovsky 1940 die Hypothese, man könne durch Erzeugung von Translokationen in Chromosomen und Freilassen von so geschädigten Individuen die gesunde Schädlingspopulation reduzieren. Aber erst 1955 konnte durch Ausrottung der Schraubenwurmfliege auf der Insel Curaçao im Freilandversuch demonstriert werden, daß sich die theoretischen Überlegungen verwirklichen ließen und daß damit ein ganz neuartiges Prinzip biologischer Schädlingsbekämpfung für die Zukunft verfügbar war (Übersichten bei Knipling, 1966 und 1967; Laven, 1968; Haisch, 1968; Symposien der International Atomic Energy Agency, Wien; Proverbs, 1969; Davidson 1974; IAEA, 1974).

8.2 Das Prinzip des Verfahrens

Die Selbstvernichtungsmethode beruht, wie oben schon angedeutet, darauf, daß man große Mengen von Individuen, die entweder von Natur aus oder nach Vorbehandlung mit gesunden Artgenossen keine oder keine vollwertigen Nachkommen erzeugen können, in die normale Population einschleust. Dabei nutzt man den starken Trieb aus, der bei allen zweigeschlechtlichen Arten Männchen und Weibchen zusammenführt. Das Verfahren läßt sich nur vorteilhaft anwenden, wenn Fortpflanzungsgemeinschaften (Populationen) des Schädlings total erfaßt werden. Das setzt naturgemäß voraus, daß es sich entweder um ein isoliertes Vorkommen handelt oder daß man eine großräumige bis kontinentale Operation vorsieht. Dadurch läßt sich erreichen, daß der Schädling entweder ganz verschwindet, also örtlich ausgerottet wird, oder daß er auf eine Dichte unterhalb der Schadensschwelle absinkt, wo man ihn durch laufende Freilassungen genetisch geschädigter Tiere halten kann. Meistens handelt es sich hierbei um eine Sterilisierung im Sinne einer zerstörten Fortpflanzungsfähigkeit. Obwohl sich das Verfahren prinzipiell für alle Tiergruppen eignet, wurde es bisher vorwiegend bei Insekten verwendet.

Was in einer wachsenden Insektenpopulation passiert, wenn man eine Überzahl von unfruchtbaren Tieren hinzugibt, zeigt am besten ein Modellfall (Tab. 5).

Tabelle 5. Rückgang einer wachsenden Insektenpopulation: a. durch Insektizidbehandlung, b. durch Freilassen steriler Tiere in neunfacher Überzahl (nach Knipling, 1966, verändert)

Generation	Nicht bekämpfte Population, Zahl erzeugter Nachkommen	Erfolg der Anwendung von Insektiziden (90%ige Abtötung)	Population beeinflußt durch Freilassung von sterilen Insekten			
			Natürliche Population	Sterile Population	Verhältnis sterile : fertile Individuen	Anzahl erzeugter Nachkommen
Eltern	1 000	1 000	1 000	9 000	9 : 1	500
F_1	5 000	500	500	9 000	18 : 1	132
F_2	25 000	250	132	9 000	68 : 1	10
F_3	125 000	125	10	9 000	900 : 1	0

Wir wollen dabei voraussetzen, daß die natürliche Vermehrung von einer Generation zur nächsten 5fach und das Geschlechterverhältnis 1:1 ist. Die sterilen Männchen, 50% der zugegebenen Population, sollen mit den normalen Männchen um die Kopulation mit den normalen Weibchen gleichwertig konkurrieren können. Die sterilen Weibchen bleiben bei dieser vereinfachten Überlegung außer Betracht. Das Entscheidende an dem Modellfall ist das schnelle Anwachsen der Wirkung, die man durch Freilassen von gleichbleibenden Mengen steriler Tiere erzielt. Das führt dann dazu, daß diese kleine Schädlingspopulation theoretisch nach 4 Generationen und 4 Freilassungen ausgerottet ist. Noch schneller verläuft der Rückgang, wenn man, statt eine Überzahl steriler Tier hinzuzugeben, die Freilandbevölkerung selbst genetisch schädigt. Eine 90%ige Sterilisation derselben übertrifft deswegen alle anderen entsprechend starken Eingriffe, weil die behandelten Tiere sich selbst noch an der Vernichtung der Folgegeneration beteiligen, indem sie mit dem fertilen Rest der Population kopulieren. Durch diesen »Bonus-Effekt« erzielte man in unserem Beispiel in der 1. Generation bereits einen Rückgang um 99%. – Ganz anders verläuft der Rückgang nach einer anfänglich vergleichbaren (90%igen) Insektizidabtötung. Wie nach der Überschwemmung mit sterilen Tieren erhält man in der F_1-Generation 500 Tiere (100 Überlebende, 5fache Vermehrung). Jedoch beschleunigt sich der Rückgang nicht wie bei der Selbstvernichtung. Vielmehr wird das Verfahren, wenn man den Erfolg auf die Ausgangspopulation bezieht, laufend unwirksamer. Theoretisch könnte man erst nach 18 Generationen eine Ausrottung erreichen. – Diese einfachen Rechenbeispiele, vor allem die konstanten Vermehrungsraten bei abnehmender Dichte, entsprechen den tatsächlichen Verhältnissen nicht ganz, da sie dichteabhängige Kompensationsleistungen der Populationen übergehen. So entstanden für die wichtigsten Projekte Modelle für die erwartete Populationsdynamik, die mit Hilfe von Computern und unter Verwendung der verfügbaren art- und regionsspezifischen Parameter errechnet worden waren (Diskussion bei IAEA, 1973, und bei Davidson, 1974). Trotzdem erleichtern die einfachen Beispiele das Verständnis für die grundsätzlich neuartige Wirkungsweise genetischer Verfahren. Außerdem läßt sich anhand eines solchen Modells verstehen, warum die Wirkung von Insektiziden unabhängig von der Populationsdichte bleibt, da stets gleiche Prozentsätze des Schädlings vernichtet werden, während die Wirkung des Selbstvernichtungsverfahrens mit abnehmender Dichte zunimmt (vgl. 3.1). Daraus ergibt sich die praktische Empfehlung, vor dem Einsatz des Autozidverfahrens die Schädlingsdichte auf anderem Wege, also z.B. durch Insektizidanwendung, erst einmal radikal zu senken bzw. natürliche Depressionen zu nutzen.

8.3 Natürliche Unverträglichkeit

Bei einigen Stechmücken *(Culex, Aedes)* hat man beobachtet, daß Kreuzungen zwischen Individuen der gleichen Art, aber verschiedener geographischer Herkunft, keine fruchtbaren Nachkommen ergeben. Ein Männchen der Gemeinen Steckmücke *(Culex pipiens)* aus Hamburg kopuliert zwar mit einem artgleichen Weibchen aus London, und dieses legt die übliche Zahl der Eier ab, aber es schlüpfen keine Larven. Dieses Phänomen der gegenseitigen Unverträglichkeit (Inkompatibilität) hat man bei der genannten, über die ganze Erde verbreiteten Mücke genau untersucht. Daher kennt man für viele Freilandpopulationen auf der Erde mindestens einen anderen Stamm, der sich mit dem erstgenannten nicht fruchtbar kreuzen läßt. Nach neueren Untersuchungen dürfte es sich bei *Culex* nicht um eine zytoplasmatische Vererbung handeln, sondern um die Folge eines Befalls mit Rickettsien *(Wolbachia pipientis)* (vgl. 10.5). Ob bei der kürzlich auch für verschiedene Herkünfte der Kirschfruchtfliege *(Rhagoletis cerasi)* beobachteten Unverträglichkeit etwas Ähnliches vorliegt, ist noch ungeklärt.

Die Anwendbarkeit eines solchen Mechanismus liegt auf der Hand. Das sterilisierende Prinzip wird uns bereits von der Natur geliefert. Durch geschickte Selektion lassen sich sogar Männchen von einem unverträglichen Stamm finden, die aktiver mit den Weibchen des anderen Stammes kopulieren als deren eigene Männchen. Nachdem in Käfigversuchen die Brauchbarkeit der Methode bei der Gemeinen Stechmücke gezeigt war, gelang 1967 der erste Freilandversuch in der Nähe von Rangoon. Durch Freilassen von dort massenhaft gezüchteten, unverträglichen Männchen eines anderen Stammes konnte die Freilandpopulation in einem isoliert gelegenen Dorf innerhalb von 12 Wochen (5–6 Generationen) soweit reduziert werden, daß sich keine schlüpffähigen Gelege mehr fanden (Laven, 1967). Weitere Versuche auf größerer Fläche fehlen bisher. So wird sich das Prinzip der Unverträglichkeit, für das uns die Natur bei richtiger Kombination die sterilen Artgenossen zur Verfügung stellt, erst dann stärker anwenden lassen, wenn die dazugehörigen Grundlagenarbeiten über mehr Schädlinge vorliegen.

8.4 Sterilisierung durch energiereiche Strahlung

Der amerikanische Genetiker H. J. Muller hatte schon 1927 nachgewiesen, daß sich durch Röntgenstrahlen Mutationen erzeugen lassen, die bei genügend hoher Dosis auch zur Sterilität führen. Durch richtige, an das jeweilige Stadium des Schadinsekts angepaßte Dosierung von energiereicher, einschließlich radioaktiver Strahlung kann man sicherstellen, daß zwar die geordnete Teilungsfähigkeit der Chromosomen in den Ei- oder Samenzellen aufhört, die bestrahlten Individuen im übrigen aber ihre Lebenstüchtigkeit unverändert behalten, ihre Geschlechtspartner finden und sie begatten. Für die Erzeugung von ionisierenden Strahlen werden heute meist radioaktive Isotope der Elemente Cobalt (^{60}Co) und Caesium (^{137}Cs) verwendet; dabei ist die wirksame Komponente der Energie-Emission die Gammastrahlung, und die übliche Sterilisationsdosis liegt zwischen 2 und 40 Kr (Kiloroentgen). Damit erreicht man das, was bei unverträglichen Stämmen von vornherein gegeben ist: die Verfügbarkeit von sexuell aktiven, aber sterilen Artgenossen zur Freilassung in gesunden Populationen. Da man früher zumeist die Männchen als die aktiven und beweglicheren Sexualpartner allein freigelassen hat, erhielt das Verfahren auch den heute überholten Namen »sterile-male«-Technik.

Erstmalig wurden, wie schon erwähnt, 1955 mit derartig sterilisierten Tieren gelungene Freilandversuche durchgeführt. Dies berühmte Beispiel von der Schraubenwurmfliege *(Cochliomyia hominivorax)*, dem »screwworm« der Amerikaner, soll hier näher geschildert werden. Die Puppen dieser Fliege, deren Larven in den Wunden von Kühen und Ziegen parasitieren, wurden durch Gammastrahlung sterilisiert. Die sterilen Tiere brachte man dann mit Flugzeugen aus, zuerst (1955) auf der Insel Curaçao, später (1958/59) über den Südoststaaten der USA. Der Erfolg war durchschlagend. In kürzester Zeit verschwand, wie es die Modellberechnung vorausgesagt hatte, der gefürchtete Viehschädling aus dem betreffenden Gebiet. Anschließend lief ein in seiner Größenordnung ungewöhnliches Programm an mit dem Ziel, die Schraubenwurmfliege an der Südgrenze der USA, zwischen Mississippi und Kalifornien, mit der gleichen Methode zu eliminieren. Da von Mexiko aus der Parasit alljährlich neu einwandert, sollte die Ausrottung bis nach Mittelamerika vorgetrieben werden.

Die gewaltigen Dimensionen dieser Aktion werden durch folgende Zahlen belegt: In einer speziellen »Fabrik« für Schraubenwurmfliegen in Texas züchtete man in körperwarmem Nutriafleisch, später in künstlichem Substrat, die benötigten Larvenmengen. Durch Dreischichten-Betrieb und weitgehende Automatisierung des Arbeitsvorganges konnte ein Ausstoß von 200 Millionen Fliegen pro 7-Tage-Woche erzielt werden. Dabei verließen je Minute 50 Kartons mit je 400 sterilen, schlüpfbereiten Fliegenpuparien und Futter für die ersten Stunden das Fließband und gelangten zu den Verteilerflugzeugen, die das riesige Operationsgebiet genau nach Plan beflogen. In der durch die Ausbringung geschaffenen »Sperrzone« gab es bald praktisch keine Schraubenwurmfliegen mehr. Je weiter sich nun diese Zone nach Süden verschiebt, um so kürzer wird, wie ein Blick auf die Karte zeigt, das Sperrgebiet quer über den Kontinent, und um so geringer kann damit der technische Aufwand werden. Schon jetzt hat sich diese Großaktion rentiert, da den Viehzüchtern Schäden im Wert von jährlich rund 100 Millionen Dollar erspart bleiben. Nach 7jährigen, voll befriedigenden Erfolgen stieg der Befall seit 1972 in den südlichsten Staaten der USA wieder an. Mit einer neuen Produktionsstätte in Mexiko, die 300 Mio Fliegen je Woche erzeugen wird, und verstärkter Erforschung der möglichen Ursachen (schlechtere Qualität der freigelassenen Tiere, genetische Veränderung im Verhalten der Wildpopulation u. a.) setzen die zuständigen Stellen alles daran, den für die Viehzüchter in den Südstaaten sehr erwünschten Dauerschutz gegen die Schraubenwurmfliegen fortzusetzen (Bushland, 1975).

Dieser Schädling war ein besonders günstiges Objekt für diese Form der Bekämpfung, da die Weibchen nur einmal begattet werden und da die Art nur in sehr niedriger Dichte vorkommt. Bei dem Versuch, ähnliche Erfolge auch bei anderen Insekten zu erzielen, erlebte man einige Enttäuschungen. Zumeist wurde die absolute Größe der Population ebenso unterschätzt wie die Fähigkeit, eingetretene Verluste durch Zuwanderung schnell wieder auszugleichen. Außerdem kannte man häufig nicht die für solche Aktionen grundlegenden Daten wie Lebensdauer, Begattungsintensität der Geschlechter und andere. Nach Überwindung der für jede bekämpfungswürdige Schädlingsart wieder neuen Anfangsschwierigkeiten haben aber die letzten Jahre doch eine Serie von Erfolgen gebracht, die entweder zur lokalen Ausrottung oder zu einer Senkung der Populationsdichte weit unter die Schadensschwelle führten. Genannt seien als Beispiele: Die Ausrottung der Tropischen Melonenfliege *(Dacus cucurbitae)* auf der Insel Rota im Stillen Ozean. – Starke Reduktion der Mittelmeerfruchtfliege *(Ceratitis capitata)* in Teilen der Inselgruppe von Hawaii, auf den Mittelmeerinseln Capri und Procida bei Neapel, auf Teneriffa, in der spanischen Provinz Murcia sowie bei einem Großversuch in Nicaragua 1968/69. – Der Apfelwickler *(Laspeyresia pomonella)* wird seit Jahren im Staate Washington, USA, und in British Columbia, Kanada, in Massen gezüchtet, und beide Geschlechter werden nach der Sterilisation freigelassen. In einer kanadischen Intensivanlage ließ sich dadurch der Befall 3 Jahre hintereinander auf 0,003, 0,095 und 0,710 % der Früchte senken, also nahezu völlig ausschalten. Gegenwärtig läuft in einem ca. 690 ha großen, gut isolierten Apfelanbaugebiet (Similkameen Valley) in Brit. Columbia der Versuch, den Apfelwickler dort total auszurotten. Dabei sollen 2 Jahre lang je etwa 15 Millionen sterile Falter freigelassen werden. Dies wird trotz hoher Anfangskosten zu einer Verbilligung der Bekämpfungskosten führen, wenn der Erfolg anschließend 2 oder mehr Jahre anhält. Weitere größere, positiv verlaufene Feldversuche mit bestrahlten Tieren wurden durchgeführt bei der Orientalischen Fruchtfliege *(Dacus dorsalis)*, der Queensland-Fruchtfliege *(Dacus tryoni)* und dem Maikäfer *(Melolontha melolontha)*. Der zuletzt genannte Schädling stellt den einzigen Fall dar, bei dem die benötigten Tiere nicht gezüchtet, sondern im Freiland gesammelt wurden. Horber (1963) nützte dabei die gute Isolierung von Fluggebieten in Alpentälern der Schweiz; er sterilisierte die mit üblichen Methoden an 2 Standorten beim Reifungsfraß von den Bäumen geklopften Männchen durch Röntgenstrahlen und ließ alle in einem Versuchsgebiet von 30 ha frei. Nach Wiederholung in der folgenden Flugzeit war die örtliche Population verschwunden.

Insgesamt betrachtet bietet die Sterilisation von Schadinsekten *durch energiereiche Strahlen* heute unter allen Autozidverfahren noch die größten praktischen Möglichkeiten. Die Methode wird aktiv gefördert durch die *International Atomic Energy Agency* (IAEA) in Wien, die auch regelmäßig Fachtagungen abhält, die Ergebnisse veröffentlicht und die gesamte Weltliteratur über die Verwendung von Isotopen und radioaktiver Strahlung in der Entomologie sammelt (Radioisotopes and Ionizing Radiations in Entomology. – Bibliographic Series, IAEA, Vienna).

8.5 Sterilisierung durch Chemikalien

Da es eine ganze Reihe von Stoffen gibt, welche die Erzeugung von Nachkommen verhindern, hat man schon bald nach den oben geschilderten Erfolgen mit bestrahlten Tieren versucht, auch derartige »Chemosterilantien« anzuwenden (Übersicht bei LaBrecque & Smith. [edit.], 1968). Vor allem verspricht man sich von einer Chemosterilisation, daß sie Massenzuchten, umständliche Bestrahlung und anschließende Überschwemmung der Freilandpopulation durch sterile Tiere unnötig macht. Voraussetzung dazu sind allerdings Verfahren, die große Teile der fertilen Schädlingsbevölkerung sterilisieren, ohne dabei die Umwelt durch die zumeist hochgiftigen Sterilantien zu kontaminieren.

Bisher verwendete man 3 Gruppen von Chemosterilantien: a. alkylierende Substanzen, deren mutagene Wirkung auf dem Vorhandensein von Äthylenimin (= Aziridin)-Gruppen beruht, z.B. Tepa, Metepa, Apholate und andere. Sie wirken gewöhnlich auf beide Geschlechter und sind überaus aggressiv, aber unspezifisch, somit in ihrer Wirkung durchaus vergleichbar mit ionisierenden Strahlen. – b. Antimetabolite, z.B. Purine und Pyrimidine, die in die Synthese des genetischen Materials (der Nukleinsäure) eingreifen. Sie sterilisieren Weibchen gewöhnlich besser als Männchen. – c. Verschiedene Substanzen wie z.B. Phosphoramide, Triazine, Zinn- und Borverbindungen, aber d. auch bestimmte Hormone nebst ihren Derivaten. Letztere besitzen die vorteilhafte Eigenschaft, daß man sie stark überdosieren kann, ohne die behandelten Individuen zu schädigen. Männchen können sogar bei der Begattung wirksame Mengen von Farnesol-Derivaten an mehrere Weibchen weitergeben und dadurch die Entwicklung der entstehenden Eier verhindern (vgl. 15.2.5). – Diese Stoffe werden entweder beim Fraß (also peroral) oder auch schon bei Kontakt durch die Kutikula (perkutan) aufgenommen. Ihre Wirkung erstreckt sich meist nicht nur auf die Geschlechtszellen, sondern zum Teil auch auf die Körperzellen. Chemosterilantien im Sinne der genetischen Bekämpfung sind nur Stoffe, die dominant letale Mutationen auslösen, also vor allem die unter a. genannte Gruppe der alkylierenden Substanzen, die auch Chromosomenbrüche zu induzieren vermögen.

Für Modellversuche im Käfig eignen sich diese hochgiftigen Stoffe gut. An der Australischen Schaf-Goldfliege *(Lucilia cuprina)* gelang es, durch Anbringen solcher Chemosterilantien auf dem Rücken von Weibchen zahlreiche Männchen zu sterilisieren, da hierzu bereits der kurze Kontakt bei der Kopulation ausreicht. – Auch in Freilandversuchen hat man schon einige praktische Erfolge erzielt. Das größte Problem besteht dabei darin, eine Vergiftung der Umwelt zu verhindern. Breitflächiges Versprühen wie bei Insektiziden kommt naturgemäß bei den hochtoxischen und mutagenen Verbindungen nicht infrage. Man half sich bisher so, daß man die Tiere, die man freilassen wollte, vorher züchtete, im Laboratorium das Chemosterilans applizierte und sie dann freiließ. Da sich Metepa und verwandte Verbindungen schnell zersetzen, gelangte somit nur wenig Gift in die Umgebung. So hat man zum Beispiel in Mexiko die Mexikanische Fruchtfliege *(Anastrepha ludens)* in Mango-Anlagen und auch zur Abwehr ihrer Einwanderung nach Kalifornien an der Grenze sehr erfolgreich bekämpft. Die Stechmücke *Culex pipiens quinquefasciatus* wurde kürzlich auf einer Insel vor der Küste von Florida innerhalb von 10 Wochen ausgerottet, und zwar durch Freilassen von täglich 8000 bis 18000 vorher mit dem Sterilans Thiotepa behandelten Männchen. Auch bei isolierten Freilandpopulationen von *Culex*- und *Anopheles*-Arten ließen sich neuerdings einige starke Bestandsverminderungen erzielen, wenn auch viele andere Versuche mißlangen, vor allem wegen des Zufluges von fertilen Weibchen. Außerdem kann man bei diesem Verfahren nicht ohne Massenzuchten auskommen. – Bei einer anderen Anwendungsmethode lockt man beträchtliche Teile der Schädlingspopulation selektiv an einen geschützten Ort, an dem sie sich durch Fressen an einer präparierten Ködersubstanz oder auch nur durch bloßes Berühren des Chemosterilans selbst sterilisieren. Positive Versuchsergebnisse aus Italien, Japan und den USA liegen für solche kombinierten Lock- und Sterilisationsverfahren z.B. vor gegen die Stubenfliege *(Musca domestica),* der man an isolierten Befallsorten zuckerhaltige Köder mit Tepa bzw. Hempa anbot. Amerikanische Gemüseeulen *(Trichoplusia ni),* deren Falter an sterilisierendem Futter saugten bzw. mit UV-Licht an eine entsprechend behandelte Oberfläche gelockt worden waren (Versuch im Großkäfig), hatten ebenfalls kaum noch Nachkommen. Weitere Experimente im Laboratorium lassen erwarten, daß sich die in Kapitel 15 besprochene Technik der Anlockung bei verschiedenen Schädlingen zukünftig gut mit der Applikation von Chemosterilantien wird verbinden lassen. Aus hygienischen Gründen wird man die sehr langwierige und damit kostspielige Suche nach selektiven Chemosterilantien fortsetzen müssen, da bei diesen wohl auf die Dauer die größten Chancen für eine Anwendung liegen. Ein Beispiel dafür ist das erwähnte Hempa, eine nicht alkylierende Verbindung, chemisch verwandt mit Tepa. – Um zu prüfen, ob auch hier, wie bei Insektiziden, nach langfristiger Selektion resistente Stämme entstehen können, wurden viele Untersuchungen durchgeführt. Bei der Stubenfliege gab es bisher nur einen positiven Fall (26fache Toleranz gegenüber Apholate nach 35 Generationen), jedoch mehrere bei Stechmücken.

Die zur Bekämpfung von Schadwirbeltieren in einigen Fällen erprobte Anwendung von chemischen Fertilitätshemmern gehört nicht zu den Selbstvernichtungsverfahren und wird in Kap. 15.2.5.1 besprochen.

8.6 Translokationen und andere genetische Mechanismen

Durch wirksame Bestrahlung oder chemische Behandlung brechen die Chromosomen häufig auseinander. Wenn solche Chromosomenstücke in falscher Position am fremden Chromosom wieder einheilen, spricht man von einer Bruchstückverlagerung (Translokation). Bei gegenseitigem Stückaustausch (reziproke Translokation) zwischen Chromosomen ist die Neuverteilung der Chromosomensätze bei der Reifeteilung gestört. Im Zusammenhang mit Translokationen spricht man dann von *Semisterilität,* wenn bei der Kreuzung derartig genetisch geschädigter Tiere mit normalen ein auffallend großer Teil der Nachkommen sich nicht entwickelt: Rückgang der Fertilität. Obwohl Überlegungen über die Folgen dieser Erscheinung, wie gesagt, schon vor über 30 Jahren veröffentlicht worden waren (Serebrovsky, 1940), hat man ihre eminente praktische Bedeutung erst kürzlich wieder entdeckt (Curtis, 1968; Laven, 1968). In Käfigversuchen zeigte Laven (1969) inzwischen, daß sich bei der Gemeinen Stechmücke *(Culex pipiens)* nach entsprechender Bestrahlung Zuchtlinien mit einer verschieden stark ausgeprägten Semisterilität (zwischen 30 und 80%) auslesen ließen, bei denen die Translokationen auf die Männchen beschränkt waren. Durch Freilassen solcher Tiere läßt sich der Erbschaden, zum Teil unfruchtbare Nachkommen zu erzeugen, in eine gesunde Population einschleusen. Dies führt zu einer schnelleren Elimination bzw. zu einer anhaltenderen Depression der Schädlingsbevölkerung als die Freilassung von gleich vielen, voll sterilen Tieren, einfach deswegen, weil unfruchtbare Tiere keine Nachkommen haben, die negative Erbanlagen weitergeben könnten; gerade darauf beruht aber die große Wirkung von semisteril freigelassenen Tieren. Mit der Züchtung von Stämmen, die mehrere Translokationen in sich vereinigen, und durch Berechnungen über das günstigste Verhältnis zwischen Feldpopulation und auszusetzenden semisterilen Tieren ließ sich die neue Technik erheblich verbessern. Erste Freilandversuche an Mücken in Südfrankreich brachten positive Hinweise. Neuere Arbeiten zeigten die Möglichkeit, bei *Culex pipiens* Inkompatibilität mit der Semisterilität durch Translokationen zu kombinieren. Ein Feldversuch in Indien ergab allerdings einen Anstieg steriler Eigelege nur bis zu 65%, da räuberische Mückenlarven die Brut aus den noch schlüpfenden Gelegen fast restlos vertilgten (Laven, unpubl. Bericht 1975). Vielleicht lassen sich solche dichteabhängigen Begrenzungsfaktoren zukünftig in Systeme zur genetischen Bekämpfung integrieren. – Auch bei anderen Dipteren (*Aedes aegypti, Musca domestica* u. a.) sind Versuche zur Isolierung von Translokations-Stämmen und deren Nutzung bei der Bekämpfung im Gange. Besonders intensiv wird an der Entwicklung genetischer Verfahren zur Unterdrückung von Tsetse-Fliegen (Gattung *Glossina*) gearbeitet, die als Überträger der Schlafkrankheits-Erreger in Afrika die Besiedlung großer Gebiete verhindern können.

Für Schadlepidopteren dürfte es sich nach vorliegenden Untersuchungen besonders lohnen, den Effekt vererbbarer Semisterilität zu nutzen (Knipling, 1970). Nach den Erfahrungen nordamerikanischer Bearbeiter läßt sich bei männlichen Schmetterlingen die ursprüngliche Forderung nicht erfüllen, volle Sterilität mit ungestörter Konkurrenzkraft zu kombinieren. Total sterile Tiere waren stets auch sonst irgendwie geschädigt. Begnügt man sich aber mit einer Sterilität von 60%, deren Mechanismus im übrigen nicht sicher nur auf Translokationen zurückzuführen ist, so stirbt die Folgegeneration meist vollständig ab. Aufgrund solcher Unterlagen durchgeführte Versuche z. B. mit der Amerikanischen Gemüseeule *(Trichoplusia ni)* zeigten die Brauchbarkeit des Verfahrens. Mit der relativ niedrigen Dosis von 15 Kr bestrahlte und dadurch nur semisterile Männchen wurden mit Weibchen gemeinsam eingesetzt, die nach der gleichen Strahlenbehandlung voll steril waren. Diese Tiere, zusammen in 9facher Überzahl mit unbehandelten Faltern in einem Großkäfig freigelassen, erbrachten in der 2. Generation eine 90%ige Verminderung fertiler Nachkommen. Versuche mit anderen Lepidopteren verliefen ebenfalls vielversprechend (North, 1975).

In keinem anderen Gebiet der biologischen Bekämpfung spielen theoretische Überlegungen zur Populationsdynamik eine so große Rolle wie bei dem Selbstvernichtungsverfahren. So entwickelte man detaillierte Pläne, wie sich nach Konstruktion eines reinerbigen (homozygoten) multiplen Translokationsstammes der Australischen Schaf-Goldfliege *(Lucilia cuprina)* bestimmte erwünschte Anlagen durch eine »genetische Verdrängung« (genetic displacement) in den Wildstamm einschleusen lassen; genannt werden dabei Empfindlichkeit gegen bestimmte Insektizide (gegen die die Wildbevölkerung inzwischen resistent geworden ist), Empfindlichkeit gegen Temperaturextreme und allgemeine Vitalitätsschwäche. Solche nur bei bestimmten Außenbedingungen wirksamen Letalgene (conditioned lethal genes) werden unter dem Aspekt ihrer praktischen Verwendbarkeit ebenso intensiv untersucht wie die ungleichmäßige Weitergabe von Allelen bei Heterozygoten-Kreuzung (meiotic drive). Träger solcher Anlagen könnten Populationen schädigen, und zwar bei der ersten Gruppe unter Umständen erst nach geraumer Zeit, wenn die entsprechenden Bedingungen eintreten (biologische Zeitbombe). Es ist zu vermuten, daß derartig genetisch umkonstruierte Organismen später tatsächlich einmal eine Rolle spielen (Whitten & Foster, 1975). Solange hierfür jedoch noch die experimentellen Belege fehlen, soll dieser kurze Hinweis auf ein aussichtsreiches Gebiet genügen.

8.7 Praktisches Vorgehen

Aus den bisher besprochenen Arbeitsprinzipien und Beispielen geht bereits hervor, daß sich Selbstvernichtungsverfahren nicht für eine Anwendung durch den interessierten Laien, Land- oder Forstwirt eignen. Die im folgenden kurz skizzierten Tätigkeiten setzen vielmehr in der Regel die Zusammenarbeit mehrerer Fachleute voraus.

Das Verfahren arbeitet prinzipiell großflächig und betrifft die gesamte Population eines Schädlings. Nur bei isoliertem Vorkommen, etwa von Mücken an einer Wasserstelle oder von Pflanzenschädlingen im Bereich einer isolierten Sonderkultur, kann die behandelte Fläche relativ klein sein. In der Regel umfaßt sie Tausende von Hektaren und kann sich sogar über ganze Kontinente erstrecken. Die ersten Schritte bei der Vorbereitung eines Autozidverfahrens bestehen demnach darin, die absolute Größe, den *Grad der Isolierung* und den Aktionsbereich der für die Bekämpfung vorgesehenen Population zu ermitteln. Hierzu eignen sich unter anderem das Markieren, Freilassen und Wiederfangen von Individuen im vermuteten Grenzbereich einer Population. Wichtig ist auch die Lebensdauer befruchteter Weibchen, weil dies die Andauer der geplanten Freilassungen beeinflußt. In Mitteleuropa arbeitet man zur Zeit, unter Beachtung dieser Problematik, z.B. an der Entwicklung geeigneter Autozidverfahren gegen die Kirschfruchtfliege *(Rhagoletis cerasi)*, die Zwiebelfliege *(Phorbia antiqua)* und im isolierten Rhônetal im Wallis gegen den Apfelwickler *(Laspeyresia pomonella)*. Zur Bekämpfung isolierter Herde neu eingeschleppter Insekten erscheint die Methode besonders geeignet.

Wählt man ein Verfahren der oben besprochenen Überschwemmung mit sterilisierten Insekten, so benötigt man gewöhnlich eine *Massenzucht*. Die hierfür notwendigen Techniken stehen nur selten bereit. Ihre Entwicklung setzt voraus, daß man den Lebensablauf und die physiologischen Ansprüche des Schädlings genau kennt. Zumeist wird man bei Pflanzenfressern versuchen, die natürliche Nahrung durch ein künstliches Medium zu ersetzen. Wie schon bei der Besprechung der Entomophagenzuchten (vgl. 5.3.1) erwähnt, bieten Großzuchten von Phytophagen und Blutsaugern häufig erhebliche Schwierigkeiten. Erst wenn man über billige, ständig in gleicher Qualität erhältliche Nährsubstrate verfügt, kann man an die Produktion jener Massen denken, die auch bei relativ kleinen Vorhaben gebraucht werden, weil man ja ein Vielfaches der vorhandenen Population freilassen muß. Manchmal erleichtert die Adaptation eines Zuchtstammes an das angebotene Futter die Zucht: dies kann sich aber auch nachteilig auswirken, wenn er dadurch den Freilandbedingungen nicht mehr gewachsen ist. Außer Menge und Preis spielt naturgemäß die Qualität der Tiere eine entscheidende Rolle. Sie sollen trotz der künstlichen Zuchtbedingungen möglichst gesund, aktiv, bei der Partnersuche und Kopulation konkurrenzfähig sowie langlebig sein. Diese Qualitätsmerkmale sind ständig zu überwachen. Die Massenzucht stellt somit meist den teuersten und vielfach den schwierigsten Teil der Vorbereitungen eines Autozidverfahrens dar. Oben war schon berichtet, wie man versucht, diese Schwierigkeiten zu umgehen (vgl. 8.5).

Nach der Sterilisation muß man die behandelten Tiere nochmals einer Qualitätskontrolle unterwerfen, bevor man sie freiläßt. Bis zu einem gewissen Grad kann dabei eine Qualitätsminderung, die bei manchen Insektengruppen kaum vermeidbar zu sein scheint, durch erhöhte Mengen von freigelassenen Tieren kompensiert werden.

Die *Freilassung* der sterilen Tiere muß dann gleichmäßig über große Flächen erfolgen, was gewöhnlich nur vom Flugzeug aus möglich ist. Zeitlich ist dies auf das Auftreten der Imagines des Schädlings so abzustimmen, daß eine möglichst große Anzahl steriler Männchen zur Kopula gelangt. – Bei der Erfolgskontrolle gilt es, nicht nur den Schädlingsbefall zu messen, sondern durch Markieren der sterilen Tiere und ihr Wiederfangen zu versuchen, einen Einblick in die zahlenmäßigen Relationen der sterilen und fertilen Tiere im Verlauf der Vermehrungsperiode zu gewinnen. Die Kontrolle der abgelegten Eier auf Schlüpfprozente liefert gewöhnlich die eindeutigsten Belege für Erfolg oder Mißerfolg. Wenn es sich um eine ununterbrochene Generationenfolge handelt, kann man während einer laufenden Aktion deren Kurs noch korrigieren; z.B. läßt man mehr sterile Tiere frei, wenn der erwartete Anteil steriler Eier nicht erreicht wurde. – Alle Vorbereitungen einschließlich der Sterilisation und Erfolgskontrolle erprobt man am besten erst im Freilandkäfig, um den schwer übersehbaren Faktor der Zu- und Abwanderung auszuschalten. Die Vergrößerung des Maßstabes bei der Entwicklung der Aktion geschieht dann in verschiedenen Phasen, wobei jede Ausweitung wieder eigene Probleme mit sich bringt.

Praktisch überaus wichtig ist die *Kombination mit anderen Methoden.* Jedes Selbstvernichtungsverfahren, bei dem man massenhaft Schädlinge freiläßt, stellt bereits in sich eine Kombination zweier biologischer Methoden dar. Die Steigerung der Schädlingsdichte ruft die dichteabhängig reagierenden Feindarten auf den Plan (vgl. 1.2.2); auch kann die vorhandene Wildpopulation durch eine Überzahl konkurrenzfähiger Artgenossen aus den optimalen Bereichen ihres Wohngebietes verdrängt werden. Mit diesen dichteabhängigen Begrenzungsfaktoren kombiniert man dann die eigentliche Wirkung der Kopula ohne Nachkommen. Die planmäßige Kombination des Autozidverfahrens mit anderen Methoden der Schädlingsminderung bietet sich, wie erwähnt, deswegen an, weil die Selbstvernichtung um so erfolgreicher abläuft, je niedriger die Schädlingsdichte bei Beginn der Aktion ist. Um diese gute Ausgangsposition zu erreichen, hat man verschiedene Verfahren bereits erprobt. Das übliche ist die vorgeschaltete Insektizidanwendung (Kap. 16). Wenn man den Vorteil der spezifischen und umweltschonenden Wirkung der Autozidmethode erhalten will, empfiehlt es sich, selektive Agenzien statt breitenwirksamer Insektizide zu verwenden, also z.B. Entomophagen (Räuber oder Parasiten, Kap. 5) oder Insektenpathogene (Kap. 10). Für die gleichzeitige Applikation von natürlichen Feinden und sterilen Artgenossen spricht, daß sich dadurch ihre Wirkung – wie vorerst nur Modellberechnungen zeigen – stärker vergrößern läßt als durch entsprechenden Aufwand mit nur einer Methode allein. Dies liegt daran, daß man durch eine solche Kombination von prinzipiell verschiedenartigen Bekämpfungsmechanismen die »Regel von dem abnehmenden Ertrag mit steigendem Aufwand« unterläuft. Aus der erwähnten Gleichzeitigkeit könnte eine eigentliche Integration entstehen, wenn man z. B. die Ablage steriler Eigelege in großer Zahl (als Folge etwa der Freilassung steriler Weibchen) für die Vermehrung von Eiparasiten nutzt. – Bereits erprobt sind die Kombinationen mit Lichtfallen und Lockstoffen (vgl. 8.5). Naheliegend ist ferner die Integration mit ökologischen Verfahren. So entfernt man z. B. bei den Tsetse-Fliegen das für sie lebenswichtige Buschwerk und gelangt dadurch schon zu einer niedrigen Dichte des Schädlings, bevor man seine Population mit genetisch veränderten Artgenossen überschwemmt. Solche integrierten Operationspläne sind in ihren Einzelgliedern bei manchen Schädlingen schon erprobt, so beim Mexikanischen Baumwollkapselkäfer *(Anthonomus grandis),* zu dessen umfassender Bekämpfung das US-Landwirtschaftsministerium im Staate Mississippi ein großes Spezialinstitut unterhält.

Man kann natürlich diskutieren, ob man in einer Zeit, in der ohnehin zahlreiche Tier- und Pflanzenarten vom Menschen ausgerottet werden, durch das Autozidverfahren weitere Formen eliminieren soll. Nach den bisherigen Erfahrungen wird die totale Ausrottung von einheimischen, weit verbreiteten Pflanzenschädlingen nur selten erforderlich sein (Kap. 16) und auch bei Hygieneschädlingen vermutlich kaum jemals gelingen, so daß man sich nach der Bereinigung im eigentlichen Schadgebiet mit einer Abwehr eventueller Einwanderer aus den Randgebieten begnügen kann; diese erfolgt dann wohl am effektivsten durch laufend freigelassene sterile Artgenossen. In Gebieten, in denen neue Schädlingsarten erst durch den Menschen eingeschleppt worden sind, bestehen dagegen keine Bedenken, die volle Wirksamkeit des hier beschriebenen Selbstvernichtungsverfahrens bis zur Ausrottung auch zu nutzen und dadurch, so darf man hoffen, im Laufe der Zeit wieder manchen Schaden rückgängig zu machen, den wir uns durch Verfrachtung von Schädlingen selbst zugefügt haben.

9 Mikrobiologische Schädlingsbekämpfung

Mikrobiologische Schädlingsbekämpfung – das bedeutet Manipulation von Mikroben (einschließlich Viren) mit dem Ziel, Populationen von schädlichen Organismen oder Viren zu regulieren, zu reduzieren oder auch zu vernichten. Ein Weg hierzu ist die Verwendung von *Mikroben als natürliche Antagonisten* vor allem gegen schädliche Makroorganismen. – Ein zweiter Weg für eine solche Manipulation besteht darin, daß man insbesondere zur Bekämpfung von mikrobiellen Schädlingen in ihrer *Virulenz reduzierte Mikroben der gleichen Art (oder Artengruppe)* verwendet, um auf diesem Umweg über die Wirtsreaktion ihre Artgenossen zu hemmen bzw. zu verdrängen.

9.1 Infektionskrankheiten, Pathologie und Epidemiologie

Heterotrophe Organismen ernähren sich entweder von totem organischem Substrat (Saprophyten, Saprophagen) oder von anderen Lebewesen, und zwar durch Episitismus (Phytophagie, Zoophagie usw.) oder durch Parasitismus. Eine besondere Form des Parasitismus stellt die durch Invasion von Mikroorganismen oder Viren in Wirtsorganismen oder Wirtszellen charakterisierte Infektion dar. Als Infektionskrankheit bezeichnet man die in einem bestimmten zeitlichen Abstand von der Invasion (d.h. nach Ablauf der sog. Inkubationszeit) auftretende Schädigung durch den pathogenen Infektionserreger (hier kurz *Pathogen* genannt), die zum Absterben des Wirtes führen kann. – Eine Infektion muß aber nicht notwendigerweise für den Wirt nachteilige Folgen haben; sie kann für ihn praktisch bedeutungslos oder sogar von Nutzen sein, nämlich dann, wenn der Wirt den Mikroorganismus trophisch ausnutzt: Symbiose (vgl. S. 152).

Symbiontische Mikroorganismen sind oft ein wichtiger Bestandteil der Mikroflora des Darmes, wo sie für den tierischen Wirtsorganismus Ergänzungsstoffe synthetisieren, die in seiner Nahrung nicht enthalten sind. Ein anderes Beispiel sind symbiontische Mikroorganismen in der Rhizosphäre von Pflanzen, die im Dienst der Pflanzenernährung stehen. Durch ein Eindringen von antagonistisch wirkenden Fremdkeimen kann sowohl die Darmflora als auch die Flora der Rhizosphäre ernsthaft gestört oder geradezu krankhaft verändert werden.

Bestimmte Infektionserreger dringen in die lebenden Zellen ein und vermehren sich nur in diesen. Zu diesen obligaten Zellinvasoren gehören Viren, Rickettsien und viele Protozoen (insbesondere Sporozoen). Auch manche Bakterien und Pilze vermehren sich in ihren Wirten intrazellulär. Die meisten krankheitserregenden Bakterien und Pilze sind jedoch toxigene Saprophyten, die sich auch außerhalb von Wirtszellen vermehren können und ihre Wirte durch die Produktion von Hemm- oder Giftstoffen (Antibiotika bzw. Toxine) schädigen oder abtöten.

Während sich die *Pathologie* der Infektionskrankheiten mit der Wechselwirkung zwischen dem Wirt als Individuum und den Krankheitserregern befaßt (Infektionsweg, Infektionsabwehr, Infektionsverlauf, Wirkungsmechanismus), betrachtet die *Epidemiologie* das Auftreten, die Ausbreitung und das Verlöschen von Massenerkrankungen (Seuchen) in Wirtspopulationen.

Entscheidend für die räumliche und zeitliche Ausbreitung von Krankheitserregern in der Biozönose sind neben deren Haltbarkeit die Übertragungsverhältnisse. Hierbei ist zu differenzieren zwischen der *horizontalen* Übertragung zwischen Individuen der gleichen Generation und der *vertikalen* Übertragung von den Eltern auf die Nachkommen (die meist über das Ei erfolgt, aber nicht allgemein verbreitet ist). Die horizontale Übertragung geschieht durch direkten Kontakt oder indirekt durch in der Biozönose persistierende Erreger. Es können aber an dem Übertragungsprozeß auch Lebewesen als sog. Vektoren beteiligt sein. So fungieren für viele Pflanzenvirosen bestimmte Pflanzensaftsauger (Blattläuse, Zikaden) und für zahlreiche Viruskrankheiten von Mensch und Wirbeltieren verschiedene Blutsauger (Mücken, Zecken u. a.) als Überträger. Schaltet man in diesen Fällen die Überträger aus, so wird die Infektionskette unterbrochen. Damit kommt der Eliminierung der Vektoren (»vector control«) eine entscheidende Bedeutung bei der Bekämpfung von Insekten-übertragenen Infektionskrankheiten zu. – Umgekehrt kann am Fehlen von geeigneten Vektoren in der Biozönose eine mikrobiologische Bekämpfung von Schadorganismen scheitern, wie das Beispiel der nicht gelungenen Einbürgerung des *Myxomatose-Virus* in Neuseeland zeigt (vgl. 12.3). Erreger können jedoch auch durch Lebewesen einfach verschleppt werden, etwa dadurch, daß sie mit der Nahrung aufgenommen, im Darm dieses »Vektors« persistieren und mit dem Kot wieder ausgeschieden werden. Auf diese Weise wird die Ausbreitung von insektenpathogenen Viren gelegentlich durch Insektenfresser (wie räuberische Insekten oder Vögel) unterstützt.

Die Ökologie der Infektionskrankheiten zeigt, daß Krankheitserreger nur dann *regulierend* auf die Populationsdynamik einwirken, wenn ihr Auftreten *dichteabhängig* erfolgt. *Dichteabhängige Infektionen* werden als Seuchen oder *Epidemien*[1] bezeichnet. Sie sind gekennzeichnet durch apparente bzw. akute In-

[1] Für derartige Seuchen wird, sofern es sich bei den Wirten um Tiere handelt, auch gern das Wort Epizootie gebraucht und beim Befall von Pflanzen auch die Bezeichnung Epiphytotie.

fektionen mit Freisetzung von Erregern und deren horizontale Übertragung. Nur unter diesen Gegebenheiten kann nämlich die Übertragungsrate des Erregers mit der Populationsdichte anwachsen. Bei jeder epidemischen Welle, die von dem Ausbruchsort der Seuche ihren Ausgang nimmt, flacht sich der Morbiditäts- bzw. Mortalitäts-Gradient allmählich ab. Beobachtungen bei Epidemien von Insektenvirosen im Forst bestätigen diesen bei der Ausbreitung von Pflanzenkrankheiten oft registrierten Verlauf. Der Grund für eine solche Entwicklung ist darin zu sehen, daß der Erreger sich zunächst in eine empfängliche Population hinein ausbreitet und entsprechend der Befallsrate eine mehr oder weniger tolerante, aber zahlenmäßig reduzierte Population hinterläßt. Als Folge der nunmehr auch zurückgehenden Erregerdichte baut sich wieder eine empfängliche Wirtspopulation auf. Auf diese Weise beobachtet man periodische Gradationen bei vielen Forstinsekten (*Lymantria monacha, Lymantria dispar, Diprion hercyniae, Neodiprion sertifer* u. a.), die jeweils durch Virusepidemien zu Ende gehen. Entsprechendes gilt für die Periodizität der Tollwutepidemien und der damit zusammenhängenden Populationsdynamik bei den Füchsen.

Im Gegensatz zu den Epidemien stellen *Endemien*[1] *dichteunabhängig* verlaufende Infektionen dar. Bei diesen, vorherrschend inapparenten bzw. chronischen Infektionen werden die Erreger vor allem bei vertikaler Übertragung weitergegeben wie genetische Faktoren. Beispiele hierfür sind Infektionen von Insekten durch bestimmte Protozoen, speziell Mikrosporidien. Solche dichteunabhängigen Infektionen eignen sich zwar nicht für eine fortlaufende Regulierung der Populationsdichte; sie können aber reduzierend auf die aktuelle Populationsdichte und damit dämpfend auf den Massenwechsel wirken.

Wenn Krankheitserreger nach einer künstlichen Ausbringung (vgl. 9.4) keine Epidemien oder Endemien erzeugen, weil sie nicht in ausreichendem Maße übertragen werden, so beobachtet man eine dichteunabhängige Infektion, bei der sich die Infektionserreger wie toxische Faktoren verhalten. Ein Beispiel hierfür ist die Anwendung von *Bacillus thuringiensis* (vgl. 10.4). Nur in solchen Fällen von mikrobiologischer Bekämpfung ist es möglich, etwas Definitives über die Rückstandssituation auszusagen. Erste derartige Untersuchungen liegen im Zusammenhang mit der Ausbringung von einigen Insektenpathogenen (Bakterien und Polyederviren) vor. Dabei zeigte sich, daß die Pathogenkonzentration im allgemeinen im Freiland schnell abnimmt, weil das natürliche UV des Sonnenlichtes als entscheidender Begrenzungsfaktor für diese Pathogene wirkt.

9.2 Produktion von Viren und Mikroorganismen

Zur mikrobiologischen Bekämpfung braucht man Massen von Mikroben, zu deren Erzeugung zwei Methoden zur Verfügung stehen: 1. Produktion von Erregern in Wirten bzw. Wirtszellen. Sie wird überall dort notwendig, wo es sich um

[1] Auch Enzootie, wenn Tiere betroffen sind, und Enphytotie, wenn es sich um Pflanzen handelt.

obligate Pathogene handelt, also bei Viren, Rickettsien und vielen Protozoen (Sporozoen). – 2. Produktion von Keimen in künstlichen Nährmedien. Auf diesem Wege lassen sich nur saprophytische, fakultativ pathogene Arten vermehren, wie bestimmte Pilze und Bakterien.

Die diesen Produktionsweisen angepaßte Verfahrenstechnik ist beispielhaft an zwei Typen von insektenpathogenen Krankheitserregern in Abb. 38 und Abb. 39 schematisch dargestellt.

9.2.1 Produktion im Wirtsorganismus

Grundlage der Massenproduktion von obligaten Krankheitserregern und speziell von insektenpathogenen Viren *in vivo* ist eine Massenzucht von Wirtstieren, die dann entweder mittels kontaminierten Futters oder durch Injektion infiziert werden.

Die Zucht von Wirtstieren erfolgt heute in zunehmendem Maße auf künstlichem Nährsubstrat. Dieses muß neben essentiellen Nährstoffen (Proteine, Kohlenhydrate) auch Wuchsstoffe (Vitamine, Sterine) und Mineralstoffe enthalten. Da sich die Insektenzuchten nur in Ausnahmefällen unter keimfreien (axenischen) Bedingungen durchführen lassen, wird meist ein Zusatz von Hemmstoffen (Konservierungsmittel, Antibiotika oder Chemotherapeutika) zum Nährmedium notwendig. Wichtig ist weiterhin die Gesundhaltung der Zucht gegenüber unerwünschten Krankheitserregern. Hierzu helfen geeignete Maßnahmen, z. B. Desinfektion der Zuchtbehälter und Eier (z. B. mittels Formaldehyd) und weitgehende Quarantäne der Zuchträume (Insektarium). Die entsprechend ihren Verhaltensweisen gemeinsam oder vereinzelt synchron heranwachsenden Insekten (-Larven) werden dann in einem empfindlichen und ausbeuteträchtigen Stadium (meist ein mittleres Larvenstadium) infiziert und anschließend weiterhin unter optimalen Zuchtbedingungen (Temperatur, Luftfeuchte, Photoperiode) in isolierten Räumen gehalten. Ist der Höhepunkt der Erregerproduktion erreicht, so homogenisiert man die Tiere. Der Gewebebrei wird anschließend mittels Zentrifugation fraktioniert und die Virionen bzw. deren Einschließungskörper (Polyeder etc.) entweder in einer Pufferlösung tiefgefroren oder unter Zusatz eines Schutzkolloids (z. B. Albumin) gefriergetrocknet. Vgl. Abb. 38.

Auch manche wirbeltierpathogene Viren, wie z. B. das *Myxomatose-Virus* und die ihm verwandten Pockenviren, werden heute noch in lebenden Wirtstieren vermehrt, wobei man allerdings – soweit möglich – auf das leicht axenisch zu handhabende bebrütete »embryonierte« Hühnerei als Ersatzwirt ausweicht.

Zur Virusvermehrung benötigt man jedoch den Hühnerembryo meist nicht mehr, sondern nur die Zellschichten seiner Hüllen (Chorioallantois-Membran), so daß man vor der Inokulation den Embryo entfernen kann und sich so in der Form eines »entembryonierten« Hühnereies eine Art Kulturgefäß für Wirbeltierviren schafft. Die Virusernte erfolgt durch Aufarbeitung (Reinigung, Konzentrierung in der Ultrazentrifuge) der virushaltigen Flüssigkeit, die sich zwischen den Embryonalhüllen befindet.

9.2.2 Produktion in der Zellkultur

Eine moderne Produktionsweise für obligate Krankheitserreger ist ihre Vermehrung in der Zellkultur. Dieses sog. *in vitro*-Verfahren wird heute in großem Umfange zur Massenproduktion von wirbeltierpathogenen Viren für die Impfstoffherstellung angewandt.

Dazu kann man sog. *Primärkulturen* verwenden, d.h. Kulturen, die mit direkt aus einem Tier stammenden Zellen anzusetzen sind. Hierzu werden bestimmte Organe von geeigneten Spendertieren (z.B. Nieren von Affen für die *Poliovirus*-Produktion oder von Hamstern für andere Wirbeltierviren) aseptisch entnommen, grob zerkleinert und dann das Zellgewebe durch enzymatische Behandlung in einzelne Zellen aufgelöst. Diese Zellsuspension wird nun in einem geeigneten Medium solange (bei 37 °C) inkubiert, bis ein ausreichender Zellrasen angewachsen ist. Alternativ zu Primärkulturen lassen sich unter gewissen Umständen auch sog. *Sekundärkulturen* verwenden; das sind über viele Passagen fortgezüchtete Dauerzellinien *(established cell lines)*. – Nach Inokulation der Zellkulturen mit dem betreffenden Virus werden diese anschließend weiterbebrütet bis zum virusbedingten Zellzerfall. Dann erfolgt die Ernte und Aufarbeitung der nunmehr virushaltigen Kulturflüssigkeit. – Wichtig für die Herstellung von Impfstoffen und vor allem von Lebendvakzinen ist, daß das Tier-Ausgangsmaterial bzw. die Zellkultur nicht inapparent mit anderen Viren oder sonstigen Pathogenen infiziert ist.

Die *in vitro*-Produktion von insektenpathogenen Viren für Zwecke der Schädlingsbekämpfung steht noch im Anfang ihrer Entwicklung. Jedoch wird sowohl im Ausland als auch in Deutschland die Forschungsarbeit auf diesem Gebiet intensiv vorangetrieben.

9.2.3 Produktion im Nährmedium

Die für eine Massenproduktion von saprophytischen Bakterien und Pilzen geeigneten Nährmedien müssen neben essentiellen Nährstoffen (Aminosäuren oder Peptiden, Zucker oder anderen Kohlenhydraten) auch Wuchsstoffe und Mineralstoffe (einschließlich Spurenelementen) enthalten. Dabei sind die für eine Kultur optimalen Bedingungen unter Berücksichtigung wirtschaftlicher Gesichtspunkte anzustreben. Im Vergleich zu einer *Emerskultur* auf festen Nährböden (in Kulturschalen) ist die *Submerskultur* in flüssigen Nährmedien (im Schüttelkolben oder im Tank bzw. Fermenter) immer ökonomischer. Deshalb versucht man u.a. bei der Produktion von insektenpathogenen Bakterien und Pilzen überall dort, wo es möglich ist, das Submersverfahren einzusetzen.

Das gilt speziell für die Produktion von *Bacillus thuringiensis* in Großfermentern bis zu vielen tausend Litern Inhalt. Hierzu wird der (mit überhitztem Dampf) sterilisierte Fermenter mit keimfreiem Nährmedium beschickt und nach der Inokulation mit einer Vorkultur des Bazillus bis zur Beendigung von Wachstum und Sporulation unter kontrollierten physikalischen Bedingungen (insbesondere optimaler Temperatur) bebrütet. Dann bricht man die Fermentation ab und gewinnt die sporulierte Biomasse aus dem Tankinhalt durch Filtration oder Zentrifugation. Nach dem Abernten wird die feuchte Biomasse gereinigt (ausgewaschen) und dann getrocknet, was zweckmäßigerweise durch Sprühtrocknung oder noch schonender durch Gefriertrocknung erfolgt. Vgl. Abb. 39.

Bei vielen *Fungi imperfecti* wie *Beauveria bassiana* werden die Konidienträger an einem Luftmyzel ausgebildet (vgl. Abb. 7). Deshalb ist hier die Emerskultur auf einem Nährboden in geeigneten Kulturschalen notwendig, wenn man die dauerhaften Konidiosporen gewinnen will. In Submerskulturen dieses Pilzes kommt es hingegen zur Ausbildung von hefeähnlichen Blastosporen, die nur eine verhältnismäßig geringe Lagerfähigkeit besitzen und daher meist für Anwendungszwecke weniger geeignet sind. Dagegen bilden sich bei einigen *Entomophthora*-Arten in der Submerskultur die charakteristischen Dauersporen aus. – Während die Konidien vom Luftmyzel trocken abgesaugt werden können, trennt man bei einer Submerskultur nach Abschluß der Fermentation die Sporen von Kulturmedium und Myzelresten durch fraktionierte Zentrifugation ab, wäscht sie aus und trocknet sie schonend.

9.3 Standardisierung und Formulierung von Biopräparaten

Für die Verwendung eines Biopräparates (Kurzbezeichnung für Präparate, die lebende Zellen oder aktive Viren enthalten) muß dessen Wirksamkeit bekannt sein. Soweit Präparate eines Produktionsstammes oder einer Charge miteinander verglichen werden und eine Direktzählung der aktiven Bestandteile (Virionen, Einschließungskörper, Mikrobenzellen) möglich ist, reicht die Angabe der Erregermenge pro Volumen oder Gewichtseinheit aus, z. B. Virionen/ml oder Bakteriensporen/g. In allen anderen Fällen ist es aber notwendig, die Aktivität eines Biopräparates in geeigneten *Kennwerten* anzugeben, wie z. B. ED_{50} (Dosis, bei der 50% der Wirte reagieren), ID_{50} (Dosis, bei der 50% der Wirte infiziert werden) oder LD_{50} (Dosis, bei der 50% der Wirte absterben). Diese Daten werden im biologischen Wirkungstest (kurz: *Biotest*) am geeigneten Wirt ermittelt. Gelegentlich werden auch auf einem Vergleich von solchen Kennwerten basierende, aber auf einen Wirkungsstandard (Referenzpräparat) bezogene *»Wirkungseinheiten«* angegeben, beispielsweise auch bei *Bacillus thuringiensis*-Präparaten. – Die Standardisierung eines Biopräparates besteht (wie bei Wirkstoffpräparaten) nun darin, daß man das Präparat (meist durch Verdünnung) auf den gewünschten Aktivitätswert (Titer) einstellt. Sie erfolgt meist im Zusammenhang mit der Formulierung des Biopräparates, einem Arbeitsgang, bei dem zugleich dessen Qualität festgelegt wird im Hinblick auf den erforderlichen Reinheitsgrad und die physikalisch-chemischen Eigenschaften (entsprechend der Auswahl von Additiven). So erfolgt die endgültige Anpassung des Biopräparates an seinen Anwendungszweck.

Die höchsten Qualitätsanforderungen werden an jene *Impfstoffe* (Vakzinen) gestellt, die Mensch oder Tier parenteral appliziert werden. Sie müssen nicht nur bis auf den spezifischen Erreger steril sein, sondern dürfen auch keine Schadstoffe enthalten. Impfstoffe für eine individuelle Behandlung sind meist in Form einer wäßrigen (ggf. gepufferten und isotonischen) kolloidalen Lösung anwendungsfertig steril verpackt. Ihre Lagerung bis zur Anwendung sollte in der Originalverpackung im Kühlschrank erfolgen. Nicht ganz so hoch sind die Anforderungen, die an Schluckvakzinen für Mensch und Tier und an pflanzliche Impfstoffe (zur Prämunisierung) zu stellen sind; jedoch dürfen auch sie außer dem spezifischen Erreger keine anderen wirksamen Keime enthalten.[1] Sollen derartige Präparate in Ködern Verwendung finden, so kann ein Zusatz von Schutzkolloiden vorteilhaft sein.

An Biopräparate, die z. B. zur Bekämpfung von Makroorganismen Verwendung finden, ist die Forderung zu stellen, daß sie außer den spezifischen Mikroben keine anderen Krankheitserreger (für Mensch, Vieh oder Kulturpflanzen) enthalten dürfen. Entsprechendes gilt für Präparate, mit denen Bodenimpfungen durchgeführt werden. Biopräparate zur Schädlingsbekämpfung werden bei ihrer Formulierung mittels inerter Streckmittel auf eine bestimmte Aktivität eingestellt. Durch Zusatzstoffe wie Netz- oder Haftmittel lassen sich die physikalischen Eigenschaften des Präparates innerhalb gewisser Grenzen dem Anwendungszweck anpassen. Auch kann noch ein UV-Schutzstoff zugesetzt werden, um die Photoinaktivierung im Freiland herabzusetzen. Schließlich erhält das Biopräparat bei der Formulierung seine anwendungsfähige Zubereitungsform als Spritzmittel, Haftstaub, Granulat usw. Derartige Biopräparate sind bis zu ihrer Verwendung trocken, möglichst kühl und vor Licht ge-

[1] Virus-Lebendvakzinen erhalten zum Schutz gegen bakterielle Kontamination meist einen Antibiotika-Zusatz.

schützt zu lagern. Selbstverständlich sind diese Präparate nicht steril verpackt, da sie später auch nicht unter sterilen Bedingungen gehandhabt werden.

9.4 Strategien der Anwendung

Für die Anwendung von Mikroorganismen und Viren zur Abwehr von Schadorganismen gibt es verschiedene Zielsetzungen. Entweder bringt man sie vorbeugend aus oder gegen einen bereits vorhandenen Schädling.

Prophylaktische Verfahren hat man bisher vor allem zum Schutz von Makroorganismen (Mensch, Nutztiere) vor Krankheitserregern eingesetzt. Eine verhältnismäßig teure individuelle Schutzimpfung (Vakzinierung) ist allerdings nur dort ökonomisch vertretbar, wo der Einzelwert des zu schützenden Organismus sehr hoch ist. Sie spielt daher eine besonders große Rolle in der Humanmedizin und in der Veterinärmedizin. Dagegen hat die Schutzimpfung (Prämunisierung) nur eine relativ geringe Bedeutung für die Phytomedizin. – Neben der individuellen Schutzimpfung ist aber auch ein kollektiver Impfschutz durch Substratbehandlung möglich: Schluckimpfung durch Nahrungsmittel- oder Trinkwasser-Kontamination. Auch die prophylaktische Bodenbeimpfung mit Antibiotika-produzierenden Konkurrenten gegen phytopathogene Pilze gehört in diesen Rahmen.

Suppressorische Verfahren waren bisher besonders erfolgreich bei der Bekämpfung von Massenvermehrungen schädlicher Makroorganismen, insbesondere Schadinsekten. Hierzu sind zwei Anwendungsstrategien verfügbar:

1. Man setzt Infektionsherde und erwartet deren zeitlich-räumliche Ausbreitung in der Wirtspopulation. Hierfür eignen sich nur Erreger, die sich in der Biozönose halten und für die geeignete Überträgermechanismen (eventuell in Form von Vektoren) vorhanden sind. Hierbei wird eine *Langzeitwirkung* angestrebt.

2. Man führt die Erreger, die sich in der Wirtspopulation nicht halten oder die nicht ausreichend gut von Wirt zu Wirt übertragen werden, dem Wirt nach. Hierbei ist nur mit einer *Kurzzeitwirkung* zu rechnen.

Bei der mikrobiologischen Bekämpfung von schädlichen Makroorganismen wird meist nur eine Reduktion der Populationsdichte unter die Schadensschwelle angestrebt (vgl. Kap. 16). Dagegen zielt die mikrobiologische Bekämpfung von mikrobiellen Schadorganismen (vgl. Kap. 14) auf eine Ausrottung *(eradication)*.

9.5 Anpassungen von Erreger und Wirt

Erkennbare natürliche Grenzen einer wirksamen Manipulation von Infektionsprozessen bestehen vor allem in einer wechselseitigen Anpassung von Erreger und Wirt durch Änderung der Virulenz bzw. Änderung der Toleranz, wobei verschiedene Faktoren wie Resistenz, Immunität und Interferenz eine Rolle spielen.

9.5.1 Virulenz

Genuine Virulenzunterschiede zwischen einzelnen Stämmen beobachtet man bei fast allen Krankheitserregern. Sie sind das Ergebnis von Heterogenität und Selektion, wobei als Selektionsfaktor in erster Linie der Wirt eine entscheidende Rolle spielt und zwar mehr bei obligaten und weniger bei fakultativen Pathogenen. Wohlbekannt ist die Virulenzabschwächung beim *Myxomatose-Virus,* die bereits wenige Jahre nach dem Ausbringen des Virus in Australien auftrat (vgl. 12.3). Für den Erreger liegt der Vorteil einer derartigen Virulenzreduktion darin, daß er leichter »überleben« kann; denn virulenzabgeschwächte (»attenuierte«) Pathogene werden sich mit ihrem Wirt leichter in einem Gleichgewicht arrangieren (insbesondere, wenn zugleich der Wirt eine größere Toleranz erworben hat). Dagegen können sich hochvirulente Erregerstämme, wenn sie auf einen hochempfindlichen Wirt treffen, zusammen mit diesem ausrotten.

Eine Virulenzabschwächung kann auch im Laboratorium auftreten. So kommen bei der laufenden Passage von Viren in Gewebekulturen oft defektive Virionen mit reduzierter Aktivität vor, bei Polyederviren auch eine gestörte Bildung der Einschließungskörper. – Bei *Bacillus thuringiensis* erfolgt Virulenzverlust gelegentlich nach ständiger Fortzüchtung in künstlichem Nährmedium. Bei vielen fakultativen Pathogenen hat man einen Virulenzverlust nach Passagen auf künstlichen Nährböden als Folge von fehlendem Wirtskontakt angesehen. Nur in derartigen Fällen ist durch Wirtspassagen die Virulenz wieder regenerierbar.

Das Ergebnis der Wechselbeziehungen zwischen Wirt und Erreger ist jedoch nicht immer eine Virulenzabschwächung. Es kann auch umgekehrt zu einer Virulenzsteigerung kommen, und zwar dann, wenn ein Erreger durch Virulenzanpassung seinem tolerant gewordenen Wirt erfolgreich nachzieht. Leicht verfolgbar ist dieser Prozeß bei der Aufsplitterung von Krankheitserregern in neue Antigentypen als eine Reaktion auf den ebenfalls adaptiv erreichten Immunitätsstatus einer Wirbeltierpopulation. Das bekannteste Beispiel für die Anpassung eines Virus mittels neuer Antigentypen ist der Typ A des Grippevirus.

Auch bei Pflanzenpathogenen kennt man eine Virulenzanpassung. Sie hat bis heute alle Hoffnungen zerstört, mit Hilfe von Resistenzzüchtungen das Problem der Infektionskrankheiten bei Nutzpflanzen endgültig zu lösen. Immer wieder gelang es den Erregern in kürzerer oder längerer Zeit, sich an die sog. resistenten Sorten anzupassen. Bekannte Beispiele hierfür sind der Gelbrostpilz *(Puccinia striiformis)* bei Getreidearten und der Krautfäuleerreger *(Phytophthora infestans)* bei Kartoffelsorten (vgl. 5.1.4).

Zur Entwicklung von Biopräparaten mit vorgegebenem bzw. einer Anwendungssituation angepaßtem Virulenzgrad kann man im Laboratorium den Weg der gezielten Selektion verfolgen. Steht hierfür kein heterogener Laborstamm zur Verfügung, so wird man versuchen, heterogene Wildstämme zu isolieren oder den Laborstamm durch künstliche Mutationen genetisch »anzureichern«.

9.5.2 Resistenz

Unterschiede in der Reaktion von Wirtsstämmen gegenüber einem Pathogen sind wiederholt beschrieben worden, z. B. beim Großen Kohlweißling *(Pieris brassicae)* und beim Apfelwickler *(Laspeyresia pomonella)* gegenüber dem jeweils wirtsspezifischen *Granulosevirus.* Entsprechende Befunde liegen beim *Kernpolyedervirus* vor. Die Sensitivitätsunterschiede sind dabei verhältnismäßig klein; die Differenz der LD_{50}-Werte überschreitet nicht den Faktor 10. Bei diesen Befunden handelt es sich indessen nur um die Feststellung von Differenzen in der phänotypischen Expression. Doch konnten inzwischen die genetischen Verhältnisse bei zwei Stämmen des Seidenspinners *(Bombyx mori)* analysiert werden. Danach wird die Infektion durch ein *Zytoplasmapolyedervirus* in diesem Falle von nur einem dominanten Gen kontrolliert. Ebenfalls ein einziges Gen oder mehrere nicht-dominante Gene dürften nach Kreuzungsexperimenten den Infektionserfolg des wirtsspezifischen *Kernpolyedervirus* bei *Spodoptera frugiperda* bestimmen. – Das Vorkommen von Resistenzgenen im Genpool einer Wirtspopulation ist die entscheidende Voraussetzung für eine mögliche Änderung ihres Resistenzverhaltens unter dem Selektionsdruck von Pathogenen. Außerdem muß der Genpool eine ausreichende Heterogenität besitzen, sonst kann kein Selektionsmechanismus etwas auslesen. Umgekehrt können aber in hinreichend heterogenen Wirtspopulationen auch Resistenzerscheinungen wieder abgebaut werden, wenn der Selektionsdruck nachläßt, d. h. der Erregerkontakt abreißt. Für die Geschwindigkeit, mit der Resistenzänderungen sich entwickeln können, ist die Generationszeit des Wirtes von entscheidender Bedeutung. So ist die Tendenz zur Resistenzbildung besonders hoch bei den sich schnell reproduzierenden Mikroben; sie nimmt ab über plurivoltine und univoltine Arten oder Rassen bei Arthropoden und ist sehr gering bei langlebigen Arten, zu denen die meisten Wirbeltiere gehören. Für letztere ist hingegen oft eine »erworbene Immunität« entscheidend für das Überleben des Individuums.

9.5.3 Interferenz und Immunität

Während das Ergebnis der Infektion eines Wirtes mit einem Erreger (aus der Dosis/Mortalitäts-Kurve) noch relativ leicht kalkulierbar ist, ist dies bei simultanen oder sukzessiven Mehrfachinfektionen nicht mehr ohne weiteres möglich. Der Grund hierfür liegt in nicht leicht übersehbaren Wechselwirkungen *(interactions)* im Sinne von Förderung (Synergismus) oder Hemmung (Antagonismus) (vgl. 10.7.1).

Eine typische Form der Förderung ist die *Superinfektion,* die fast regelmäßig bei Wirbellosen nach sukzessiver Applikation des *gleichen* Virus auftritt. Bei Wirbeltieren ist unter vergleichbaren Bedingungen im allgemeinen eine Unterdrückung der Zweitinfektion durch Immunisierung (s. u.) zu erwarten.

Aber auch bei Wirbellosen und sogar bei Pflanzen beobachtet man unter bestimmten Umständen den hemmenden Einfluß einer Erstinfektion auf eine Zweitinfektion, und zwar speziell bei Virosen. Man spricht in diesem Zusammenhang von einer *Interferenz.* Weitverbreitet ist die virusspezifische Interferenz, auch »cross protection« genannt. Sie wird u. a. bei der »Prämunisierung« zur Bekämpfung von Virosen bei Kulturpflanzen ausgenutzt (vgl. 14.2). – Eine besondere Form von unspezifischer Virusinterferenz kommt offenbar nur bei Wirbeltieren vor; sie beruht auf der Produktion eines Wirkstoffes, des sog. Interferons, der bei einer Erstinfektion durch das Virus induziert wird und die Zellen des betreffenden Wirtes vor einer Neuinfektion mit dem gleichen oder auch einem anderen Virus schützt.

Ausschließlich auf Wirbeltiere beschränkt ist die »erworbene Immunität«, die auf einer Produktion von Antikörpern beruht. Sie entstehen als Folge einer Erstinfektion und »neutralisieren« spezifisch den gleichen oder einen nahe verwandten Erreger bei einer Zweitinfektion (vgl. 12.1). Die Verhältnisse lassen sich zu einer (aktiven) Immunisierung ausnutzen und damit zu einer Bekämpfung von Krankheitserregern bei Mensch und Vieh (vgl. 14.1.2).

Es bietet sich also die Möglichkeit, durch Inokulation von virulenzschwachen Erregerstämmen das Wirtspotential (ohne Eingriff in die Populationsdichte selbst) für virulente Wildstämme einzuschränken. Darüber hinaus begünstigen Prämunisierung und Immunisierung noch eine ökologische Verdrängung von virulenten Wildstämmen durch harmlose Impfstämme.

10 Mikrobiologische Bekämpfung von Insekten

Die mikrobiologische Bekämpfung von Insekten nutzt Ergebnisse der Insektenpathologie, deren bescheidene Anfänge bis zum Beginn des 19. Jahrhunderts zurückreichen. Einen bedeutenden Aufschwung erfuhr sie jedoch erst in der Mitte unseres Jahrhunderts (Übersichten bei Franz, 1961, sowie Burges & Hussey, 1971).

Die mikrobiologische Bekämpfung von Schädlingen stellt indessen nur eine unter vielen Anwendungsmöglichkeiten der Insektenpathologie dar. Sie erfüllt eine weitere praktische Aufgabe bei der Prognose, indem sie zur Beurteilung des Gesundheitszustandes von Insektenpopulationen beiträgt und eine Entscheidungshilfe dafür gibt, ob mit einem natürlichen Zusammenbruch der Gradation gerechnet werden kann oder ob eine Bekämpfungsaktion notwendig wird.

10.1 Insektenpathologie

Die Aufnahme von Krankheitserregern erfolgt, soweit es sich um Viren, Rickettsien, Protozoen und Bakterien handelt, bei Insekten und anderen Arthropoden grundsätzlich durch den Mund. Deshalb werden von den genannten Pathogenen vor allem die gefräßigen Larvenstadien befallen. Dabei nimmt die Empfänglichkeit der Larven im allgemeinen mit zunehmendem Alter ab (Alterstoleranz), und Imagines sprechen oft auf Pathogene gar nicht mehr an. Pilze sind dagegen in ihrer Wirkung nicht auf Larvenstadien beschränkt, da ihre Keimhyphen die Kutikula sogar von Imagines durchdringen und allmählich den ganzen Körper des Wirtstieres durchsetzen. Die anderen Insektenpathogene verursachen entweder nur eine Darmepithel-Infektion (z.B. Kernpolyederviren bei Blattwespenlarven), oder sie dringen nach Überwindung der Darmschranke in das Körperinnere ein und bedingen so eine Allgemeininfektion (z.B. Kernpolyederviren bei Schmetterlingsraupen). Bei ausreichender Virulenz und Dosis des Erregers sterben die Tiere schließlich ab. Danach verbleiben Viren, Rickettsien, Protozoen und auch Bakterien zunächst noch im Kadaver und werden erst bei dessen Zersetzung frei, z.T. in einer gegenüber Umwelteinflüssen geschützten Form (Dauersporen bei Bazillen, Mikrosporidien und Entomophthoraceen oder Einschließungskörpern bei Granulose- und Polyederviren). Bei einer Darminfektion ist auch der von kranken Tieren abgegebene Kot infektiös. – Bei vielen Pilzkrankheiten durchbrechen postmortal die Hyphen (nunmehr in umgekehrter Richtung wie bei der Infektion) die Kutikula und bilden dann ein auffallendes Luftmyzel aus (Abb. 28). Am Luftmyzel entstehen Konidiosporen (Nebenfruchtform) (Abb. 7), die neue Wirtstiere infizieren können. Ein Teil der Insektenpathogene wird nicht nur peroral bzw. perkutan übertragen, sondern durch Kontamination der Eier auf die Nachkommen gewissermaßen »vererbt«. Eine derartige Übertragung ließ sich nachweisen bei Viren, Rickettsien und Mikrosporidien, also obligaten Insektenpathogenen, die sich nicht außerhalb des Wirtstieres vermehren können.

Bei Arthropoden bieten physikalische Barrieren den Hauptschutz gegen Infektionen, und zwar die Kutikula der Körperoberfläche und die oft durch eine peritrophische Membran geschützte Darmwand. Für die Wirksamkeit von Pathogenen, die durch den Mund aufgenommen werden, sind die Verhältnisse im Darmkanal entscheidend, wie Ionenkonzentration, Enzymsysteme und Darmflora. Letztere kann einerseits allelopathisch die Vermehrung von anderen (pathogenen) Keimen unterdrücken. Andererseits können aber auch Keime der normalen Darmflora nach Schädigung der Darmwand Ursache für eine »sekundäre Bakteriose« werden, indem sie in das Hämocoel eindringen und auf diese Weise eine tödliche Sepsis hervorrufen. Schließlich bestimmt das Darmmilieu bei manchen Insekten das Wirksamwerden bestimmter Pathogene. Beispielsweise lösen sich die Toxinkristalle des *Bacillus thuringiensis* nur im (alkalischen) Darmsaft von Raupen wirksam auf. Auch die Lyse der Einschließungskörper von Insektenviren und das Freiwerden ihrer Virionen erfolgt nur im alkalischen Darmsaft. – Gegen die in das Hämocoel eingedrungenen Pathogene werden vor allem Phagozyten mobiisiert, welche die Erreger entweder auffressen oder in Knötchen einschließen. Ausserdem kommen bei Arthropoden gewisse humorale Abwehrstoffe (Lysozym, Inhibitine) vor, nicht jedoch Immunantikörper oder Interferon.

Die Tatsache, daß einer erworbenen Immunität bei Insekten keine große Bedeutung zukommt, ist wichtig für ihre relativ unkomplizierte Reaktion gegenüber Infektionserregern.

Weiterführende Literatur: Steinhaus, 1949, 1963; Krieg, 1961a.

10.2 Pilze und ihre Anwendung

Der russische Forscher Metchnikov führte als erster praxisorientierte Versuche mit einem insektenpathogenen Pilz durch. Bereits 1878 beschrieb er eine durch *Metarrhizium anisopliae* verursachte Pilzkrankheit beim Südlichen Getreidelaubkäfer *(Anisoplia austriaca)* und beim Rübenderbrüßler *(Cleonus punctiventris)*. Infektionsversuche bestätigten ihm die Brauchbarkeit des Pilzes für eine Bekämpfungsaktion gegen die genannten Schädlinge in Zuckerrübenfeldern. Im Jahre 1938 unternahm Pospelov in der UdSSR einen erneuten Anwendungsversuch mit diesem Pilz. Wurden die Zuckerrübenpflanzen im August (Schlüpfen der Käfer) oder im Mai (Eiablage) mit Sporenstaub von *M. anisopliae* behandelt, so war beim Rübenderbrüßler eine hohe Mortalität zu beobachten. – Neuerdings wurde über Versuche in den USA berichtet, mit *M. anisopliae* Stechmückenlarven zu bekämpfen. Bei einer Aufwandmenge von 300–600 mg Konidien/m^2 Wasseroberfläche starben bis zu 94% der Larven von *Culex pipiens* und bis zu 98% der Larven von *Aedes sollicitans* innerhalb von 3 Tagen ab.

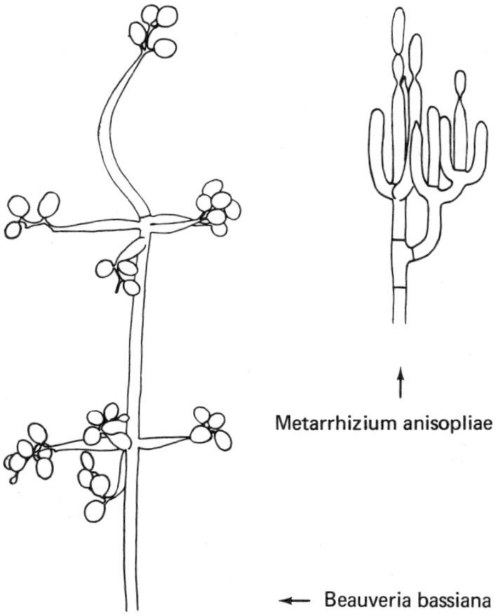

Abb. 7. Insektenpathogene Pilze: verschiedene Konidienträger bei *Fungi imperfecti* (nach Madelin)

Mit einem anderen insektenpathogenen Pilz, *Beauveria tenella*, stellten Giard und LeMoult bereits um 1890 Experimente zur Bekämpfung des Maikäfers *(Melolontha* spec.) in Frankreich an, allerdings ohne Erfolg. Bei neueren Versuchen in Nordfrankreich erhielt Hurpin 1965–1967 jedoch positive Ergebnisse. Wurden auf Weideflächen mit starken Engerlingspopulationen Konidien von *B. tenella* in den Boden eingeschwemmt, so konnte bei einem Aufwand von etwa 10^{11} Konidien pro m^2 innerhalb von 4 Monaten eine Mortalität von 75 % erreicht werden (Abb. 28). Auch die Verwendung von Blastosporen (aus Submerskulturen) von *B. tenella* ergab brauchbare Resultate. – Aber nicht nur gegen Maikäferengerlinge hat man bisher *Beauveria*-Arten eingesetzt. Schaerffenberg erzielte 1952–1957 in Österreich und Deutschland auch Bekämpfungserfolge gegen den Kartoffelkäfer *(Leptinotarsa decemlineata)*, und zwar mit *B. bassiana*. Nach neueren Untersuchungen bewirkt eine Konzentration von $3 \cdot 10^6$ Konidien/ml Spritzbrühe bei Junglarven eine 80%ige Mortalität. – Inzwischen existieren auch

Handelspräparate auf der Basis von *B. bassiana,* z.B. das »Beauverin« in der UdSSR. Dort verwendet man dieses Präparat in einer Dosis von 2 kg/ha gegen Schädlinge in Land- und Forstwirtschaft. Recht gute Erfolge brachte die Verwendung gegen die Getreidewanze *(Eurygaster integriceps).* Hierbei waren mit Beauverin die Stoppeln unter den Getreidegarben behandelt worden, wo sich die Wanzen zur Zeit der Ernte bevorzugt aufhalten. Von hier aus verschleppten sie den Pilz sogar in ihre Winterquartiere.

In den USA wurde *Beauveria tenella* gegen Stechmücken (Larven und Imagines) erprobt. Über ihre Eignung läßt sich noch nichts Endgültiges sagen. Das gleiche gilt für einen aquatisch lebenden Pilz, *Culicinomyces clavosporus,* der Stechmücken- und andere Dipteren-Larven angreift und zum Absterben bringt. Er gehört wie die *Beauveria-* und *Metarrhizium*-Arten zu den *Fungi imperfecti,* einer Gruppe von Pilzen, deren Hauptfruchtform nicht bekannt ist. Viele insektenpathogene *Fungi imperfecti* haben einen weiten Wirtskreis; so befallen insbesondere *Beauveria-* und *Metarrhizium*-Arten verschiedene Homopteren, Heteropteren, Coleopteren, Hymenopteren und Lepidopteren. Doch zeigte sich, daß die Virulenz einzelner Pilzstämme nur gegenüber ganz bestimmten Wirtsarten sehr hoch ist. Es kommen hier also wirtsadaptierte Stämme vor. – Weitere zu den *Fungi imperfecti* gehörige insektenpathogene Arten, die für Bekämpfungszwecke in Frage kommen, sind *Hirsutella-, Paecilomyces-(Spicaria-)* und *Verticillium-(Cephalosporium-)*Arten.

Die besten Aussichten für eine Anwendung insektenpathogener Pilze bieten Intensivkulturen im Gewächshaus, wo sich die für die Effektivität von Pilzen wichtigen Klimafaktoren (neben ausreichender Temperatur vor allem eine ausreichende Luftfeuchte) einstellen und regulieren lassen. So berichteten Burges & Hall (1973) über eine Anwendung von *Verticillium(Cephalosporium) lecanii* gegen die Grüne Pfirsichblattlaus *(Myzus persicae)* und zwei weitere Blattlaus-Arten an Chrysanthemen in Gewächshäusern in England. Verwendet wurde eine wäßrige Suspension von 10^8 Konidien/ml und diese in der üblichen Aufwandmenge verspritzt. Bei 20 °C und 100 % relativer Luftfeuchte trat eine 95 %ige Mortalität bei den Blattläusen auf.

Bei den *Entomophthoraceen* (Phycomycetes) handelt es sich um insektenpathogene Pilze mit einer meist hohen Wirtsspezifität. Die bekannteste Entomophthoracee ist der sog. Fliegenschimmel *(Entomophthora muscae).* An toten Stubenfliegen *(Musca domestica)* läßt sich das Austreten von Luftmyzel sowie das Abschleudern von zarten Konidien erkennen. Ebenso wie dieser im Herbst nicht seltene »Fliegenschimmel« beeindrucken auch andere Entomophthoraceen immer wieder durch ihr seuchenartiges Auftreten bei Insekten. Nicht selten brechen z.B. Blattlaus-Populationen an Infektionen durch spezifische *Entomophthora*-Arten zusammen (z.B. *E. thaxteriana, E. aphidis*). Es ist durchaus möglich, daß durch die künstliche Verbreitung dieser Pilze zum richtigen Zeitpunkt eine mikrobiologische Bekämpfung von Blattläusen gelingt. Erste Erfolge in dieser Hinsicht wurden 1971 aus der UdSSR (Gewächshausversuche) und 1972 aus der ČSSR (kleine Freilandversuche) gemeldet. – Unter natürlichen Bedingungen breiten sich Entomophthoraceen durch dünnwandige keimfreudige Konidien aus, die allerdings sehr kurzlebig sind. Ungünstige Zeiten (Trockenzeit, Kältezeit) überstehen nur die dickwandigen Dauersporen, deren Keimbedingungen noch weitgehend unbekannt sind. Bei *Pieris brassicae* beispielsweise findet sich nach Infektion mit *E. sphaerosperma* im Frühsommer Konidienbildung und im Spätsommer Dauersporenbildung. Der noch nicht manipulierbare Phasenwechsel der Entomophthoraceen erschwert noch eine Anwendung dieser Pilzgruppe in der Schädlingsbekämpfung.

Eine weitere interessante Gattung von insektenpathogenen Pilzen aus der Gruppe der Phycomyceten sind die *Coelomomyces*-Arten. Diese aquatisch lebenden Pilze befallen Mückenlarven und gegebenenfalls noch bestimmte Zwischenwirte (Copepoden). Offenbar werden die Mückenlarven durch Zoosporen infiziert. – Ein erster erfolgreicher Versuch zur Bekämpfung hygienisch bedeutsamer Stechmücken erfolgte 1959–67 auf einem der Tokelau-Atolle in der Südsee. Da diese Pilze aber schwer zu handhaben sind, bleiben Versuche zu ihrer Anwendung vorerst dem Fachmann vorbehalten.

Das gleiche gilt für den *Import* exotischer Pilze. Ein Beispiel hierfür ist die Einfuhr von *Aschersonia*-Arten aus Amerika nach Georgien (UdSSR), wo man die geeignetsten Stämme gegen die Mottenschildlaus *(Dialeurodes citri)* auswählte. Die Ausbringung des Pilzes erfolgte 1957 auf mehreren 1000 ha, wobei jeder Zitrusbaum einzeln behandelt wurde. – Ein anderer Import bezieht sich auf eine *Coniothyrium*-Art, die aus Korea stammt und gegen die San-José-Schildlaus *(Quadraspidiotus perniciosus)* in Obstbaugebieten des Kaukasus mit Erfolg eingesetzt wurde. –

Die Wirkung insektenpathogener Pilze kann durch Ausbringen von Fungiziden im Pflanzenschutz empfindlich beeinträchtigt werden. So kommt es vor, daß nach einer derartigen Anwendung plötzlich Schädlinge in Massen auftreten, die zuvor in einer ungestörten Biozönose durch insektenpathogene Pilze unter der Schadensschwelle gehalten wurden. Derartige Beobachtungen in den USA liegen vor allem aus Zitrusplantagen (Befall durch Zitrus-Kommaschildlaus) und anderen Obstanlagen (Befall durch Spinnmilben) vor. Auf Kartoffelfeldern beobachtete man nach wöchentlichen Spritzungen mit Fungiziden gegen Mehltaupilze eine enorme Zunahme der Grünen Pfirsichblattlaus.

Literatur über insektenpathogene Pilze: Müller-Kögler, 1965; Ferron, 1975.

10.3 Protozoen und ihre Anwendung

Die für Insekten pathogenen Protozoen verteilen sich auf verschiedene Klassen und Ordnungen. Weit verbreitet sind die Sporozoen, zu denen u. a. die Mikrosporidien gehören. Sie durchlaufen einen komplizierten Entwicklungszyklus, der hier aber nicht mit einem Wirtswechsel verbunden ist wie etwa bei dem von Mükken übertragenen Malaria-Erreger, einer Hämosporidie.

Meist verhalten sich die Mikrosporidien polyphag. So werden z. B. von der *Nosema bombycis* aus Seidenraupen *(Bombyx mori)* auch Ringelspinner *(Malacosoma neustria)* und Weißer Bärenspinner *(Hyphantria cunea)* infiziert. Aus dem zuletzt genannten Schädling sind noch weitere Mikrosporidien-Arten bekannt, wie z. B. *Plistiphora schubergi* und *Telohania hyphantriae*. Mit Sporen von *T. hyphantriae* führte Weiser (1957) in der Slowakei erfolgreiche Freilandversuche gegen Schadraupen im Obstbau durch und mit Sporen von *P. schubergi* Kaya (1973) in den USA gegen Schadraupen im Forst.

Bekämpfungsversuche auf Kleinparzellen in Frankreich mit der Mikrosporidie *Nosema melolonthae* gegen Maikäferengerlinge waren nicht so erfolgreich wie die mit anderen Pathogenen (Pilze, Bakterien, Rickettsien). Studien über die Möglichkeit einer praktischen Anwendung von *Nosema locustae* gegen Heuschrecken wurden in den USA durchgeführt. Der Wirtskreis dieses Krankheitserregers, der von den Weibchen zu etwa 5% auf die Nachkommen übertragen wird, umfaßt mehr als 50 Orthopteren-Arten. Für Bekämpfungszwecke bewährte sich eine weitgestreute und möglichst frühe Ausbringung frischer Sporen adsorbiert an Kleie als Köder und zwar in einer Dosis von etwa 10^9 Sporen/1,5 kg Kleie/ha. Damit ist es möglich, die Dichte der Heuschreckenpopulationen unter die Schadensschwelle von 8 Individuen/m^2 herabzudrücken (Henry & Omar, 1974).

Auch eine Bekämpfung von Hygieneschädlingen ist mit Mikrosporidien versucht worden. So wurden 1967 auf der Südseeinsel Nauru Sporen von *Plistiphora culicis* in zwei als Brutstätten von *Culex fatigans* bekannten Tümpeln ausgebracht. Obwohl deren Mückenpopulation im gleichen Jahr vernichtet wurde, blieb die erwartete Dauerwirkung aus. 2 Jahre danach war in der regenerierten Mückenpopulation die Infektionsrate auf etwa 2% abgesunken, so daß der Erreger keinen wirksamen Begrenzungsfaktor mehr darstellte.

Als obligate Pathogene sind Mikrosporidien bisher nicht in künstlichem Nährmedium, sondern nur in Wirtszellen züchtbar. Die Schwierigkeiten, ihre Sporen im aktiven Zustand lebend zu konservieren, konnte durch Trocknung im Vakuum weitgehend beseitigt werden. Auf diese Weise behandelte Sporen halten sich bei Zimmertemperatur über 6 Monate und tiefgekühlt sogar ein Jahr. Im Freiland ist die Persistenz der Sporen durch die Empfindlichkeit gegenüber UV begrenzt. Ein Zusatz von UV-Schutzmittel kann diese Inaktivierung wesentlich vermindern. – Im Vergleich zu anderen Insektenpathogenen hat die biologische Bekämpfung mit Mikrosporidien bisher nur wenige Erfolge aufzuweisen. Das liegt an der meist niedrigen Virulenz dieser Erreger. Wenn es gelänge, die Mikrosporidien besser zu manipulieren, wäre es vielleicht möglich, mit ihnen eine anhaltende Reduktion von bestimmten Schädlingspopulationen zu erreichen. Dafür sprechen Beobachtungen an permanent mit *Nosema pyraustae* verseuchten Populationen des Maiszünslers *(Ostrinia nubilalis)* in Nordamerika, bei dem auch eine Weitergabe des Erregers auf die Nachkommen nachgewiesen ist. – Literatur über insektenpathogene Protozoen: McLaughlin, 1971; Weiser, 1961.

Außer Mikrosporidien gibt es noch eine Reihe insektenpathogener Sporozoen, die sich möglicherweise für Bekämpfungszwecke eignen. Doch liegen mit ihnen noch keine ausreichenden Erfahrungen vor.

10.4 Bakterien und ihre Anwendung

Insektenpathogene Bakterien finden sich sowohl unter den Sporenbildnern als auch unter den Nicht-Sporenbildnern. Diese eignen sich weniger zur Anwendung, nicht nur, weil ihre Zellen schon beim Trocknungsprozeß inaktiviert werden, sondern auch, weil Schwierigkeiten bei der eigentlichen Ausbringung auftreten. Vegetative Bakterienzellen werden nämlich bei der Druckentspannung in der Düse von Spritzgeräten zu einem hohen Prozentsatz abgetötet und lassen sich daher nicht gut als Suspensions-Präparate versprühen oder vernebeln. Sie erfordern andere Formen der Anwendung, z. B. in Verbindung mit Ködern. Wesentlich bessere Aussichten und Erfahrungen als mit Nicht-Sporenbildnern liegen bei der Anwendung von Sporenbildnern vor. Ihre Dauersporen sind widerstandsfähig sowohl gegen Austrocknung als auch gegenüber Druckentspannungen. Innerhalb der Gattung *Bacillus* sind für uns vor allem zwei Arten wichtig: *Bacillus popilliae* und *Bacillus thuringiensis.*

B. popilliae war in den USA 1939 von Dutky aus Engerlingen des Japankäfers *(Popillia japonica)* isoliert worden, die an der sogenannten »milky disease« erkrankt waren. Der Schädling, aus Ostasien in die USA eingeschleppt, hatte sich hier ohne natürliche Feinde enorm vermehrt. Während die Engerlinge beträchtliche Schäden auf Rasenplätzen anrichten, fressen die Käfer am Laub von Obstbäumen und anderen Rosengewächsen. Da andere Maßnahmen zur Bekämpfung nur kurzfristig wirkten, wurden von 1939 bis 1953 insgesamt 80000 ha mit über 100 t sporenhaltigem Stäubemittel von *B. popilliae* behandelt. Bei einer Sporenkonzentration von 10^8 Sporen/g und einer Aufwandmenge von 2 kg/ha konnte bis zu 90% Mortalität erreicht werden. Der Erreger produziert auf allen bisher erprobten Nährböden keine virulenten Sporen, so daß er in seinem Originalwirt vermehrt werden muß. Hierzu wird der Erreger den Engerlingen zweckmäßigerweise injiziert (Abb. 29). Die Ausbeute beträgt dann etwa 10^9 Sporen pro Larve. Sobald diese an der Bakteriose eingegangen sind, werden sie zermahlen, und das Rohpräparat wird mit einem Trägerstoff gestreckt. Stäubemittel auf dieser Basis sind unter der Bezeichnung »Doom« in den USA im Handel. Die Sporenpräparate halten sich mehrere Jahre ohne Aktivitätsverlust und sind außerdem relativ hitzeresistent. Ihre Ausbringung erfolgt meist durch Bodeninjektion in den von den Käferlarven befallenen Anlagen. Auf diese Weise gelang es auf großen Flächen im Osten der USA, aus dem gefährlichen Dauerschädling allmählich einen minder bedeutenden Schädling zu machen. Nach vorliegenden Berichten entstand durch die abgestorbenen und mit Sporen gefüllten Engerlinge ein regelrechtes Bazillenreservoir im Boden. Außerdem hat sich der Bazillus langsam aber stetig in den Japankäferpopulationen behandelter Gebiete ausgebreitet. Leider ist inzwischen (Dunbar & Beard, 1975) örtlich die Wirksamkeit der Anwendung von *B. popilliae* var. *popilliae* merklich zurückgegangen, was sich auch durch Laborversuche bestätigen ließ. Als Ursache wird nicht nur ein Anstieg der Resistenz in den Wirtspopulationen infolge langen Erregerkontaktes angenommen, sondern auch eine Virulenzabnahme bei den in langen Reihen von Wirtspassagen fortgezüchteten Erregerstämmen. – Die Wirksamkeit von *B. popilliae* ist auf Engerlinge von Scarabaeiden (Coleoptera) beschränkt. Jede Varietät hat aber noch einen weiterhin eingeschränkten Wirtskreis: So ist die Var. *popilliae* für unseren Maikäferengerling praktisch avirulent.

Eine für Engerlinge des Maikäfers effektive Varietät dieses Bazillus wurde 1956 in der Schweiz isoliert: *B. popilliae* var. *melolonthae* (vgl. Abb. 30 u. 31). Über 7 Jahre lang wurde auf Weideflächen im Departement Sarthe in Frankreich die Wirksamkeit dieser Varietät getestet. Nach den vorliegenden Daten war innerhalb des Beobachtungszeitraumes die Ausbreitung des Erregers offenbar gering. Nach vergleichenden Untersuchungen (Hurpin & Robert, 1972) wirkt dieser Bazillus auf *Melolontha*-Populationen nicht ganz so gut wie *Beauveria tenella.* Die Bazillus-Präparate haben aber gegenüber *Beauveria*-Präparaten den Vorteil einer besseren Lagerfähigkeit. – Literatur über *B. popilliae:* Lüthy, 1975.

B. thuringiensis wurde erstmals 1911 von Berliner in Deutschland isoliert, und zwar aus Larven der Mehlmotte *(Ephestia kühniella).* Die Raupen starben an einer seuchenhaften Erkrankung, die Berliner als »Schlaffsucht« bezeichnete, weil die todkranken, sich schwarz verfärbenden Larven schlaff mit dem Kopf nach unten an Wänden und Deckel des Zuchtbehälters hingen. – Der Bazillus wächst leicht auf künstlichem Nährboden; sein Entwicklungszyklus ist in Abb. 8 erläutert. Die Bildung von hitzeresistenten Dauersporen und parasporalen Kristallen erfolgt dabei nur unter Sauerstoffzutritt. – Die Wirkung von *B. thuringiensis* auf Lepidopteren-Larven beruht in erster Linie auf der Toxizität des parasporalen Kristalls, der bei der Auflösung des Sporangiums zusammen mit der Spore frei wird (vgl. Abb. 33). Nach der oralen Aufnahme von kristallhaltigen Sporenpräparaten löst sich der Toxinkristall im alkalischen Darmsaft empfindlicher Raupen auf und wirkt dann als spezifisches Enterotoxin: Es kommt zu einer Darmparalyse durch Zerstörung des Darmepithels. Dringen als Folge davon gekeimte Bakterienzellen (vgl. Abb. 32) in die Körperhöhle ein, so entsteht schließlich eine tödliche Sepsis. Auf diese Weise gehen empfindliche Raupen bei mittleren Temperaturen (15–25 °C) innerhalb von 5 Tagen ein. Bei einer ausreichenden Dosis tritt aber bereits innerhalb von 24 Stunden ein »Fraßstop« auf, so daß der von den Raupen angerichtete Schaden trotz einer etwas längeren Abtötungszeit letzten Endes doch relativ gering bleibt. – Bei der Anwendung von *B. thuringiensis* gegen Schadlepidopteren vermag der Erreger jedoch keine Epidemien zu erzeugen, selbst wenn er sich im Biotop des Schädlings eine Zeitlang zu halten vermag, wie die Erfahrung mit dem Sibirischen Arvenspinner *(Dendrolimus sibiricus)* in der UdSSR gezeigt hat.

Die ersten Freilandversuche mit *B. thuringiensis* wurden zwischen 1928 und 1931 in Ungarn und Jugoslawien durchgeführt. Ihr Ziel, den Maiszünsler *(Ostrinia nubilalis)* zu bekämpfen, erreichten sie aber nur teilweise. Ein voller Erfolg war dagegen Steinhaus (1951) in Kalifornien beschieden, dem es gelang, die gefräßigen Raupen des zu den Pieriden gehörigen Amerikanischen Luzerneheufalters *(Colias eurytheme)* im Freiland wirksam zu bekämpfen. Einen ähnlichen

Erfolg erzielte zur gleichen Zeit Klement in Ungarn gegen den Weißen Bärenspinner *(Hyphantria cunea)*. Nachdem in Frankreich, in Deutschland und in der UdSSR wirksame Bekämpfungen gegen die Raupen des Kohlweißlings *(Pieris brassicae)* mit *B. thuringiensis* durchgeführt worden waren, begann sich auch die Industrie für den Erreger zu interessieren. Heute sind *Bacillus thuringiensis*-Präparate als Bekämpfungsmittel im Handel, z. B. in den USA das »Thuricide HP«, das »Tarsol« und das »Dipel«. Diese Präparate sind auch in Europa erhältlich, außerdem das in Frankreich produzierte »Bactospeine«. In der UdSSR sind z. Z. zwei *B. thuringiensis*-Präparate verfügbar unter der Bezeichnung »Entobakterin« und »Dendrobazillin«. In den USA wurden an *B. thuringiensis*-Präparaten im Jahre 1973 etwa 500 Tonnen produziert, was einem Marktanteil von 1,5% am gesamten Insektizidverbrauch entspricht. Damit wurden vornehmlich im Gemüsebau der USA etwa 200000 ha behandelt. Für die Anwendung wird das formulierte Sporenpulver in Wasser suspendiert und als Spritzbrühe mit üblichen Pflanzenschutzgeräten ausgebracht. Die Aufwandmengen liegen dabei in der Größenordnung von 10^{13} bis 10^{14} Sporen/ha.

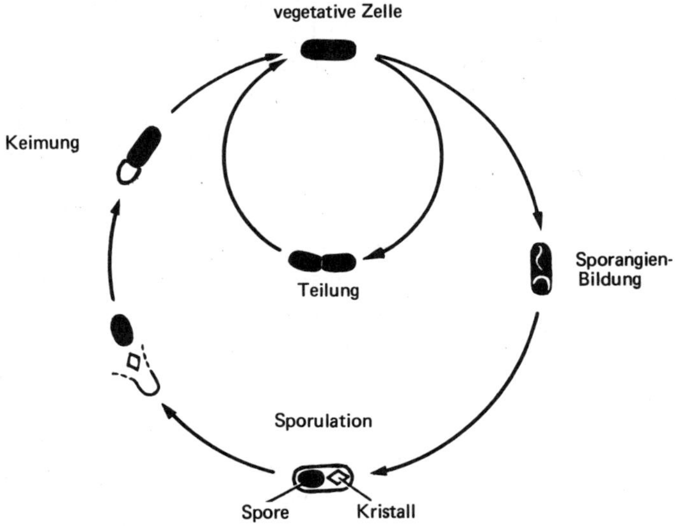

Abb. 8. Entwicklungszyklus des insektenpathogenen Sporenbildners *Bacillus thuringiensis:* Nach der Keimung der Spore teilt sich die (begeißelte) vegetative Zelle (vgl. Abb. 32) fortlaufend (vegetativer Zyklus) bis Nährstoffmangel eintritt. Bei der nun folgenden Sporulation (reproduktiver Zyklus) bildet sich bei *B. thuringiensis* neben der Spore noch ein parasporaler Kristall aus (der für Raupen ein Toxin darstellt) – vgl. Abb. 33. Unter günstigen Bedingungen kann aus der Spore eine neue vegetative Zelle auskeimen, womit ein neuer Vermehrungszyklus beginnt (nach Krieg)

B. thuringiensis erwies sich bisher gegenüber Raupen von etwa 150 Lepidopteren-Arten als wirksam (vgl. Tab. 6). Während bei empfindlicheren Arten, wie z. B. dem Kohlweißling, bereits $5 \cdot 10^4$ Sporen/Larve mittleren Stadiums genügen, um 50% abzutöten, muß bei weniger empfindlichen Arten, wie z. B. der

Amerikanischen Gemüseeule *(Trichoplusia ni)*, mit einer Dosis von mehr als $1{,}5 \cdot 10^6$ Sporen/Larve gerechnet werden, um den gleichen Erfolg zu erzielen. Bei Schädlingen, die zu ihrer Bekämpfung eine hohe Dosis benötigen, kann man *B. thuringiensis* mit Phagostimulantien (vgl. 15.2.1.2) kombinieren, z. B. in sog.

Tabelle 6. Beispiele befriedigender Bekämpfungserfolge mit *Bacillus thuringiensis* gegen Larven von Lepidopteren

Schädling	Anwendungsbereich	Land
Alsophila pometaria	Apfel, Linde	Kanada, USA
Anisota senatoria	Eiche	USA
Aporia crataegi	Obst (Rosaceen)	Rumänien, UdSSR
Archips crataegana	Eiche	ČSSR, UdSSR
Archips rosana	Apfel	UdSSR
Argyrotaenia velutinana	Apfel	USA
Choristoneura fumiferana	Balsamtanne	Kanada
Colias philodice eurytheme	Luzerne	USA
Dendrolimus sibiricus	Lärche	UdSSR
Diatraea saccharalis	Zuckerrohr	USA
Erannis defoliaria	Laubholz	Rumänien
Euproctis chrysorrhoea	Obst (Rosaceen), Eiche	BRD, DDR, Frankreich
Hedya nubiferana	Obst (Rosaceen)	BRD, UdSSR
Hemerocampa pseudotsugata	Nadelholz	Nordamerika
Hyphantria cunea	Obst, Maulbeere	Bulgarien, Jugoslawien, UdSSR
Hyponomeuta malinellus	Obst (Rosaceen)	BRD, Bulgarien, DDR, Frankreich, Polen, Schweiz, UdSSR
Hyponomeuta padellus	Obst, Schlehe	BRD, Schweiz, UdSSR
Lymantria dispar	Obst, Laubholz	BRD, Jugoslawien, Rumänien, Spanien, UdSSR, USA
Malacosoma disstria	Laubholz	USA
Malacosoma americanum	Laubholz, Obst	Kanada
Malacosoma neustria	Laubholz, Obst	BRD, DDR, Frankreich, Niederlande, Rumänien
Operophtera brumata	Obst (Rosaceen)	BRD, Frankreich, Kanada, Schweiz
Ostrinia nubilalis	Mais	BRD, Frankreich, Jugoslawien, Kanada, UdSSR, USA
Phryganidia californica	Laubholz	USA
Pieris brassicae	Kohl	BRD, ČSSR, Polen, UdSSR
Pieris rapae	Kohl	BRD, Kanada, UdSSR, USA
Plutella maculipennis	Kohl	BRD, Frankreich, Mexiko, UdSSR, USA
Prays citri	Zitrus	Italien
Prays oleae	Oliven	Frankreich, Griechenland, Italien
Protoparce sexta	Tabak	USA
Spilonota ocellana	Obst (Rosaceen)	BRD, UdSSR
Thaumetopoea pityocampa	Kiefern	Frankreich, Griechenland, Jugoslawien, Spanien
Thaumetopoea processionea	Eiche	Italien, Rumänien
Tortrix viridana	Eiche	BRD, DDR, UdSSR
Zeiraphera diniana	Lärche	Frankreich, Schweiz

Köderspritzungen. Erste derartige Versuche wurden gegen Baumwollschädlinge (*Heliothis*-Arten) mit Baumwollsamenöl durchgeführt. In anderen Fällen erprobte man mit Erfolg Melasse, z. B. beim Schwammspinner *(Lymantria dispar).*

B. thuringiensis-Präparate haben sich inzwischen bei der Bekämpfung von etwa 15 forstlich wichtigen Lepidopteren-Arten bewährt (s. Tab. 6). In Europa und in der UdSSR hat man z. B. gegen den Sibirischen Arvenspinner *(Dendrolimus sibiricus),* den Eichenwickler *(Tortrix viridana),* den Pinienprozessionsspinner *(Thaumetopoea pityocampa)* und den Grauen Lärchenwickler *(Zeiraphera diniana)* erfolgreiche Bekämpfungsaktionen auf jeweils über 200 ha großen Flächen unternommen (Franz & Krieg, 1967). Alle größeren Operationen im Forst wurden mit Flugzeugen ausgeführt, in Mitteleuropa meist mit Hubschraubern, in den großen Waldungen Sibiriens und Nordamerikas dagegen mit Starrflüglern. Bei Aufwandmengen an Spritzbrühe von etwa 50 bis 100 l/ha liegen die entsprechenden Konzentrationen des Präparates bei 1 bis 4%. Über neue Erfolge in Nordamerika mit *Bacillus thuringiensis* gegenüber Schadinsekten im Forst (u. a. *Lymantria dispar, Choristoneura fumiferana, Hemerocampa pseudotsugata, Malacosoma* spec.) berichtete ausführlich Harper (1974).

In der Landwirtschaft dominiert (von großflächigen Monokulturen abgesehen) speziell in Europa das Ausbringen mit Bodengeräten. Hier können die Aufwandmengen wesentlich größer sein, z. B. im Gemüseanbau 500 bis 1000 l/ha. Dementsprechend ist auch die Konzentration der *B. thuringiensis*-Spritzbrühe hier geringer, nämlich 0,2 bis 0,4% bei Verwendung der zur Zeit im Handel befindlichen Präparate von 3 bis 30 · 10^{10} Sporen/g Spritzpulver. Mehr als 30 landwirtschaftlich wichtige Lepidopteren-Arten wurden bisher erfolgreich bekämpft (Krieg, 1970); s. Tab. 6. Aus Europa und der UdSSR liegen beachtenswerte Erfolge mit *B. thuringiensis* vor, z. B. gegen Kohlschädlinge wie Kohlweißling (*Pieris*-Arten) und Kohlmotte *(Plutella maculipennis),* im Obstbau gegen Gespinstmotten (*Hyponomeuta*-Arten), Baumweißling *(Aporia crataegi),* Goldafter *(Euproctis chrysorrhoea),* Ringelspinner *(Malacosoma neustria)* und den Weißen Bärenspinner *(Hyphantria cunea).*

Neuerdings hat man nicht nur in den USA, sondern auch in Europa die Bekämpfung des Maiszünslers mit *B. thuringiensis* wieder aufgenommen. So wurden ab 1968 in Frankreich Bekämpfungsversuche durchgeführt und dabei auch die Wirksamkeit von Spritzbrühe und Granulat verglichen. Bei einem Aufwand von 30 kg Granulat/ha war ein Erfolg des *B. thuringiensis*-Präparates mit dem eines DDT-Granulates durchaus vergleichbar: es wurde maximal eine 85%ige Reduktion des Schädlings erzielt im Vergleich zur unbehandelten Kontrolle. Seit 1970 werden auch in Süddeutschland (Baden, Hessen) derartige Versuche durchgeführt und dabei verschiedene *B. thuringiensis*-Präparate in Form von Spritzbrühen ausgebracht. Dabei erreichten die Biopräparate ebenfalls die Wirksamkeit konventioneller chemischer Insektizide (z. B. Endosulfan).

Bei *B. thuringiensis* handelt es sich um ein Pathogen, das nur gegen Raupen wirksam ist. Doch können Lepidopteren auch noch als Präpuppe oder Puppe eingehen, wenn die Dosis für ein sofortiges Absterben zu gering war. Als Reaktion auf eine subletale Dosis von *B. thuringiensis* findet man oft eine auffallende Reduktion von Fekundität und Fertilität, und zwar speziell auch bei solchen Wirtsarten, die für *B. thuringiensis* weniger anfällig sind (z.B. Noctuiden).

Zusammenfassend läßt sich sagen, daß in den Sporen-Kristall-Präparaten von *B. thuringiensis* erstmalig in großem Maßstab ein Mittel zur Verfügung steht, das die Selektivität biologischer Bekämpfungsmethoden mit der leichten Anwendbarkeit (wie wir sie aus dem chemischen Pflanzenschutz gewohnt sind) verbindet. Mit einer verstärkten Verwendung dieser Präparate dürfte in der Zukunft zu rechnen sein. – Literatur über *B. thuringiensis:* Krieg, 1961b, 1967; Lüthy, 1975.

Manche Stämme von *B. thuringiensis* produzieren noch ein relativ unspezifisch wirkendes (thermostabiles) Exotoxin (vgl. 15.2.2.3); es sollte jedoch nicht in kommerziellen Präparaten enthalten sein, da es auch bienengefährlich ist. Zur Bekämpfung von Dipteren-Larven wurden gelegentlich exotoxinhaltige Präparate von *B. thuringiensis* erprobt. – Inzwischen hat man in Japan den *Bacillus moritai* isoliert, welcher bei Larven der Stubenfliege *(Musca domestica)* in einer Konzentration von 10^6 Sporen/g Medium eine nahezu 100%ige Mortalität bewirkt. Die gleiche Konzentration ist für Mensch, Vieh, Biene und Seidenraupe unschädlich. Inzwischen wurde ein Präparat auf dieser Basis unter der Bezeichnung »Rabirusu« in Japan zur Bekämpfung von Fliegenlarven im Dung zugelassen. Man mischt dazu das Sporenpulver (das mindestens 10^9 Sporen/g enthält) dem Futter von Geflügel, Rindern oder Schweinen 1–2%ig bei. – Bestimmte Stämme von *Bacillus sphaericus* wirken pathogen auf Mückenlarven. Virulente Stämme wurden in USA und in Indien isoliert. Wichtig für eine ausreichende Wirkung ist, daß die Sporen von *B. sphaericus* im Wasser auskeimen oder aber diesem bereits ausgekeimt zugesetzt werden. Für die Stechmücken *Culex pipiens* und *Culex tarsalis* liegen effektive Konzentrationen je nach dem verwendeten Bakterienstamm bei 10^3–10^6 Keime/ml Wasser; zur Bekämpfung der Larven der Gelbfiebermücke *(Aedes aegypti)* werden jedoch höhere Konzentrationen benötigt. Im allgemeinen soll ein 5minütiger Kontakt zwischen Larven und Bakterien genügen, um eine tödliche Wirkung auszulösen; dies spricht für einen Toxineffekt. Neuere Untersuchungen haben gezeigt, daß die Mikroflora des jeweiligen Gewässers die Wirksamkeit von *B. sphaericus* erheblich reduzieren kann (in einem Fall um den Faktor 10^{-4}). Zur Zeit laufen Versuche, um diesen Einfluß zu beschränken.

Im Gegensatz zu den weltweiten routinemäßigen Anwendungen von *B. thuringiensis* gegen Schadraupen in der Land- und Forstwirtschaft und zu der in den USA bewährten Anwendung von *B. popilliae* gegen bestimmte Engerlinge läßt sich über die Eignung von Bakterien zur Bekämpfung von Mückenlarven noch kein abschließendes Urteil bilden.

10.5 Rickettsien und ihre Anwendung

Bei den Rickettsien handelt es sich um obligat pathogene Mikroorganismen, die sich fast ausschließlich intrazellulär vermehren. Sie besitzen eine besondere Affinität zu Arthropoden. Manche Rickettsien, wie der Erreger des Fleckfiebers, werden von Insekten (Läusen) auf Wirbeltiere übertragen (Wirtswechsel). Andere Rickettsien bleiben auf Arthropoden als Wirte beschränkt, wie z.B. die in der Stechmücke *Culex pipiens* vorkommende *Wolbachia pipientis*.

Nach neueren Untersuchungen soll diese Stechmücken-Rickettsie für die bekannte Hybridsterilität bei Subspecies von *C. pipiens* verantwortlich sein. Während Laven (1967) diese Verhältnisse in der Terminologie der Genetik als zytoplasmatische Unverträglichkeit im Zusammenhang mit einem nichtmendelnden Erbgang beschrieb, soll nach Untersuchungen von Yen & Barr (1973) die Hybridsterilität auf einer Inkompatibilität zwischen den Spermien bestimmter Subspecies und den in den Mücken (endemisch vorkommenden) Rickettsien beruhen, die also nicht die Gonaden des Weibchens, sondern die Geschlechtsprodukte des Männchens schädigen. Zur Anwendung der Hybridsterilität (Inkompatibilität) zur Bekämpfung von *C. pipiens* vgl. 8.3.

Andere in Insektenlarven endemisch vorkommende Rickettsien bewirken gelegentlich eine recht hohe Mortalität (bis zu 75%) in den befallenen Populationen. Beispiele hierfür sind die aus Larven der Wiesenschnake *(Tipula paludosa)* isolierte *Rickettsiella tipulae* und die mit ihr nahe verwandte *Rickettsiella melolonthae* aus Larven des Maikäfers (*Melolontha* spec.). In beiden Fällen sind die Wirte erdbewohnende Larven, bei denen nach ihrem Absterben die freiwerdenden Rickettsien im Erdboden verbleiben und neue Wirte zu infizieren vermögen. Rickettsien werden aber nicht nur oral durch die Larven aufgenommen, sondern (wie bei der Maikäfer-Rickettsiose nachgewiesen wurde) auch von den Imagines auf die Nachkommen übertragen. Offenbar erfolgt auch die räumliche Ausbreitung der Rickettsiose durch infizierte Imagines. Eine Vermehrung von Rickettsien für Anwendungszwecke ist zur Zeit nur in dem homologen Wirtstier selbst möglich (nach Injektion). Solchermaßen infizierte Engerlinge des Maikäfers, die an der Rickettsiose eingegangen waren, brachten Hurpin & Robert (1972) als Infektionsquelle 10 cm tief in den Boden eines Versuchsfeldes in Nordfrankreich. Bei einem Aufwand von 3 Engerlingen (L_3) pro m^2 erzielten sie bei einer Populationsdichte von 25 Engerlingen (L_2) pro m^2 nach 4 Jahren eine Gesamtmortalität von etwa 85%. Besser wirkte nur der Pilz *Beauveria tenella*, aber nicht *Bacillus popilliae* var. *melolonthae*. – Die aus Maikäfern (*Melolontha* spec.) stammende *Rickettsiella melolonthae* erwies sich allerdings im Mäuseversuch als potentiell wirbeltierpathogen. Entsprechende Beobachtungen am Menschen liegen bisher noch nicht vor.

Literatur über insektenpathogene Rickettsien: Krieg, 1971a.

10.6 Viren und ihre Anwendung

Wie für alle Viren, so ist auch für die *Insektenviren* eine Einteilung nach dem Typ der Nukleinsäure (DNS oder RNS) im genetischen Material und nach der Morphologie ihrer Virionen (Virusteilchen) üblich. Die wichtigsten morphologi-

Tabelle 7. Insektenviren mit Einschließungskörpern

Typ	Morphologie des Virions	Typ des genetischen Materials	Virionen pro Einschließungskörper
Granulose-Virus[1])	stäbchenförmig	DNS	1 (max. 2)
Kernpolyeder-Virus[1])	stäbchenförmig	DNS	10–100
Entomopox-Virus	quaderförmig	DNS	über 10
Zytoplasmapolyeder-Virus	isometrisch	RNS	über 100

schen Typen sind isometrische, stäbchenförmige und quaderförmige Virionen. Eine weitere Einteilung der Insektenviren kann danach erfolgen, ob die Virionen in sog. Einschließungskörpern eingebettet sind oder nicht. Bei Viren mit Einschließungskörpern (Grundrisse s. Abb. 9) unterscheidet man nach ihrem genetischen Material, dem jeweils auch ein verschiedener Vermehrungsort in der Wirtszelle entspricht, (DNS-haltige) *Kernpolyeder-Viren* und (RNS-haltige) *Zytoplasmapolyeder-Viren.* Den *Kernpolyeder-Viren* stehen die (DNS-haltigen) *Granulose-Viren* nahe.[1] Außerdem existiert noch eine weitere Gruppe von (DNS-haltigen) Viren mit Einschließungskörpern, die in die Gruppe der Pockenviren gehören und deshalb als *Entomopox-Viren* bezeichnet werden. Tabelle 7 gibt eine Übersicht über diese Viren und die Eigenschaften ihrer Virionen. Auf die verschiedenen Formen der Virus-Reproduktion und der damit eng verbundenen Pathogenese bei den einzelnen insektenpathogenen Viren kann hier nicht eingegangen werden. Als Beispiel zeigt die Abb. 10 (s. nächste Seite) den Entwicklungszyklus einer Kernpolyedrose in Mitteldarmzellen (in zeitlinearer Darstellung).

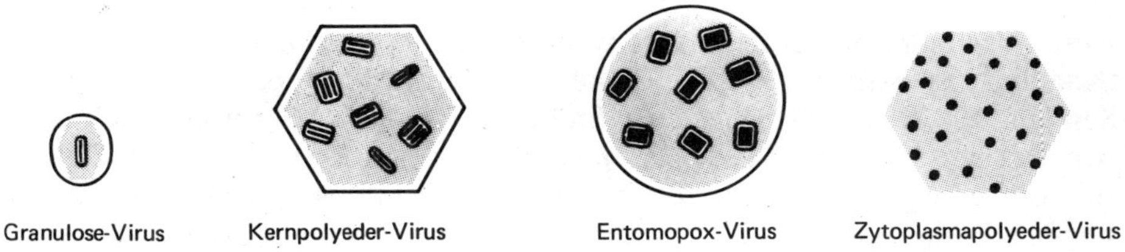

Abb. 9. Grundrisse von Einschließungskörpern (Polyeder etc.) insektenpathogener Viren (nach Krieg)

Die Wirtsspezifität von Insektenviren bleibt meist auf eine Ordnung beschränkt. Viele Kernpolyeder- und Granuloseviren befallen nur wenige Arten, manche sogar nur eine.

[1] Die DNS-haltigen Kernpolyeder- und Granuloseviren gehören zum Genus *Baculovirus.*

Zur biologischen Schädlingsbekämpfung wurden bisher fast ausschließlich Viren mit Einschließungskörpern verwendet, weil diese die empfindlichen Virionen weitgehend schützen. Die in Polyeder (vgl. Abb. 35) oder Granula (Abb. 34) eingeschlossenen Virionen behalten jahrelang ihre Aktivität, auch unter ungünstigen Umweltbedingungen. Feuchtigkeit und Trockenheit schaden ihnen nichts. Lediglich gegenüber UV-Strahlen und Hitzeeinwirkung sind sie empfindlich.

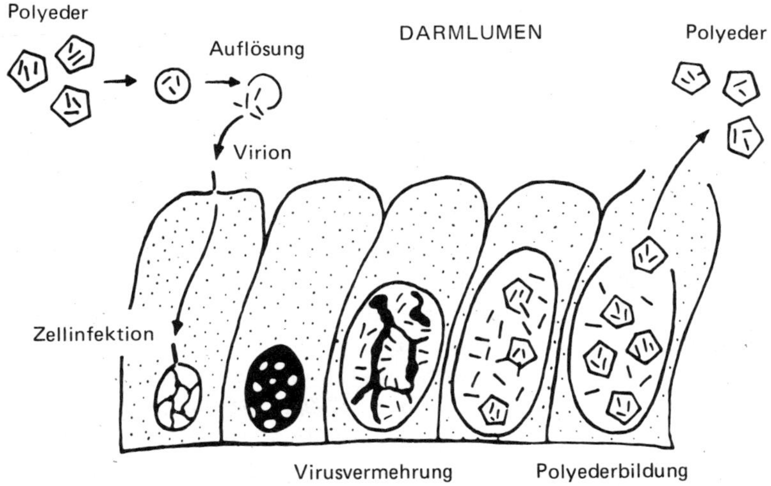

Abb. 10. Verlauf einer Kernpolyedrose im Insektendarm (Darmpolyedrose). Nach der oralen Aufnahme von Polyedern erfolgt deren Auflösung im Darmsaft und die eingeschlossenen Virionen werden frei; vgl. Abb. 37. Diese dringen in die Darmepithelzellen ein, wo die Virusvermehrung im Zellkern stattfindet. An deren Ende steht der Einschluß der neuen Virionen in Polyeder, welche beim Zerfall der Wirtszelle frei werden (Orig. Krieg)

Die vorläufig besten Resultate mit Viren wurden bei der Bekämpfung von Nadelholzblattwespen erzielt, wie z. B. der Rotgelben Kiefernbuschhornblattwespe *(Neodiprion sertifer)*. Das wirtsspezifische *Kernpolyeder-Virus* dieses Schädlings ist erstmals 1913 von Escherich in Deutschland beschrieben worden. Seitdem wurde es an verschiedenen Stellen in Europa immer wieder gefunden, wobei es meist endemisch in den Populationen der Blattwespe auftrat. Auffallend für Forstleute sind jedoch nur die epidemischen Zusammenbrüche dieses Schädlings am Ende von Gradationen, die in Europa regelmäßig vorkommen. – Nach Nordamerika war *N. sertifer* etwa um die Jahrhundertwende aus Europa eingeschleppt worden und vermehrte sich dort ohne wirksame Gegenspieler. Um diese Gradation zu stoppen, führte Bird 1949 *Kernpolyeder-Virus* von Schweden nach Kanada ein. Er vermehrte das Virus zunächst auf dem spezifischen Wirt, wobei die Ausbeute etwa 10^8 Polyeder pro Larve betrug. Dann brachte er eine Polyeder-Suspension erst mit Bodengeräten, später auch mit Flugzeugen in den Befallsgebieten aus. Bei einem Aufwand von $2 \cdot 10^7$ Polyeder/ha wurden von 1950 bis 1952 ausgezeichnete Erfolge mit hoher Mortalität (bis zu 100%) erzielt (Bird, 1953). Die Virose wirkt seither gleichmäßig gut, das heißt, sie persistiert im Verbreitungsgebiet der Wirtsart. Eine künstliche Ausbringung hat sich aber vor allem in neu von dem Schädling besiedelten Gebieten als zusätzliche Maßnahme bewährt. Ähnlich erfolgreiche Bekämpfungen von *N. sertifer* wurden in Deutschland durchgeführt, später in Österreich, der Tschechoslowakei, Jugoslawien, Schottland, Norwegen, Schweden und Finnland. In Finnland ist inzwischen sogar ein Viruspräparat gegen *N. sertifer* im Handel erhältlich. Die in Europa bei Feldversuchen ausgebrachte Virusdosis lag z.T. unter der in Kanada benutzten. Dies spricht dafür, daß das Virus im Herkunftsgebiet ebensogut wirkt wie in Nordamerika und die europäischen Populationen nicht etwa resistenter sind. Die wirksame Dosis liegt bei dieser Kernpolyedrose bei weniger als 10^3 Polyeder/Larve. – Auch bei der Zurückdrängung einer zweiten Blattwespenart, der Fichtenbuschhornblattwespe *(Diprion hercyniae)* mit *Kernpolyeder-Virus,* wurden in Kanada gute Ergebnisse erzielt. Ohne Beteiligung von Parasiten vermag das Virus durch jährliche Epidemien die Dichte des Schädlings so einzuregulieren, daß sie die wirtschaftliche Schadensschwelle nicht erreicht. Im allgemeinen senken jedoch Schlupfwespen (*Exenterus*-Arten) die Populationsdichte des Wirtes auf einen so niedrigen Stand, daß das Virus nur noch endemisch wirken kann und somit zwar eine reduzierende, aber keine regulierende Wirkung mehr hat (Bird & Burk, 1961).

Auch bei verschiedenen Lepidopteren sind Virusepidemien als Ursachen des Zusammenbruches von Gradationen wohlbekannt, z.B. bei der Nonne *(Lymantria monacha)* und bei dem Schwammspinner *(Lymantria dispar).* Erstmals gelang es Wellenstein und Eidmann 1969 in Schweden, Nonnenraupen mit dem wirtsspezifischen *Kernpolyeder-Virus* erfolgreich zu bekämpfen, und zwar mit einer Dosis von $7 \cdot 10^{11}$ Polyeder/ha. – Vergleichbare Ergebnisse mit einem Kernpolyeder-Virus erzielte man gegen Schwammspinnerraupen im Forst und in Obstanlagen im Laufe der letzten zehn Jahre in Italien (Sardinien), auf dem Balkan, in der UdSSR und in den USA. Dabei lag die wirksame Dosis wiederum bei etwa $7 \cdot 10^{11}$ Polyeder/ha. Inzwischen wird in der UdSSR ein Pflanzenschutzmittel auf der Basis des *Kernpolyeder-Virus* von *L. dispar* produziert, das auch gegen den Weidenspinner *(Stilpnotia salicis)* wirkt: »Virin-Ensch«. Es handelt sich um eine flüssige Formulierung von 10^9 Polyeder/ml in 50%igem Glyzerin, das in einer Menge von mindestens 100 ml/ha angewendet wird. Auch in den USA wird z.Z. ein derartiges kommerzielles Präparat entwickelt. Weitere Beispiele für die Anwendung von solchen Viren im Forst s. Tab. 8.

Gegen einen Schädling in der Landwirtschaft, nämlich Raupen des Amerikanischen Luzerneheufalters *(Colias eurytheme),* verwendeten erstmals Thompson & Steinhaus (1950) in Kalifornien ein artspezifisches *Kernpolyeder-Virus.* Heute gibt es eine kaum zu übersehende Anzahl von Anwendungen der *Kernpolyeder-Viren* gegen Schadlepidopteren in der Landwirtschaft (vgl. Tab. 8), und zwar vornehmlich in den USA, der UdSSR und in Japan.

Die Anwendung solcher Viren gegen viele Lepidopteren ist jedoch etwas in den Hintergrund getreten, weil inzwischen auf der Basis von *Bacillus thuringiensis* gut wirksame Präparate zur Verfügung stehen. Lediglich Arten, gegen deren

Tabelle 8. Beispiele befriedigender Bekämpfungserfolge mit Virus-Einschließungskörpern gegen Larven von Lepidopteren oder Hymenopteren

Virustyp	Schädlingsart	Anwendungsbereich	Land
Granulose-Virus	*Agrotis segetum*	Mais, Baumwolle	UdSSR
	Laspeyresia pomonella	Apfel	BRD, Schweiz, Ungarn, USA
	Dendrolimus sibiricus	Lärche	UdSSR
	Pieris brassicae	Kohl	Frankreich
	Pieris rapae	Kohl	Australien, Japan, USA
Kernpolyeder-Virus	*Choristoneura fumiferana*	Balsamtanne	Kanada
	Colias eurytheme	Luzerne	USA
	Heliothis virescens	Baumwolle	USA
	Heliothis zea	Mais	USA
	Hemerocampa pseudotsugata	Nadelholz	Nordamerika
	Hyphantria cunea	Maulbeere	Japan
	Lymantria dispar	Laubholz	BRD, Italien, UdSSR, USA
	Lymantria fumida	Kiefer	Japan
	Lymantria monacha	Nadelholz	Schweden
	Malacosoma disstria	Laubholz	Kanada
	Malacosoma neustria	Laubholz, Obst	UdSSR, Italien
	Mamestra brassicae	Kohl	BRD, Japan, UdSSR
	Trichoplusia ni	Kohl, Salat	USA
	Diprion hercyniae	Fichte	Kanada
	Neodiprion sertifer	Kiefer	Europa, Nordamerika
	Neodiprion swainei	Kiefer	Kanada
Entomopox-Virus	*Choristoneura fumiferana*	Balsamtanne	Kanada
Zytoplasma-polyeder-Virus	*Euproctis chrysorrhoea*	Obst	ČSSR
	Dendrolimus spectabilis	Kiefer	Japan
	Lymantria fumida	Kiefer	Japan
	Malacosoma neustria	Eiche	ČSSR
	Thaumetopoea pityocampa	Kiefer	Frankreich

Raupen dieser Bazillus weniger gut wirkt oder gar unwirksam ist, scheinen lohnende Objekte für eine Bekämpfung mit Viren zu bleiben. Das ist vor allem bei Lymantriiden und Noctuiden der Fall. So wird z.Z. nicht nur in Deutschland, sondern auch in Frankreich, der UdSSR und Japan an der Entwicklung eines Kernpolyeder-Präparates gegen die Kohleule *(Mamestra brassicae)* intensiv gearbeitet. Für die erfolgreiche Behandlung ist ein Aufwand von etwa $7 \cdot 10^{11}$ Polyeder/ha notwendig, das entspricht der Ausbeute aus etwa 100 infizierten Altraupen. – In der UdSSR wird bereits ein Kernpolyeder-Viruspräparat gegen die Kohleule und die Gemüseeule *(Mamestra oleracea)* unter der Bezeichnung »Virin-Ex« angeboten. Es wird in der gleichen Formulierung hergestellt und in gleicher Dosis ausgebracht wie das »Virin-Ensch« (s.o.). – In den USA entwickelt man z.Z. ein entsprechendes Präparat gegen die Amerikanische Gemüseeule *(Trichoplusia ni)*. Das erste dort kommerziell hergestellte Kernpolyeder-Präparat ist unter der Bezeichnung »Elcar« (früher »Viron H«) für die Bekämpfung von *Heliothis*-Arten im Baumwollanbau zugelassen. Als Dosis werden bei mehrmaliger Anwendung in der Saison jeweils 10^{11} Polyeder/ha empfohlen. Das Präparat ist ein Spritzpulver mit einem Titer von $4 \cdot 10^9$ Polyeder/g. – An der Herstellung eines weiteren Kernpolyeder-Präparates wird z.Z. in England gearbeitet; es soll vor allem bei Kalamitäten von *Spodoptera exempta* in Ostafrika eingesetzt werden.

In Japan haben gegen Schadlepidopteren wirksame Insektenviren eine größere Bedeutung als in Europa und in USA. Da *Kernpolyeder-Viren* in ihrer Wirkung wirtsspezifischer sind als *B. thuringiensis*, gefährden sie nicht wie dieser die Seidenraupen-Zuchten. So benutzte man neuerdings ein *Kernpolyeder-Virus* zur Bekämpfung des Weißen Bärenspinners *(Hyphantria cunea)* an Maulbeerbäumen, deren Blätter in der Seidenraupenzucht verwendet werden. Bei einem Aufwand von $4 \cdot 10^{13}$ Polyeder/ha wurde nach 20 Tagen eine 90%ige Mortalität bei den Schadraupen erzielt.

Granulose-Virus wurde bisher vor allem erfolgreich gegen Apfelwickler *(Laspeyresia pomonella)* eingesetzt, der nahezu in allen Apfelanbaugebieten der Welt als bedeutender Schädling auftritt. Ein ursprünglich aus Mexiko stammendes *Granulose-Virus* dieses Wirtes erwies sich als äußerst wirksam. Inzwischen kommt dieser Erreger aber auch in Europa vor. Nach bisher vorliegenden Feldversuchen von Huber & Dickler (1975) in Süddeutschland (Odenwald, Rheinebene) mit einem Milchpulver-formulierten Spritzpulver konnte mit einer Dosis von etwa 10^{11} Granula pro Baum (das entspricht dem Inhalt von 1–2 infizierten Raupen) eine hohe Mortalität (bis zu 89%) erzielt werden, die vergleichbar ist mit der Wirkung eines konventionellen chemischen Insektizids. Außer der Selektivität bei der Anwendung von Virus ist vor allem dessen bessere Nachwirkung vorteilhaft: 100% Reduktion der in Fanggürteln gefundenen Diapause-Larven im Vergleich zu 84% bei Insektizidanwendung.

Auch mit *Entomopox-Viren* und *Zytoplasmapolyeder-Viren* wurde eine Reihe von Bekämpfungsversuchen angestellt (s. Tab. 8). Es hat sich aber inzwischen gezeigt, daß diese Viren langsamer und weniger durchschlagend wirken.

Obwohl die Haltbarkeit von Viren ohne Einschließungskörper außerhalb ihres Wirtes sehr begrenzt ist (8 Tage), hat man neuerdings doch versucht, derartige Pathogene dann einzusetzen, wenn nichts Besseres zur Verfügung stand. Um einen derartigen Fall handelt es sich bei dem 1959 von Munder und Mitarbeitern aus der Roten Zitrusspinnmilbe *(Panonychus citri)* isolierten Virus. Durch seinen Einsatz wird in Kalifornien außer einer kurzfristigen Verminderung des Schädlings auch eine Dauereinbürgerung und eine Ausbreitung des Erregers angestrebt. Die Applikation dieses Virus erfolgte hier durch Freilassen von infizierten Wirten. Allerdings hat diese Einschleusungsmethode nur in relativ dichten Milbenpopulationen Erfolg. – Ein aussichtsreiches Projekt mit einem Virus ohne Einschließungskörper ist die Bekämpfung des Indischen Nashornkäfers *Oryctes rhinoceros* auf Inseln im Pazifik. Ein 1963 von Huger in Malaya aus kranken Nashornkäfer-Larven isoliertes Virus wurde u.a. auf Samoa, Mauritius, den Seychellen und Fidschi-Inseln ausgebracht. Zur Bekämpfung werden infizierte Nashornkäferlarven in einem Mixer zerkleinert und als Suspension, mit Substrat vermischt, in den Brutplätzen des Käfers (Komposthaufen) deponiert. Eine andere

Bekämpfungsweise verwendet Infektionsmaterial in Lockfallen zur Infektion der Käfer. Infizierte Imagines, deren Kot infektiös ist, tragen nämlich zur Verbreitung der Virose entscheidend bei. Auf solche Weise ließ sich eine erfolgreiche Einbürgerung und Ausbreitung des Virus auf den genannten Inseln beobachten und als Folge davon ein spürbarer Rückgang der Nashornkäfer-Schäden an den dortigen Kokospalmen.

Während die Anwendung von Viren ohne Einschließungskörper bis auf weiteres wohl dem Fachmann überlassen bleiben muß, können Viren mit Einschließungskörpern, also die *Polyeder-* und *Granulose-Viren*, auch ohne besondere Umstände von Pflanzenschutz-Technikern gehandhabt werden. Ihre Applikation erfolgt in Form von Spritzbrühen mit Hilfe von Sprühgeräten (Bodengerät oder Flugzeug), wie bei konventionellen Insektiziden. Im Anschluß an eine derartige Ausbringung ließ sich nur selten eine Dauerwirkung, wohl aber gelegentlich eine deutliche Nachwirkung beobachten.

So fand Jaques (1974) nach Ausbringung von *Kernpolyeder-Virus* gegen *Trichoplusia ni* auf den behandelten Kohlpflanzen zwar eine schnelle, UV-bedingte Inaktivierung (100% nach 5 bis 10 Tagen), also ein schnelles Verschwinden infektiöser Viren aus dem Rückstand. Gleichzeitig registrierte er aber eine bemerkenswerte Anreicherung von aktiven Kernpolyedern in den obersten Bodenschichten (wenige cm) des behandelten Feldes; diese reichte aus, um im darauffolgenden Jahr die Kohlblätter zu kontaminieren und die Schädlingspopulation erneut stark zu reduzieren. Entsprechend war eine saisonabhängige Fluktuation des Virustiters in den oberen Bodenschichten nachweisbar. Eine ähnliche Rolle als Virus-Reservoir wie bei krautartigen Pflanzen der Boden spielen im Forst Äste von Bäumen, die der Witterung nur wenig ausgesetzt sind. Auf ihnen vermögen kompakte Rückstände aus virustoten Kadavern zu überwintern. Wichtig für die Verbreitung des Virus sind offenbar Regenfälle. Aufspritzendes Regenwasser kontaminiert die krautartigen Pflanzen mit Polyedern von der Bodenoberfläche aus, und abtropfendes Regenwasser spült Polyeder aus den Baumspitzen, wohin die in ihrem Verhalten gestörten »wipfelnden« virösen Raupen vor ihrem Verenden gewandert sind. Demnach stellt die Umweltkontamination mit Polyedern eine wichtige Alternative zu der vertikalen Übertragung von Generation zu Generation dar (s. u.). – Über die Bedeutung von Vektoren für die Übertragung von insektenpathogenen Viren weiß man noch nicht viel. Doch ist bekannt, daß Vögel nach dem Fraß viröser Blattwespenlarven Kernpolyeder mit ihren Ausscheidungen an die Umgebung abgeben, wo sie bis zur nächsten Wirtsgeneration in aktiver Form persistieren können. – Zu den »Nachwirkungen« einer Virusapplikation gehört fast regelmäßig auch ein bemerkenswerter Rückgang an Fekundität und Fertilität bei den überlebenden (subletal infizierten) Insekten. Dazu kann noch eine vertikale Übertragung des Virus über das kontaminierte Ei auf die Tochtergeneration kommen und damit eine weitere Reduktion derselben als Folge hoher Larvensterblichkeit.

Neben der Anwendung von *Bacillus thuringiensis* stellt der Einsatz von Insektenviren wohl das zukunftsträchtigste Gebiet der mikrobiologischen Schädlingsbekämpfung dar. Besonders aussichtsreiche Programme sind außer dem *Granulose-Virus* von *Laspeyresia pomonella* die *Kernpolyeder-Viren* von Blattwespen *(Neodiprion sertifer, Diprion hercyniae)*, Tortriciden *(Choristoneura fumiferana)*, Lymantriiden *(Lymantria dispar)* und verschiedenen Noctuiden *(Mamestra, Trichoplusia, Heliothis, Spodoptera* und *Autographa spp.)*.

Literatur über insektenpathogene Viren: Maramorosch, 1968; Ignoffo, 1973a; Krieg, 1973.

10.7 Nebenwirkungen

10.7.1 Wechselwirkung zwischen Insektenpathogenen

Wird ein Insekt von mehreren Krankheitserregern infiziert, so kann es zu einer unabhängigen Wirkung (Koexistenz), zu einer gegenseitigen Förderung (Synergismus) oder zu einer Hemmung (Antagonismus) kommen, wobei das Ergebnis oft entscheidend vom zeitlichen Abstand zwischen den Infektionen abhängt. – Bei der gleichzeitigen Applikation von verschiedenen Viren stirbt das Insekt meistens durch den virulenteren bzw. höher dosierten Erreger ab, so als wäre der andere nicht vorhanden. Nur in wenigen Fällen ergab sich ein Synergismus. Gelegentlich wird bei einer sukzessiven Applikation von Viren die Zweitinfektion durch Interferenz unterdrückt.

Eine andere Art von Antagonismus wird beobachtet, wenn man einer empfänglichen Raupenart *B. thuringiensis* und später (oder auch gleichzeitig) das wirtsspezifische *Kernpolyeder-Virus* appliziert. In diesem Falle hemmt der durch das Kristalltoxin des Bazillus bedingte Fraßstop die Aufnahme einer ausreichenden Virusdosis.

Bei einer Kombination von verschiedenen Bakterien, von verschiedenen Pilzen oder auch von Bakterien und Pilzen muß mit einer allelopathischen Hemmung (durch Antibiotika) gerechnet werden.

Nicht selten läßt sich beobachten, daß nach der Applikation eines bestimmten Erregers der Wirt an einer ganz anderen Infektion eingeht. In einem solchen Falle handelt es sich um die Aktivierung eines in der Population bereits vorhandenen Erregers. Ein Beispiel hierfür ist die Aktivierung einer inapparenten Kernpolyedrose bei Larven der Blattwespe *N. sertifer* durch ein anderes insektenpathogenes Virus oder auch durch ein insektenpathogenes Bakterium.

Weiterführende Literatur: Krieg, 1971b.

10.7.2 Einfluß von Insektenpathogenen auf Nutzarthropoden

Nutzinsekten (Honigbiene, Seidenraupe) und Entomophagen (Räuber, Parasiten) sind durch viele Pathogene, im Vergleich zu konventionellen Insektiziden, entweder weniger oder gar nicht gefährdet. Das gilt vor allem für die sehr wirtsspezifischen *Granulose-* und *Kernpolyeder-Viren*. So sind Seidenraupen selbst für solche Viren, die andere Lepidopteren angreifen, unempfindlich. Entsprechendes gilt für die Honigbiene, und zwar auch im Hinblick auf Viren aus anderen Hymenopteren. Schließlich werden auch Entomophagen durch diese Viren nicht direkt geschädigt, mit einer Ausnahme:

Bei Raupen von *Pseudaletia unipuncta* wurde nach Infektion mit Granulose- oder Kernpolyeder-Virus in der Hämolymphe des Wirtes ein gegen Braconiden wirksames Toxin nachgewiesen und damit in diesem Einzelfall eine direkte Einwirkung auf den Larvalparasiten *Apanteles militaris*.

Allerdings können Larvalparasiten dadurch indirekt geschädigt werden, daß infizierte Larven absterben, bevor der Parasit seine Entwicklung erfolgreich abschließen konnte. Eine derartige indirekte Einflußnahme ist bekannt u.a. bei *Apanteles glomeratus* in Raupen von *Pieris brassicae* nach einer Infektion mit *Bacillus thuringiensis* und bei *Apanteles marginiventris* in Raupen von *Spodoptera mauritia* nach einer Infektion mit *Kernpolyeder-Virus.*

Da die Honigbiene durch die Applikation von *B. thuringiensis*-Präparaten (Sporen und Toxinkristalle) nicht gefährdet ist, können diese nicht nur während des Bienenfluges im Feld eingesetzt werden, sondern sogar zur Bekämpfung von Raupen der Wachsmotte *(Galleria mellonella)* in Honigwaben. Ebensowenig beeinflußt der Bazillus die Tätigkeit von Räubern (z.B. Larven von *Chrysopa*) oder von Eiparasiten (wie z.B. *Trichogramma*). Lediglich in Seidenraupen kann *B. thuringiensis* eine tödliche Erkrankung hervorrufen. Darum darf man ihn nur außerhalb von Seidenzuchtgebieten einsetzen (wichtig für China und Japan).

Durch weniger spezifische Mikrosporidien sind jedoch direkte Schädigungen von Nützlingen möglich. So tötet z.B. die gegen Kohlweißlinge (*Pieris*-Arten) wirksame *Nosema mesnili* (syn. *N. polyvora*) auch die in den Wirtsraupen parasitierende Braconide *Apanteles glomeratus.* – Der relativ breite Wirtskreis von manchen *Fungi imperfecti* gefährdet bei ihrer Anwendung eine Reihe von Nutzinsekten. Deshalb sollte ihr Einsatz bevorzugt dort erfolgen, wo Nutzinsekten keine wichtige Rolle spielen, z.B. gegen Schädlinge im Boden. Im Gegensatz dazu ist bei den Entomophthoraceen mit ihrem engen Wirtskreis eine Gefährdung von Nutzarthropoden nicht zu befürchten.

10.7.3 Einfluß von Insektenpathogenen auf Mensch und Nutztiere

Bei der Verwendung von Krankheitserregern als Bekämpfungsmittel stellt sich sofort die Frage nach einer möglichen Gefährdung von Mensch und Vieh. Ihre Beantwortung ergibt sich aus der Wirtsspezifität des jeweiligen Erregers. Bei *Bacillus thuringiensis* und bei *Bacillus popilliae* ebenso wie bei *Granulose-* und *Kernpolyeder-Viren* bestehen aufgrund der Enge ihres Wirtskreises keine Bedenken hygienischer Art. Diese Erreger sind für Wirbeltiere weder infektiös noch pathogen. Das geht nicht nur aus jahrelangen Beobachtungen an exponierten Personen hervor, sondern auch aus den Resultaten von gezielten »Safety«-Tests. Inzwischen laufen weitere derartige Tests nicht nur mit insektenpathogenen Bakterien und Viren, sondern auch mit verschiedenen Protozoen und Pilzen. Dabei wird sowohl auf Infektiosität und Pathogenität gegenüber Wirbeltierzellen und Säugetieren geprüft als auch auf Allergenität, Mutagenität, Teratogenität und Onkogenität.

Die Verwendung von Krankheitserregern zur Schädlingsbekämpfung ist in Deutschland (BRD) durch das Bundesseuchengesetz und das Viehseuchengesetz einheitlich geregelt. Danach sind alle Erreger von einer Anwendung ausgeschlossen, die übertragbare Krankheiten bei Mensch und Vieh bewirken. An diesem

Grundsatz werden auch insektenpathogene Krankheitserreger bei ihrer Zulassung zu Bekämpfungszwecken gemessen.

Abschließend sei bemerkt, daß bei der Anwendung von Insektenpathogenen, soweit diese nicht Importe darstellen (im Gegensatz zu chemischen Insektiziden), nichts in die Umwelt eingebracht wird, was nicht ohnehin in ihr schon vorhanden ist, so daß in vielen Fällen die Anwendung von Pathogenen nur eine Titerschwankung im Biotop des Wirtes darstellt.

Weiterführende Literatur: Heimpel, 1971; Ignoffo, 1973b; Krieg, 1976; Smith, 1973; Summers et al., 1975.

Versuche zur Kombination von Insektenpathogenen mit anderen Verfahren sind in Kap. 15 und 16 (Pestizide: 16.3.2.2) besprochen.

11 Mikrobiologische Bekämpfung von anderen Wirbellosen

11.1 Bekämpfung von Nematoden

Während Pilze für zahlreiche Bodentiere eine wichtige Nahrungsquelle darstellen, gibt es auch Arten, die als natürliche Feinde von Würmern auftreten. Speziell bieten parasitische Pilze Ansätze für eine Bekämpfung von an Tier und Pflanze schädlichen Nematoden. Bisher kennt man etwa 100 nematodenfangende bzw. -tötende Pilzarten, die wie *Arthrobotrys, Dactylaria* und *Monoacrosporium* zu den *Fungi imperfecti* zählen. Sie entwickeln verschiedene Fangeinrichtungen wie einfache oder vernetzte klebrige Pilzhyphen oder Knoten. Manche Arten bilden auch kontrahierbare Schlingen oder Fangringe aus. Allerdings befallen die Pilze nur die beweglichen Stadien von Nematoden. Dies ist besonders bei zystenbildenden Nematoden zu beachten. Will man diese mit Pilzen wirksam bekämpfen, so müssen sie die wandernden Larven im Boden erreichen. Der Einsatz von Pilzen verspricht daher den meisten Erfolg gegen nicht enzystierende Nematoden. Entsprechende Versuche wurden zuerst in Frankreich 1941 von einer Arbeitsgruppe des Institut Pasteur unter Roubaud angestellt. Man erhielt durch eine Bodenbehandlung mit *Arthrobotrys oligospora* und *Dactylaria bembicodes* nicht nur eine Verminderung von bestimmten, in Schafen parasitierenden Darmälchen (z.B. *Strongyloides*-Arten), sondern auch von Wurzelgallenälchen *(Meloidogyne marioni)* an Begonien. – In der UdSSR hat man neuerdings offenbar mit gutem Erfolg nematodenfangende Pilze gegen einen gefährlichen Parasiten des Menschen, den Hakenwurm *(Ancylostoma duodenale),* in Bergwerken eingesetzt und den Neubefall von Bergarbeitern um 95% senken können. – Gute Resultate liegen ebenfalls gegen das bereits erwähnte Wurzelgallenälchen an Gurken im Gewächshaus vor; mit *Arthrobotrys didospora* gelang es, die Gallenzahl um 60–90% zu reduzieren. Inzwischen steht in der UdSSR ein Biopräparat zur Verfügung, das sich sowohl zur Bekämpfung des Wurzelgallenälchens als auch zum Schutz von Champignon-Kulturen vor Schadnematoden eignet. Außer Pilzsporen enthält das Präparat fast 96% Torf, 2% Mehl und 2% Kalk in seiner Formulierung. Zur Bekämpfung der Nematoden in Pilzkulturen werden dem Substrat (Kompost) 300 g Biopräparat/m^2 zugesetzt und zur Nematodenbekämpfung im Freiland 3 Behandlungen mit je 1 kg/m^2 empfohlen. Die Erfolge sollen sehr gut sein. – Auch in England hat man Versuche mit nematodenfangenden Pilzen angestellt, wobei man den Boden vor der Aussaat mehrmals mit Sporenpulver von *Dactylaria thaumasia* behandelte. Durch diesen Einsatz gegen Zystenälchen *(Heterodera*-Arten) wurden bei Hafer und Kartoffeln bessere Erträge erzielt. – Um bei zystenbildenden Nematoden eine Bekämpfung besser durchführen zu können, empfiehlt es sich, diese künstlich zum Schlüpfen zu bringen. Hierin erfolgreiche Versuche mit Extrakten aus Kartoffelkeimen sind aus der UdSSR bekannt, wobei man noch vor der Bestellung des Feldes mit Kartoffeln oder Tomaten die Kartoffelnematoden 100%ig zum Schlüpfen brachte, diese dann aber infolge Fehlens von Wirtspflanzen eingingen.

Die nematodenfangenden *Fungi imperfecti* vermögen ihren Nahrungsbedarf primär aus dem Boden und seinen Nährstoffen zu decken und sind somit zum Überleben nicht auf Nematoden angewiesen. Manche Forscher nehmen sogar für diese Pilze einen zweiphasischen Ernährungszyklus an: eine frühe räuberische Phase (mit der sie sich im Konkurrenzkampf gegenüber der antagonistischen Bodenmikroflora durchsetzen) und eine späte saprophytische Phase mit ökologischem »Desinteresse« am Nematodenfang. Man hat außer einer Bodenimpfung mit Pilzsporen zur Vorbeugung von Nematodenschäden in der Landwirtschaft auch empfohlen, die potentiell im Boden vorhandenen, nematodenfangenden Pilze in ihrer saprophytischen Phase zu fördern, etwa durch regelmäßige Versorgung des Bodens mit leicht zersetzbaren organischen Substanzen (Stallmist, Gründüngung). – Literatur: Duddington, 1956; Pramer, 1964; Dowe, 1972.

11.2 Bekämpfung von Trematoden

Erste Versuche, Trematodenlarven mit spezifischen Mikrosporidien zu bekämpfen, wurden 1972 in den USA durchgeführt. Dazu brachte man vom Leberegel *(Fasciola hepatica)* befallene Süßwasserschnecken *(Lymnea columella)* in Wasser, das Sporen einer bestimmten Mikrosporidie *(Nosema strigeoideae)* enthielt. Nach einem Monat erwiesen sich die mit *Nosema* behandelten im Gegensatz zu den unbehandelten Schnecken als nur noch sehr schwach befallen. Außerdem waren in dem Wasser, in dem die mit *Nosema* hyperinfizierten Schnecken gehalten wurden, wesentlich weniger Wimperlarven enthalten als in dem der unbehandelten Kontrolle. Die Verwendung von *N. strigeoideae* zur Bekämpfung des Leberegels scheint also durchaus möglich (Knapp et al., 1972). Ähnliche Erfolge liegen bei Laborversuchen mit anderen Trematoden bzw. deren Larven vor.

Zur Bekämpfung von adulten Trematoden in Säugern scheinen sich jedoch Mikrosporidien nach den bisher vorliegenden Untersuchungen nicht zu eignen, jedoch gegebenenfalls Bakterien. Nach intraperitonealer Injektion von *Klebsiella pneumoniae* (oder auch anderen *Enterobacteriaceen*) beobachtete nämlich Ottens (1969) bei bilharziösen Mäusen eine Vernichtung von Schistosomen innerhalb von 4 Tagen (d.i. durchaus vergleichbar der Wirkung geeigneter Chemotherapeutika). Im Darm der abgetöteten Trematoden fanden sich die applizierten Bakterien in Massen. Inzwischen wurden auch an Hamstern und an Affen erfolgreiche Experimente dieser Art durchgeführt. Da Säuger gegenüber diesen Bakterien nicht refraktär sind, ist die Einhaltung der genauen therapeutischen Dosis wichtig. Allerdings stehen bisher entsprechende Therapieversuche an Menschen noch aus. Die biologische Bekämpfung von Trematoden mit Mikrosporidien und Bakterien ist noch zu sehr im Fluß, um sie abschließend würdigen zu können. Das gleiche gilt für die anschließend beschriebenen Versuche für eine mikrobiologische Schneckenbekämpfung.

11.3 Bekämpfung von Schnecken

Ein Weg zur Eindämmung der Bilharziose und anderer Trematodenerkrankungen ist die Bekämpfung der Zwischenwirte, also der Schnecken im Freiland. Auch hier zeigten in Brasilien und Ägypten Versuche mit Bakterien ermutigende Erfolge (Dias & Dawood, 1955). Einer der dabei benutzten Erreger, der *Bacillus pinottii*, wurde 1953 in Brasilien aus der Schnecke *Australorbis glabratus* (dem Zwischenwirt von *Schistosoma mansoni*) isoliert. Dieser saprophytisch wachsende Sporenbildner, der gegen *Australorbis* sowie gegen andere Süßwasserschnecken wie *Planorbis*- und *Bulinus*-Arten eine beträchtliche Virulenz zeigt, erwies sich gegenüber Säugern und Vögeln als harmlos. – In Ägypten fungiert *Planorbis boissyi* als Zwischenwirt von *Schistosoma mansoni* und *Bulinus truncatus* als Zwischenwirt von *Schistosoma haematobium*. *Bulinus*- und *Lymnea*-Arten sind außerdem noch Vektoren für mehrere veterinärmedizinisch wichtige Trematoden. Zu Bekämpfungsversuchen im Freiland wurden hier Kulturen von *B. pinottii* zusammen mit Peptonzusatz (als Nährstoff für ihre weitere Vermehrung) in Entwässerungsgräben versprüht. Dabei ergaben sich folgende Resultate: *Bulinus*- und *Lymnea*-Arten wiesen eine Mortalität von 100% auf, während *Physa*-Arten zu 95% und *Cleopatra*-Arten zu 90% abstarben. – Inzwischen wurde in Ägypten aus *Planorbis boissyi* ein weiterer schneckenpathogener Erreger isoliert: *Bacillus boissyi*. Er verhält sich mikrobiologisch und pathogenetisch ähnlich wie *B. pinottii*. –

12 Mikrobiologische Bekämpfung von Wirbeltieren

Das Leben und Wirken der beiden Altmeister der Bakteriologie, Louis Pasteur und Robert Koch, wird meist nur im Zusammenhang mit der Erkennung und Bekämpfung von Infektionskrankheiten bei Mensch und Vieh gesehen. Jedoch entwickelten sie bzw. ihre Schüler schon konkrete Vorstellungen, wie man mit Mikroben Schadwirbeltiere bekämpfen könnte. Schließlich pervertierten Militärs diese Idee zu der Vision einer mikrobiologischen Kriegführung, um mit Mikroben Menschenmassen zu vernichten.

12.1 Wirbeltierpathologie

Die Infektion von Wirbeltieren mit Pathogenen erfolgt entweder durch direkten Kontakt mit infizierten Wirten oder indirekt durch ein kontaminiertes Substrat. Außerdem können z.B. Zecken, Mücken, Flöhe und Läuse als sog. Vektoren Krankheitserreger von Wirt zu Wirt direkt durch Injektion übertragen.

Im allgemeinen nehmen Infektionskrankheiten ihren Ausgang von einem lokalisierten Herd, dem Ort der Erregerinvasion. Hier tritt meistens eine charakteristische Gewebereaktion auf, die sog. akute Entzündung. Gelingt es der Infektionsabwehr (s.u.) nicht, den Erreger an dieser Stelle zu eliminieren, so kommt es entweder zu einer chronischen Entzündung (als einer Art Gleichgewichtszustand) oder aber als Folge eines Einbruchs von Erregern in die Blutbahn zu einem Befall von besonders empfänglichen Geweben bzw. zu einer Allgemeininfektion des Wirtes. Begleitendes Fieber stellt für viele Viren einen mikroklimatischen Begrenzungsfaktor dar.

Die erste Abwehrfront des Wirbeltierorganismus, die sich gegen Pathogene richtet, wird von der Hautbarriere der Körperoberfläche gebildet. Ihr steht an Bedeutung die Schleimhautbarriere nicht nach. Auf sie treffen die Krankheitserreger, die durch die Körperöffnungen eingedrungen sind, bei Infektionen der Atemwege und bei Darminfektionen. Das Schicksal der mit der Nahrung aufgenommenen Erreger wird nachhaltig beeinflußt durch die Aggressivität der Verdauungssäfte; denn sowohl der saure Magensaft als auch der alkalische Darmsaft wirken inaktivierend auf viele Viren und Mikroorganismen. Außerdem werden durch die physiologische Darmflora eine ganze Reihe von Keimen allelopathisch in ihrer Entwicklung gehemmt. Erst Abweichungen von der physiologischen Norm im Darmmilieu ebnen einer Reihe von Krankheitserregern ihren Infektionsweg. – Die Infektionsabwehr im Gewebe und in den Blut- bzw. Lymphbahnen basiert sowohl auf dem Einsatz von Zellen (Phagozyten) als auch auf humoralen Faktoren spezifischer und unspezifischer Art. Spezifische Abwehrstoffe werden von den Immunozyten in Form von bestimmten Immunoglobulinen synthetisiert, welche als Serumantikörper in die Blutbahn oder als Koproantikörper in den Darm oder die Milch abgegeben werden können. Die Bildung von Antikörpern wird durch sog. Antigene induziert; das können Eiweißverbindungen, Viren oder körperfremde Zellen sein. Nach ihrer Produktion vermögen die Antikörper spezifisch mit jenem Antigen zu reagieren, welches ihre Produktion induzierte. Durch diese Antigen-Antikörper-Reaktion wird die schädigende Wirkung von Antigenen auf den Wirtsorganismus weitgehend neutralisiert. Die auf solche Weise »erworbene Immunität« bleibt noch lange nach einer Antigen-Gabe wirksam (daher Wirksamkeit von Schutzimpfungen). Die spezifische Abwehr wird ergänzt durch unspezifisch wirkende humorale Faktoren, die entweder konstitutiv vorhanden sind (Komplement, Lysozym) oder aber erst adaptiv auftreten wie das Interferon. Dieser Wirkstoff wird durch Wirbeltierzellen gebildet, wenn sie mit einem Virus infiziert werden. Anschließend kann das Interferon andere Zellen derselben Spezies vor einer neuen Virusinfektion schützen: unspezifische Virus-Interferenz.

12.2 Anwendung von Bakterien

Die wichtigsten Schädiger aus dem Bereich der Wirbeltiere sind zweifellos die Nager mit ihrem großen Vermehrungspotential. Als Nebenwirte und Reservoire von humanpathogenen Erregern sind sie nicht nur schädlich, sondern sogar gefährlich. Dies gilt vor allem in bezug auf Rückfallfieber, Fleckfieber und Pest, deren Erreger durch Arthropoden von Nagern auf den Menschen direkt übertragen werden. Die Grundlage für die Massenvermehrungen von Nagern bilden u.a. Nahrungsmittel, die der menschlichen Ernährung verlorengehen. Schaden entsteht aber nicht nur dadurch, daß Nager die

Nahrungsmittel auffressen, sondern auch dadurch, daß die Reste durch Kontamination mit verseuchten Ausscheidungen (Salmonellen u. a. Pathogene) unbrauchbar werden.

Ausgehend von Untersuchungen über Salmonellen-Erkrankungen bei Nagern versuchte Löffler schon im vorigen Jahrhundert, mit Hilfe des Mäusetyphus-Erregers *(Salmonella typhi murium)* vor allem Feldmäuse (*Microtus*-Arten) zu bekämpfen. Später isolierte man in Frankreich einen auch für Ratten pathogenen Enteritis-Erreger (*Salmonella enteritidis* var. *danysz*), mit dem auch Aktionen gegen Feldmäuse durchgeführt wurden. Die Bekämpfung von Ratten und Mäusen mit diesem Erreger wurde lange Zeit in Frankreich, in Dänemark, in Polen, in der UdSSR und auch im Nahen Osten angewandt, allerdings mit wechselndem Erfolg. Gut gelungen war in Deutschland eine Nagerbekämpfung mit *Salmonella typhi murium* auf 450000 schlesischen Gehöften (1933/35). Inzwischen ist *S. typhi murium* aber (in Mitteleuropa) als häufigster Erreger von nicht ungefährlichen Darminfektionen des Menschen nachgewiesen. Wegen hygienischer Bedenken verboten deshalb die Gesundheitsbehörden bereits 1936 in Deutschland die Nagerbekämpfung mit Salmonellen. Auch in den USA wurde ein derartiges Verbot ausgesprochen.

Die *Salmonella enteritidis* var. *danysz* gilt für den Menschen noch immer als avirulent. Trotzdem wurde inzwischen in Frankreich und in Dänemark die bakterielle Bekämpfung von Nagetieren auch mit diesem Keim aufgegeben. Die Gründe hierfür waren allerdings weniger hygienischer, als vielmehr anwendungstechnischer Art. Da sich diese Salmonellen im allgemeinen nicht epidemisch ausbreiten, müssen sie jeweils mit Hilfe von Ködern ausgebracht werden, ähnlich wie Nagergifte. Ein anderer Nachteil ist, daß es sich bei diesen Erregern nicht um sporenbildende Bakterien handelt und sie deshalb in den Ködern nicht allzu lange aktiv bleiben. Hinzu kommen die wohlbekannten Schwierigkeiten bei der Köderung von Nagetieren, insbesondere von Ratten. Schließlich kann bei Nagern, speziell Ratten, gegenüber Salmonellen nicht nur relativ schnell eine individuelle Immunität auftreten, sondern auch Resistenz in der Population. Auch ein Befall der *Salmonella* durch Bakteriophagen, soweit sie im Darm der Wirte vorhanden sind, kommt vor. – Zur Zeit wird an der Weiterentwicklung der bakteriellen Bekämpfung von Nagern nur noch in der UdSSR gearbeitet, wo inzwischen ein entsprechendes Präparat auf der Basis von *S. enteritidis* zugelassen ist: »Bakto-Rodentizid«. Das Mittel, das bis zu einem Jahr lagerfähig sein soll, enthält $2–5 \cdot 10^9$ Bakterien pro g und wird als Weizenformulierung ohne Köderzusatz verwandt. Bei einer Aufwandmenge von 1–2 kg/ha bzw. 5–10 g/m^3 soll es bei Mäusen 80–100% und bei Ratten 60–80% Mortalität erzielen.

Literatur: Prokhorov, 1966; Wodziecki, 1973.

12.3 Anwendung von Viren

Obwohl Nagetiere gegenüber einer Unzahl von Viren empfänglich sind, eignen sich nur wenige von ihnen zur Bekämpfung, da die meisten einen großen Wirtskreis besitzen und schwere hygienische Bedenken gegen jede Verwendung von nicht wirtsspezifischen Erregern bestehen. Bis heute wurde deshalb nur ein einziges derartiges Virus eingesetzt: das *Myxomatose-Virus.* Dieses in verschiedenen Teilen der Welt (Australien, Europa) zur Bekämpfung des Europäischen Kaninchens *(Oryctolagus cuniculus)* verwendete Virus gehört in die Gruppe der Pokken-Viren und wurde 1911 in Südamerika isoliert, wo es in Populationen des dortigen Wildkaninchens *(Sylvilagus)* endemisch vorkommt. Die Produktion des Virus kann auf Hühnerembryonen als Ersatzwirt erfolgen. Außerhalb des Wirtskörpers ist das Virus nur kurze Zeit (in Kaninchenserum 10 Tage bei 4 °C) haltbar, deswegen züchtete man es früher in laufenden Wirtspassagen. Heute kann man die Viren in tiefgefrorenem Zustand (bei − 70 °C) über mehrere Jahre aktiv halten. Da die Ausbringung des Virus im Freiland aber durch Aussetzen von solchen Kaninchen erfolgt, denen das Virus zuvor injiziert wurde, spielt die geringe Haltbarkeit *in vitro* keine große Rolle.

Erste Versuche von 1936 bis 1938 auf Inseln in England, Dänemark und Schweden, das *Myxomatose-Virus* zur biologischen Bekämpfung des Europäischen Wildkaninchens einzuführen, waren erfolglos geblieben, weil geeignete Vektoren fehlten. Der entscheidende Feldversuch zur mikrobiologischen Bekämpfung einer Kaninchenplage fand schließlich in Australien statt. Dorthin war das europäische Hauskaninchen bereits mit den ersten Siedlern 1788 gekommen und hatte sich seitdem fast ohne natürliche Feinde ausbreiten können. Hier wurde nach sorgfältigen Vorbereitungen 1950/51 eine erste künstliche Epidemie erzeugt, und zwar in einem Gebiet, das halb so groß wie Europa ist. Der Erfolg war mit 90–95% Sterblichkeit in manchen Teilen des Versuchsgebietes durchschlagend und beruhte auf der Übertragung der Erreger durch Mücken. Dies ermunterte zu einer zweiten, noch umfassenderen Aktion (1952), die gleichfalls ihr Ziel erreichte. Aber diese radikalen Erfolge waren leider nicht dauerhaft. Da überlebende Kaninchen gegen das Virus immun sind, erholen sich die Kaninchenbestände bald wieder. Darüber hinaus schützen mütterliche Antikörper Jungtiere etwa zwei Monate lang vor einer Infektion. Werden solche jungen Kaninchen anschließend infiziert, so können sie eine Dauerimmunität erwerben, während erst später infizierte Tiere im allgemeinen tödlich erkranken. Als Folge dieser Immunitätsverhältnisse sind die Kaninchenpopulationen zwar wieder langsam stärker geworden, werden aber durch regelmäßige Frühjahrsepidemien ständig reguliert. Sie treten immer dann auf, wenn eine bestimmte Populationsdichte erreicht ist und außerdem die übertragenden Stechmücken reichlich vorkommen. Als neue Überraschung kam jedoch alsbald ein nicht mehr auf Immunisierung zurückführbarer Rückgang der Mortalität hinzu. Die naheliegende Annahme, daß die durch das Virus bedingte, harte Selektion ein allmähliches Resistentwerden der Kaninchen gegenüber dem Erreger bewirkt haben könnte, ließ sich zwar bestätigen, erklärte aber nur teilweise die verminderte Wirksamkeit. Fast ebenso wichtig war deshalb die Feststellung, daß gelegentlich weniger virulente *Myxomatose-Viren* auftraten. Die virulentesten Stämme hatten sich offenbar schon bald nach Beginn des Großexperimentes mit ihren Wirten ausgerottet, während die in ihrer Virulenz abgeschwächten Stämme in der Natur eine bessere »Überlebens«-Chance besaßen.

Da die am wenigsten virulenten Stämme als Lebendvakzine wirken, werden Massen von Tieren natürlicherweise lebenslänglich aktiv immunisiert. Daher ist z.B. die Kaninchenpopulation in Australien auf die Dauer wohl nur dann niedrig zu halten, wenn man immer wieder im Laboratorium auf hohe Virulenz selektierte Stämme des *Myxomatose-Virus* ausbringt.

Nach Europa wurde das Virus 1952 mit überraschendem Erfolg eingeführt, wo es sich von Frankreich aus rasch über den Kontinent ausbreitete. Die Eindämmung der Kaninchenplage für die Forstwirtschaft in Frankreich kann nicht hoch genug eingeschätzt werden. Sie ermöglichte es, ohne die bisherigen kostspieligen Maßnahmen zur Kaninchenabwehr (Zäune), größere Gebiete wieder aufzuforsten. 1954 waren in Frankreich 90% aller Wildkaninchen vernichtet. Auf der anderen Seite gab es auch negative Folgen. Die Jäger verloren die Masse ihrer Beutetiere und viele Züchter ihre Bestände an Hauskaninchen. Um diese zu schützen, wurden nun die Stechmücken als Vektoren bekämpft und außerdem eine Aktivimpfung von Hauskaninchen mit dem *Fibroma-Virus* durchgeführt, das mit dem *Myxomatose-Virus* nahe verwandt ist. Neuerdings existiert auch ein Lebendvakzinestamm vom *Myxomatose-Virus* selbst, der sich für Schutzimpfungen eignet (vgl. 14.1). Eine interessante hygienische Nebenwirkung hatte die Dezimierung der Wildkaninchenbestände in Frankreich: eine auffallende Abnahme des Marseille-Fiebers, das von einer Rickettsie *(Rickettsia conorii)* verursacht wird. Sie wird vom Kaninchenfloh auf Kaninchen als Nebenwirt übertragen und von diesem auf den Menschen durch die Zecke *Rhipicephalus sanguineus*. Diese Infektionskette wurde offenbar durch die Kaninchenseuche unterbrochen. – Während auch in England die Ausfälle an Wildkaninchen sehr hoch waren (über 90%), traten bei der Wanderung der Seuche durch Mitteleuropa nach Osteuropa keine so spektakulären Absterbeziffern mehr auf. Außerdem verminderte sich die Ausbreitungstendenz der Seuche merklich. Dies mag verschiedene Gründe haben; einer von ihnen war wohl die geringe Populationsdichte der Kaninchen in den von der Virose neu eroberten Gebieten. Die seuchenartige Ausbreitung der Myxomatose ist nur dort gesichert, wo außer empfindlichen Wirten auch Vektoren vorhanden sind, die das Virus übertragen. Die entscheidenden Vektoren in Australien und Frankreich sind Stechmücken wie *Anopheles-* und *Culex*-Arten, in Frankreich außerdem *Aedes*-Arten. Der Mangel an geeigneten Stechmücken in Neuseeland hat die Einbürgerung und Verbreitung der Virose dort verhindert. In England und Irland, wohin das Virus von Farmern in Selbsthilfe importiert worden war, ist der Kaninchenfloh *Spilopsyllus cuniculus* der Hauptüberträger. Die Verminderung der Populationsdichte hat bei den Wildkaninchen in Frankreich und England seit 20 Jahren angehalten.

Literatur: Siriez, 1957; Fenner & Ratcliffe, 1965; Ross, 1972.

13 Mikrobiologische Bekämpfung von Unkräutern

Zur Bekämpfung von Unkräutern hat man neuerdings auch phytopathogene Pilze eingesetzt, da sie folgende Vorteile besitzen: sie sind natürliche Begrenzungsfaktoren von Pflanzen und unschädlich für Mensch und Tier; außerdem lassen sie sich leicht ausbringen und persistieren im günstigsten Falle in der Biozönose, so daß sich ggf. weitere Applikationen erübrigen. Entscheidend für den Einsatz aber sind wie bei anderen mikrobiologischen Verfahren die beiden wichtigsten Kriterien: Spezifität und Effektivität. Erste Versuche wurden um 1970 in der UdSSR angestellt, und zwar zur Bekämpfung der Sommerwurz *(Orobanche)* in Gemüsekulturen mit einer *Fusarium*-Art (*F. oxysporum* f. *orobanche*).

Überzeugende Ergebnisse aus jüngster Zeit (1971–1974) liegen vor allem aus Australien vor. Hier wurde gegen den aus dem Mediterrangebiet vor 50 Jahren eingeschleppten Knorpellattich (= skeleton weed), *Chondrilla juncea,* der in Weizenfeldern ein schwer zu bekämpfendes Unkraut darstellt, ein in Italien isolierter Rostpilz, *Puccinia chondrillina,* eingeführt. Inzwischen breitet sich der Rostpilz erfolgreich aus und reduziert das Unkraut auffallend. Dieser autözische Rostpilz ist sehr spezifisch und befällt keine anderen Compositen. Als weitere potentielle Antagonisten des Knorpellattichs wurden in Europa noch zwei Mehltaupilze isoliert, *Erysiphe cichoracearum* und *Leveillula taurica.* Nach dem Bekämpfungserfolg mit Pilzen gegen den Knorpellattich soll das gleiche Verfahren auch gegen andere australische Unkräuter eingesetzt werden, z.B. der Rostpilz *Puccinia xanthii* gegen Spitzkletten (*Xanthium strumarium* und *X. spinosum*) auf Weideflächen. – In Nordamerika (USA) werden inzwischen auch Versuche mit dem Rostpilz *Uromyces rumicis* zur Bekämpfung des Krausen Ampfers *(Rumex crispus)* angestellt.

Aber nicht nur Landunkräuter stehen auf dem Programm der mikrobiologischen Unkrautbekämpfung, sondern auch Wasserunkräuter tropischer Flußläufe. Besonders wichtig scheint die Bekämpfung von Wasserhyazinthe *(Eichhornia crassipes)* und Grundnessel *(Hydrilla verticillata).* Als Krankheitserreger der Grundnessel isolierte man eine *Pythium*-Art und eine *Sclerotium*-Art. Auf die Wasserhyazinthe wirkt *Rhizoctonia solani* pathogen; jedoch besitzt dieser Pilz einen sehr großen Wirtskreis und vermag beispielsweise Wasserpflanzen aus sieben Familien zu infizieren. Stark pathogen gegenüber der Wasserhyazinthe erwiesen sich zwei weitere Erreger, *Alternaria eichhorniae* und *Cephalosporium zonatum,* welche bei diesem Unkraut eine Blattfleckenkrankheit hervorrufen, die zum Absterben der Blätter führt.

Literatur: Freeman et al., 1974; Hasan, 1974.

14 Mikrobiologische Bekämpfung von Schadmikroben und Viren

Zu den Schadmikroben zählen in erster Linie die Krankheitserreger von Mensch, Nutztier und Kulturpflanze, aber auch Lebensmittel- und Futtermittel-Vergifter sowie schädliche Boden- und Wasserorganismen. In ihre Bekämpfung teilen sich Human-, Veterinär- und Phytomedizin sowie Lebensmittel- und Umwelthygiene. Hier soll über einige Beispiele berichtet werden, die entweder 1. auf dem Einsatz von artfremden Antagonisten beruhen oder 2. auf der Verwendung von veränderten (virulenzabgeschwächten) Artgenossen oder verwandten Arten in einer Art »Selbsthemmungsverfahren«.

14.1 Bekämpfung von Krankheiten des Menschen und seiner Nutztiere

14.1.1 Verwendung von artfremden Antagonisten

Um eine mikrobiologische Bekämpfung von bakteriellen Infektionskrankheiten von Mensch und Tier mittels Antagonisten bemühte sich als erster d'Hérelle in Kanada. Er entdeckte 1917 in den wäßrigen Ausscheidungen eines Ruhrkranken erstmals ein Virus, das sich in Ruhrbakterien (*Shigella*-Arten) vermehrte und sie anschließend zur Auflösung (Lyse) brachte. Solche *Bakteriophagen* wurden alsbald auch in den Ausscheidungen von Patienten mit anderen Darminfektionen nachgewiesen, ferner in Faeces von gesunden Menschen und Tieren und sogar in verunreinigten Gewässern. Inzwischen hat man die große Bedeutung der Bakteriophagen für die Selbstreinigung von Gewässern und damit für die Wasserökologie erkannt.

Den frühen Versuchen von d'Hérelle zur kausalen Therapie der menschlichen Ruhr und des Hühnertyphus lag die Annahme zugrunde, daß Phagen relativ unspezifische Viren seien und sich leicht an verschiedene Bakterienwirte anpassen könnten. Spätere Untersuchungen zeigten jedoch, daß es sich bei Bakteriophagen ganz allgemein um mehr oder minder wirtsspezifische Viren handelt. – Ein Bakteriophagen-Präparat zur Bekämpfung von Darminfektionen war um 1950 in Deutschland unter der Bezeichnung »Enterophagos« im Handel. Es enthielt Phagen gegen die Erreger von Ruhr, Typhus, Paratyphus und Enteritis. Noch heute (1973) werden in Rumänien Ruhr-Phagen sowohl therapeutisch als auch prophylaktisch gegen bakterielle Dysenterien mit Erfolg appliziert. Wichtig ist, daß vor jedem Schlucken der Virussuspension (dreimal eine Ampulle täglich über einen Zeitraum von 7 Tagen) die Säure des Magensaftes neutralisiert wird, um eine Inaktivierung der Phagen bei der Passage des Magens zu vermeiden. – Leider erwiesen sich Phagen als Heilmittel von bakteriellen Infektionskrankheiten nicht immer als zuverlässig. Außer einer Inaktivierung im Verdauungstrakt dürfte hierzu auch die schnelle Selektion persistenter Bakterienstämme beigetragen haben.

Inzwischen hat die erfolgreiche Anwendung von Antimetaboliten gegenüber Mikroorganismen die gelegentliche Verwendung von Phagen in der Therapie von Bakteriosen völlig verdrängt. Insbesondere haben durch den Gebrauch von Antibiotika (vgl. 15.2.2.3) viele früher gefürchtete bakterielle Infektionskrankheiten wie Wundinfektion, Sepsis, Milzbrand und Pest ihren Schrecken weitgehend verloren.

14.1.2 Verwendung von arteigenen oder artverwandten Impfstämmen

Gegen Viren sind noch keine artfremden Antagonisten im Sinne von Vertilgern bekannt. Lediglich resistente oder immune Wirte vermögen eine Virusinfektion erfolgreich abzuwehren. Deshalb strebt man zur biologischen Bekämpfung von Viruskrankheiten eine künstliche Immunisierung, eine »Schutzimpfung« potentieller Wirte an. Diese Methode verwendet genetisch aberrante (subvirulente) oder gar abgetötete Erreger zu einer spezifisch induzierten Abwehrsteigerung im Wirtsorganismus. Diese beruht bei Wirbeltieren in erster Linie auf der Bildung von Antikörpern (vgl. 12.1).

Die älteste und bekannteste Schutzimpfung ist die des Menschen gegen den Pockenerreger *(Poxvirus)*. Bereits 1796 empfahl Jenner zu diesem Zwecke, anstatt des hochvirulenten Erregers der echten Pocken *(Variola)* den Erreger von schwachvirulenten Tierpocken *(Vaccinia)* zu verwenden: »Vakzination«. Durch eine konsequente Durchführung dieser Schutzimpfung unter gesetzlichem Druck gelang es um die Mitte unseres Jahrhunderts in weiten Teilen der Welt, die Pockenkrankheit auszurotten.

Während man bei der Pockenschutzimpfung[1] ein nahe verwandtes Virus *(heterotypische Immunisierung)* benutzte, verwendet man bei den meisten Schutzimpfungen heute virulenzabgeschwächte Stämme des gleichen Virus *(homotypische Immunisierung)*. Wichtig ist aber bei der Verwendung von einem genetisch aberranten Virus, daß es nicht in die virulente Stammform zurückmutiert. Aus Furcht hiervor oder aber auch, weil virulenzabgeschwächte Stämme nicht zur Verfügung standen, benutzte man früher bevorzugt Totvakzinen, hergestellt aus inaktiviertem Virus. Doch ist der mit ihnen erreichte Impfschutz nicht immer ausreichend; zudem können sie noch als Allergen wirken. Der Vorteil von Lebendvakzinen liegt dagegen nicht nur im erhöhten Impfschutz, sondern vor allem auch in der epidemiologisch bedeutsamen Möglichkeit, mit ihrer Hilfe (d.h. mit virulenzabgeschwächten Vakzinestämmen) die virulenten Wildstämme des Virus zu verdrängen.

[1] und auch bei der Impfung mit *Fibroma-Virus* gegen die *Myxomatose* des Kaninchens

Die Schutzimpfung mit aktivem, aber abgeschwächtem Virus hat sich auch bei der Bekämpfung von anderen Viruskrankheiten bewährt, wie z.B. Tollwut (Pasteur, 1885) und Gelbfieber (Theiler, 1936). Im Gegensatz zu diesen Vakzinen, die injiziert werden müssen, konnte Sabin (1956) erstmals mit einem abgeschwächten *Poliovirus*-Stamm einen Impfstoff entwickeln, den der Impfling oral aufnimmt: Schluckimpfung. Inzwischen liegen zahllose Versuche zur Schluckimpfung auch mit anderen Viren vor.

Der Einführung der Polioschutzimpfung auf der Basis einer Lebendvakzine-Schluckimpfung standen zunächst Bedenken hygienischer Art entgegen, da sich das abgeschwächte *Poliovirus* (ebenso wie das vollvirulente) im Darmtrakt vermehrt. Mindestens 25% der Geimpften scheiden *Poliovirus* mit ihren Faeces unter Umständen monatelang aus. Eine derartige Kontamination der Umwelt ist nur dann weitgehend gefahrlos, wenn sich die pathogenetischen Eigenschaften des Virus als Folge der Wirtspassage nicht ändern. Trotz dieser Bedenken entschloß man sich 1958 in der UdSSR (Chumakov u. Mitarb.) zu einem Großversuch. Diesem Experiment mit der Sabin-Vakzine war ein voller Erfolg beschieden: Ende 1959 waren etwa 15 Millionen der Bevölkerung der UdSSR gegen Poliomyelitis geimpft. Die Erkrankungsziffern fielen alsbald signifikant ab, und die befürchtete Ausbreitung »verwilderter« *Poliovirus*-Vakzinestämme unterblieb. Inzwischen ist auf dieser Basis eine weltweite Kampagne zur »Ausrottung« der Poliomyelitis angelaufen mit Vakzinestämmen gegen die wichtigsten Erregertypen. Seitdem auch in Deutschland vor etwa 10 Jahren der Sabin-Impfstoff angewendet wird, reduzierte sich hier die Anzahl der Poliomyelitisfälle um über 90%.

Eine epidemiologisch interessante, für Mensch und Tier gefährliche Virose ist die Tollwut. Das Tollwutvirus wird durch den Biß eines tollwütigen Säugetieres übertragen, und zwar im Bereich von Siedlungen auf den Menschen und und seine Nutztiere (Rinder, Schafe) durch Hunde oder Katzen, die sich an Wildtieren infiziert haben. Bei dem jetzigen Seuchenzug, der aus der UdSSR und Polen kommend sich seit 1952 über Mitteleuropa bisher unaufhaltsam ausbreitet, stellen die Füchse eindeutig das Virusreservoir dar. Diese Tatsache bringt erhebliche Schwierigkeiten für die Bekämpfung. Zur Zeit wird mit Unterstützung der WHO die Frage untersucht, ob man freilebende Füchse durch Einsatz geeigneter Köder gegen die Tollwut schluckimpfen kann. Ein ausreichender Impfschutz scheint nur dann gewährleistet, wenn mindestens 75% der Fuchspopulationen bei der Aktion erfaßt würden. Auch ist noch die Frage zu klären, ob bei einer derartigen Virusanwendung nicht andere Wildtiere gefährdet sind. Denn im Gegensatz zum *Poliovirus* ist das Tollwutvirus nicht sehr wirtsspezifisch. Deshalb kann durchaus ein Virusstamm, der auf Füchse vakzinierend wirkt, bei Ratten und anderen Nagern eine Impftollwut erzeugen. Die Alternative zu einer Impfung der Füchse ist die zur Zeit praktizierte Impfung der tollwutgefährdeten Hunde und Katzen; eine Impfung von Menschen ist bei den heute verfügbaren Vakzinen problematischer. – Alle derzeitigen Maßnahmen gegen die Tollwut werden dadurch unterstützt, daß man im Revier die Populationsdichte der Füchse weiter vermindert, die allein durch die Wildtollwut bereits um etwa 50% gesenkt ist.

Schutzimpfungen eignen sich auch zur Abwehr von bakteriellen Krankheiten. Insbesondere wurden Schutzimpfungen zur Bekämpfung von Darminfektionen (Salmonellen und Choleravibrionen) entwickelt. Während man früher Totvakzinen injizierte, wird heute die Schluckimpfung mittels Lebendvakzinen angestrebt, nachdem große Feldstudien in Indien und Südamerika gezeigt haben, daß diese Form der Vakzination den besten Impfschutz gegen Darminfektionen garantiert.

14.2 Bekämpfung von Krankheiten der Kulturpflanzen

14.2.1 Verwendung von artfremden Antagonisten

Zur Bekämpfung phytopathogener Mikroben läßt sich u. a. der auf Allelopathie beruhende natürliche Antagonismus zwischen Mikroorganismen ausnutzen. So berichtete Mach (1956), daß man phytopathogene Pilze mit einer saprophytischen Bodenphase durch Einsatz von Aktinomyzeten unterdrücken kann. Eine einmalige Behandlung des Bodens unter Gewächshausbedingungen mit aktiven *Streptomyceten*-Stämmen schützte verschiedene Pflanzenarten 12 Wochen lang vor dem Befall mit *Rhizoctonia solani* und *Pythium debaryanum*. Da diese Wirkungen vornehmlich auf der Produktion von bestimmten Hemmstoffen durch den aktiven Antagonisten beruhen, versucht man inzwischen, diese Pilze durch Applikation der isolierten Antibiotika zu bekämpfen (vgl. 15.2.2.3).

Auch Pilze wie z. B. Arten der Hyphomyceten-Gattung *Trichoderma* sind als aktive Antagonisten wirksam. Schon 1931 gelang es in Freilandversuchen durch Kontamination des Bodens mit *Trichoderma lignorum*, die Gurkensamenwelke bzw. deren Erreger *(Rhizoctonia solani)* weitgehend zu unterdrücken. – Erfolgreiche Versuche liegen inzwischen auch gegen den an zahlreichen Obstgehölzen vorkommenden Pilz *Stereum purpureum* (Erreger der Milchglanzerkrankung) vor. In Frankreich brachten Grosclaude et al. (1973) eine Sporensuspension von *Trichoderma viride* auf Schnittwunden zweijähriger Pflaumenbäumchen *(Prunus mariana)* aus, wodurch ein vollkommener Schutz vor der Infektion durch *S. purpureum* erreicht wurde. – In größerem Maße sollen Biopräparate von *Trichoderma* bereits in der UdSSR gegen Bodenpilze eingesetzt werden, und zwar mit guter Wirkung gegen *Helminthosporium* an Getreide und gegen *Verticillium* an Baumwolle. Das in der UdSSR erhältliche »Trichodermin« enthält Sporen und Myzel. Ein konzentriertes Präparat wird als Beizmittel verwendet, während verdünnte Zubereitungen zur Bodenimpfung dienen. Die besten Resultate liegen offenbar bei einer Dosis von 200–400 g/m^2 gegen *Sclerotinia* und *Fusarium* an Gurkenkulturen im Gewächshaus vor (Fedorinchik, 1965).

Im Forst spielen holzzerstörende Pilze in wirtschaftlicher Hinsicht eine große Rolle. Deshalb sucht man auch hier nach wirksamen biologischen Gegenspielern, zumal die Behandlung mit Fungiziden sehr aufwendig, wenig umweltfreundlich und vor allem unzureichend ist. Bei der Bekämpfung des Erregers der Rotfäule, *Fomes annosus*, durch den antagonistischen Pilz *Peniophora gigantea* wurden bisher die besten Erfolge erzielt (Rishbeth, 1968). Die Oidien des Pilzes können z. B. direkt dem Öl zugesetzt werden, mit dem man die Motorsäge schmiert, so daß eine weitere Behandlung durch Bestreichen der Stubben entfällt. In England ist jetzt ein kommerzielles Oidienpräparat von *P. gigantea* erhältlich, das bereits auf einer Fläche von über 60000 ha eingesetzt worden ist.

Neuerdings ist es in Kalifornien gelungen (Mower et al., 1975), pilzliche Hyperparasiten gegen phytopathogene Pilze anzuwenden, und zwar speziell gegen den Mutterkornpilz *(Claviceps purpurea)* auf Getreide. Als virulenteste Formen erwiesen sich spezifische Stämme von *Fusarium roseum*. Sie wurden inzwischen unter Gewächshaus- und Feldbedingungen getestet. Dabei zeigte der Stamm »Sambucinum« auch eine bemerkenswerte Aktivität im Abbau des vom Mutterkornpilz produzierten, wirbeltiertoxischen Ergotamins zu ungiftigen Metaboliten. Weitere Versuche laufen zur Zeit.

Schließlich existieren auch Ansätze, mykopathogene Viren gegen phytopathogene Pilze einzusetzen. Erste Ergebnisse über derartige Versuche gegen den Ascomyceten *Ophiobolus graminis*, der die Schwarzbeinigkeit des Getreides verursacht, liegen aus Frankreich und England vor. Über die Eignung dieser Viren läßt sich jedoch noch nichts Endgültiges sagen.

14.2.2 Verwendung von arteigenen oder artverwandten Impfstämmen

Ganz ähnlich wie zum Schutz von Mensch und Nutztieren, bemüht man sich heute auch darum, in bestimmten Fällen Kulturpflanzen durch eine Art von Schutzimpfung vor Pathogenen zu schützen.

Nachdem bei Tomaten die Züchtung von resistenten Sorten gegen das *Tomaten-Mosaikvirus* nicht sehr erfolgreich verlaufen war, entschloß man sich 1963 in den Niederlanden zur Erprobung einer Art von Schutzimpfung, der »Prämunisierung«. Hierbei werden Keimpflanzen der Tomate mit einem virulenzschwachen Virus inokuliert, welches jede zukünftige Infektion mit dem virulenten Wildvirus durch »Interferenz« verhindern soll. Da im Anschluß an die Impfung eine kurzfristige Wachstumshemmung auftreten kann, sollte, falls man eine Prämunisierung beabsichtigt, die Aussaat 3–4 Tage früher als sonst erfolgen. Inzwischen ist diese Methode zum Schutz von Tomatenpflanzen als praxisreif anerkannt und das Tomatenmosaik-Impfvirus (Stamm M II – 16) im Handel erhältlich. Jede Ampulle (ca. 5 ml Inhalt) reicht zur Behandlung von etwa 10000 Pflanzen aus (Rast, 1971).

Der seit Jahren vor allem in den USA übliche Einsatz von Streptomycin-Präparaten gegen *Erwinia amylovora*, den Erreger des Feuerbrandes bei Apfel und Birne, führte seit 1971 zum Auftreten von resistenten Bakterienrassen. Als eine Alternative zur Antibiotikabehandlung hat man nun mit avirulenten Stämmen Prämunisierungsversuche durchgeführt. Nach vorheriger Inokulation von Apfelzweigen entstanden bei einer späteren Zweitinfektion mit virulenten Erregern keine Krankheitssymptome mehr. Auch mit einer gegenüber *E. amylovora* antagonistisch wirkenden Bakterienart, *Erwinia herbicola*, wurde nach Inokulation von Birnenblüten eine Reduktion des Feuerbrandes erzielt. Auf dieser Basis wird z. Z. in den USA der großflächige Einsatz von antagonistischen Bakterien zur Bekämpfung des Feuerbrandes ernsthaft diskutiert (vgl. Zeller, 1974).

Auch gegen Pilzerkrankungen liegen inzwischen erste erfolgreiche Prämunisierungsversuche vor, und zwar gegen bestimmte *Verticillium*-Arten. So berichtete erstmals Barrow (1969) über eine Prämunisierung von Baumwollpflanzen.

Durch Vorbehandlung mit schwachvirulenten Stämmen von *V. albo-atrum* gelang es, die Pflanzen vor der Welkekrankheit, hervorgerufen durch hochvirulente Stämme der gleichen Pilzart, weitgehend zu schützen.

Eine andere Art von biologischer Bekämpfung phytopathogener Pilze wird z. Z. gegen den Kastanienkrebs (auch Kastaniensterben genannt) versucht. Diese von China nach den USA und später auch nach Südeuropa eingeschleppte Pilzerkrankung wird durch die (zu den Ascomyceten gehörige) *Endothia parasitica* hervorgerufen. Während die Krankheit in den USA in den Beständen der echten Kastanie *(Castanea dendata)* z. T. verheerend wirkte, schwächt sich das Schadbild auf europäischen Kastanien *(Castanea sativa)* mit der Zeit auffallend ab. Dies hängt mit dem Auftreten von schwachvirulenten Pilzstämmen auf dem neuen Wirt zusammen, welche allmählich die hochvirulenten ablösten. Man brachte derartige subvirulente Stämme nach Amerika und fand, daß sie die Virulenz der dortigen Stämme des Schadpilzes durch Genaustausch (Myzelfusion) wirksam zu reduzieren vermochten (Alfen et al., 1975).

Die biologische Therapie von Pflanzenkrankheiten ist ein Teilgebiet der Phytopathologie, das sich noch in voller Entwicklung befindet. Hier konnte nur eine Auswahl von Beispielen gebracht werden, um die Vielfalt der Möglichkeiten zu schildern.

Weiterführende Literatur: Baker & Cook, 1974.

14.3 Bekämpfung von Schadmikroben in Nahrungsmitteln

Lebensmittel des Menschen und Futtermittel für das Vieh sind bekanntermaßen leicht verderblich; sie werden von verschiedenen Mikroorganismen befallen, insbesondere von sehr stoffwechselaktiven Bakterien und Pilzen, die sie nicht nur ungenießbar machen, sondern z. T. auch vergiften. Um dem mikrobiellen Verderb entgegenzuwirken, wird seit alters her die Fermentierung von Lebensmitteln mit natürlicherweise vorkommenden Mikroorganismen durchgeführt. Beispiele hierfür sind Wein, Bier, Brot, Sauerrahm, Joghurt, Käse, Dauerwurst, Pökelfleisch, Sauerkraut, Saure Bohnen, Salzgurken usw. Auch die Fermentation von Futtermitteln (Silage) muß in diesem Zusammenhang erwähnt werden. Neuerdings versucht man in der Lebensmitteltechnik, die Verwendung von Mikroorganismen für die Fermentation, als prophylaktische Maßnahme gegen Lebensmittelverderber und -vergifter, entscheidend zu verbessern. Hierzu setzt man den Naturprodukten wie Rohwurst, Milch, Obstsäften usw. zu einem sehr frühen Zeitpunkt des Herstellungsprozesses Starterkulturen zu. Dabei handelt es sich um Milchsäurebildner (*Lactobacillus*- und *Streptococcus*-Arten, bei Käsezubereitung auch um *Penicillium*-Arten und bei der alkoholischen Gärung um *Saccharomyces*-Arten. Die lebenden Mikroorganismen verbleiben einschließlich ihrer Enzyme und Metaboliten im Endprodukt und werden mit diesem verzehrt. Dabei bilden die Milchsäurebakterien und Pilze Suppressoren (vgl. 15.2.2.3), welche die Entwicklung unerwünschter oder schädlicher Mikroorganismen verhindern. Allerdings kann die Lebensmittelfermentation empfindlich gestört werden, wenn Milch oder Fleisch mit Antibiotika kontaminiert sind, die zur Behandlung des Viehs bei Infektionskrankheiten oder gar zur besseren Ausnutzung von Futtermitteln diesen beigemischt wurden. Solche Antibiotika hemmen dann gegebenenfalls die zugesetzten Starterkulturen in ihrer Entwicklung oder begünstigen sogar unerwünschte Keime, so daß es zu Fehlgärungen kommen kann, die das Endprodukt unbrauchbar machen.

Nicht mehr zur mikrobiologischen Schädlingsbekämpfung gehört der biologische Abbau von Schadstoffen einschließlich biogener Abfälle, wie sie Mensch und Landwirtschaft produzieren. Zu diesem Zwecke wurden Technologien entwickelt, die geeignete Nutzorganismen, vor allem Bakterien, einsetzen, um zu unbedenklichen Abbauprodukten zu gelangen. Soweit bei derartigen Fermentations- bzw. Kompostierungsvorgängen auch Schadorganismen (z.B. Krankheitserreger) vernichtet werden, liegt sogar eine echte mikrobiologische Schädlingsbekämpfung vor. Da sie sich in diesem Falle aber von der allgemeinen Technologie der Abwasser- und Abfall-Verwertung nicht trennen läßt, wurde auf ihre Behandlung hier verzichtet.

15 Biotechnische Verfahren

Die sog. biotechnischen Verfahren der Schädlingsbekämpfung nutzen natürliche Reaktionen der Schädlinge auf bestimmte physikalische oder chemische Reize »zweckentfremdet« von ihrer natürlichen Bedeutung für den Organismus. – Solche Verfahren lassen sich nicht gut den konventionellen Methoden der Schädlingsbekämpfung zuordnen. Sie gehören aber auch nicht mehr zur biologischen Schädlingsbekämpfung, weil ihnen nicht die Einwirkung von Organismen, Zellen, Viren oder genetischem Material zugrunde liegt. Ähnlich wie die eigentlichen biologischen Verfahren haben auch die biotechnischen nicht in erster Linie eine Ausrottung des Schädlings zum Ziel; sie versuchen vielmehr, seine Populationsdichte möglichst unter die Schadensschwelle herabzudrücken oder sogar nur die Schädlinge von dem zu schützenden Objekt fernzuhalten. – Biotechnische Verfahren werden oft mit konventionellen oder auch mit biologischen Methoden kombiniert.

Literatur: Kilgore & Doutt, 1967; Wood et al., 1970.

Physikalische Einflüsse

Biotechnische Verfahren unter Verwendung physikalischer Impulse bieten sich dort an, wo Schädlinge sich nach Schall oder Licht orientieren.

15.1.1 Akustische Reize

Die Vertreibung von Schädlingen durch unspezifische Schallimpulse ist schon lange gebräuchlich. So benutzte man früher gern Klappern und Schüsse gegen Stare *(Sturnus vulgaris)* im Wein- und Kirschenanbau. Im Jahre 1954 haben dann Frings & Jumber erstmals in den USA Versuche mit elektroakustischer Reproduktion der spezifischen Warnrufe von Staren durchgeführt. Diese Methode wurde inzwischen auch in deutschen Weinbaugebieten, z.B. Rheinland-Pfalz, zum Schutze wertvoller Lagen eingesetzt. Der Warnruf darf dabei jeweils nicht länger als 10 bis 20 Sekunden ausgesendet werden, da sich die Stare sonst daran gewöhnen. – Das gleiche spezifische Verfahren wurde auch erfolgreich dazu verwendet, um Silbermöwen *(Larus argentatus)* von Fischereihäfen und Fischverwertungsbetrieben fernzuhalten (Frings et al., 1955). – Gelegentlich vertreibt man mit dieser Methode auch Vögel von Flughäfen, wo sie eine erhebliche Gefahr für den Flugbetrieb darstellen.

15.1.2 Optische Reize

Unspezifische Lichtreize werden gelegentlich verwendet, um eine Schreckwirkung auf Schädlinge auszuüben. So benutzt man mit mehr oder weniger Erfolg flatternde, lichtreflektierende Metallfolien zur Abwehr von Schadvögeln. – Das Auslegen solcher Folien zwischen Pflanzen bodennaher Kulturen wirkt sich wegen seiner repulsiven Wirkung auch auf anfliegende Blattläuse aus; so konnten z.B. Kürbiskulturen vor diesen Vektoren und damit vor Virusinfektionen geschützt werden.

Überzeugender ist die Wirkung attraktiver Lichtquellen. Schon lange hat man die positive Phototaxis von nachtaktiven Insekten zur Konstruktion von Lichtfallen ausgenutzt. Sie werden zunächst zur Prognose eingesetzt, d.h. zur Feststellung von Vorkommen und Häufigkeit der Schädlinge als Entscheidungshilfe dafür, ob Bekämpfungsmaßnahmen notwendig sind. – Über Probleme beim Lichtfang und zur Analyse der erhaltenen Daten vgl. de Jong (1967). Beim Lichtfang muß man auf jeden Fall die spektrale Empfindlichkeit der anzulockenden Arten berücksichtigen; trotzdem handelt es sich beim Lichtfang um eine relativ unspezifische biotechnische Methode, da verschiedene Arten auf die gleiche Wellenlänge reagieren.

Während z.B. der Apfelwickler *(Laspeyresia pomonella)* stark auf Ultraviolett anspricht, liegt der Empfindlichkeitsbereich bei anderen Wicklern meist bei längeren Wellenlängen. Ähnliche Unterschiede treten bei Eulenfaltern auf. Unter den Vorratsschädlingen reagieren einige Käferarten *(Tribolium castanea, Rhizopertha dominica, Sitophilus oryzae)* bevorzugt auf Ultraviolett, bestimmte Kleinschmetterlinge *(Cadra cautella, Sitotroga cerealella)* auf Ultraviolett und auf Grün, andere, wie *Ephestia kühniella, Plodia interpunctella,* vorwiegend auf Grün. Im allgemeinen werden Männchen bevorzugt angelockt und von den Weibchen fast ausschließlich unbegattete.

Nicht nur zur Prognose, sondern auch zur Bekämpfung selbst können Lichtfallen eingesetzt werden. Hierzu kombiniert man die Falle mit einem Abtötungsmechanismus, am einfachsten durch Einbringen hochwirksamer chemischer

Kontaktinsektizide in die Falle. Die Anwendung selbst hoher Dosen ist hier hygienisch unbedenklich, weil derart verwendete Insektizide keine Rückstände auf dem zu schützenden Objekt hinterlassen. Bei 100%iger Abtötung werden auch keine Resistenzen bei den Schädlingen selektioniert. Eine sehr elegante Methode ist die Kombination von Lichtfallen mit elektrostatisch aufgeladenen Gittern, an denen anfliegende Insekten abgetötet werden. Der Lichtfallenfang als Methode der Schädlingsbekämpfung verspricht allerdings nur bei hoher Dichte der Fanglampen, geringer Populationsdichte der Schädlinge und ohne Zuwanderung von neuen Schadinsekten in das Bekämpfungsgebiet einige Aussicht auf Erfolg (Cantelo, 1974).

Schadinsekten lassen sich indessen nicht nur durch Selbstleuchter (Fanglampen) anlocken, sondern auch durch beleuchtete Farbobjekte wie Farbtafeln und Farbschalen.

So kann man z. B. mit wassergefüllten Gelbschalen eine Reihe von fliegenden Blattläusen (*Myzus persicae, Aphis fabae, Brevicoryne brassicae* u. a.) anlocken und fangen, um deren Massenwechsel zu verfolgen. – Gelbe Attrappen erwiesen sich auch als besonders attraktiv für die als Krankheitsüberträger hygienisch wichtigen Tsetse-Fliegen *(Glossina* spec.) in Afrika. – In Europa dienen vielerorts gelbe Leimtafeln zum Fang der Kirschfruchtfliege *(Rhagoletis cerasi).*

Auch diese Form der Ausnutzung optischer Reize eignet sich meist besser für prognostische Zwecke als zur eigentlichen Bekämpfung. Doch hat man neuerdings in der Schweiz zur Bekämpfung der Kirschfruchtfliege im Freiland eine in größeren Stückzahlen gefertigte Leimfolie mit fluoreszierendem Gelb als Lockfarbe eingesetzt. Man erhofft sich vom Masseneinsatz dieser Wegwerffallen eine insektizidfreie Reduktion der Freilandpopulation u. a. auch als Voraussetzung zur Anwendung von sog. Selbstvernichtungsverfahren (vgl. Kap. 8) gegen diesen Schädling (Remund & Boller, 1975).

Chemische Einflüsse

Die meisten biotechnischen Verfahren basieren heute auf der Verwendung von solchen Wirkstoffen oder deren Analoga, die die Beziehungen zwischen verschiedenen Organismen regeln: Signalstoffe. – Brown hat 1968 bei Signalstoffen, die zwischen verschiedenen Arten (also interspezifisch) wirken, unterschieden zwischen jenen, die für den Sender (Allomone) und solchen, die für den Empfänger (Kairomone) vorteilhaft sind. Die *Kairomone* umfassen vor allem Lockstoffe als Futtersignal. Zu den *Allomonen* zählen in erster Linie die Warn- und Wehrsekrete, aber auch Suppressoren und andere antagonistisch wirkende Stoffe. – Für Signalstoffe, die zwischen Artgenossen (also intraspezifisch) effektiv werden *(Exohormone),* haben 1959 Karlson & Lüscher die Bezeichnung *Pheromone* vorgeschlagen. Sie induzieren eine Veränderung im Verhalten des Empfängers und regulieren u. a. Sexual- und Sozialfunktionen. Zu den Exohormonen gehören auch die Autoinhibitoren, die bei bestimmten Arten die Populationsdichte autogen kontrollieren. – Näheres s. Whittacker & Feeny, 1971, sowie Chambers, 1974.

Im Gegensatz zu den interorganismisch wirksamen Signal- und Hemmstoffen kommt einer weiteren Gruppe von Wirkstoffen nur eine Funktion im Organismus selbst zu. Als *Endohormone* regulieren sie Stoffwechsel, Entwicklung und Fortpflanzung (daher auch die Bezeichnung »Regulatoren«).

15.2.1 Kairomone und entsprechende Stoffe

15.2.1.1 Attraktantien

In der Natur dienen Lockstoffe meist dazu, chemotaktisch orientierte Lebewesen ihre Nahrungsquelle finden zu lassen. Bekannt ist z. B. die attraktive Wirkung der Buttersäure im Schweiß der Säugetiere für Zecken *(Ixodes*-Arten). Entsprechend ist das in Äpfeln und Birnen vorkommende α-Farnesen ein natürliches Attraktans für die Larven des Apfelwicklers *(Laspeyresia pomonella)*. Mit solchen Lockstoffen gelingt es leicht, die auf sie abgestimmten Tiere zu ködern. Diese Methode kann sowohl prognostisch, also zur Ermittlung der Populationsdichte eines Schädlings, als auch zu seiner Bekämpfung ausgenutzt werden. Ältere Verfahren dieser Art verwendeten einfach sog. Fangpflanzen, die für Schädlinge »anziehender« sind als die zu schützenden Kulturpflanzen. Beispielsweise säte man Weizen oder legte Kartoffelstücke zwischen Zuckerrüben aus, um Drahtwürmer (Larven von Elateriden) anzulocken und so von den Rüben fernzuhalten. In der Forstwirtschaft hat man zur Bekämpfung von Drahtwürmern und von Engerlingen in Saatkamps Möhren oder Salat als Fangpflanzen angebaut.

Ein geläufiges Beispiel für die Anwendung von Attraktantien in Insektenfallen ist die Verwendung von Flaschen, in denen sich noch ein Rest Bier befindet. Die Bitterstoffe im Bier locken nur Wespen *(Vespa* spec.) an. Dagegen sollte man zum Wespenfang keine zuckerhaltigen Fruchtsäfte benutzen, da diese auch für Bienen attraktiv sind.

Brauchbarere Lockstoffe für Stubenfliegen *(Musca domestica)* sind das aus dem Fliegenpilz *(Amanita muscaria)* isolierte 1,3-Diolein oder noch wirksamere andere höhere Fettsäureester wie Monooleate und Monolaureate. – In Griechenland lockt man Olivenfliegen *(Dacus oleae)* in Köderfallen mit Lösungen von Proteinen oder noch einfacher von Ammoniumsulfat. – Bei sogenannten Köderspritzungen wird eine Mischung von Lockstoff und Insektizid ausgebracht. Soweit die Insekten die Sprühtröpfchen aktiv aufnehmen, kann ein hoher Bekämpfungserfolg bei geringer Insektizid-Dosis erreicht werden. Dies zeigten Versuche, die 1969 in Spanien zur Bekämpfung der Mittelmeerfruchtfliege *(Ceratitis capitata)* durchgeführt wurden. Dabei betrugen die Aufwandmengen 200 bis 300 ml Spritzbrühe pro Baum, entsprechend 0,9 ml Insektizid und 3,0 ml Ködersubstanz.

Bei spezifischen Lockstoffen wird jedoch noch wesentlich weniger Ködersubstanz benötigt. Beispiele dafür sind Angelika-Saatöl und das stabilere »Trimedlure« (Chlormethylcyclohexancarbonsäure-Butylester) für die Mittelmeerfruchtfliege. Durch Verwendung dieses Attraktans in Giftködern gelang es 1961–62 in Florida und 1962 auf Hawaii, die eingeschleppte Fruchtfliege wieder auszurotten. – Mit »Trimedlure« konnte man auch in Deutschland (z. B. in München) Mittelmeerfruchtfliegen, die bei Obstimporten eingeschleppt worden waren, wieder einfangen. Zwar kann dieser Schädling bei uns kaum überwintern, aber jeweils innerhalb einer Vegetationsperiode Schaden anrichten.

Bei der Tropischen Melonenfliege *(Dacus cucurbitae)* erwies sich zunächst Anisylaceton als ein recht brauchbarer Lockstoff. Er wurde aber von einem Derivat, dem »Cuelure« (= p-Acetoxyphenäthyl-methylketon), weit übertroffen. Kombiniert mit einem Insektizid kann auch hier der Lockstoff zur Bekämpfung des Schädlings wirksam eingesetzt werden. Allerdings zeigte sich, daß die spezifische Lockwirkung erst dann wirksam wird, wenn die Männchen ihre sexuelle Reife erlangt haben.

Die stärkere Attraktion von Männchen durch den Lockstoff wird biotechnisch im »male annihilation«-Verfahren ausgenutzt. Auf diese Weise konnte z. B. die Orientalische Fruchtfliege *(Dacus dorsalis)* auf den Marianen im Südpazifik (wo sie sich seit ihrer Einschleppung vor 35 Jahren gehalten hatte) im Jahre 1965 wieder ausgerottet werden. Als Lockstoff diente Methyleugenol. Die mit dem Attraktans und einem Insektizid präparierten kleinen Fangtafeln wurden von einem Flugzeug abgeworfen (25–30 je km^2) und alle zwei Wochen innerhalb einer Kampagne von $4^1/_2$ Monaten erneuert. In diesem Falle erwies sich die »male annihilation«- der »sterile male«-Technik (vgl. Kap. 8) als überlegen.

Umgekehrt sind auch Lockstoffe bekannt, die Weibchen besonders attraktiv finden. So werden durch n-Propyldisulfid und n-Propylmercaptan aus der Zwiebel *(Allium cepa)* bevorzugt die Weibchen der Zwiebelfliege *(Phorbia antiqua)* angelockt und zur Eiablage veranlaßt.

Erwähnenswert sind auch erfolgreiche Versuche in den USA, den Japankäfer *(Popillia japonica)* mit Attraktantien wie Eugenol, Geraniol und Valeriansäure in Fallen zu ködern und dann mittels Insektiziden abzutöten. Nach diesem Vorbild werden inzwischen auch auf europäischen Flugplätzen derartige Lockfallen benutzt, um eingeschleppte Japankäfer einzufangen. Weitere Versuche in dieser Richtung sind Lockfallen für *Amphimallon majalis,* die mit Amlure (Propyl-1,4-benzodioxan-2 carboxylat) beschickt sind.

Zur Bekämpfung von Schnecken kann Metaldehyd dienen, welches diese Weichtiere sowohl anlocken soll als auch abtötet. Allerdings liegen hier bereits erste Berichte über das Auftreten einer Resistenz vor.

15.2.1.2 Phagostimulantien

Während Attraktantien die Bewegungsorientierung von Tieren beeinflussen, aktivieren Phagostimulantien das Fressen, also Biß oder Einstich in das Substrat. – Als natürliche Phagostimulantien wirken z. B. Senföl-Glucoside für den Kohlweißling *(Pieris brassicae).* Eine praktische Bedeutung haben Phagostimulantien, wenn man sie mit Fraßgiften zu Giftködern kombiniert. Köder aus Melasse oder Maismehl erwiesen sich als brauchbares Lockmittel für die Stubenfliege *(Musca domestica).* – Für die Hausschabe *(Blattella germanica)* sind nach neueren Untersuchungen solche Giftköder den früher benutzten Kartoffel- oder Erdnußködern überlegen, die teilweise hydrolysiertes Fleisch enthalten. – Auch in der mikrobiologischen Schädlingsbekämpfung wurden zur Verstärkung der oralen Aufnahme von Pathogenen versuchsweise Phagostimulantien verwendet, z.B. zusammen mit *B. thuringiensis* Melasse bei *Lymantria dispar* und Baumwollsaatöl bei *Heliothis*-Arten.

Zur Bekämpfung von Schadwirbeltieren werden oft Nahrungsköder (Speck oder Käse für Hausmäuse; Apfelscheiben für Bisamratten) in Fallen deponiert. Statt der Fallen haben sich auch Giftköder bewährt, wie z.B. vergifteter Weizen zur Bekämpfung der Feldmaus, Erdmaus und Rötelmaus. Soweit als Gifte unspezifische Mittel dienen, ist insofern Vorsicht geboten, als unsachgemäß ausgelegte Giftköder auch von Vögeln und vielleicht vom Schwarzwild angenommen werden. – Auch zur Bekämpfung von Ratten durch Nagergifte (vgl. auch 15.2.3.3) dienen Nahrungsköder. Dabei ist zu bemerken, daß die Nahrungswahl bei Nagern stark erfahrungsbedingt ist. Deshalb läßt sich durch geeignete Vorköderung mit wirkstofflosem Köder eine wesentliche Steigerung der Köderannahme erzielen. Dies ist auch für die mikrobiologische Nagerbekämpfung wichtig (vgl. 12.2).

15.2.2 Allomone und entsprechend wirkende Stoffe

15.2.2.1 Repellentien

Manche Lebewesen produzieren Stoffe, die andere als unangenehm empfinden und mit denen diese daher verjagt werden können. Derartige Stoffe bezeichnet man als Repellentien. Sie sind im Spiel, wenn Tomaten benachbarte Kohlpflanzen vor dem Befall durch Kohlweißlinge (*Pieris*-Arten) bewahren oder Zwiebelpflanzen in der Nähe wachsende Möhren vor der Möhrenfliege *(Psila rosae).* Aber auch Alarmpheromone, wie sie z.B. von Blattläusen produziert werden, haben eine Repellenswirkung (vgl. 15.2.3.3).

In die Praxis haben bisher keine natürlichen Repellentien, sondern entsprechend wirkende Chemikalien Eingang gefunden. Seit dem vorigen Jahrhundert kennt man die Wirkung von Naphthalin als Abschreckmittel gegen Kleidermotten (Tineiden) und Museumskäfer (Dermestiden); es wurde in den dreißiger Jahren durch p-Dichlorbenzol ersetzt. Wichtiger sind heute Repellentien zur Abwehr von hygienisch bedeutsamen Arthropoden, die als Vektoren von Krankheitserregern fungieren. Wohlbekannt ist der Repellenseffekt von Dimethylphthalat und Äthyl-hexandiol auf Gelbfiebermücken *(Aedes aegypti)* und Malariamücken *(Anopheles quadrimaculatus).* Beide Mittel wurden während des Zweiten Weltkrieges von den US-Streitkräften in Südostasien mit großem Erfolg prophylaktisch eingesetzt. Neben dem Äthyl-hexandiol und dem Äthylbutylpropandiol ist heute das Diäthyl-toluamid das wirkungsvollste und breitenwirksamste Repellens gegen Blutsauger am Menschen. Bei der Anwendung dieser Stoffe auf der Haut (oder nach Imprägnierung von Kleidern) ist zu beachten, daß ihre Wirkung von Temperatur, Luftfeuchte und ggf. Transpiration beeinflußt wird. – Gegen Zecken und Flöhe wirkt u. a. Butylacetanilid. Gegen Krätzemilben (*Trombicula*-Arten) haben sich Benzylbenzoat, Benzil und Dibutylphthalat als Imprägnierungsmittel von Textilien bewährt.

Als Repellentien-Mischung gegen Milben, Zecken, Stechmücken und Stechfliegen empfiehlt der Sanitätsdienst der US-Streitkräfte die Formulierung M-1960 (Benzylbenzoat, Butylacetanilid, Äthylbutyl-propandiol und Tween 80 als Netzmittel im Verhältnis 3 : 3 : 3 : 1) zur Kleiderimprägnierung. Der Repellenseffekt hält mehrere Wochen an.

In der Tierhaltung bewähren sich gegen Stechfliegen (*Stomoxys, Haematobia* u. a.) und Stechmücken (*Culex* u. a.) Dibutyl-succinat, Dipropylpyridin-dicarboxylat, Butoxypolypropylenglycol und Oxyäthyloctylsulfid als Repellentien, am besten in Verbindung mit Pyrethrum als relativ harmlosem Insektizid. Auf diese Weise läßt sich ein Schutz von Nutztieren allerdings nur erreichen, wenn sie täglich zweimal besprüht werden.

Nicht so erfolgreich war die Suche nach wirksamen Repellentien gegen Schadwirbeltiere. Gegen den Verbiß durch Wild im Forst hat man früher vor allem Erdölprodukte, Kadaverfett und Parfümöle mit mehr oder weniger gutem Erfolg angewendet. Von chemischen Abwehrmitteln seien nur Trinitrobenzolanilin, Hexachlorophen und Tetramethylthiuramdisulfid erwähnt. Die zuletzt genannte Substanz ist auch ein wirksames Repellens gegen den Japankäfer *(Popillia japonica)* an Obstbäumen.

15.2.2.2 Phagodeterrentien

Während Repellentien abweisend wirken, hemmen Deterrentien den Biß bzw. Einstich am Substrat (Abschreckmittel oder antifeedant). Natürliche Deterrentien für Kohlweißlingsraupen sind z. B. bestimmte pflanzliche Alkaloide. Abschreckend auf den Kartoffelkäfer wirkende Glucoside (Demissin, Solanin, Tomatin) ließen sich aus resistenten Kartoffelsorten isolieren. In bestimmten Meliazeen (z. B. *Azadirachta indica*) kommt das Azadirachtin vor, das u. a. Wüstenheuschrecken *(Schistocerca gregaria)* vom Fraß abhält. Dieser Stoff, der auch bei Lepidopterenlarven und einer Reihe von Coleopteren den Fraß hemmt, wirkt offenbar systemisch.

Bereits vor 100 Jahren wurde in Frankreich die sog. Bordeaux-Brühe (= Kupferkalkbrühe) als Fungizid und Phagodeterrens gegen Insekten vor allem im Weinbau eingesetzt. Als wirksame Substanz enthält sie Kupfersulfat. Eine ähnliche Doppelwirkung besitzt das Kupferoxychlorid. Es ist ein brauchbares Repellens gegen den Kartoffelkäfer und zugleich ein Fungizid. Es wird deshalb angenommen, daß der Rückgang des Kartoffelkäfers in der Schweiz auf die seit über 20 Jahren betriebene Bekämpfung der Kraut- und Knollenfäule der Kartoffeln

(Erreger: *Phytophthora infestans*) mit Kupferoxychlorid zurückzuführen ist. Auch Fentinacetat und andere Triphenyl-Zinnverbindungen wirken zugleich als Fungizide gegen *Phytophthora* und als Deterrentien für den Kartoffelkäfer. Aus Israel wurde über gute Wirksamkeit von Fentinacetat als Abschreckmittel gegen den Asiatischen Baumwollwurm *(Prodenia litura)* berichtet. In den USA verwendet man gegen verschiedene Baumwollschädlinge einschließlich Baumwollkapselkäfer *(Anthonomus grandis)* Dimethyltriazeno-acetanilid als Deterrens, das sich inzwischen aber auch in anderen Kulturen bewährt hat. So wirkt dieses Mittel auch gegen Kohlweißlingsraupen *(Pieris rapae)* und Raupen der Amerikanischen Gemüseeule *(Trichoplusia ni)*. Dagegen ist der Stoff unwirksam gegen Minierer wie Maiszünsler oder Apfelwickler. – Neben den industriell zur Imprägnierung von Wolle genutzten Mottenschutzmitteln Eulan CN (Dioxypentachlortriphenylmethansulfonsäure) und Mitin FF (Dichlorphenylureidochlorphenoxychlorbenzolsulfonsäure) wirkt auch Natriumaluminiumfluorosilikat gut gegen Kleidermotten (Tineiden). – Pentachlorphenol gilt als wirksames Phagodeterrens speziell gegen Termiten.

Die Erprobung von Abschreckmitteln zur Abwehr von Vogel-, Wild- und Nagerschäden wäre eine dankenswerte Aufgabe. Als Beizmittel für Saatgut, damit es von Krähen, Tauben und Fasanen nicht gefressen wird, verwendet man u.a. Anthrachinon. Gegen Nagerfraß haben vielleicht Tributyl-Zinnverbindungen eine gewisse Zukunft.

15.2.2.3 Suppressoren, Antibiotika und Toxine

Für den chemischen Antagonismus zwischen verschiedenen Pflanzenarten, wie z.B. die Hemmung von Fenchel durch Wermut, prägte Molisch 1937 den Begriff *Allelopathie*. Eine solche Wachstumshemmung durch ausgeschiedene Hemmstoffe oder Suppressoren tritt in der Natur relativ häufig auf und kann z.B. regulierend auf Dichte und Verteilung von Pflanzenarten in der Biozönose wirken. Nicht nur die Entwicklung charakteristischer Vegetationsmuster erfolgt auf dieser Basis, sondern auch die bekannte Sukzession des Phytoplanktons. Hierher gehört auch die ökologische Bedeutung von Antibiotika-Produzenten in der Bodenflora. – Die Allelopathie hat sicher auch eine Bedeutung für den Ackerbau. Getreidesorten wie Gerste, Hafer und Weizen, aber auch Kohl- und Tabakpflanzen scheiden nämlich an ihren Wurzeln Hemmstoffe aus. Bereits 1966 schlug deshalb Overland vor, zur Reduktion des Unkrautbefalls zwischenzeitlich Gerste *(Hordeum vulgare)* auszusäen. Inzwischen werden systematische Untersuchungen zur allelopathischen Unkrautbekämpfung durchgeführt (Putnam & Duke, 1974).

Zu den Suppressoren sind auch jene Schutzstoffe *(Inhibitine)* zu rechnen, die von Tieren und Pflanzen zur Abwehr von Krankheitserregern produziert werden. Sie wirken entweder als Enzyme (z.B. Lysozym) oder als Enzyminhibitoren (z.B. Antibiotika). Über die Produktion von *antibiotischen Stoffen* durch höhere Pflanzen und ihre Bedeutung hat u.a. Gerstner, 1956, zusammenfassend berichtet. Einige dieser Wirkstoffe wie z.B. solche aus der Kapuzinerkresse *(Tropaeolum majus)* erwiesen sich sogar gegen humanpathogene Keime als therapeutisch wirksam. Beim Verzehr solcher »Heilpflanzen« wirken diese gewissermaßen als natürliche »Fütterungs-Antibiotika«.

Nachdem Fleming 1928 bei einem Pilzstamm von *Penicillium notatum* einen auffälligen Antagonismus gegenüber dem Eitererreger *Staphylococcus aureus* nachgewiesen hatte, begann erst mit dem 2. Weltkrieg die große Ära der Antibiotika, nachdem die Isolierung des spezifischen Wirkstoffes Penicillin und seine erfolgreiche Anwendung bei Wundinfektionen und Sepsis gelungen war. Mit dem Streptomycin (Waksman, 1943) wurde die Reihe der von Actinomyceten (*Streptomyces*-Arten) produzierten Antibiotika eingeleitet, die dann zur Entdeckung und Bearbeitung der wichtigen Breitbandantibiotika aus der Tetracyclin-Gruppe führte. Der Gebrauch all dieser Antibiotika ist heute aus der Medizin und Tiermedizin nicht mehr wegzudenken (vgl. 14.1). – Zu Beginn der Antibiotika-Ära injizierte man zu therapeutischen Zwecken diese Stoffe fast ausschließlich parenteral. Inzwischen ist jedoch beim Menschen die orale wohl die häufigste Applikationsform.

Mittlerweile stellt sich als Hauptproblem bei der Anwendung von Antibiotika die Entstehung und Ausbreitung von Resistenzen heraus. Die Selektion und das Auftreten von (durch Gentransfer) übertragbaren Resistenzfaktoren (R-Faktoren in Form extrachromosomaler Bakteriengene) sind hierfür von ausschlaggebender Bedeutung. Meistens sind Resistenzfaktoren in der Population eines pathogenen Keimes bereits vorhanden und werden durch Antibiotika selektioniert oder aber von nicht-pathogenen Keimen erworben. Da der Selektionsdruck mit der Ausweitung der Antibiotika-Anwendung zunimmt, muß diese wirksam kontrolliert werden. Jetzt sieht es so aus, als wäre der Wettlauf zwischen der Resistenzentwicklung einerseits und der Entwicklung neuer Antibiotika andererseits im Bereich der Hospitäler bereits durch die Erreger gewonnen (wie die Zunahme und Ausbreitung des sog. Hospitalismus zeigt). Dagegen haben im Bereich der freipraktizierenden Ärzte die Antibiotika im Augenblick noch einen gewissen Vorsprung vor den Erregern.

In den fünfziger Jahren begann man in das System der natürlichen Darmflora bei Nutztieren dadurch einzugreifen, daß man Antibiotika als Futteradditive einsetzte. Die auf diese Weise bei Hühnern, Schweinen und Kälbern erzielte Wachstumssteigerung ist noch nicht befriedigend geklärt.

Inzwischen hat jedoch dieses Vorgehen, soweit man dazu therapeutische Antibiotika (wie Tetracycline) benutzte, zu berechtigter Kritik Anlaß gegeben, da auf diese Weise (s.o.) der Selektion resistenter Stämme Vorschub geleistet wird. Solche Stämme gelten als entscheidende Quelle für übertragbare Resistenzfaktoren (s.o.) von Bakterien. Deshalb sind inzwischen in Deutschland (BRD) nur noch solche »Fütterungs-Antibiotika« zugelassen, die nicht therapeutisch genutzt werden und die auch nicht zur Selektion von Darmbakterien mit Mehrfachresistenz (speziell Kreuzresistenz gegenüber den therapeutischen Antibiotika) führen. Ein solchermaßen für die Nutztierhaltung geeignetes Antibiotikum scheint das von bestimmten Streptomyceten produzierte Flavomycin zu sein.

Auch in der Phytopathologie bietet sich die Anwendung von bestimmten Antibiotika an. Interessant für die Praxis sind vor allem systemisch wirkende

Hemmstoffe (Marsh, 1972). Zu diesen gehören neben dem Streptomycin (wirksam z. B. gegen den Erreger der Fettfleckenkrankheit von Bohnen, *Pseudomonas medicaginis,* und den Erreger des Feuerbrandes, *Erwinia amylovora*) aus *Streptomyces griseus* das von dem gleichen Mikroorganismus synthetisierte Cycloheximid (wirksam gegen den Schwarzrosterreger, *Puccinia graminis,* u.a. Pilze). Mit großem Erfolg werden z.Z. in Japan systemisch wirkende und von *Streptomyces*-Arten produzierte Antibiotika gegen phytopathogene Pilze (wie *Pericularia oryzae*) im Reisanbau eingesetzt: Blasticidin S, Kasugamycin, Polyoxin u.a.m.

Bei der Zucht von Insekten auf künstlichen Nährböden (vgl. 9.2.1) werden diesen gern Antibiotika zugesetzt, um einen Befall durch Nahrungsmittelvergifter oder insektenpathogene Saprophyten zu verhindern. – Antibiotika können aber auch auf Insekten schädigend wirken, und zwar indirekt, indem sie deren symbiontische Mikroflora beeinflussen: *Symbiotizide.* Bei vielen Insekten, insbesondere Nahrungsspezialisten, kommen symbiontische Mikroorganismen entweder im Darmkanal oder in speziellen Organen (sog. Myzetomen) vor und sind für Wachstum und Entwicklung unentbehrlich.

Ein Beispiel hierfür sind die Bohrfliegen (Tephritidae), zu denen die Olivenfliege *(Dacus oleae)* gehört. Im Darmkanal dieses Insektes lebt symbiontisch eine *Pseudomonas*-Art, die gleichzeitig pflanzenpathogen ist (Erreger der »Ölbaum-Tuberkulose«), so daß die Olivenfliege zugleich als Vektor für diese Krankheit fungiert. In Griechenland wurden Versuche angestellt, um diese *Pseudomonas*-Art durch eine Streptomycin-Behandlung ihres Wirtes zu bekämpfen. Dabei gingen aus den Eiern behandelter Olivenfliegen keine Larven mehr hervor. Diese Wirkung hält solange an, bis sich die Fliegen wieder neu infizieren. (Weil die Möglichkeit hierzu in der Natur normalerweise sehr gering ist, hat sich bei vielen Symbiontenträgern und speziell bei der Olivenfliege evolutorisch ein raffinierter Übertragungsapparat ausgebildet, der die Weitergabe des Symbionten auf die Nachkommen sichert.) Weitere Versuche zeigten, daß man alternativ auch Oliven, auf denen die Eiablage erfolgt, mit Streptomycinlösung behandeln kann, damit sich aus kontaminierten Eiern keine Larven entwickeln (Tzanakakis & Stavrinides, 1973). Weitere Beispiele bei Krieg, 1971c.

Noch nicht ausreichend analysiert ist der toxische Effekt von bakterienwirksamen Antibiotika aus Streptomyceten wie Flavomycin und Tetracyclinen auf Spinnmilben (Tetranychidae). Auch der schädigende Einfluß von pilzwirksamen Hemmstoffen wie Antimycin A und Kasugamycin auf eine Reihe von Insekten bedarf noch einer Erklärung. In diesem Zusammenhang ist bemerkenswert, daß Valinomycin auf manche Insekten eine dem Kristalltoxin von *Bacillus thuringiensis* vergleichbare Wirkung zeigt. – Direkt auf Insekten wirken auch jene Toxine, die von insektenpathogenen Erregern produziert werden und die normalerweise in den pathogenetischen Prozeß integriert sind, z.B. die von *Beauveria*- bzw. *Metarrhizium*-Arten produzierten Mykotoxine (Beauvericin bzw. Destruxine). Diese erwiesen sich jedoch gegenüber Wirbeltieren als zu toxisch, so daß man auf ihre Anwendung verzichtet hat. Hingegen eignet sich das von manchen Stämmen des *Bacillus thuringiensis* produzierte thermostabile Exotoxin, das nur einen schwachen Effekt auf Wirbeltiere hat, nicht nur gut zur Bekämpfung von Fliegenlarven (*Musca domestica* u.a.) im Dung, sondern auch von Spinnmilben (*Tetranychus urticae* u.a.) in der Landwirtschaft.

Biogene Insektizide werden auch von grünen Pflanzen produziert, z.B. von

Armleuchteralgen (*Chara*- und *Nitella*-Arten), die einen Stoff in das umgebende Wasser abgeben, der die Entwicklung von Mückenlarven hemmt. Besser bekannt sind jene Insektizide, welche von höheren Pflanzen produziert werden: das Nikotin der Tabakpflanzen, das Rotenon aus der Wurzel bestimmter tropischer Leguminosen und vor allem das Pyrethrum der Blüten bestimmter Chrysanthemen. Während Nikotin und Rotenon gleichzeitig Wirbeltiergifte darstellen, bleibt die Wirkung des Pyrethrums praktisch auf Insekten beschränkt. Speziell der Anwendung von diesem relativ unbeständigen und für Mensch und Vieh harmlosen pflanzlichen Kontaktinsektizid dürfte vielleicht auf dem Hygiene-Sektor bei der Ablösung persistenter Insektizide (z. B. chlorierter Kohlenwasserstoffe) ein Aufschwung bevorstehen. Als weitere pflanzliche Insektizide von praktischer Bedeutung seien noch genannt: Derris, Quassia und Ryania.

Auch gegen andere Schädlinge sind biogene Giftstoffe (Noxen) bekannt. So gibt es viele natürliche Wurmmittel, die als Anthelminthika medizinische Bedeutung haben und zu Kuren gegen Eingeweidewürmer eingenommen werden. Als Beispiele seien nur genannt: das Santonin (aus *Arthemisia maritima cina*) gegen Spulwürmer (Askariden) und das Aspidinol (aus dem Wurmfarn, *Aspidium filix-mas*) gegen Bandwürmer (Cestoden). Leider sind diese Mittel auch verhältnismäßig toxisch für den Menschen.

Unbedenklich in seiner Anwendung ist das Schneckengift der Kermesbeere *(Phytolacca dodecandra)*. Es besitzt für Säugetiere nur geringe Toxizität, aber eine stark abtötende Wirkung auf Wasserschnecken, die dem Bilharziose-Erreger als Zwischenwirt dienen. Durch Einbringen zerriebener Beeren in Gewässer konnte in einem mehrjährigen Versuch bei Adwa in Äthiopien der Bilharziose-Befall der Bevölkerung von 50% auf 15% und bei Kindern noch stärker reduziert werden.

Abschließend seien noch die zur Rattenbekämpfung benutzten Wirkstoffe Scillirosid (aus der roten Meerzwiebel, *Urginea maritima*) und Cumarin (aus Waldmeister oder Tonkabohne) bzw. dessen Derivate erwähnt. Das erste ist ein Herzmittel (Kardiakum), die anderen Antikoagulantien, die auch medizinische Bedeutung haben und daher für Mensch und Vieh nicht inert sind.

15.2.3 Pheromone

Diese *Exohormone* können richtungsweisend wirken (Spurpheromone) oder Orientierungsreaktionen auslösen (Attraktans-Wirkung von weiblichen Sexualpheromonen) sowie Verhaltensreaktionen auf bestimmte Reize verstärken (Alarmpheromone) oder unterdrücken (Arrestans-Wirkung bei männlichen Sexualpheromonen). Eine große Rolle spielen Pheromone bei der Sexual- und Sozialregulation von Lebewesen.

15.2.3.1 Sexualpheromone (Sex-Attraktantien)

Die Erforschung der Pheromone bei Wirbeltieren steht noch in den Anfängen, obwohl einige Sexuallockstoffe schon lange bekannt sind wie das Muscon aus der Vorhautdrüse des männlichen Moschustieres. – Im Zusammenhang mit der Bekämpfung von Bisamratten verwenden die Fallensteller anstatt der sonst üblichen

Nahrungsköder gelegentlich als Köder einen Extrakt des Sex-Attraktans aus den entsprechenden Drüsen der Männchen. Seine Wirksamkeit ist allerdings auf die Brunstzeit beschränkt.

Auch bei Insekten kommen männliche Sexualpheromone vor, z.B. bei der Großen Wachsmotte *(Galleria mellonella)* das Undecanal. Es wirkt in niedriger Dosis auf das Weibchen als Sex-Attraktans und in hohen Dosen als Aphrodisiakum (Arrestans). Ähnlich wirksame Stoffe, die von Männchen produziert werden, sind auch von Pyraliden bekannt.

Besser untersucht bei Arthropoden sind Natur, Wirkungsweise und Anwendungsmöglichkeiten der Sex-Attraktantien, die von den Weibchen produziert werden, um Männchen anzulocken. Ihr Vorkommen ist u.a. nachgewiesen bei Milben, Zecken, Orthopteren, Homopteren, Coleopteren, Hymenopteren, Lepidopteren und Dipteren. Bei diesen Sexualpheromonen handelt es sich um aliphatische Alkohole, Aldehyde oder Ester. Ursprünglich war man der Auffassung, daß es nur artspezifische Pheromone gäbe. Inzwischen ist jedoch bekannt, daß oft derselbe Stoff bei einer ganzen Artengruppe als Sammelpheromon wirkt. Eine artspezifische Differenzierung erfolgt dann durch zusätzliche Faktoren (Synergismen oder Maskierungen). Auf diese Weise wird die Qualität des Grundpheromons abgeändert. Gemeinsame Grundpheromone kommen z.B. vor bei Saturniiden, Noctuiden, Phycitiden und Tortriciden. – Alle diese Stoffe sind meist noch in außerordentlicher Verdünnung wirksam. So wird beim Schwammspinner *(Lymantria dispar)* der Sexuallockstoff des Weibchens[1] von den Männchen noch in fast 4 km Entfernung wahrgenommen.

Erste Versuche, den Pheromoneffekt für praktische Belange auszunutzen, wurden 1913 in Amerika unternommen. Nach den USA war der Schwammspinner im vorigen Jahrhundert eingeschleppt worden und hatte sich bald zu einem Kardinalschädling vor allem in Eichenwäldern entwickelt. Bei den damaligen Versuchen mit Sexuallockstoffen wurden gefangene, unbegattete Schwammspinner-Weibchen dazu benutzt, um fliegende Männchen anzulocken; auf diese Weise konnten neue Befallsherde gefunden werden. Neuerdings hat man diese Verwendung von Pheromon zur Schwammspinner-Prognose wieder aufgenommen, und zwar mit Leimfallen, die den Sexuallockstoff enthalten. In den letzten Jahren wurden hierfür in den USA große Mengen von Fallen ausgebracht und kontrolliert, allein im Jahre 1972 etwa 120000.

Für eine Anwendung von Pheromonen in der Schädlingsbekämpfung eignen sich vor allem 2 Verfahren: 1. Die Anlockung der Männchen in Massen. Man läßt sie dann entweder nach Sterilisation wieder frei (»sterile-male«-Technik; vgl. Kap. 8) oder schaltet sie durch einen konventionellen Abtötungsmechanismus (Insektizid) aus (»mass-trapping«). 2. Die Desorientierungs- oder »male confusion«-Technik, bei der wegen erhöhter Konzentration des Lockstoffes in der Luft eine Duftorientierung der Männchen nach den Weibchen nicht mehr möglich ist.

Erste Versuche mit der »male annihilation«-Technik fielen beim Schwammspinner nicht befriedigend aus. Die Analyse der Verhältnisse ergab, daß mit diesem Verfahren selbst bei hohem Aufwand eine Massenvermehrung des Schädlings nicht mehr beherrscht werden kann. Nach Beroza & Knipling (1972) soll erst

[1] cis-7,8-Epoxy-2-methyloctadecan

bei der Ausschaltung von 95% aller Männchen eine Befallsreduktion um etwa 50% im darauffolgenden Jahr zu erwarten sein. Deshalb ist bei diesem Schädling eine Verwendung der »male annihilation«-Technik nur dann empfehlenswert, wenn man in einem Populationsminimum die regionale Populationsdichte weiter absenken will. Der dazu notwendige Aufwand von 1000 Fallen/km^2 ist dann immerhin billiger als eine chemische Bekämpfung. – Neuerdings haben Beroza et al. (1974) einen erfolgreichen Versuch mit der »confusion«-Technik unternommen. Mit einer Granulat-Formulierung des Sexuallockstoffes, die vor der Paarungszeit des Schwammspinners mit dem Flugzeug in einer Aufwandmenge von 5 g/ha auf eine Forstfläche von 60 km^2 in Massachusetts ausgebracht worden war, gelang es, die Männchen wirkungsvoll zu desorientieren: in den zu Erfolgskontrollen aufgestellten Fallen im behandelten Gebiet ging der Fang auf etwa 3% zurück. Aufgrund dieser Ergebnisse wurde inzwischen ein Insektizid-Pheromon-Programm entwickelt, das die weitere Ausbreitung des Schwammspinners in den USA verhindern soll. In der ersten Phase der Aktion wird die Populationsdichte des Schädlings mit einem konventionellen Insektizid auf jenes niedrige Niveau gesenkt, das einen erfolgreichen Einsatz des Pheromonpräparates »Disparlure« in der zweiten Phase des Programms gewährleistet (vgl. ähnliches Vorgehen beim sog. Selbstvernichtungsverfahren – Kap. 8).

In Europa hat man vor allem Versuche mit Pheromonen zur Prognose und Bekämpfung der Nonne *(Lymantria monacha)* durchgeführt. Bei deren Sexuallockstoff handelt es sich offenbar um ein Stereoisomer zum Schwammspinner-Lockstoff. Deshalb konnte man bei Fallenversuchen das für den Schwammspinner entwickelte Präparat »Disparlure« verwenden, das beide Stereoisomere enthält.

Inzwischen konzentrieren sich bei uns aber die Bemühungen auf den Apfelwickler *Laspeyresia pomonella* und die Verwendung seines Sexuallockstoffes.[1] In Deutschland werden Pheromonfallen zur Prognose dieses Schädlings seit 1971 im Obstbau verwendet und sind heute im Handel erhältlich. – Bei Bekämpfungsversuchen des Apfelwicklers in der Schweiz zeigte sich, daß die »mass-trapping«-Methode wohl weniger gut geeignet ist als die »confusing«-Technik. Allerdings besteht auch hier die Gefahr, daß bei abklingender Pheromon-Wirkung doch Männchen aus der Nachbarschaft angelockt werden. Deshalb erprobt man gegenwärtig zur Verhinderung des Zuflugs Antagonisten zu den natürlichen Pheromonen (sex attractant inhibitors); als solche wirken der Essigsäureester und der Äthyläther des natürlichen Pheromons. – Außerdem läuft in Europa z.Z. ein Programm mit dem Sexualpheromon[2] des Apfelschalenwicklers *(Adoxophyes reticulana)* zu dessen Prognose und Bekämpfung.

Beim Maiszünsler *(Ostrinia nubilalis)* stellt der Lockstoff ein Zweikomponentensystem aus Stereoisomeren[3] dar, wobei ein bestimmtes Mischungsverhält-

[1] trans-8, trans-10-Dodecadien-1-ol
[2] cis-9-Dodecylacetat
[3] von 11-Tetradecenyl-acetat

nis optimal auf die Anlockung der Männchen wirkt. Inzwischen hat sich gezeigt, daß das optimale Mischungsverhältnis bei dieser Art nicht immer konstant ist, sondern bei Lokalrassen verschieden sein kann: intraspezifische Pheromon-Variabilität bzw. Typenbildung. Dessen ungeachtet gelingt es auch beim Vorliegen derartiger Zweikomponentensysteme leicht, durch Ausbringung von nur einem Stereoisomer, die Männchen zu desorientieren. Entsprechende Versuche zur Bekämpfung des Maiszünslers mit der »confusion«-Methode laufen z.Z. in den USA.

Ausgedehnte Untersuchungen über die Anwendung von Sexuallockstoffen wurden auch bei verschiedenen Eulenfaltern (Noctuiden) angestellt. Hier liegen die Sexual-Pheromone oft als komplizierte Mehrkomponenten-Systeme vor. Außerdem reagieren diese Falter oft sehr unterschiedlich auf Lockstoffe, was deren Anwendung erschwert. Die erste Anwendung eines Sex-Attraktans bei der Amerikanischen Gemüseeule *(Trichoplusia ni)* (1967) erfolgte mit der »confusion«-Technik. Bei späteren Feldversuchen (1972) erprobte man auch die »mass-trapping«-Methode. Die Ergebnisse waren aber in beiden Fällen nicht ausreichend. Entsprechend große Schwierigkeiten sind bei der Anwendung eines Sex-Attraktans bei einer anderen Eulenart, dem Afrikanischen Baumwollwurm *(Spodoptera littoralis)*, zu erwarten.

Ganz allgemein ist bei einer Verwendung von Pheromonen zur Schädlingsbekämpfung der Erfolg weitgehend abhängig von einer relativ niedrigen Populationsdichte des jeweiligen Schädlings sowie von der optimalen Dosierung und Formulierung[1] des Lockstoffes, also von der Dichte, Verteilung, Stärke und Persistenz der Pheromonquellen.

Literatur: Beroza, 1970; Jacobson, 1972; Priesner, 1973; Marx, 1973a; Boness, 1973.

15.2.3.2 Aggregationspheromone

Exohormone mit Arrestans-Wirkung kommen unter anderem bei sozialen Insekten vor, wo sie die Nester und Stöcke zusammenhalten. Ein solches Aggregationspheromon wird von der Bienenkönigin produziert und ermöglicht den Zusammenhalt des Volkes.

Besonders verbreitet sind Aggregationspheromone bei Borkenkäfern (Scolytidae). Hier bewirken diese Stoffe nicht nur eine Masseninvasion der Käfer in die Brutstämme, sondern auch ein Zusammentreffen der Geschlechter; sie wirken somit gleichzeitig als Sexualpheromone. Gut untersucht sind vor allem die Pheromone und ihre Wirkungsweisen bei den nordamerikanischen *Dendroctonus*-Arten (6 verschiedene Aggregationspheromone bekannt[2]) und bei den sowohl in Nordamerika als auch in Eurasien verbreiteten *Ips*-Arten (4 verschiedene Pheromone beschrieben[3]). Bei den Borkenkäfer-Pheromonen handelt es sich offensichtlich um metabolisierte Terpenoide der Befallsbäume.

[1] z.B. Depotformulierung in Mikrokapseln
[2] cis- und trans-Verbenol, Verbenon, Frontalin, exo- und endo-Brevicomin
[3] Ipsenol, Ipsdienol und wiederum cis- und trans-Verbenol.

Die primäre Anlockung von Pionierkäfern erfolgt durch genuine Terpenoide (α-Pinen u. a.) des Substrats; sie geht also von den Bäumen direkt aus. Dies führt dazu, daß bei monogamen Arten einzelne Weibchen und bei polygamen Arten einzelne Männchen potentielle Brutstämme anfliegen. Beim Einbohren beginnen dann die Pionierkäfer mit der Produktion von Aggregationspheromon, bei den *Scolytus*- und *Dendroctonus*-Arten die Weibchen und bei den *Ips*-Arten die Männchen. Diese sekundäre Anlockung führt zu einem massenhaften Anflug beider Geschlechter an dem Befallsbaum. Dabei ist die Bedeutung der Pheromone (metabolisierte Terpenoide) und der Substratattraktantien (genuine Terpenoide) bei den verschiedenen Borkenkäfern unterschiedlich. Während bei den *Dendroctonus*-Arten die Pheromonkomponente ganz entscheidend ist für die Bewältigung der Brutstämme, scheint dies bei den *Ips*-Arten und anderen Borkenkäfern weniger der Fall zu sein.

Diese Verhältnisse lassen sich biotechnisch sowohl zur Prognose als auch zu Bekämpfungsmaßnahmen nutzen. Für letztere gibt es wieder zwei Methoden: einerseits die Punktapplikation (Fallen oder geköderte Bäume: »mass-trapping«) und andererseits das Flächenverfahren (Desorientierungsmethode – »confusion-method«). – Der Erfolg bei Verwendung von geköderten Bäumen hängt in jedem Falle entscheidend von ihrer rechtzeitigen Behandlung oder Fällung ab. Ein wichtiger Nachteil der Punktapplikation ist aber vor allem der oft wesentlich verstärkte Befall des umgebenden Baumbestandes. Deshalb wird z. Z. bevorzugt die flächenweise Anwendung von Pheromonen zur künstlichen Dispersion der Borkenkäferpopulation erprobt. Außerdem erwägt man den Einsatz von Anti-Aggregationspheromonen zur Verhinderung des Zuflugs. – Neuerdings wird aus Norwegen und der Tschechoslowakei über Versuche zur Anlockung des Buchdruckers *(Ips typographus)* mit Pheromonen und anderen Terpenoiden berichtet.

Literatur: Bakke, 1973; Vité, 1975.

15.2.3.3 Markierungs- und Alarmpheromone

Durch bestimmte Pheromone können auch ökologisch bedeutsame Objekte markiert werden, und zwar durch Spurpheromone (Attraktans) oder durch Abweispheromone (Repellens). Zu den repulsiv wirkenden Pheromonen gehört ein Wirkstoff, der von der Kirschfruchtfliege *(Rhagoletis cerasi)* produziert wird, um jene Früchte zu kennzeichnen, die bereits mit Eiern belegt sind. Durch Behandlung von Bäumen mit einem entsprechenden Wirkstoffextrakt gelang es inzwischen, den Fruchtfliegenbefall an den Kirschen auffallend zu vermindern (Katsoyannos & Boller, 1976).

Stoffe, deren Abgabe eine kollektive Verteidigung veranlassen, waren bisher vor allem von sozialen Insekten (Bienen und Ameisen) bekannt. – Neuerdings entdeckte nun Bowers (1972) bei verschiedenen Blattläusen (wie *Acyrthosiphon pisum, Rhopalosiphum maidis, Myzus persicae*) ein Alarmpheromon[1], das eine Fluchtreaktion auslöst, wenn Blattläuse von einem Raubinsekt angegriffen oder nur gestört werden. Als Reaktion auf dieses Pheromon lassen sich die im Umkreis von wenigen Zentimetern sitzenden Blattläuse fallen. An einer sinnvollen Nutzung der Alarmpheromone wird z. Z. gearbeitet.

[1] vermutlich trans-β-Farnesen

15.2.4 Autoinhibitoren

Neben Exohormonen, die das Verhalten von Tieren beeinflussen, gibt es auch Pheromone, die die Populationsdichte von Lebewesen autogen regulieren: ***Autoinhibitoren.*** Derartige Wirkstoffe treten als Entwicklungshemmer bei Süßwassertieren auf, wie z. B. bei Schnecken, Amphibienlarven (Kaulquappen) und Fischen. Da die Konzentration der Autoinhibitoren im umgebenden Wasser mit der Populationsdichte ansteigt, wirken sie gut als natürliche Regulatoren. – Ihre Anwendung oder die von Analoga in geeigneter Form könnte einen neuen Weg der Schädlingsbekämpfung eröffnen. Dies ist vielleicht auch bei Stechmückenlarven *(Culex pipiens)* möglich, die ebenfalls einen Übervölkerungsfaktor produzieren. Dieser hat außerdem noch bakteriostatische Eigenschaften und ist damit gleichzeitig ein Suppressor.

15.2.5 Endohormone und entsprechend wirkende Stoffe

Der Außensteuerung von Entwicklung und Fortpflanzung durch Exohormone steht die Innenregulation dieser Vorgänge durch Endohormone gegenüber. Ihre Primärwirkung läuft auf eine Genaktivierung hinaus. Da dieser Effekt nicht art-, sondern wirkungsspezifisch ist, ist es schwierig, diese Hormone nur gegen eine Art oder Artengruppe anzuwenden. Durch Abändern des chemischen Aufbaus (Herstellung von Analoga) läßt sich jedoch in manchen Fällen ihre Selektivität steigern.

15.2.5.1 Fertilitätsregulatoren bei Wirbeltieren

15.2.5.1.1 Sexualhormone und Analoga

Seit der Einführung der hormonalen Kontrazeption 1958 durch Pincus beim Menschen in Form der sog. Antibabypille versucht man, diese Methode auch zur Populationsreduktion bei freilebenden Tieren zu verwenden. Mit dem Östrogen-Analogon Diäthylstilböstrol wurde 1964 von Balser der erste derartige Versuch im Freiland durchgeführt, und zwar zur Bekämpfung von Coyoten *(Canis laterans)* in den USA. Es stellte sich eine bemerkenswerte Erfolgsquote von 80–100% ein.

Zur Nagerbekämpfung, und zwar speziell bei der Wanderratte *(Rattus norvegicus),* wurde außer dem bereits erwähnten Diäthylstilböstrol auch das in den meisten oralen Kontrazeptiva für Menschen enthaltene Mestranol erprobt. Eine noch bessere Dauerwirkung hatte ein neues Östrogen-Analogon (BDH 10131), das für Ratten 0,015%ig im Köder appliziert wurde.

Dabei köderte man 2 Tage lang ohne das Mittel vor und fügte anschließend dem Köder das Kontrazeptivum zu. Obwohl jedesmal bei der BDH-Applikation die Nahrungsaufnahme der Ratten etwas zurückging, trat hierbei (im Gegensatz zur Mestranol-Applikation) keine dauerhafte Abneigung gegen das Mittel auf. Die Dosis betrug bei einer 2-Tage-Behandlung etwa 5,4–9,5 mg/kg Körpergewicht. Im Freiland wird die Fortpflanzung bei Rattenpopulationen selbst bei nur einmaliger Applikation von BDH-haltigem Köder nachhaltig herabgesetzt (Kendle et al., 1973).

Die Bekämpfung von Ratten mit oralen Kontrazeptiva dürfte um so wichtiger werden, je mehr sich die gegen die bisherigen Mittel resistenten Ratten ausbreiten.

Auch zur Populationsbegrenzung bei Vögeln wurde der Einsatz von Östrogen-Analoga erprobt. Durch Verfütterung von Mestranol-Ködern konnte Wentworth (1968) die Fertilität von Wachteln *(Coturnix coturnix)* um maximal 80% reduzieren. Ähnliche Ergebnisse erzielte man inzwischen auch bei verwilderten Haustauben *(Columba livia)*. Hier wurden sogar Nestlinge dauerhaft steril, wenn sie Kropfmilch von behandelten Altvögeln erhielten (Sturtevant, 1970). Neuere Versuche mit dem o. g. Östrogen-Analogon (BDH 10131) brachten nach einer 2-Tage-Behandlung, trotz verminderter Nahrungsaufnahme, mit einem 0,4–0,8 %igen Köder (entsprechend einer Dosis von 125–231 mg/kg Körpergewicht) einen Rückgang der Eiablage und des Schlüpfens auf 20–25% im Vergleich zu unbehandelten Tieren (Kendle et al., 1973).

Mit der Anwendung dieser Regulantien wird erstmals bei der Bekämpfung von Nagetieren und Vögeln der Akzent von der Abtötung auf die Geburtenkontrolle verlegt. Die Zukunft wird zeigen, bei welchen Schädlingen und unter welchen Bedingungen diese Methode erfolgversprechend sein wird.

15.2.5.1.2 Nicht-hormonale Fertilitätsregulatoren

Inzwischen wurde in Österreich und Deutschland als »Taubenregulans« ein Chemosterilans erprobt, das Busulfan. Durch einmalige Verabreichung im Frühjahr als Überzug auf Körnermais als Köder wird eine monatelang anhaltende Sterilisation beider Geschlechter erreicht, wodurch der Nachwuchs bei verwilderten Haustauben unter 10% bleibt. Dieses Chemosterilans verbindet einfachste Anwendungsweise mit langer Wirkungsdauer, doch wird erst die langfristige Erprobung zeigen, ob sich Taubenpopulationen nicht schneller als angenommen wieder erholen können.

15.2.5.2 Wachstums- und Entwicklungsregulatoren bei Arthropoden

Die wichtigsten Hormone, die die Insektenentwicklung kontrollieren, sind das Juvenilhormon und das Häutungshormon. Zwar sind beide Hormone für die Häutung notwendig, doch muß im Entwicklungsablauf die Produktion von Juvenilhormon gestoppt werden, wenn die sexuelle Reifung erfolgen soll. Bemerkenswert ist, daß die Analoga zu diesen Hormonen auch außerhalb der Insekten vorkommen, und zwar in Nadelhölzern, z. B. ein »Phytoneotenin« (oder Juvabion) bei *Abies*-Arten (Balsamtanne) und ein »Phytoecdyson« bei *Podocarpus*-Arten (Stielfruchtbaum). Vielleicht kommt ihnen eine gewisse Bedeutung als Schutzstoffe gegen phytophage Insekten zu.

15.2.5.2.1 Juvenilhormon (Neotenin) und Analoga

Das Juvenilhormon ist ein Isoprenoid und nahe verwandt mit dem Farnesol. Es ist wirksam sowohl nach peroraler Applikation als auch bei Kontakt. In entsprechend hoher Dosis verhindert es bei Insektenlarven den physiologischen Ablauf der Metamorphose; so entstehen Dauerlarven. Außerdem wirkt es bei manchen Insekten als Sterilans für die Weibchen und sogar ovizid auf abgelegte Eier. Während das Juvenilhormon im Insekt verhältnismäßig schnell abgebaut wird (Halbwertszeit ca. 1 Std.), ist dies bei vielen natürlichen und künstlichen Analoga nicht der Fall. Außerdem ist, im Gegensatz zum Juvenilhormon, das Wirkungsspektrum dieser sog. Juvenoide auf bestimmte Insektengruppen eingeschränkt. Beispielsweise ist das in den USA produzierte Juvenoid »Hydroprene« vor allem gegenüber Homopteren, Lepidopteren und Coleopteren effektiv, während ein anderes Juvenoid, das »Methoprene«, besonders auf Dipteren wirkt. Hymenopteren sind gegenüber diesen beiden Präparaten ziemlich unempfindlich, es sei denn, man verwendet sehr hohe Konzentrationen.

Während die Maden der Stubenfliege *(Musca domestica)* auf Methoprene nur schwach reagieren (tödliche Dosis ca. 250 ppm), wird die Entwicklung einer Reihe von synbovinen Fliegen, wie z.B. der Gemeinen Stechfliege *(Stomoxys calcitrans)*, der Kleinen Stechfliege *(Haematobia irritans)* und der Weideviehfliege *(Musca autumnalis)* im Dung unterdrückt, wenn dem Futter von Kühen Methoprene (1–100 mg/Tag) zugesetzt wird. Wesentlich empfindlicher als Fliegen sind viele Mücken. So wirken auf Larven des letzten Stadiums von *Culex pipiens* etwa 0,001 ppm und auf die von *Aedes aegypti* sogar 0,0001 ppm abtötend. Stechmückeneier werden dagegen nicht geschädigt. Da Methoprene ebenso wie die meisten anderen Juvenoide UV-empfindlich ist und in natürlichen Gewässern relativ schnell mikrobiell abgebaut wird, belastet es bei der Anwendung die Umwelt zwar kaum, verliert aber dafür auch relativ schnell seine Wirksamkeit. Für eine ökonomische Stechmückenbekämpfung wurde deshalb eine Art Depotformulierung (Mikrokapseln) entwickelt, die von den Larven gefressen wird und das Juvenoid nur langsam abgibt. Ihre Wirkungsdauer ist mit 7 Tagen lang genug, um bei einer Dosis von 0,02 kg/ha in Mückenbrutplätzen ein Ausschlüpfen von adulten Stechmücken zu verhindern.

Die ungenügende Feldstabilität von einem anderen Juvenoid, dem Hydroprene, hat zur Folge, daß dieses Mittel zwar gut auf Blattläuse im Gewächshaus wirkt, aber nicht im Freiland. Außerdem ist die Wirkung von Aphidenart zu Aphidenart recht unterschiedlich. So ergab sich nach Anwendung in 0,1%iger Konzentration bei *Hyadaphis pseudobrassicae* nur eine Reduktion von weniger als 20 %, während der Befall mit *Acyrthosiphon pisum* um über 70 % zurückging. – In Europa (Tschechoslowakei) hat man Hydroprene gegen verschiedene Schadlepidopteren erprobt. Mit 0,5%iger Konzentration ließ sich beim Eichenwickler *(Tortrix viridana)* unter Berücksichtigung der Verluste in der Folgegeneration ein Wirkungsgrad von 92% erreichen, beim Goldafter *(Euproctis chrysorrhoea)* und bei der Apfelbaumgespinstmotte *(Hyponomeuta malinellus)* sogar von 100 %. Der Hauptnachteil der Methode war, daß die verlängerte Larvenzeit in der behandelten Generation auch eine längere Fraßperiode bedingte, so daß erst im Folgejahr die behandelten Flächen grün blieben.

Während Insekten gegenüber dem Juvenilhormon selbstverständlich keine Resistenz zeigen, gilt dies für Juvenoide nicht. Hier kennt man inzwischen nicht nur eine natürliche Resistenz von Arten und Artengruppen entsprechend der Spezifität des Mittels, sondern auch selektionierte Resistenz bei primär empfindlichen Arten (wie z.B. *Culex pipiens*). Außerdem konnte in manchen Fällen Kreuzresistenz gegenüber einem Juvenoid bei bereits insektizid-resistenten Stämmen (z.B. bei *Musca domestica, Tribolium castanea, Heliothis virescens*) festgestellt werden.[1]

Hinsichtlich ihrer »Nebenwirkung« auf Mensch und Säuger können die Juvenoide recht günstig beurteilt werden, etwa im Vergleich zu konventionellen chemischen Insektiziden (einschließlich DDT). – Hingegen sind die Juvenoide nicht grundsätzlich indifferent gegenüber Nutzinsekten, wie z.B. Honigbienen. Selbst wenn die Flugbienen auf einen Spritzbelag von bestimmten Juvenoiden nicht auffällig reagieren, können trotzdem im Stock die Brut und sogar die Königin absterben oder nachhaltig geschädigt werden. Die Bienengefährdung muß in jedem Einzelfalle gesondert geprüft werden.

Literatur: Marx, 1973b; Sláma et al., 1974; Staal, 1975.

15.2.5.2.2 Häutungshormon (Ecdyson) und Antihormone

Das erstmals aus Puppen von Seidenraupen isolierte Häutungshormon ist ein Steroid. Wirkt es auf Larven ein, so kommt es unmittelbar darauf zur Puppen- und Imaginalhäutung. Im Gegensatz zum Juvenilhormon vermag das Ecdyson jedoch die Kutikula (und auch die Darmwand) nicht in aktiver Form zu durchdringen, was seiner praktischen Anwendung entgegensteht.

Eine Möglichkeit, in das Ecdyson-System einzugreifen, besteht in der Anwendung von Stoffen, die die natürliche Hormonwirkung hemmen. Erste Versuche mit sog. Azasteroiden bei der Gelbfiebermücke *(Aedes aegypti)* zeigten speziell eine Wirkung auf die ersten Larvenstadien (welche gegenüber Juvenilhormonen unempfindlich sind). Cyasteron und 25-Desoxycrustecdyson hemmen die Entwicklung und vermindern außerdem die Fertilität bei dem Amerikanischen Reismehlkäfer *(Tribolium confusum)*.

Literatur: Watkinson & Clarke, 1973.

15.2.5.2.3 Nicht-hormonale Wachstums- und Entwicklungshemmer

Mit der Anwendung von chemischen Inhibitoren für Hormone (wie sie neuerdings auch für Pheromone entwickelt werden) verlassen wir jedoch bereits den Boden der »biotechnischen Verfahren« in Richtung auf eine »neue Generation«

[1] In diesem Zusammenhang soll aber auch ein Fall von erhöhter Juvenoid-Empfindlichkeit bei einem malathionresistenten Stamm von Blattläusen erwähnt werden.

von chemischen Insektiziden oder besser Insektistatika (s. u.). Zu diesen gehören vor allem auch die chemischen Wachstumsregulatoren, welche nicht mit der hormonellen Regulation des Wachstums- und Häutungsprozesses bei Arthropoden interferieren. Vielmehr blockieren sie als Enzyminhibitoren direkt bestimmte Syntheseschritte des larvalen Stoffwechsels wie etwa die Chitinsynthese. Die auf dieser Basis entwickelten Wachstumsregulatoren wie z. B. Diflubenzuron (= Dimilin) werden oral aufgenommen und sind in ihrer Wirkung nicht sehr spezifisch; vielmehr erstreckt sich diese auf ganz verschiedene Insektenordnungen wie z. B. Lepidopteren und Dipteren.

Levinson (1975) hat die verschiedenen, allein auf Insekten wirksamen Antimetabolite sowie Wachstums-, Entwicklungs- und Fertilitätshemmer[1] unter dem Begriff »Insektistatika« zusammengefaßt. Außerdem rechnet er ihnen noch die als »Symbiotizide« wirksamen Antibiotika zu (vgl. 15.2.2.3), die jedoch nur indirekt auf die Insektenwirte Einfluß nehmen. Im Hinblick auf ihre gezielte Wirksamkeit empfiehlt Levinson die bevorzugte Anwendung dieser Insektistatika zur Reduktion von Schädlingsdichten unter die wirtschaftliche Schadensschwelle anstelle der bisher verwendeten konventionellen (Breitband-)Insektizide mit ihren bekannten Nebenwirkungen (vgl. 2.2).

15.2.6 Pflanzenhormone und entsprechend wirkende Stoffe

Versuche zur Verwendung von Pflanzenhormonen mit Wuchsstoffcharakter zur Unkrautbekämpfung gehen bis auf das Jahr 1940 zurück. Damals beobachtete Templeman bei Versuchen mit α-Naphthylessigsäure, daß dieses Analogon des natürlichen Zellstreckungsstoffes Auxin in einer Mischflora von Hafer und Akkersenf den letzteren spezifisch vernichtete. Auf der Suche nach weiteren Pflanzenhormon-Analoga wurde 1945 die 2,4-Dichlorphenoxyessigsäure (2,4-D) gefunden, der Stammkörper einer ganzen Herbizidreihe. Neben Streckungshormonen vom Typ des Auxins und Heteroauxins gibt es bei Pflanzen auch Zellteilungshormone. Ein Mimetikum derartiger Stoffe ist das Äthylenphenylcarbamat (APC). Es wirkt vor allem auf Monokotyledonen (einkeimblättrige Pflanzen), weniger auf Dikotyledonen (zweikeimblättrige Pflanzen), also gerade umgekehrt wie 2,4-D. So vernichten in einer Mischflora von Ackersenf und Hafer APC und seine Derivate (wie z. B. das sogenannte IPC) nur den Hafer. Der Einfluß dieser Hormon-Analoga auf die Pflanze bewirkt, banal ausgedrückt, daß sie sich totwächst. – Inzwischen haben sich jedoch viele der synthetisierten Herbizide so weit von den Pflanzenhormonen entfernt, daß wir ihre Entwicklung und Anwendung nicht mehr als biotechnische Verfahren bezeichnen können, sondern den chemischen Bekämpfungsverfahren zurechnen müssen.

Literatur: Runeckles et al., 1974.

[1] bezüglich insektenwirksamer Chemosterilantien vgl. Kap. 8

15.3 Ausblick

Die in diesem Kapitel kurz referierten biotechnischen Verfahren umfassen eine sehr heterogene Sammlung verschiedenster Methoden und Anregungen, vom probaten Hausmittel bis zu neuesten Ergebnissen physiologischer und biochemischer Forschung. Ein übergeordneter Gesichtspunkt, der eine Berücksichtigung dieser Verfahren hier rechtfertigt, ist die Selektivität vieler biotechnisch anwendbarer Agentien, wie z.B. arteigener Warnrufe und Sexuallockstoffe. In anderen Fällen bindet die Applikationsform selbst die Wirkung an das zu schützende Objekt, wodurch weniger spezifische Wirkstoffe wie Repellentien und Deterrentien doch selektiv nur gewisse Schädlinge beeinflussen. Während die Anwendung von Suppressoren der verschiedensten Art (Antibiotika, biogene Pestizide) bedeutende Erfolge aufzuweisen hat, gibt es für die Verwendung von dichteregulierenden Autoinhibitoren noch keinen brauchbaren Ansatz. Dafür wurden aber inzwischen Fortschritte in einer wirksamen Fertilitätsregulation gemacht als Alternative zur perfektionistischen Erhöhung von Mortalitätsraten bei der an sich notwendigen Abwehr von Schädlingen. Darüber hinaus trägt jede Form der Abkehr von breitenwirksamen Mortalitätsfaktoren dazu bei, das Ökosystem so wenig wie möglich zu schädigen.

16 Integrierte Schädlingsbekämpfung

16.1 Einführung und Begriffsbestimmung

In den vorhergehenden Kapiteln wurden die einzelnen Verfahren der Schädlingsbekämpfung nacheinander besprochen. Vereinigen wir mehrere dieser Verfahren so, daß ihr Wirken sich verzahnt, das heißt, sich ohne gegenseitige Störung ineinanderfügt, und berücksichtigen wir dabei die vorhandenen Abwehrkräfte des Ökosystems, dann erreichen wir über das bloße additive Aneinanderfügen hinaus eine *integrierte* Form der Schädlingsbekämpfung (integrated control). Diesem Begriff übergeordnet wird in der Literatur häufig der des »pest management« verwendet, was sich als Steuerung der Schadorganismen übersetzen läßt. Dieses wiederum ist eingebaut in die Bewirtschaftung und Steuerung der Energiequellen (management of resources). In einem solchen Begriffssystem, das im Waldschutz besonders weit entwickelt ist (Franz et al., 1976), repräsentieren Strategie und Taktik der Abwehrverfahren gegen Schadorganismen jenen Sektor, der hier unter integrierter Schädlingsbekämpfung (bzw.: integriertem Pflanzenschutz) verstanden wird. Angesichts der fließenden Übergänge zwischen den Verfahren der Schädlingsabwehr und den Bereichen, die zum Ökosystem sowie zur Wirtschafts- und Gesellschaftsstruktur gehören, soll hier der Unterschied nicht durch eine besondere Terminologie betont werden.

Eine ideale Schädlingsbekämpfung besteht heute nicht mehr darin, möglichst viele Krankheitserreger und Schädlinge in möglichst kurzer Zeit (gewöhnlich mit chemischen Mitteln) abzutöten. Vielmehr versucht man, den Systemcharakter unserer Umwelt auszunutzen; das heißt, daß sich nicht mehr alle Maßnahmen allein nach dem Schädling ausrichten, sondern nach der übergeordneten Lebensgemeinschaft, somit nach den dort lebenden Tieren, den dort wachsenden Pflanzen sowie nach den dort wirkenden unbelebten Faktoren wie Klima oder Boden. Die Steuerung der Schädlingspopulation soll vor allem verhindern, daß diese die »wirtschaftliche Schadensschwelle« oder ein anderes, vom Menschen gesetztes Niveau überschreitet. Dabei ist es wesentlich, daß sich die Einzelmaßnahmen nicht gegenseitig stören und daß man die im Ökosystem schon vorhandenen begrenzenden Tendenzen erhält und fördert. Bereits in den Anfangskapiteln war von Begrenzungsfaktoren die Rede, die regulierend auf Schädlingspopulationen wirken, weil ihr Auftreten mehr oder weniger dichteabhängig erfolgt (vgl. 1.2.2). Einer dieser dichteabhängigen Prozesse ist die zwischen Artgenossen bestehende Konkurrenz um Nahrung und Raum. Wollte man aber bei Pflanzenschädlingen warten, bis diese Notbremse innerhalb des Systems eingreift, dann dürften bereits untragbare Ernteverluste eingetreten sein. Um so wichtiger sind daher die anderen Faktoren mit dichteabhängiger Komponente, die natürlichen Feinde der Schädlinge. Dem gesteuerten Wirken dieser Antagonisten kommt somit innerhalb eines integrierten Abwehrsystems eine zentrale Stellung zu. Dem trägt die in der WPRS/IOBC entwickelte Definition für die integrierte Schädlingsbekämpfung bzw. den integrierten Pflanzenschutz Rechnung: »Ein Verfahren, bei dem alle wirtschaftlich, ökologisch und toxikologisch vertretbaren Methoden verwendet werden, um Schadorganismen unter die wirtschaftliche Schadensschwelle zu bringen, wobei die bewußte Ausnützung aller natürlichen Begrenzungsfaktoren im Vordergrund steht.«

Den meisten Praktikern und ökologisch geschulten Biologen leuchtet es unmittelbar ein, daß man Arbeit und Geld spart, wenn man die Spielregeln des Ökosystems respektiert und die Maßnahmen des »pest management« im wesentlichen als eine Korrektur natürlicher Abläufe und nicht als deren Ersatz auffaßt. Die eigentlichen Schwierigkeiten liegen jedoch darin, daß wir oft nicht genug über die Lebensweise, die Verbreitung und das Verhalten von Schädlingen und ihren Feinden wissen. Nur selten kennen wir die komplexen ökologischen Ansprüche der uns unmittelbar interessierenden Lebewesen, ihrer Antagonisten und der vielen »Indifferenten«, die zweifellos zur Stabilität von Lebensgemeinschaften beitragen. Populationsdynamische Untersuchungen werden für jeden Hauptschädling klären müssen, welche Faktoren seine Dichte determinieren und regulieren (Kap. 1). Schon jetzt ist klar, daß alle Eingriffe des Menschen die meisten anderen Glieder des Ökosystems mitbeeinflussen. Die Kunst bei der integrierten Bekämpfung besteht, bildlich gesagt, darin, die uns förderlichen Vernetzungen des Beziehungsgefüges zu verstärken und die übrigen so gut wie möglich abzubauen.

Um das bewerkstelligen zu können, benötigen wir einen Grundstock an Detailkenntnissen, z. B. über die Nebenwirkungen chemischer Mittel, die komplexen Folgen einer Bodenbehandlung, einer künstlich erreichbaren Kleinklimaänderung, einer Ansiedlung von Nützlingen oder einer allgemeinen Faunenverarmung. Es mag unser gutes Recht sein, allein die Interessen der Menschen als Richtschnur zu nehmen, aber wir sollten zuvor wissen, was wir tun, wenn wir in die Natur eingreifen. Glücklicherweise gibt es bereits gut entwickelte Beispiele, die zeigen, daß sich ökologische Kenntnisse in handfeste, praktikable Methoden umsetzen lassen, die z.B. folgende Vorteile bringen: Sie ersparen unnötige Bekämpfungsmaßnahmen, sie verhindern oder verzögern durch die zurückhaltende Verwendung von Pestiziden die Entstehung resistenter Schädlingsrassen oder das Überhandnehmen neuer Schadorganismen, und sie tragen schließlich dazu bei, die Summe der Belastung unserer Umwelt durch toxische Rückstände von Pestiziden zu verringern (vgl. 2.2.6). Umfassendere Darstellungen der hier berührten Fragen finden sich in den im Vorwort genannten Handbüchern sowie unter anderem bei: Beirne (1967), van den Bosch & Stern (1962), FAO (1966; 1974), Franz (1970/71; 1973), Geier et al., (edit.) (1973), Rabb & Guthrie (edit.) (1970), Smith (1963), Steiner (1968), Steiner & Baggiolini (1968), Wilbert (1972) und in den Proceedings der Tall Timbers Conference (1969–1976).

16.2 Schadensschwellen und Prognose

Wenn die oben empfohlenen, populationsdynamischen Untersuchungen verbunden werden mit Ermittlungen der Ernteausfälle (im Pflanzenschutz), der Krankheitsfälle (in der Human- und Veterinärhygiene) oder der sonstigen Nachteile, die auf den untersuchten Schadorganismus zurückgehen, dann lassen sich Schwellenwerte finden, unterhalb derer eine Bekämpfung noch nicht lohnt. Eine Grundforderung der integrierten Schädlingsbekämpfung lautet also, Energie nur einzusetzen, wo es ökologisch und ökonomisch sinnvoll ist. Deswegen seien hier einige Bemerkungen zur globalen Energiebilanz und zu den wirtschaftlichen Erwägungen im Pflanzenschutz vorangestellt.

Die Intensivkulturen der Welt sind nur funktionsfähig, solange sie über eine zuverlässige industrielle Basis verfügen. Unserer industrialisierten Landwirtschaft ist es gelungen, den je Flächeneinheit erzielten Nutzeffekt bei der photosynthetischen Umwandlung der Sonnenenergie in Nahrungsmittel ständig zu steigern. Diese immer höheren Erträge ließen sich aber nur dank unverhältnismäßig stark ansteigender Aufwendungen außerhalb des landwirtschaftlichen Ökosystems erzielen. Abb. 11a zeigt die im Prinzip wohl bekannten, in ihrer Tragweite oft unterschätzten Zusammenhänge. Die Aufwendungen steigen mit zunehmender Intensität der landwirtschaftlichen Produktion immer steiler an. Dadurch ist das Plateau der Kurve der Netto-Erträge, also der optimale Bereich viel früher erreicht, als es die Brutto-Erträge vermuten lassen. Wenn wir über die Rentabilität einer Maßnahme im Pflanzenschutz diskutieren, müssen wir sehr darauf achten, ob wir uns auf der Netto-Kurve bewegen, also zuvor alle Aufwendungen abgezogen haben.

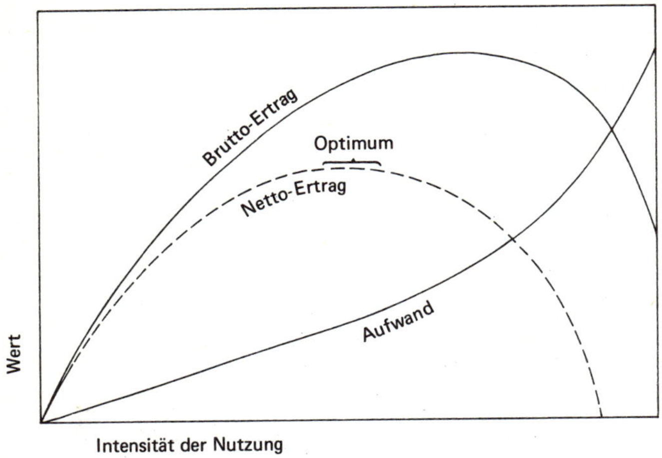

Abb. 11a. Trend des Brutto-Ertrages, des Aufwandes und des Netto-Ertrages mit zunehmender Intensität landwirtschaftlicher Nutzung (aus »Man in the Living Environment«, 1971)

Noch alarmierender als diese graphische Darstellung ist eine von der FAO durchgeführte Extrapolation der globalen Daten in die Zukunft. Danach bewegen wir uns bereits auf dem abfallenden Ast der Kurve für den Netto-Ertrag. Die Steigerungsrate für alle Aufwendungen von 1962 bis 1985 soll nach dieser Schätzung der FAO 5,1%, die für die Pflanzenschutzmittel sogar 11,2% betragen, die Steigerungsrate für die Erträge jedoch nur 3,5%, alles berechnet auf monetärer Basis. Noch schlimmer wird die Bilanz, wenn wir sie auf Kalorienbasis errechnen (Pimentel, 1976).

Die *wirtschaftliche Schadensschwelle,* 1959 von Stern et al. als »economic injury level« eingeführt, ist im Pflanzenschutz der heute allgemein akzeptierte Begriff (Diercks & Heye, 1970). Man versteht darunter die niedrigste Populationsdichte eines Schädlings, bei der wirtschaftliche Schäden entstehen können (Steiner, 1968). Bereits die genaue Ermittlung der Schäden, die an Kulturpflanzen durch die einzelnen Schadorganismen verursacht worden sind, steckt voller Probleme. Eine von der FAO betreute Arbeitsgruppe widmet sich diesen Fragen und veröffentlicht vereinheitlichte Methoden hierzu (FAO, 1970).

Die wirtschaftliche Schadensschwelle liegt im allgemeinen oberhalb einer sichtbaren Schädigung. Dies geht schon daraus hervor, daß von einem Überschreiten dieser Schwelle erst dann gesprochen werden kann, wenn die Schäden mindestens soviel Geldverluste verursachen, wie die Bekämpfung der betreffenden Schädlinge kostet. Diesen theoretischen Mindestwert muß man in der Regel noch erhöhen, da die meistgebrauchten breitenwirksamen Pflanzenschutzmittel oft noch weitere Übervermehrungen desselben oder eines anderen Schädlings induzieren (vgl. 2.2.3).

Chemische Mittel können Schädlinge fördern, indem sie gelegentlich direkt oder auf dem Umweg über die Nährpflanze (indirekt) ihre Fruchtbarkeit erhöhen sowie dadurch, daß sie ihre Vertilger und Konkurrenten vermindern; stets muß man damit rechnen, daß *eine* Bekämpfung noch weitere auslöst. Die Kosten solcher zusätzlichen chemischen Behandlungen sind somit ebenso zu den Gesamtkosten zu addieren wie die Folgeschäden nach andersartigen Bekämpfungs- oder Pflegemaßnahmen. Praktische Erfahrungen im Obst- und Feldbau sprechen deshalb dafür, die wirtschaftliche Schadensschwelle bei einer Populationsdichte anzunehmen, bei der Ertragsverluste eintreten, die doppelt so hoch sind wie die Bekämpfungskosten. Dem steht auch nicht entgegen, daß durch eine chemische Behandlung manchmal mehrere Schädlingsarten gleichzeitig getroffen werden. Sogar in so komplexen Lebensräumen wie in Obstanlagen kommt zu einer bestimmten Zeit meist nur eine einzige Art in die Nähe der Schadensschwelle. Die anderen Arten, die »unterschwellig« auftreten, kosten heutzutage der Landwirtschaft dagegen laufend viel Geld, weil man sich oft aus einem falschen Sicherheitsdenken heraus angewöhnt hat, sie Jahr für Jahr zu bekämpfen, auch wenn sie die Schadensschwelle gar nicht erreicht haben. Irrtümlich glaubt man in solchen Fällen gern an besonders gute Bekämpfungserfolge.

Rentabilitätsberechnungen im Pflanzenschutz, die sich auf nur eine Vegetationsperiode beschränken, können wenig aussagen. Die langfristige Bewertung eines Produktionssystems ist aus zwei Gründen notwendig: 1. Neben den verhältnismäßig gut faßbaren Unkosten, die dem Erzeuger für Pflanzenschutzmaßnahmen entstehen, in der Praxis also meist für Pestizide und deren Ausbringung (interne Kosten), müssen auch jene bei derartiger Pestizidanwendung unvermeidlichen Kosten (Schäden) einbezogen werden, die von der Gesellschaft zu tragen sind (externe oder Sozialkosten). Dazu gehören Erschöpfung der Energiequellen, Folgen der Abwärme von Energieerzeugern, Kosten der Wasserversorgung, Belastung des Grundwassers durch Pestizide in der Umgebung behandelter Flächen, Folgen der Abdrift von Pestiziden, Schäden an der menschlichen Gesundheit durch fehlerhaften Umgang mit toxischen Präparaten, Verarmung der Fauna durch Großflächenbehandlung u. a. m. Soweit überhaupt Zahlenangaben über externe Kosten vorliegen oder gewonnen werden können, benötigen diese lang-

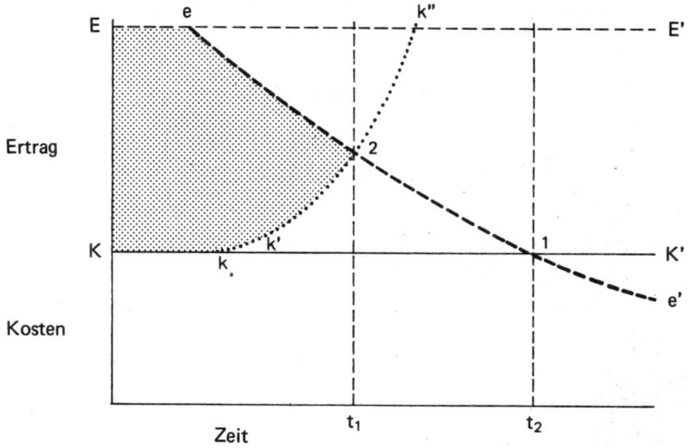

Abb. 11b. Kosten/Nutzen-Entwicklung einer durch Resistenzentstehung und Auftreten neuer Schädlinge gestörten chemischen Bekämpfung (nach Mathys, 1974, verändert). E-E′ zeigt den erwarteten mittleren Ertrag an, K-K′ die mittleren (internen) Bekämpfungskosten, e-e′ gibt den Ertragsrückgang durch Resistenzentstehung einer wichtigen Schadart an, k-k′-k″ den Kostenanstieg für die Bekämpfung. Bei 1 führt die Resistenz allein zum 0-Ertrag, bei 2 die Kombination mit induzierten Schädlingen. Weiteres im Text

fristige Beobachtungen. Von betriebswirtschaftlicher Seite ist mit Recht darauf hingewiesen worden, daß von einer ökonomisch positiven Bilanz erst gesprochen werden kann, wenn der Vorteil von Bekämpfungsmaßnahmen (Mehrertrag), geteilt durch interne plus externe Kosten, noch > 1 ist (Headley, 1973). – 2. Eine langfristige Bewertung ist außerdem deswegen notwendig, weil die Nachteile bestimmter Pflanzenschutzverfahren auch im Bereich des eigenen Betriebes oft erst langsam sichtbar werden. Das gilt z. B. für das Auftreten von Resistenz bei Insekten gegen Insektizide oder bei Schadpilzen gegen Fungizide und für das Hinzukommen weiterer Schadarten als Folge langfristiger Pestizidanwendung. Um diesen Folgeschäden zu begegnen, werden immer mehr Behandlungen ausgeführt als zu Beginn und kostspieligere Mittel gewählt. Für die inzwischen vielerorts multiresistente Obstbaumspinnmilbe *(Panonychus ulmi)* in Apfelanlagen ergab sich dadurch ein Anstieg der Bekämpfungskosten von knapp 50,– DM/ha auf fast den 6fachen Betrag; bei der Apfelblattütenmotte *(Lithocolletis blancardella)*, wenn sie zum Hauptschädling wurde, ein 5,2facher Anstieg (Steiner, 1973). In Südtirol mußte auf $^4/_5$ der bisherigen Fläche die Birnenkultur aufgegeben werden, weil der Gelbe Birnenblattsauger *(Psylla pyricola)* in wenigen Jahren gegen alle verfügbaren Insektizide resistent geworden war.

Eine allgemeingültige Darstellung solcher Vorgänge gibt Abb. 11 b. Sie zeigt die Nutzen/Kosten-Relation bei kalendermäßiger (konventioneller) Bekämpfung im Laufe der Zeit. Durch Entstehung resistenter Schadorganismen wird die Fläche des Netto-Ertrages von zwei Seiten her eingeengt, durch Anstieg der Bekämpfungskosten und durch Abnahme des Ertrages, bis bei *Punkt 2* bereits kein Netto-Ertrag mehr verfügbar ist. Der steile Anstieg von k' nach k" deutet den zusätzlichen Effekt an, der entsteht, wenn bisher sekundäre Schädlinge massiert auftreten. – Solche Überlegungen über die Bedeutung des Zeitfaktors, die auf Erfahrungen bei vielen Kulturen in allen Teilen der Welt beruhen, bilden die Ausgangsbasis für eine richtige Einschätzung betriebswirtschaftlicher Aspekte im Zusammenhang mit den Schadensschwellen (vgl. auch Smith, 1971, und Stern, 1973). Zahlenbeispiele für ökonomische Vorteile durch den Übergang zum integrierten Pflanzenschutz werden bei der Besprechung der einzelnen Kulturen genannt (16.4).

Wie wir gesehen haben, schließen Zahlenangaben für die wirtschaftliche Schadensschwelle Aussagen über die Zukunft mit ein. Eine Angabe wie: »Schadensschwelle bei 15 gesunden Blattläusen je Kurztrieb« sagt ja nichts anderes, als daß man von dieser Population bei gegebenem Vertilgerdruck und durchschnittlichen Witterungsbedingungen einen Schaden erwartet, der in Geldwert umgerechnet nicht mehr kostet als eine angemessene Bekämpfung. Solche Aussagen sind unsicher, da die biologischen und ökonomischen Größen unter den wechselnden Umweltbedingungen schwanken. Werte für Schadensschwellen können daher prinzipiell nie eindeutige und überall gültige Zahlen sein. Sie gewinnen aber um so mehr an Sicherheit, je besser die *Prognose* der erwarteten Abläufe entwickelt ist.

Ganz am Anfang einer solchen Voraussage steht das Bemühen, unnötige chemische Bekämpfungsaktionen zu vermeiden. Schon wegen der geringen Flächenerträge im Wald, die zu besonderer Sparsamkeit zwingen, hat auch auf diesem Gebiet die Forstentomologie Pionierarbeit leisten müssen und vor allem in Deutschland eine lange Tradition geschaffen. So gibt es seit über 100 Jahren eine regelmäßige Kontrolle der im Boden überwinternden Kieferninsekten. Die im Laufe der Zeit erarbeiteten Richtwerte (»kritische Zahlen«) der Schädlingsdichte beziehen sich vorwiegend auf die Fähigkeit des betreffenden Waldbestandes, trotz des vorliegenden Schädlingsbesatzes zu überleben. Sie sind also nicht identisch mit den wirtschaftlichen Schadensschwellen (zur Problematik vgl. Franz, 1970). Diese forstlichen Erfahrungswerte sind aber für den gesamten Ausbau von integrierten Verfahren in anderen Ökosystemen insofern vorbildlich, als sie folgende Gesichtspunkte klar herausstellen und zahlenmäßig unterbauen, die sonst meist noch zu kurz kommen: 1. Es hängt weitgehend von der Pflanzenart (bei polyphagen Schädlingen), vom Bestandsalter und von der Wüchsigkeit (forstlich: Ertragsklasse) ab, ob eine gegebene Zahl von Schädlingen einen Pflanzenbestand bedroht. Die Regenerationsfähigkeit der angegriffenen (kranken) Pflanze ist dabei von ihrer Konstitution und vom Zeitpunkt des Angriffes bedingt. 2. Nicht alle gefundenen Schädlinge gehen in die Ermittlung der kritischen Zahl mit ein, sondern nur gesunde Tiere (man muß also den Grad der Durchseuchung und Parasitierung sowie den Einfluß der Prädatoren bestimmen) und auch diese, je nach dem Stand der Gradation, mit verschiedenem Gewicht. Dafür braucht man also eine genaue Kenntnis des typischen Verlaufes einer Massenvermehrung, wie sie nur in ungestörten Biotopen, wie in manchen Wäldern, erworben werden kann. Im Grunde stammt daher der Gedanke einer integrierten Form der Schädlingsbekämpfung aus der Forstentomologie, wo erstmals genug über das Wirken der natürlichen Abwehrkräfte bekannt war, um diese sinnvoll mit künstlichen Maßnahmen verknüpfen zu können. Aus diesem Bereich kommen auch die meisten Beispiele dafür, daß sich bereits geplante Bekämpfungsaktionen als überflüssig erwiesen, weil die entsprechende Gradation schon »von selbst«, also zumeist durch das Wirken natürlicher Feinde oder ungünstiger Witterungsfaktoren, zu Ende ging.

Ein Beispiel bezieht sich auf die Bekämpfung des Eichenwicklers *(Tortrix viridana)*, der im Jahre 1967 wertvolle Eichenbestände im Spessart bedrohte. Zwar war schon im gleichen Jahr eine geringe Verseuchung durch Mikrosporidien, vor allem *Nosema tortricis*, festgestellt worden. Diese war aber zu niedrig, um 1968 im Hauptschadgebiet einen Kahlfraß zu verhindern. Deshalb entschloß man sich zu Bekämpfungsaktionen, zumeist mit DDT, auf kleineren Flächen mit *Bacillus thuringiensis*. Ab 1968 nahm dann die Verseuchung durch Mikrosporidien sowohl bei den Überlebenden der behandelten Parzellen als auch bei den Raupen auf unbehandelten Flächen so zu, daß auf die bereits vorbereitete weitere Bekämpfung im ganzen Gebiet verzichtet werden konnte (Franz & Huger, 1971).

Dieser Hinweis auf eine gute Ausgangssituation im Wald soll nicht den Eindruck erwecken, als ob die Prognose des Auftretens von Krankheiten und Schädlingen der Kulturpflanzen in anderen Bereichen nicht auch weit entwickelt sei. Die Prognose ist nicht einmal im Wald, erst recht nicht in kurzlebigeren Kulturen, ein einmaliger Vorgang. Die Witterung mit ihren unvorhersehbaren Schwankungen ist dafür verantwortlich, daß Voraussagen über den Schaden, den man von einer noch so genau ermittelten Schädlingspopulation zu erwarten hat, unsicher bleiben. Meteorologische Faktoren beeinflussen sowohl die Reaktionen der Kulturpflanzen als auch die weitere Entfaltung der Schädlingsbevölkerung nebst ihren Gegenspielern (Kap. 1). Daher muß die relevante Fauna im Pflanzenbestand ständig überwacht werden. Auch der Wirkungsgrad einer Bekämpfung, gleich welcher Art, läßt sich nicht immer genau voraussagen.

Am besten entwickelt und hier als Beispiel beschrieben sind gegenwärtig die Überwachungsmethoden im Apfelanbau (Übersicht bei Steiner & Baggiolini, 1968, und OILB/SROP, 1974, 1975a,b). Die Überwinterungsstadien erfaßt man dort so, daß man die Eier und Larven von Wicklern, Schild- und Blattläusen, Blattsaugern, Obstbaumspinnmilben und anderen Schädlingen auf 2 m Fruchtholz auszählt. Für die Deutung dieser Befunde gibt es Erfahrungswerte. – Während der Vegetationsperiode verfolgt man einmal durch Lupenkontrolle an den Zweigen die Entwicklung der wichtigsten Schadarten an Ort und Stelle. Hierzu wählt man mindestens 200 auf verschiedene Bäume verteilte Beobachtungsorte wie Knospen, Blattbüschel usw. Zeitsparender ist es, nur soviele Proben einzusammeln, wie man zur anstehenden Entscheidung benötigt (»sequential sampling«, vgl. de Jong & van Dieren, 1974). Diese sogenannte visuelle Kontrolle liefert besonders wertvolle Angaben bei einigen Schädlingen, wie z. B. bei der Mehligen Apfelblattlaus *(Dysaphis plantaginea)*, bei den Eiern und Einbohrstellen des Apfelwicklers, aber auch bei den Eiablagen verschiedener Entomophagen, die mit dem Klopftrichter weniger gut erfaßt werden. Diese Klopfmethode stellt das wichtigste Verfahren dar. Sie besteht darin, daß man von einer Anzahl Bäume bestimmte Mengen von Proben in einen $^1/_4$ m^2 großen Trichter abklopft. Die abgeklopften Tiere werden abgetötet, ausgezählt und bestimmt. Da die Ausmaße des Trichters, die Zahl der Proben und alle Einzelheiten der Technik durch eine eigene internationale Arbeitsgruppe genormt worden sind, kann man die so an verschiedenen Orten gewonnenen Angaben vergleichen. In der erwähnten Broschüre OILB/SROP, 1975 b, sind vorläufige Werte für die wirtschaftliche Schadensschwelle aller wichtigen Arten genannt. Mit ihrer Hilfe lassen sich die nach den beschriebenen Kontrollmethoden gewonnenen Schädlingszahlen auswerten. Für die Entscheidung, ob und auf welchen Teilflächen eine Bekämpfung nötig ist, zieht man bei Befall durch Kleinschmetterlinge häufig noch die Ergebnisse von Fängen mittels Licht- und Pheromonfalle hinzu.

Prognose und Überwachung werden jetzt auch außerhalb der Forsten (in Deutschland bei den Forstschutzstellen) und Apfelanlagen intensiv bearbeitet, in Europa vor allem im Rahmen der auf Kulturpflanzen ausgerichteten Arbeitsgruppen der WPRS (WPRS, 1975). Im Feldbau hat sich die Situation durch das Erscheinen eines Prognosebuches gebessert (Buhl & Schütte, 1971). Wenn dies auch noch keine Angaben über wirtschaftliche Schadensschwellen enthält, so geben die dort für kurzfristige Voraussagen eingeführten »Alarmzahlen« doch erste Hinweise. Interessanterweise beschäftigen sich neuerdings Prognoseverfahren auch stärker mit Pflanzenkrankheiten. Genannt sei die sogenannte Negativprognose für die Krautfäule der Kartoffel (Erreger: *Phytophthora infestans*), die auf einer laufenden Bestimmung der infektionsauslösenden Witterungsbedingungen beruht. Im Obstbau bewähren sich elektronische Geräte (IOBC/WPRS, 1975, S. 367), die speziell für die Schorfwarnungen in integrierten Obstbauanlagen konstruiert worden sind. Jedes Pflanzenschutzamt (vgl. Anhang) unterhält einen Warndienst, der manchmal bereits auch Hinweise gibt, wann Bekämpfungen unnötig sind. Naturgemäß kann der amtliche Dienst nicht detaillierte Erhebungen in allen Anbaugebieten vornehmen, die zur Entscheidung darüber notwendig sind, ob bestimmte Schadorganismen die wirtschaftliche Schadensschwelle örtlich überschritten haben. Die regionalen Grobangaben sind aber trotzdem eine erwünschte Hilfe.

Bei den Schwankungen ökonomischer Größen geht es im wesentlichen um den Geldwert von Aufwand und Ertrag. Veränderliche Preise für Mittel, Geräte und Personal einerseits, für das Erntegut andererseits, bringen manche Unsicherheit in die gesunde Relation zwischen erwartetem Ernteverlust und Bekämpfungskosten. So entstehen z. B. bei gleicher Populationsdichte eines Schädlings verschieden große finanzielle Verluste, je nachdem ob er im Konsum- oder im Vermehrungsanbau auftritt. Prozentual gleiche Ertragsverluste sind in ihrer absoluten Größe abhängig vom Ertragsniveau. Eine Intensivierung der betreffenden Produktion, wie sie oft erst durch Pflanzenschutzmaßnahmen möglich wird, senkt also die wirtschaftliche Schadensschwelle. Diese liegt naturgemäß um so niedriger, d. h. die Kultur verträgt um so weniger Schadorganismen, je höher der Wert und häufig auch die Empfindlichkeit der betreffenden Kulturpflanze sind. So kann also die Intensivwirtschaft die Schadensschwellen herabsetzen bis zur Unrentabilität der Kultur.

Zur *Ermittlung der wirtschaftlichen Schadensschwelle* tendiert man in großflächigen, einförmigen Anbaugebieten, vor allem in Nordamerika, zur Verwendung von *Systemanalysen.* Dies erreicht man durch Unterteilen der komplexen Gesamtheit in einfache, überschaubare Abläufe, die mittels Rechenanlagen (Computern) als Modelle dargestellt werden. In die Analyse gehen dabei empirisch gewonnene Variable ein wie z. B. das Wachstum der Pflanze in Abhängigkeit von Saatgut und Bodenqualität, die meteorologischen Daten, die Kulturmaßnahmen einschließlich der Düngung, die Krankheiten und Schädlinge mit ihren Antagonisten, Pflanzenschutzmaßnahmen und Ernteaufwand auf der Kostenseite, aber auch der Verkaufserlös des Erntegutes. Durch Simulation, also abstraktes Nachvollziehen bestimmter ökologischer und ökonomischer Abläufe, ist es an Hand der Modelle möglich, Wirkungen von bestimmten Faktoren zu ermitteln, ohne Versuche anzustellen. Die Aussagen sind um so verläßlicher, je genauer die wesentlichen Eingangsdaten für das Rechenprogramm erfaßt werden können und je besser das Modell den tatsächlichen Verhältnissen entspricht. Dabei ist eine intensive interdisziplinäre Zusammenarbeit unentbehrlich. Die so gewonnenen Daten stehen dann zum »Durchspielen« (Simulieren) der verschiedenen Strategien zur Abwehr von Schadorganismen bereit, wobei die Schadensschwelle einen Wert erhält, der den übrigen bestimmenden Parametern angepaßt ist. Empfehlungen an die Praxis berücksichtigen somit die bis dahin eingespeicherten Einzeldaten nebst Prognosen nach Simulation. – Ein schon weit gediehenes Beispiel betrifft den Luzerneanbau in Indiana (USA) (Giese et al., 1975). Ähnliche Entwicklungen zur Verwendung von Computermodellen für eine Entscheidungshilfe sind auch in anderen landwirtschaftlichen und forstlichen Ökosystemen angelaufen (Smith & Huffaker, 1974; Franz et al., 1976).

Der zweite, in den vielseitigen und kleinflächigen Kulturen Mitteleuropas naheliegende Weg zur Ermittlung von Schadensschwellen ist das *empirische Herantasten,* wobei man sich zunächst an überschaubare Teilsysteme hält (Diercks, 1975). Um dabei Risiken zu vermeiden, muß man stets die ungünstigsten Bedingungen voraussetzen. Die zur Zeit verfügbaren Werte sind noch mit sehr großen

Sicherheitsspannen belastet. Sie gilt es, in Zukunft von Fall zu Fall abzubauen. Dies ist dadurch zu erreichen, daß Pflanzenschutzdienststellen zusammen mit Betriebsleitern und örtlichen Fachbetreuern (Obstbau-Inspektoren usw.) solche Untersuchungen in ihrem Bereich aufgreifen und für die dort herrschenden Bedingungen laufend verbessern. So ließ sich z.B. die wirtschaftliche Schadensschwelle für die Apfelgraslaus *(Rhopalosiphum insertum)* rund auf das 100fache erhöhen. Da diese Blattläuse relativ früh wieder von den Apfelbäumen abwandern, entstanden durch sie nicht nur keine Schäden, sondern die Läuse wirkten sogar ausgesprochen nützlich. Vor ihrer Abwanderung hatten sie nämlich viele Feinde auch der schädlichen Aphiden angelockt, z.B. Coccinelliden und Syrphiden, und ihnen eine entscheidende Starthilfe gegeben (Steiner et al., 1970). Jede aus Vorsicht (und Unkenntnis) zu tief angesetzte Schadensschwelle kann verschenktes Geld für eine unnötige Bekämpfung bedeuten. Eine größere Vielfalt der Bedingungen wird man später vielleicht in tabellarisch niedergelegten, gleitenden Schwellenwerten erfassen können (Diercks & Heye, 1970).

Extrem niedrige wirtschaftliche Schadensschwellen können als Anzeichen dafür gelten, daß unstabile Bedingungen vorliegen. Die besonders große Empfindlichkeit mancher auf Ertragsmenge und Qualität hochgezüchteten Kulturpflanzen läßt sich verringern, wenn man durch zweckmäßige Bodenpflege (z.B. Humusanreicherung) oder Umstellung auf standortgerechte Sorten für eine bessere Konstitution der Pflanze sorgt. Dies drückt sich dann auch in einem Anstieg der Schadensschwelle aus. Die Erfahrung hat gezeigt, daß sich ein starker Schädlingsdruck durch technische Maßnahmen nicht dauerhaft und mit vertretbaren Kosten vollkommen beseitigen läßt, wie es eine »Null«-Toleranz verlangte. In solchen Fällen sollte geprüft werden, ob sich das Selbstvernichtungsverfahren anwenden läßt. Kommt dieses wegen seiner Aufwendigkeit nicht in Frage, dann entspricht es der ökologischen Vernunft, dem Druck entweder auszuweichen, also die Kultur an einen günstigeren Standort zu verlegen (Beispiel: »Gesundlagen« der Kartoffelzüchter, wo virusübertragende Blattläuse kaum hingelangen), oder den vorhandenen Standort durch Kulturmaßnahmen so umzugestalten, daß den Schädlingen die bisher optimalen Lebensbedingungen entzogen werden. – Beruht dagegen die extrem niedrige Schadensschwelle auf übersteigerten Ansprüchen des Handels, die über berechtigte Qualitätswünsche hinausgehen, dann sollte man auch eine Änderung der Bestimmungen bei der Einteilung von Obst und Gemüse in gewisse Handelsklassen erwägen. Wenn man das Erntegut nur nach rein äußerlichen Merkmalen, ohne Berücksichtigung innerer Qualitäten einstuft, erschwert das bekanntlich den integrierten Pflanzenschutz. Darauf haben maßgebliche internationale Organisationen (IOBC und EPPO) hingewiesen, und dafür findet sich auch Verständnis bei der EG und O.E.C.D. Da auch bei den Verbrauchern die Einsicht wächst, daß man nicht umweltschonenden Pflanzenschutz und geradezu kosmetisch aufgemachte äußere Qualitäten gleichzeitig haben kann, dürfte hier im Laufe der Zeit auch seitens des Handels eine gewisse Einsicht zu erwarten sein. Vielleicht hilft dabei die international geplante Kennzeichnung des aus »integrierten Anlagen« stammenden Obstes. – Ergänzend sei bemerkt, daß sich auch bei der totalen Unkrautbekämpfung ähnliche schlechte Erfahrungen wie bei der entsprechenden Unterdrückung von Schädlingen ergeben haben: Daß das frühere Ideal unkrautfreier Äcker unverhältnismäßig viel Herbizidaufwand erfordert, daß sich die vorhandenen Phytophagen an den Kulturpflanzen ansammeln und daß Herbizid-resistente Unkräuter selektioniert werden. Auch hier erweist sich also eine zu tief angesetzte Schadensschwelle auf die Dauer als nicht durchsetzbar.

Bei der Bekämpfung von Tieren, die der Gesundheit von Mensch und Haustieren direkt oder durch Übertragung von Seuchenerregern schaden (Hygieneschädlinge), entschließt man sich sogar, die Landschaft umzugestalten (z. B. durch Trockenlegen) oder andere tiefgreifende Maßnahmen durchzuführen, um diesen Schädlingen die Lebensbedingungen zu entziehen. Den Maßstab der wirtschaftlichen Rentabilität pflegt man bei der Bekämpfung von Viehschädlingen anzulegen. Auch bei der Bekämpfung von Überträgern (Vektoren) von Infektionskrankheiten des Menschen ist es üblich, die dadurch entstehenden Ausgaben und die sog. Heilkosten (für Behandlungen und Rekonvaleszenz usw.) in Relation zu setzen zu dem Ausfall von Arbeitskräften. Hinzu kommen allerdings monetär noch kaum faßbare Krankheitsfolgen wie Siechtum und Todesfälle. Deshalb kann die hier vorgeschlagene *»hygienische Schadensschwelle«* nicht allein auf einer kostenmäßigen Kalkulation beruhen. Sie bedeutet vielmehr jene tragbare Schädlingsdichte, deren Unterschreitung keinen hygienischen Vorteil bringt. So hat sich z. B. bei der Gelbfieberbekämpfung in Amerika herausgestellt, daß die Infektionskette unterbrochen wird, wenn der Vektor *(Aedes aegypti)* nur noch in 5% der Häuser vorkommt. – Auch hier sind Sicherheitsbereiche notwendig; bekanntlich hängt ja die Wahrscheinlichkeit dafür, daß ein Krankheitserreger erfolgreich übertragen wird und ein Krankheitsfall entsteht, nicht nur von der Populationsdichte der Überträger ab, sondern auch von dem Durchseuchungsgrad und der Dichte der Haupt- und Nebenwirte sowie von zahlreichen anderen Umweltbedingungen. Da bei Hygieneschädlingen häufiger als bei Pflanzenfeinden die Schwellenwerte bei nahezu »Null« liegen, hat hier das Selbstvernichtungsverfahren eine besonders große Bedeutung.

Schließlich gibt es auch im Pflanzenschutz Bereiche, die sich einer Umrechnung von Schädlingsdichte in Geldverlust und damit der Gültigkeit von wirtschaftlichen Schadensschwellen entziehen (Franz et al., 1976). Gemeint sind hier Schäden in solchen Waldbeständen, deren Wert vor allem auf sozialhygienischem Gebiet liegt (Kap. 2.3). Ihr Nutzen kommt überwiegend der Allgemeinheit und weniger dem Waldbesitzer zugute. Immer klarer erkennt man, besonders in dem übervölkerten Europa, daß der Wert des Waldes nicht allein in der Produktion von Holz liegt. Noch wichtiger wird heute in Industrieländern die Bewahrung einer halbwegs unversehrten Umwelt, in der sich Wasserreserven bilden, die Luft sich mit Sauerstoff anreichert und in der wir uns erholen können (Hasel, 1971). Dies gilt ganz besonders für Naturschutzgebiete, Schutzwälder und andere, nicht normal bewirtschaftete Waldflächen. Diese Werte lassen sich noch nicht in Zahlen fassen. Vorarbeiten hierzu sind allerdings im Gange (vgl. Sonderheft über

Umweltforschung und Quantifizierung des Waldnutzens – Allg. Forstzeitschrift [München] *31* [16/17], 1976). Vorläufig führt es daher nicht weiter, wenn man den naheliegenden Begriff einer »sozialhygienischen Schadensschwelle« einführt. Dagegen empfiehlt es sich, bei der Beurteilung einer Schadenssituation in sozialhygienisch wichtigen Standorten die hier angesprochenen Gesichtspunkte zu berücksichtigen. Dies gilt auch für die Landwirtschaft in Gebieten mit mäßigen Erträgen. Die Pflege der Landschaft fiel bisher nebenbei mit an, obwohl der einzelne nur für seinen Betrieb arbeitete. Den Wert dieser Pflege erkennen wir erst jetzt, wo die Landwirtschaft teilweise ihre bisherigen Flächen aufgibt. In manchen europäischen Ländern wird sie als halböffentliche Dienstleistung subventioniert, wenn sie den Erholungswert der Landschaft erhält. Naturgemäß sind das dann zumeist extensive Betriebe, in denen auch die wirtschaftlichen Schadensschwellen höher liegen. Es ist also nicht berechtigt, bei Diskussionen über diese Fragen sich allein auf Intensivbetriebe zu beschränken, obwohl sie auch in diesem Kapitel bevorzugt besprochen werden. Intensive und extensive Bewirtschaftung haben in Mitteleuropa ihre Berechtigung. Daraus entstanden bei uns und unseren Nachbarn auch im agrarpolitischen Bereich gültige Einsichten. Das ökologische Prinzip soll als Grundlage für jede Entscheidung dienen, und Produktionsvorhaben wird man letztlich auch danach beurteilen, welche Wirkungen einschließlich der Nebenwirkungen sie hervorrufen. Diese Entwicklungstendenzen erlauben es, vorauszusagen, daß mit der Anerkennung auch anderer Leitwerte als der sofort monetär faßbaren Mehrerträge die Aussichten und die Verpflichtung für die Anwendung integrierter Pflanzenschutzverfahren mit einem hohen Anteil an regulativen Elementen bedeutend zunehmen. Dies wird darauf hinauslaufen, daß man höhere wirtschaftliche Schäden toleriert, wenn die verfügbaren Bekämpfungsverfahren die Qualität und das regenerative Potential des betreffenden Standortes gefährden. Dabei wird das Primat des Umweltschutzes, der Gesundhaltung der Bevölkerung und der Nachhaltigkeit einer Kultur gegenüber der meist kurzfristig kalkulierten Rentabilität deutlich.

16.3 Wahl der Methoden

16.3.1 Ohne Pestizide

Ohne chemische Mittel auszukommen, gelingt dort am besten, wo wenige Schädlingsarten die Schadensschwelle nur gelegentlich überschreiten. Solche ausbalancierten Ökosysteme können primär vorhanden sein wie in vielen Wäldern, extensiven Anbaugebieten oder »Gesundlagen« für Mensch, Tier und Pflanze. Die Gradationswahrscheinlichkeit läßt sich, wie gesagt, durch Kulturverfahren oder Manipulation von wirksamen Gegenspielern senken. Die potentielle Bedeutung der *Kulturverfahren* (vgl. 2.3) für den integrierten Pflanzen- bzw. Gesundheitsschutz wird allgemein anerkannt. Vor allem können standortbezogener Kulturpflanzen-Anbau (Anheben der Bodenfruchtbarkeit und Saattechnik) und Züchtung resistenter Sorten dazu führen, daß Aktionen zur Unterdrückung von Schadorganismen seltener oder gar nicht mehr nötig sind. Allerdings verleitet das Bestreben, dauerhaft hohe Erträge und beste Qualitäten zu ernten, häufig zu Methoden der Pflanzenproduktion und der Sortenwahl, die im Vertrauen auf die technischen Möglichkeiten des modernen Pflanzenschutzes den Gesichtspunkt der Nachhaltigkeit und Sicherheit vernachläsigen. Ein lehrreiches Beispiel dafür ist die sog. »Grüne Revolution«, die durch massierten Anbau von zwar sehr ertragreichen, aber auch sehr anfälligen neuen Reis- und Weizensorten die Landwirtschaft mancher Entwicklungsländer in eine Krisensituation gebracht hat, in der sie völlig von der ständigen Anwendung hoher Kunstdünger- und Pestizidgaben abhängen (Smith, 1972). Auch bei uns bringt die Tendenz, ertragreiche Kulturen (z. B. Weizen) dauerhaft, also ohne Fruchtwechsel, anzubauen, häufig und besonders auf suboptimalen Standorten eine Zunahme der Gradationswahrscheinlichkeit mancher Schadorganismen. So sind z. B. die bei uns am häufigsten angebauten Apfelsorten »Golden Delicious«, »Cox Orange Renette« und »Jonathan« hochempfindlich, vor allem gegen Pilzkrankheiten, und benötigen extrem viele Pestizidbehandlungen. Die Kulturverfahren bieten also zwar große Möglichkeiten für den pestizidfreien Pflanzenschutz und für die dauerhafte Lösung von Problemen der Vektorenbekämpfung; wieviel davon aber tatsächlich genutzt wird, hängt weitgehend von wirtschaftlichen Zwängen und ökologischen Einsichten ab.

Die besondere *Rolle der biologischen Verfahren* in der integrierten Schädlingsbekämpfung beruht darauf, daß Vertilger von Schadorganismen in der Regel um so besser wirken, je höher die Dichte ihrer Wirte ansteigt. Da diese dichteabhängige Bremswirkung den Kulturverfahren fehlt, bildet die Manipulation natürlicher Schädlingsvertilger zu diesen die ideale Ergänzung. Die biologischen Methoden liefern also durch Einfuhren, Förderung und massenhafte Zugabe von Nutzorganismen wichtige und in ihrer Art einzigartige Bausteine zum gesamten Komplex der im »pest management« zu integrierenden Maßnahmen. Darüber hinaus schafft die Teilnahme von Vertretern dieser Fachrichtung bei der Entwicklung integrierter Programme häufig erst die Voraussetzungen, um wirksame Schädlingsfeinde als besonders empfindliche Glieder des Systems vor möglichen Schädigungen durch andere Techniken schützen und ihre Rolle bei der Prognose erläutern zu können. An die Schlüsselstellung biotischer regulierender Elemente sollte immer dann erinnert werden, wenn dem Zug der Zeit folgend von Integration geredet, aber nur die Koppelung bereits greifbarer technischer Einzelvorgänge praktiziert wird.

Beispiele für die gegenseitige Ergänzung von kulturalen und biologischen Verfahren liefert uns im mitteleuropäischen Raum besonders die Forstwirtschaft. Durch Laubholzbeimischung ließen sich Kiefernwälder in der Oberrheinebene, die früher durch Insektenkalamitäten überaus gefährdet waren, weitgehend absichern. Diese Maßnahme wurde durch Ansiedlung von Vögeln und Waldameisen ergänzt (Wellenstein, 1968). Die Integration der Gesichtspunkte des Forstschutzes in die gesamte Waldbauplanung (forest management) hat dort ihre größte

Bedeutung, wo die vorliegenden Erfahrungen eindeutige Hinweise geben, welche Bestandsformen, Holzarten und Ernteverfahren besondere Risiken enthalten. Wo diese aus wirtschaftlichen Gründen nicht zu vermeiden sind, bietet sich häufig Gelegenheit, mit biologischen Maßnahmen einzugreifen, unter bewußter Schonung der systemeigenen Abwehrkräfte; etwa durch Ansiedlung der Kahlrückigen Waldameise *(Formica polyctena)* in nicht standortgemäßen Fichtenwäldern, die durch die Kleine Fichtenblattwespe *(Pristiphora abietina)* besonders gefährdet sind (Schwerdtfeger, 1970), oder durch Ausbringen von Kernpolyeder-Viren als Soforthilfe zur Bekämpfung der Kiefernbuschhornblattwespe *(Neodiprion sertifer)* (vgl. 10.6), wodurch sich Jungkiefernbestände erhalten lassen, bis sie dem kritischen Alter entwachsen sind. Hier könnten zahlreiche weitere Beispiele genannt werden, die zur eigentlichen biologischen Bekämpfung (Kap. 3–14) oder zu den anderen Methoden gehören, die ohne Pestizide auskommen (Kap. 2.1, 2.3, 15) und die sich häufig miteinander verbinden lassen. Eine besonders interessante Kombination biotechnischer und biologischer Verfahren stellen jene Fälle dar, bei denen es gelungen ist, durch attraktive Reizstoffe natürliche Feinde an entscheidenden Stellen zu konzentrieren; genannt seien Prädatoren von Kiefernborkenkäfern, die noch vor ihren Beutetieren Fangstämme anflogen, welche mit spezifischen Lockstoffen versehen waren; dadurch konnten sie die Schädlinge gleich bei deren Landung auf dem Fangbaum dezimieren (vgl. 15.2.3.2); oder Florfliegen *(Chrysopa)*, die nach Versprühen von besonders ansprechendem künstlichem Nährsubstrat aus Molke und Hefe am Futterplatz blieben und dort bevorzugt ihre Eier ablegten (vgl. 5.2.3). Weitere Beispiele für die vorteilhafte Integration von kulturalen, biotechnischen und biologischen Verfahren s. 16.4.

16.3.2 Mit Pestiziden

Die übliche Ausgangssituation für den Praktiker, der sich mit integrierten Verfahren beschäftigt, ist nicht das erwähnte, annähernd ungestörte Ökosystem, sondern ein auf Höchsterträge eingerichteter Betrieb. Gewöhnlich zwingen ihn die bekannten Folgeschäden nach intensiver Anwendung chemischer Mittel (Resistenzentstehung, toxische Rückstände, zunehmende Schädlingsplagen) dazu, die Situation neu zu überdenken. Der Übergang kann naturgemäß nur allmählich erfolgen. Dabei muß der für den Pflanzenschutz Verantwortliche lernen, nicht nur die wichtigsten Schädlinge, sondern auch die bedeutsamen Nützlinge zu erkennen und zu überwachen. Ein Spritzplan im bisher üblichen Sinne steht ihm nicht mehr zur Verfügung. Jede Behandlung richtet sich bezüglich Mittelwahl und Termin nach den jeweiligen Verhältnissen. Wenn sich bei der Überwachung der Anbauflächen herausstellt, daß ein Schädling die wirtschaftliche Schadensschwelle überschreitet, sollte er bekämpft werden. Erweisen sich die zuvor besprochenen Verfahren als nicht ausreichend, wird der Anbauer zu chemischen Mitteln greifen. Die Schwierigkeiten, die beim Übergang von konventionellen zu integrierten Behandlungen entstehen, lassen sich erfahrungsgemäß überwinden, wenn man schrittweise vorgeht: 1. Zuerst wird man zunächst noch die üblichen Mittel, aber zurückhaltender, einsetzen, und zwar nur dann, wenn sich ein stärkerer Befall ankündigt. Dies bedeutet den Verzicht auf den bequemen Weg der am Kalender oder an gewissen phänologischen Stadien der Pflanzen orientierten Vorsorgespritzungen. Dauernd wiederholte prophylaktische Behandlungen bringen, auch wenn es sich um preiswerte Mittel handelt, auf die Dauer so viele Risiken, daß man auf sie zuerst verzichten sollte. Voraussetzung dazu ist eine geeignete Überwachung der Kultur. Sie erlaubt es auch, nur besonders gefährdete Teilflächen (z.B. Randstreifen mit Zuflug) zu behandeln. 2. Der nächste Schritt ist die allmähliche Erarbeitung von Schadensschwellenwerten für die wichtigsten Krankheiten und Schädlinge auf dem jeweiligen Standort. Hierbei ist die Beratung durch den Fachmann besonders wichtig. 3. Danach oder gleichzeitig wird es nötig, entweder auf selektivere Mittel überzugehen oder die Breitenwirkung üblicher Pestizide durch gezielte Anwendungstechnik zu verkleinern. Davon handeln die folgenden Abschnitte (16.3.2.1 und 16.3.2.2). 4. Am Schluß steht das Bemühen, vorhandene biologische Verfahren mit einzusetzen.

Ganz allgemein eignen sich dauerhafte Kulturen besser als einjährige für die Entwicklung integrierter Verfahren. Der Vorteil liegt darin, daß sich in Standorten ohne abrupte Florenveränderung, wie sie der Fruchtwechsel mit sich bringt, eher eine gewisse Ausgeglichenheit der Lebensgemeinschaft herausbilden kann. – Schadarthropoden sind das bevorzugte Objekt der integrierten Bekämpfung, denn bei ihnen lassen sich durch relativ kleine Änderungen der Bekämpfungsverfahren die erwünschten regulierenden Effekte der natürlichen Feinde bald nutzen. Neuere Arbeiten zeigen aber, daß auch bei Pflanzenpathogenen Ansatzpunkte bestehen, um sie dem integrierten Verfahren zugänglich zu machen. Auf indirektem Weg, etwa über die Düngung, den Schnitt von Obstbäumen, Bodenpflege, Standort- und Sortenwahl, als auch durch vorsichtige Verwendung von Herbiziden und Fungiziden nach genauer Prognose lassen sich auch hier ökonomische Schwellenwerte finden. Als Beispiel sei die Bestimmung der wirtschaftlichen Schadensschwelle für die Kraut- und Knollenfäule *(Phytophthora infestans)* im Emsland genannt. Dabei wird die Schadensschwelle nicht über die Populationsdichte der Schaderreger gemessen, sondern es wird die Zeitspanne angegeben, um die es sich lohnt, das vegetative Wachstum der Kartoffel durch Fungizidspritzungen zu verlängern (Reschke et al., 1974). Im Mittelpunkt steht immer der Gedanke, daß nicht die Verminderung von Schädlingen und Krankheitserregern das Wesentliche ist, sondern das Eindämmen des Schadens mit einem ökologisch und ökonomisch vertretbaren Aufwand.

Sicherlich entstehen bei der Umstellung vom konventionellen zum integrierten Vorgehen Probleme, zumal wenn die wirtschaftlichen Schadensschwellen noch nicht bekannt sind. Die früher geäußerte Sorge, das Risiko sei zu groß, wenn man mehrere der bisher üblichen Spritzungen weglasse, trifft jedoch gerade nicht zu. Die erwähnte ständige Überwachung der Kulturen verhindert es, daß man von einer Kalamität überrascht wird.

16.3.2.1 Selektive Mittel

Am günstigsten wäre es, wenn man für den integrierten Pflanzenschutz über Präparate verfügte, die allein auf die betreffenden, bedrohlich gewordenen Schädlinge einwirken, also andere, im Augenblick unbedeutende Schädlinge, vor allem aber indifferente und nützliche Arten verschonen. *Spezifische,* nur gegen eine Art wirkende, oder *selektive Präparate* gegen Arthropoden, die mehrere verwandte Arten abtöten, gibt es wenige. Das liegt zum Teil daran, daß die mit der Zulassung eines Mittels verbundenen Kosten, vor allem für Entwicklung und toxikologische Prüfung, so angewachsen sind, daß ein Mindestabsatz erforderlich ist, damit sich die Produktion kommerziell lohnt. Trotzdem wird sich die Industrie den Forderungen des integrierten Pflanzenschutzes auf die Dauer nicht entziehen können, zumal diese auch den Wünschen der Verbraucher entsprechen, durch zurückhaltendes Spritzen mehr Obst und Gemüse ohne Pestizidrückstände zu erhalten. Wenn Pflanzenschutzmittel gegen eine wichtige Schädlings*gruppe* wie beispielsweise Blattläuse oder Noctuiden-Raupen selektiv wirken, dann dürfte einerseits der weltweite Absatz noch groß genug sein, anderseits die Schonung nützlicher Arten ermöglicht werden. Solange diese Vorstellungen noch nicht verwirklicht sind, muß sich die Praxis mit den wenigen selektiven Präparaten, die es gibt, vertraut machen und durch modifizierte Anwendung breitenwirksamer Mittel auch mit diesen eine gewisse Selektivität zu erreichen suchen.

Physiologisch selektive Substanzen töten die Schädlingsfeinde weder direkt noch indirekt beim Verzehren vergifteter Beute; *ökologisch selektive* Mittel verschonen Nützlinge nur deshalb, weil es aus ökologischen Gründen nicht zu einer direkten Einwirkung kommt; zur letzten Gruppe gehören viele systemische Mittel und auch Fraßgifte (vgl. 16.3.2.2). – Als physiologisch selektives Insektizid gegen mehrere Tortriciden, vor allem den Apfelwickler *(Laspeyresia pomonella),* sei »Ryania« genannt, ein Extrakt aus der Wurzel von *Ryania speciosa.* Auch bei den Akariziden gibt es einige nur für Milben (nicht für Insekten) toxische Präparate. – Hier müssen ferner die als »mikrobielle Insektizide« im Handel befindlichen, selektiv wirksamen Pathogene erwähnt werden (z.B. Viren, *Bac. thuringiensis* – vgl. Kap. 10), deren Einsatz sich den ökologischen Bedingungen der Kulturpflanzenbestände anpassen läßt (Franz, 1971). Schließlich sind solche biotechnischen Verfahren bzw. Präparate zu nennen, die selektive Wirkungen ausüben wie z.B. Sexualpheromone oder Schreckstoffe (Kap. 15). Sie können entweder direkt wirken oder die Schädlinge gezielt den zu ihrer Abtötung betriebenen chemischen oder physikalischen Verfahren zuführen.

Der kommerzielle Anreiz, selektive Präparate anzubieten, die Nutzarthropoden verschonen, ist – wie gesagt – gering. Andererseits werden solche Mittel zur integrierten Bekämpfung immer stärker verlangt. So war es ein bedeutsamer Fortschritt, daß sich die Biologische Bundesanstalt 1975 entschlossen hat, zusätzlich zu den bisherigen Prüfungen der Pflanzenschutzmittel (auf Wirkung gegen den Zielorganismus, auf Warmblüter-, Kulturpflanzen- und Bienentoxizität) nun auch eine (zunächst freiwillige) Prüfung auf Nebenwirkungen gegenüber entomophagen Arthropoden im Rahmen der Zulassung einzuführen. Vorarbeiten dazu werden von einer internationalen Arbeitsgruppe (WPRS) geleistet. Dabei erarbeitet man Richtlinien für standardisierte Prüfmethoden an wichtigen Nutzinsekten im Labor und Freiland. Die Prüfergebnisse sollen dank der Mitarbeit verschiedener Länder Mittel- und Westeuropas auch international anerkannt werden. Die Auswertung der Laborversuche erfolgt danach, wie stark der Kontakt mit einem Präparat die Nutzleistung des betreffenden Entomophagen herabsetzt, also die Parasitierung bzw. Beuteaufnahme nebst Fertilität verringert. Dies wird es erlauben, die Anwender von Pestiziden über etwaige unerwünschte Nebenwirkungen bzw. nützlingsschonende Eigenschaften vor Gebrauch zu informieren. Dazu gehören auch Beratungen über die indirekte (trophische) Förderung von Schädlingen oder Krankheiten durch Pestizide. Gleichzeitig stimuliert eine solche verfeinerte Zulassungsprüfung die Industrie, selektive Präparate zu entwickeln, deren besondere Qualitäten dann in amtlichen Prüfungen bescheinigt werden (Herfs & Franz, 1975).

Zur Frage der »Lebensdauer« selektiver Mittel auf dem Markt wird oft erwähnt, daß sie wegen der Entstehung resistenter Schädlingsrassen ebenso schnell verschwinden müßten wie breitenwirksame Mittel. Dagegen sprechen die Erfahrungen und folgende Überlegungen (Knipling, 1972; Smith, 1970): Selektive Mittel lassen Vertilger der Schädlinge am Leben, die laufend zu der totalen Schädlings-Mortalität beitragen. Dadurch wird eine einseitige Selektion durch das Pestizid vermieden. Außerdem ist die Überlebensrate von Schädlingen, die vielleicht doch einmal toleranter gegen Selektivpräparate geworden sind, viel geringer, da sich ihre natürlichen Feinde weiter an ihrer Regulation beteiligen. Mit deren Vernichtung ist demgegenüber zu rechnen, wenn man breitenwirksame Mittel anwendet.– Die Probleme der größeren Empfindlichkeit von Entomophagen gegen Insektizide und der Herausbildung resistenter Nutzarthropoden werden von Croft & Brown (1975) diskutiert (vgl. 5.2.2).

16.3.2.2 Selektive Anwendung

Für die modifizierte Anwendung breitenwirksamer Präparate gelten folgende Grundsätze: Hat man die Auswahl unter mehreren Mitteln, so empfiehlt es sich, das mit der geringsten Wirkungsbreite anzuwenden. Sollten ausnahmsweise einmal mehrere Arten zugleich die wirtschaftliche Schadensschwelle überschreiten, sollte man sich um ein Präparat bemühen, das gerade die für diese Schädlinge notwendige Wirkungsbreite besitzt. Anders als bei den konventionellen Verfahren sollen die Schädlinge nicht so wirksam wie irgend möglich bekämpft, sondern nur soweit zurückgedrängt werden, daß ihre Populationsdichte wieder unter den Schwellenwert sinkt. Dazu ist nicht immer ein hoher Wirkungsgrad notwendig. Außer den speziellen Belangen der integrierten Bekämpfung ist die entsprechende Wartezeit besonders zu berücksichtigen, wenn es sich um Mittel handelt, die toxisch für Bienen oder Warmblüter sind.

Allein durch die *Wahl des Mittels* läßt sich innerhalb der breitenwirksamen Präparate[1] einiges an Selektivität herausholen. Endosulfan verschont Honigbienen und einige robustere, aber keineswegs alle Nützlinge. Nikotinhaltige Präparate lassen ebenfalls verschiedene Nutzinsekten überleben. Persistente Insektizide sind für die Arthropodenfauna stets schädlicher als einigermaßen flüchtige Präparate wie z.B. solche mit dem Wirkstoff Demeton-o-methyl und Pyrethrum-Präparate. Entomophagen können dann überleben, wenn sie während der Behandlung mit kurzwirksamen Mitteln versteckt waren (z.B. im Puppenlager oder in ihren Wirten) und wenn sie von Nachbargebieten später wieder einwandern. Wegen ihrer größeren Bewegungsaktivität sind sie von vornherein mehr gefährdet als Phytophagen.

Auch Fungizide und Herbizide können Entomophagen schädigen. Verwendet man z.B. zur Bekämpfung der Gemeinen Spinnmilbe *(Tetranychus urticae)* in Gurkenhäusern die Raubmilbe *Phytoseiulus persimilis* (vgl. 5.3.2.3), so muß man gegen Gurkenmehltau bei Bedarf ein Fungizid einsetzen, welches diese Räuber verschont.

Als Beispiele genannt werden im folgenden für *Encarsia* (E) bzw. *Phytoseiulus* (P) oder für beide Nützlinge (E, P) im Gewächshaus wenig schädliche Mittel, die zumeist 6 Tage vor oder nach einer Freilassung nicht angewandt werden sollen: *Fungizide:* Zineb (E, P); Benomyl und Dimethirimol (angießen!) (E, P); Dinocap (P); Chloraniformethan (P); Dichlofluanid (E, P). *Insektizide:* Pirimicarb (E, P); Diazinon (angießen!) (P). *Akarizide:* Propargite (E, P); Dicofol (E).

Manche Fungizide schädigen, wenn sie frisch ausgebracht sind, auch die Eiparasiten der Gattung *Trichogramma,* die gegenüber verschiedenen Schadlepidopteren recht wirksam sind. Da auch für Bienen ungefährliche Mittel empfindlichere Entomophagen erheblich beeinträchtigen können (Hassan, 1974b), läßt sich die tatsächliche Auswirkung immer nur im speziellen Versuch ermitteln (vgl. 16.3.2.1). Diese Beispiele deuten an, wie wichtig die Wahl der Mittel für die Schonung bestimmter Nutzarthropoden ist. Einige weitere Angaben kann man dem Schrifttum entnehmen (z.B. Steiner & Baggiolini, 1968). Angesichts des laufenden Wechsels der verfügbaren Präparate und auch der örtlich verschiedenartigen Probleme wird man die im vorigen Abschnitt erwähnten offiziellen Prüfungen sowie zusätzliche Feldversuche der Pflanzenschutzdienste heranziehen müssen, um die für die wichtigsten Nützlinge am besten verträglichen Mittel zu erfahren (Methode: Steiner, 1965b). Für das schnelle Erkennen der Nebenwirkungen von Pestiziden auf Milben und Milbenvertilger in Obstanlagen hat man in den USA einen besonderen Test ausgearbeitet (Croft, 1975).

Bei der Auswahl der Mittel sollte auch beachtet werden, daß diese möglichst nicht *auf Pflanzensauger* über die Wirtspflanze *fördernd wirken.* Insektizide wie DDT oder Carbaryl sowie verschiedene Akarizide und Fungizide sind bekannt dafür, daß sie Schadmilben, manchmal auch Blattläuse, zu einer verstärkten Fortpflanzung anregen. Mit solchen Mitteln gespritzte Parzellen lassen sich z.B. im Weinbau schon auf große Entfernung an der Rotfärbung der Blätter erkennen.

[1] Die hier genannten Wirkstoffe und Mittel dienen nur zur Illustration des Prinzips.

Im gleichen Sinne fördernd kann sich auch eine zu reichliche Stickstoff-Düngung auswirken (Chaboussou, 1970; van de Vrie, 1970).

Durch *Reduktion der Dosis,* also durch Anwendung stärker verdünnter Präparate, läßt sich manchmal eine gewisse Selektivität bei noch ausreichender Wirkung gegen den Hauptschädling erzielen (Beispiel: Blattlausbekämpfung durch Demeton-o-methyl und einige andere organische Phosphorverbindungen mit Konzentrationen, die rund $^1/_{10}$ von der empfohlenen betragen). Andererseits können Bruchteile der empfohlenen Dosis oft noch empfindliche Nutzarthropoden ausschalten.

Die *zeitliche Abstimmung* von Bekämpfungsaktionen mit bestimmten Lebensphasen wichtiger Nutzarthropoden kann viel zu deren Überleben beitragen. Wenn man weiß, zu welchen Zeiten innerhalb einer Saison gerade keine empfindlichen Stadien von Nützlingen ungeschützt vorkommen, läßt sich häufig der Bekämpfungstermin entsprechend wählen. Dieses »timing« der angelsächsischen Literatur muß naturgemäß kombiniert werden mit der Wahl eines Mittels entsprechend kurzer Wirkungsdauer. Beispiele für eine biozönoseschonende Zeitwahl bilden viele Frühbegiftungen von Forstschädlingen, die sich gegen erste Larvenstadien, manchmal auch schon gegen Eier oder eierlegende Imagines richten. Bei stärkerem Auftreten von Blattlausfeinden in Feld- und Obstkulturen läßt sich, wenn man schon über gewisse Erfahrungen verfügt, durch kontrolliertes Verschieben des üblichen Bekämpfungstermins herausfinden, ob die Vertilger die Blattlausvermehrung allein abstoppen können.

Durch *örtliche Konzentration* der Behandlung kann man manchmal die schädliche Wirkung breitenwirksamer Mittel mildern. So beliebt auch aus technischen Gründen und wegen einer scheinbaren Rentabilität (Kosten je Flächeneinheit) die Abrundung eines Behandlungsgebietes ist, so wenig entspricht dies den Bestrebungen einer integrierten Bekämpfung. Will man möglichst viel von der Nützlingsfauna retten und aus den Erfahrungen mit ungünstigen Nebenwirkungen breitenwirksamer Pestizide lernen, dann lautet eine der wichtigsten Forderungen, die behandelte Fläche so klein wie möglich zu halten. Hat die Kontrolle des Befalls ergeben, daß nur eine Seite des Feldes oder nur bestimmte Standorte in einem größeren Waldgebiet eine Schädlingspopulation oberhalb der Schadensschwelle aufweisen, so ist die Bekämpfung auf diese Befallszentren zu beschränken. Auch in gleichmäßig befallenen Anlagen, wie beispielsweise in Zitruskulturen, ließ sich durch alternierendes Spritzen jeder 3. Baumreihe alle 6 Monate (»Zebraverfahren«) erreichen, daß der Parasitenbestand überlebte und gleichzeitig die Schildlausdichte mehr zurückging, als es durch die Parasiten allein möglich gewesen wäre. – Auch bei der Bekämpfung von Hygieneschädlingen bewähren sich oft konzentrierte Mittelapplikationen an wenigen Stellen. So hat es sich bei der Fliegenbekämpfung (Muscidae) als günstig herausgestellt, wenn man die Insektizidanwendung auf bevorzugte Landeplätze von frisch geschlüpften Imagines beschränkt und damit den Vertilgern der Larven im Dung freie Entfaltung ermöglicht (Legner, 1970). – Die Verkleinerung der behandelten Fläche hat keine untere Grenze. Bewährt haben sich z. B. gegen Kieferntriebwickler *(Rhya-*

cionia buoliana) Spritzungen mit Kontaktinsektiziden nur an die Gipfeltriebe junger Kiefern oder gegen den Kiefernspinner *(Dendrolimus pini)* die Applikation von »Giftspritzringen« an die Stämme von Altkiefern. Diese Barriere unterband das Aufbaumen der Raupen nach der Überwinterung, verschonte somit die übrige Lebewelt und erzielte eine selektive Wirkung mit dem applizierten, potentiell breitenwirksamen Mittel. Die bei solchen »Punktbehandlungen« eingesparten Mittelkosten sind gewöhnlich keine echten Ersparnisse, da ein solches Vorgehen häufig einen höheren Arbeitsaufwand verlangt. Der eigentliche Gewinn liegt, wie gesagt, auf dem Gebiet der Biozönoseschonung. Auf die Möglichkeit, durch Verwendung von Lockstoffen die Schädlingsbevölkerung zu konzentrieren und somit die begiftete Fläche zu verringern, sei hier besonders hingewiesen (vgl. 15.2).

Die Endstufe der integrierten Bekämpfung bildet dann gewöhnlich ein *Komplex* aus den zuvor einzeln besprochenen Verfahren (Abb. 12). Außer der besonders ausführlich diskutierten Kombination von Pestiziden mit Nutzarthropoden spielen Kulturverfahren eine ausschlaggebende Rolle. Durch Sanierungsmaßnahmen (im Bereich der Hygieneschädlinge) oder durch anbautechnische Verfahren bzw. die Kultur widerstandsfähigerer Sorten (bei Pflanzenschädlingen) läßt sich, wie gesagt, häufig die Ausgangssituation so verbessern, daß der ständige Zwang zu »Feuerwehraktionen« mit chemischen Mitteln entfällt.

Folgende Kombinationsmöglichkeiten seien noch erläutert: Insektizide können auch dazu dienen, die Schädlingspopulation auf ein tiefes Niveau zu senken,

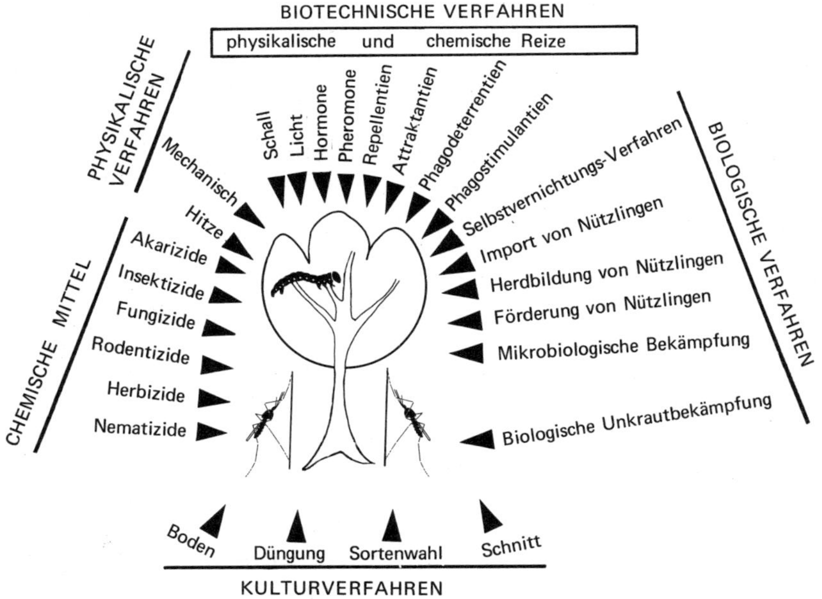

Abb. 12. Übersicht der wichtigsten, für eine Integration verfügbaren Elemente (Mittel und Methoden) zur Bekämpfung von Pflanzen- und Gesundheitsschädlingen

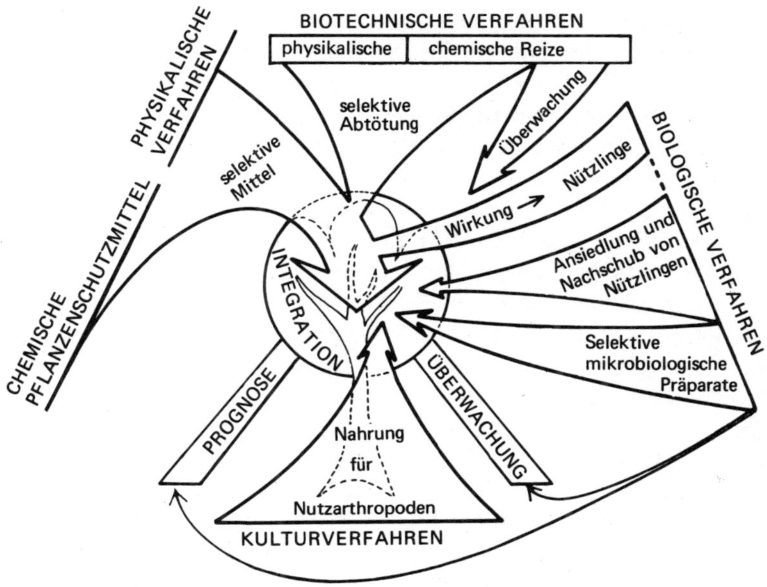

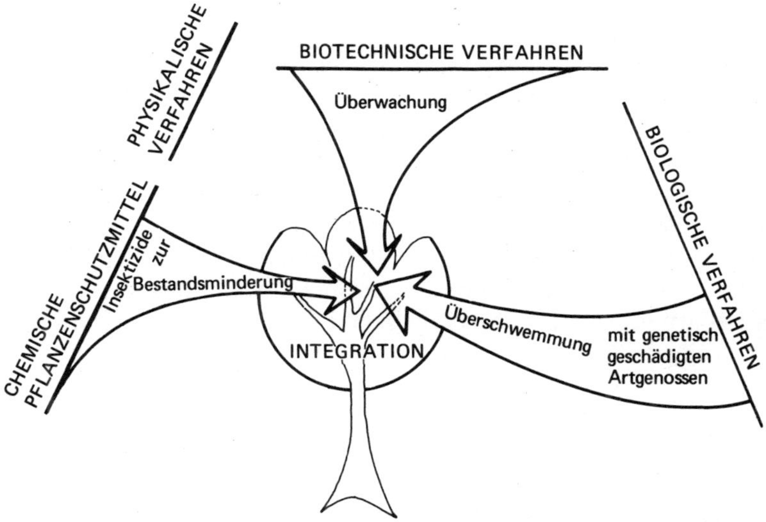

Abb. 13 (oben) und 14 (unten): Beispiele für die verschiedenartige Beteiligung der einzelnen Pflanzenschutzverfahren an integrierten Bekämpfungs-Systemen mit den folgenden Hauptelementen: Erhaltung und Förderung natürlicher Feinde (13) und Selbstvernichtungsverfahren (14)

bei dem die *Selbstvernichtungsverfahren* aussichtsreich werden. Dank ihrer verschiedenen Wirkungsprinzipien (Kap. 8) können sich Abtötung durch chemische Mittel und durch Überschwemmen mit sterilen Artgenossen hervorragend ergänzen (Abb. 14). – Will man die übrigen biologischen Verfahren mit ihren dichteabhängigen Komponenten entsprechend mit nicht-selektiven technischen Methoden kombinieren, bedarf es, wie wir gesehen haben, ganz besonderer Vorsorge. Daher kann die heute in manchen Gebieten der UdSSR propagierte Methode, *Insektizide und Eiparasiten* der Gattung *Trichogramma* im Wechsel auszubringen, nur soweit empfohlen werden, als es sich um nachweislich für die Parasiten unschädliche Mittel handelt, wie z. B. *Bacillus thuringiensis*-Präparate (Shchepetilnikova et al., 1968). Die Warnung vor *unbedachter Mischung verschiedener Komponenten,* die man dann gern als »integrierte Methode« ausgibt, betrifft auch Präparate auf der Basis von Insektenpathogenen. Diese sind bereits untereinander keineswegs bedenkenlos kombinierbar, wenn eine Komponente (z. B. das Endotoxin von *Bac. thuringiensis*-Präparaten) bereits das Weiterfressen unterbricht und damit weitere perorale Infektionen erschwert. – Noch bedenklicher dürfte sich der Versuch auswirken, konventionelle und besonders persistente Insektizide mit Pathogenpräparaten zu mischen, um deren Wirkung zu steigern oder zu beschleunigen. Dieser Trend ging von der UdSSR aus, und diese Form der Bekämpfung wird z. Zt. besonders in Nordamerika erprobt. In der Regel hat sich die Hoffnung auf synergistisches Zusammenwirken beider Komponenten dabei nicht erfüllt. Trotz der erwünschten Reduktion der ausgebrachten Dosis (sog. subletalen Dosen) der Insektizide genügen die Rückstände in der Regel doch, um wichtige Entomophagen-Gruppen auszuschalten. Damit verliert man die im integrierten Programm so besonders erwünschte Selektivität mikrobieller Präparate. Höchstens gegen Bodenschädlinge mag eine solche Kombinationsbehandlung zu rechtfertigen sein, soweit dort bei den betreffenden Schädlingen der Einfluß von Nutzarthropoden unbedeutend ist. Daß sich auch hier meist keine synergistische Wirkungssteigerung erzielen läßt, zeigen z. B. Versuche mit Azinphos-aethyl und Carbaryl, kombiniert mit *Beauveria bassiana* gegen Kartoffelkäferlarven (Fargues, 1975). Eine schematische Übersicht über viele der für eine Integration verfügbaren Mittel und Methoden zeigt Abb. 12, für die je nach Bedarf zu treffende Auswahl geben Abb. 13 und 14 zwei Beispiele.

16.4 Beispiele für integrierte Programme

Die im vorstehenden erläuterten Prinzipien integrierter Bekämpfung werden in den folgenden Beispielen, zumeist nach Kulturpflanzen getrennt, kurz erläutert. Sie zeigen, daß viele der anfänglichen Schwierigkeiten überwunden werden konnten und daß sich manchmal für die Bevölkerung lebenswichtige Kulturen nur durch Umstellung auf den integrierten Pflanzenschutz überhaupt noch erhalten ließen (z. B. Baumwolle in manchen Staaten Mittel- und Südamerikas).

Obstbau: Die ersten Anfänge der Verfahren im Obstbau wurden nach dem 2. Weltkrieg von Pickett in Nova Scotia erarbeitet. Änderungen im Aufwand für Pflanzenschutz waren notwendig geworden, weil die Obsterzeuger den englischen Markt verloren hatten und sich Routinespritzungen nicht mehr leisten konnten. Inzwischen haben aber auch die meisten Länder der übrigen Welt mit intensivem Obst-, vor allem Apfelanbau die Entwicklung integrierter Verfahren betrieben (Übersicht bei IOBC/WPRS Symposium Bozen [1974], 1975). Dabei hat sich ganz allgemein gezeigt, daß die Festkosten für Ernte und Vermarktung etwa $^2/_3$ aller Ausgaben beanspruchen. Der Reinerlös in derartigen Anlagen hängt somit im wesentlichen davon ab, wie teuer die Pflanzenschutzmaßnahmen waren. Da durch intensive Überwachung der Schädlinge und Krankheiten regelmäßig mehrere Spritzungen eingespart werden, ohne daß die Menge und Qualität der Ernte leiden, kommt das der Rendite der Anlage unmittelbar zugute. In Südwestdeutschland und der Schweiz, wo das Verfahren lange genug erprobt und ausgebaut worden ist, ergaben sich aufgrund großflächiger Versuche mit gängigen Sorten folgende Einsparungen je ha in integrierten Apfelanlagen, verglichen mit »konventionell«, d.h. nach vorher festgelegten Terminen und z.T. prophylaktisch behandelten (Mathys, 1974): Südwestdeutschland (1972): 150,– DM; Südschweiz: 419,– sfr. Die Unterschiede erhöhten sich seitdem noch als Folge der zunehmenden Erfahrung und des Preisanstieges für Pestizide. In diesen Ländern und ebenso in Südostfrankreich liegen die durchschnittlichen Einsparungen durch integrierten Pflanzenschutz in Apfelanlagen bei etwa 18–27% der Gesamtkosten für konventionellen Pflanzenschutz. In einer Untersuchung vom Jahr 1975 ergab sich bei 14 integrierten Anlagen in Südwestdeutschland eine Verminderung der Zahl der Spritzungen um 25% und der Spritzmittelkosten um 40%, verglichen mit 22 konventionellen Anlagen (Steiner, 1976). Diese Werte erfassen noch nicht die sonstigen Vorteile des Integrationsverfahrens (geringere Pestizidrückstände; weniger resistente Schädlinge; Rückgang der Sekundärschädlinge). Weitere Verbesserungen lassen sich voraussagen, zumal sich inzwischen gegen den Apfelwickler *(Laspeyresia pomonella),* den wichtigsten Schädling im süddeutschen Apfelanbau, ein überaus wirksames und spezifisches Viruspräparat bewährt hat (Huber & Dickler, 1975).

Die notwendige intensive Überwachung erfordert allerdings ausgebildete Mitarbeiter. Der staatliche Beratungsdienst ist in den meisten europäischen Ländern noch zu schwach besetzt, um die geforderten detaillierten Hinweise für jede Anlage geben zu können. Daher verdient die folgende Initiative der Landesanstalt für Pflanzenschutz in Stuttgart besondere Beachtung: Seit über 10 Jahren konnte sie zeigen, daß sich außer den örtlichen Beratern auch die Betriebsleiter von Apfelanlagen in speziellen Kursen ausbilden lassen und dabei soviel Detailkenntnisse in dem Erkennen der wichtigsten Arthropoden erwerben, daß sie in ihren Anlagen die Überwachung durchführen und die fälligen Entscheidungen über Mittelwahl und -anwendung selbst treffen können. Inzwischen wurden von der Arbeitsgruppe für integrierten Pflanzenschutz in Obstanlagen illustrierte Bestimmungshilfen (OILB/SROP, 1974, 1975a, b) herausgegeben, die zusammen mit der persönlichen Beratung durch Experten der Landesanstalt in Sonderfällen diese auch für andere Kulturen und in anderen Ländern beispielhafte Überwachungsform absichern. Der einleuchtende Vorteil liegt darin, daß die Betriebsleiter ein ganz unmittelbares Interesse am wirtschaftlichen Schutz ihrer Anlagen mitbringen. Je länger sie Erfahrungen sammeln konnten, desto mehr Insektizid- und Fungizidbehandlungen wagen sie dann auch einzusparen, wie die jüngsten Erhebungen zeigen. Durch dieses Vorgehen ließ sich auch der wichtige Einwand gegen den integrierten Pflanzenschutz ausräumen, daß die Überwachung zu personalintensiv sei. Trotzdem wäre es dringend erwünscht, den amtlichen Pflanzenschutzdienst zu verstärken und gezielt auf solche Aufgaben mit hoher Bedeutung für die Allgemeinheit anzusetzen. Wie weit die Bewältigung entsprechender Probleme in den USA bereits gediehen ist, zeigt ein Vergleich mit dem computergesteuerten zentralen Beraterservice für sämtliche Apfelanlagen des Staates Michigan (vgl. 16.2) (Croft et al., 1976).

Auch für den Anbau von anderen Obstarten in gemäßigten Klimazonen werden derzeit integrierte Programme entwickelt, naturgemäß abgestimmt auf die örtlichen Bedingungen. Hier seien nur drei Beispiele für neuartige Verfahren genannt: Zur Wiederbesiedlung von intensiv chemisch behandelten Kirschanlagen mit Raubmilben wurde in Holland an Einzelbäumen die phytophagen Milben *(Panonychus ulmi)* zunächst durch Spritzungen von Mineralölen im Frühling induziert und die dann dort reichlich heranwachsenden Raubmilben (*Tetranychus pyri* und *Amblyseius finlandicus*) durch Weitergabe von besetzten Zweigen der »Milbenbäume« auf die übrige Anlage mit Erfolg angesiedelt (Gruys, 1975). Nach Anwendung eines Entlaubungsmittels im Spätsommer lockten die auf den letzten Blättern konzentrierten Pfirsichblattläuse *(Myzus persicae)* die Syrphiden zu besonders starker Eiablage an (USA). Dies brachte eine erwünschte Verschiebung in der Schädlings/Nützlings-Relation. – Regenwürmer pflegen das mit Pilzsporen besetzte, abgefallene Laub im Herbst in ihre Gänge zu ziehen und weiden außerdem Sporenlager an Zweigen ab, die am Boden liegen. Dadurch vermindern sie den Askosporenflug im Frühling. Eine Schädigung der Regenwurmfauna durch Pestizide erhöht also die Infektionsgefahr durch Schadpilze wie Apfelschorf *(Venturia inaequalis)* (Kennel, 1972).

Überall setzt sich im Obstbau die schrittweise Entwicklung von einer auch als »dirigierte« oder »überwachte« Bekämpfung bezeichneten Vorstufe zur stärkeren Integration durch. Einen Überblick geben Hoyt & Burts (1974) und die Vorträge des Symposiums in Bozen (IOBC/WPRS, 1975).

Zitrus. Die langjährige Erfahrung mit der klassischen biologischen Bekämpfung in Zitrusanlagen, vor allem in Kalifornien, Südafrika, Spanien, Israel und Süditalien, wird heute durch spezielle Förderungen (besonders in den USA) für integrierte Programme genutzt (Smith & Huffaker, 1974). Schwerpunkte sind neue Einbürgerungen von Entomophagen, künstliche Verbreitung von Mykosen gegen die Zitrus-Rostmilbe *(Phyllocoptruta oleivora)*, beides in Florida, und vor allem die systematische Überwachung und Ermittlung von Schadensschwellen für jene Schaderreger, die noch durch Pestizide kurzgehalten werden müssen.

Gemüse und *Feldkulturen.* Wenn auch in einjährigen Kulturen integrierte Verfahren erschwert sind, so liegen doch aus Mitteleuropa die ersten positiven Erfahrungen besonders von Südwestdeutschland und Holland vor (El Titi & Steiner, 1975). Hier ergab ein Verzicht auf die Bekämpfung der Kleinen Kohlfliege *(Erioischia brassicae)* an Blumenkohl und an Weißkohl in zwei Versuchsjahren und an zwei Standorten keine Ernteausfälle. Ähnliche Beobachtungen liegen für Unkräuter in Erbsen-Kulturen vor, die auch ohne die sonst routinemäßige Herbizidanwendung keine Verluste zeigten. Somit werden offenbar ohne Kenntnis der wirtschaftlichen Schadensschwellen häufig unnötige Bekämpfungsmaßnahmen durchgeführt. Durch planmäßiges Anlegen von Weißkohlfeldern neben Erbsenfeldern profitiert man vom Überflug der Blattlausvertilger nach der frühen Erbsenernte (vgl. 5.2.3). Gegen Raupen der Kohleule *(Mamestra brassicae)* wirksame spezifische Viruspräparate, die in Entwicklung sind, werden die bereits vorhandenen Möglichkeiten zur mikrobiologischen Bekämpfung von Lepidopteren im Kohl erweitern (vgl. 10.4). Die Verwendung von geeigneter Düngung, von resistenten Gemüsesorten und wenig schädlichen Insektiziden haben z.T. bereits Eingang in die Praxis gefunden. Gegen die Zwiebelfliege *(Phorbia antiqua)* sind in Holland außerdem erste Erfolge mit der Freilassung steriler Tiere erzielt worden. – In den USA wurde besonders das Ökosystem der Sojabohnenfelder bearbeitet (Smith & Huffaker, 1974). Dazu entwickelte man ein ökologisches Modell, das u. a. das Wachstum der Pflanzen und den mit dem Heranwachsen zunehmenden Fraß von Schadraupen und Käfern berücksichtigt. Schäden durch Pflanzen-Virosen beeinträchtigen erst nach Befall von >20 % die Ernte. Zur nützlingsschonenden Bekämpfung von Schadinsekten tragen Biopräparate auf der Basis von Kernpolyederviren und *Bacillus thuringiensis* bei. An der erst seit relativ kurzer Zeit angebauten Sojabohne will man unbedingt vermeiden, durch voreiligen Übergang zur Routinebehandlung mit Breitband-Insektiziden die Situation in der bekannten Weise zu verschlechtern.

Von den übrigen Feldkulturen können hier nur wenige Beispiele genannt werden. Der seit Jahrhunderten in Mitteleuropa bewährte Fruchtwechsel läßt sich im Rahmen integrierter Programme flexibler gestalten, z.B. durch Einschalten resistenter Sorten. Nach einer hierdurch verursachten Populationsverdünnung etwa bei Kartoffelnematoden *(Heterodera rostochiensis)* oder Sattelmükken *(Haplodiplosis equestris)* kann man für 1–2 Jahre wieder anfällige Sorten anbauen, wenn sie mehr Ertrag versprechen. Mit Recht ist darauf hingewiesen worden, daß auch eine resistenzbedingte, radikale Verminderung der Schädlinge ungünstig für ein Überleben ihrer natürlichen Feinde sein kann und deswegen teilresistente Sorten u.U. stabilere Verhältnisse schaffen (Schütte & Diercks, 1975 – hier auch weitere Beispiele). Für *Kartoffeln* waren bereits jene Verfahren erwähnt worden, die Prognose und Ermittlung der Schadensschwelle bei der Krautfäule betrafen (16.2 und 16.3.2). – Beim *Raps* versucht man, durch lokalen Verzicht auf den Anbau von Winterraps und durch Verwendung von Wachstumsregulatoren den Blühtermin so zu verzögern, daß sich die wichtigsten Rapsschädlinge wegen fehlender Koinzidenz nicht vermehren können. Durch Gaben von Kalkstickstoff ließ sich auf sauren Böden der Rapskrebs *(Sclerotinia sclerotiorum)* stark zurückdrängen. – Im *Mais*bau stehen gegen den wichtigsten tierischen Schädling, den Maiszünsler *(Ostrinia nubilalis)*, mikrobielle Präparate auf der Basis des *Bac. thuringiensis* zur Verfügung. Verbunden mit einem Einpflügen der Stoppeln, in denen die Zünslerraupen überwintern, läßt sich hier eine pestizidfreie Bekämpfung erreichen. Auch bei Nematodenbefall *(Pratylenchus neglectus)* im Mais sind auf sauren Böden Kalkgaben ertragssteigernder als Nematizide. – Ähnliche erste Schritte in der Richtung auf einen integrierten Pflanzenschutz geht man auch im *Rüben-* und vor allem im *Getreide*anbau. Gerade hier droht durch ein Übermaß an chemischen Pestiziden und Wachstumsreglern eine unerwünschte Abhängigkeit zu entstehen, die als »Chemisierung des Getreideanbaues« bezeichnet worden ist. Dementsprechend gelten die bei uns begonnenen Forschungsvorhaben vor allem der Prognoseverbesserung, Ermittlung der Schadensschwellen, einem Ausbau der nicht-chemischen Verfahren und einem Abschätzen der Nebenwirkungen von Pestiziden. – *Baumwolle* wird auf mehr als 32 Mio ha in den Tropen aller Kontinente angebaut und stellt für manche Entwicklungsländer den größten Devisenbringer dar. Trotzdem hat sich durch unbedachte Verwendung von Insektiziden nirgends der Verlauf des »Pestizid-Syndroms« (vgl. 2.2.3) sogar bis zur Einstellung des Anbaues so kraß entwickelt wie bei der Baumwolle. In Nicaragua z. B. wurden nicht weniger als 97% der importierten Pestizide im Baumwollanbau verwendet, in den USA etwa 40% aller im Lande ausgebrachten Insektizide. Deswegen gelten heute besondere Anstrengungen der FAO einer Entwicklung nachhaltiger pest-management-Verfahren gerade für diese Kultur (FAO, 1973, 1975). Allein in den Vereinigten Staaten entstanden in den letzten Jahren umfassende Projekte, die bedeutende Fortschritte, u. a. auf folgenden Gebieten gebracht haben (Smith et al., 1974): Grundlagenarbeiten über die Entwicklung von Modellen für das Zusammenwirken von Pflanze, Schädlingen, Krankheitserregern, Klimafaktoren u.a.m., Technik der Serien-Probeentnahme aus dem Freiland (sequential sampling-Technik); wirtschaftliche Schadensschwellen; Verlagerung der Hauptbekämpfung mancher Schädlinge in die empfindlichste Periode, z. B. vor die Diapause des Mexikanischen Baumwollkapselkäfers *(Anthonomus grandis)* oder sogleich nach den Fraßbeginn bei der Miride *Pseudatomoscelis seriatus.* In Kalifornien haben bereits auf 10% der Fläche private Expertenunternehmen für das »pest management« die Betreuung der Kulturen übernommen. Aber auch in anderen Baumwollanbauzonen der Welt, in denen integrierte Verfahren erforscht und angewandt worden sind, ließ sich alsbald der Gebrauch von Pestiziden bedeutend einschränken. Diese Entwicklung gewinnt auch im Hinblick auf die neuerdings aufgetretene Verknappung und Verteuerung dieser Mittel an Bedeutung.

Für den *Forst* war bereits erwähnt worden (16.2), daß sich dort die Grundidee des integrierten Pflanzenschutzes entwickelt hat, nicht zuletzt dank der dort vorherrschenden, dafür günstigen ökologischen und wirtschaftlichen Bedingungen. Gerade in Europa hat die Integration der einzelnen Bekämpfungsverfahren einen hohen Stand erreicht, während ein Ausbau der Systemanalyse noch aussteht (Franz, 1970/71 und 1976). – Dem größtmöglichen Gegensatz zu den verhältnismäßig extensiv bewirtschafteten Forsten mit ihrer hohen Schadensschwelle begegnet man in *Gewächshauskulturen.* Die dort bewährten biologischen Verfahren waren bereits bei 5.3.2.3, die Wahl nützlingsschonender Pestizide bei 16.3.2.1 behandelt worden. Hier bleibt noch nachzutragen, daß die Integration biologischer, anbautechnischer und chemischer Verfahren gerade in Gewächshauskulturen in den letzten Jahren enorme Fortschritte gemacht hat. Dies demonstriert, daß sich integrierter Pflanzenschutz trotz Intensivkultur und niedrigen Schadensschwellen durchsetzt, zweifellos als Folge einer besonderen Krisensituation, die durch Resistenzentstehung bei Schadorganismen und langsamen Abbau hoher Pestizidrückstände im Gewächshaus gekennzeichnet ist. In England und neuerdings auch in den Niederlanden werden alljährlich größere Flächen der Gurken-, Tomaten- und Paprikakulturen mit Hilfe von *Phytoseiulus persimilis* gegen Schadmilben und von *Encarsia formosa* gegen Weiße Fliegen geschützt. Dabei sind Firmen tätig, die für Nützlinge und Beratung (nützlingsschonende Mittel und Terminwahl der Freilassungen) zusammen z.Z. –,20 DM je m^2 berechnen, also etwa den halben Preis einer chemischen Behandlung. Daher rechnet man damit, daß bald die meisten Anbauer in den genannten Ländern die zunehmend sicherer gewordene Methode wählen.

Liebhabergärten stellen wiederum ganz andere Ansprüche für die Bewältigung von Pflanzenschutz-Problemen. Der Besitzer hat den großen Vorteil, von Forderungen des Handels und anderen kommerziellen Zwängen frei zu sein. Er kann seine Schadensschwelle frei wählen und verfügt mit der Handarbeit über ein nützlingsschonendes Verfahren, das für den Erwerbsgärtner nicht infrage kommt. Die Forderungen des integrierten Pflanzenschutzes lassen sich in Teilbereichen auch hier erfüllen. Immer mehr Gartenliebhaber suchen nach selektiven Mitteln, verwenden Bakterienpräparate und mechanische Abwehrmethoden wie Leimringe gegen Frostspanner oder zur Unterbrechung von Ameisenstraßen zu Blattläusen. Die zurückhaltende und kleinflächige Anwendung von chemischen Mitteln, das Einhalten der Wartezeit (die hier keine Behörde kontrolliert) und die bewußte Erhaltung eines reichen Tierlebens sind in diesem Anbaubereich immer mehr beachtete Leitgedanken, die sicher auch die Pflanzenschutzmittel-Hersteller bewegen werden, den Ansprüchen aus diesem Bereich der integrierten Schädlingsbekämpfung und des vorrangigen Gesundheitsschutzes mehr als bisher entgegenzukommen.

Beim *Gesundheitsschutz,* vor allem bei der Bekämpfung von Überträgern der Menschen- und Viehseuchen, gibt es erfolgreiche Vorläufer für integrierte Bekämpfungsmaßnahmen. Genannt sei die annähernde Ausrottung des wichtigsten Überträgers *(Aedes aegypti)* des Gelbfiebervirus in Mittel- und Südamerika (1900 bis 1925), wobei Geländesanierung, Beseitigen von Brutstätten und direkte Bekämpfung der Vektorenlarven unter Beachtung der ökologischen Erfordernisse gemeinsam praktiziert wurden. An sich liegt bei Gesundheitsschädlingen oft eine ungünstige Situation vor, da die tolerierbare Restbevölkerung sehr klein ist. Bestrebungen, den Vektorenbestand nur mit Hilfe chemischer Insektizide drastisch zu senken, haben zwar eindrucksvolle Soforterfolge bei der Eindämmung mancher Seuchen ergeben; auf die Dauer gesehen haben solche Aktionen jedoch selten voll befriedigt und fast immer die Umwelt stark kontaminiert. Es wurde bereits diskutiert, daß eine *hygienische Schadensschwelle* zu ermitteln ist (vgl. 16.2), unterhalb der eine weitere Absenkung des Vektorenbestandes nicht mehr lohnt, da der Aufwand im Verhältnis zum Erfolg zu hoch und die Summe der Nebenschäden für das Ökosystem zu groß wird. So hat es sich gezeigt, daß die Weitergabe des Virus der Pferdeenzephalitis (westlicher Typ) durch die Stechmücke *Culex tarsalis* unterbrochen wird, wenn weniger als 10 Weibchen je Nacht einen bestimmten Lichtfallentyp anfliegen. – Im Sinne einer integrierten Schädlingsbekämpfung hat die Weltgesundheitsorganisation (WHO) nun mehrere Projekte angeregt, die das Ziel verfolgen, alle modernen Methoden zur Verminderung von Vektorenpopulationen auszuschöpfen (vgl. Abb. 12). Soweit solche Verfahren nicht, wie die Selbstvernichtungsmethode gegen die Schraubenwurmfliege (vgl. 8.4), das Schädlingsproblem allein bewältigen, sollen sie mit anderen Techniken in geeigneter Weise integriert werden. Beispiele für Vektoren, gegen die unter Ausnützung der natürlichen Begrenzungsfaktoren neue Ansätze zur langfristigen Unterdrückung entwickelt werden, sind: Tsetsefliege (*Glossina*-Arten) als Überträger der Schlafkrankheit in Afrika; Stechmücken als Überträger der Filariosen wie z. B. *Culex pipiens fatigans* in Indien und die Kriebelmücke *Simulium damnosum* als Vektor der Onchocercose in Afrika (Laird, 1975).

Ein Programm für die integrierte Schädlingsbekämpfung kann man weder fertig beziehen noch je als abgeschlossen betrachten. Es verlangt ständige Verbesserungen, je nach der Situation in der Anlage und dem Angebot an verfügbaren Abwehrmethoden. Daß die Methode nicht narrensicher ist, hat sich bisher auch günstig ausgewirkt, indem sie die fortschrittlichen Kräfte anzog. Sie bietet keine Alternative zur chemischen Bekämpfung an, sondern gliedert sich diese in einem ökologisch und wirtschaftlich vertretbaren Ausmaß ein, integriert sie also. Offenbar treten dabei ganz besondere Schwierigkeiten psychologischer Art auf. Wenn man als Praktiker oder Berater jahrzehntelang bemüht war, den Bestand aller Schädlinge, Krankheitserreger und Unkräuter möglichst tief zu halten, muß es naturgemäß zuerst schwerfallen, Schadorganismen unterhalb bestimmter Toleranzgrenzen nicht zu bekämpfen und anzuerkennen, daß zur vorsichtigen Korrektur eines Schädlingsauftretens gegebenenfalls Mittel mit geringerem Wirkungsgrad bessere Erfolge bringen können als durchschlagende Präparate. Heute stellen manche Kreise die Dinge noch gern so dar, als sei es unabänderlich, daß »neue Pflanzenschutzmittel andere Pflanzenschutzmethoden und häufig auch wieder neue Pflanzenschutzprobleme« schaffen müssen (Hanf et al., 1976). Dieser Versuch, sich über den Hinweis auf Produktionszwänge den Erkenntnissen des integrierten Pflanzenschutzes zu entziehen und dem technokratischen Prinzip den Vorrang einzuräumen, wird die Entwicklung zu ökologisch vernünftigem Vorgehen nicht aufhalten können. Es ist ermutigend, zu beobachten, wie sich die notwendige Wandlung im Denken in nahezu allen Ländern mit intensiver Landwirtschaft fast gleichzeitig vollzieht und wie sich auch bei jenen Weltorganisationen, die maßgeblich an der globalen Entwicklung der Schädlingsbekämpfung auf dem Ernährungs- und Gesundheitssektor beteiligt sind, entsprechende Vorstellungen durchsetzen (FAO, 1973, 1974, 1975; WHO, 1970).

17 Rückblick und Ausblick

Wenn man aus den vorhergehenden Kapiteln Bilanz zieht, könnte man vielleicht einwenden, daß nicht oft genug auf die Begrenztheit biologischer Methoden hingewiesen wurde. Unser Anliegen war es jedoch, erst einmal die Möglichkeiten aller überaus verschiedenartigen Teilverfahren zu schildern, die sich der lebenden Organismen bei der Abwehr von Schädlingen bedienen. Die Einschränkungen ergeben sich zwangsläufig aus der Darstellung populationsdynamischer Vorgänge im ersten Kapitel. Alle Organismen, auch die von uns genutzten, sind begrenzenden Einflüssen unterworfen, welche als belebte und unbelebte Umweltfaktoren auf sie wirken. In jedem Kapitel werden außerdem die Grenzen der Manipulierbarkeit aufgezeigt, wie sie dem heutigen Stand des Wissens entsprechen. Weder sterile Artgenossen noch Entomophagen wie Schlupfwespen oder Raubinsekten noch Pathogene können alle Probleme der von uns gewünschten Schädlingsverminderung *allein* lösen. Sie können aber einiges dazu beitragen, und zwar – so glauben wir – sehr viel mehr, als bisher verwirklicht wurde. Aus guten Gründen ist dies also ein optimistisches Buch, das über die Schilderung des Erreichten hinaus zu weiteren Forschungen und praktischen Experimenten anregen will. Es versucht außerdem, einige alte Vorurteile abzubauen, wie jenes, daß Nutzorganismen nie den von uns heute benötigten Wirkungsgrad erreichen könnten, weil sie angeblich mit der Schädlingsvernichtung den Ast absägen, auf dem sie sitzen. Neu entwickelte Verfahren wie jene der Überschwemmung mit Krankheitserregern, Entomophagen oder genetisch veränderten Artgenossen können jedoch gerade deswegen so erfolgreich sein, weil sie just zum Absägen dieses Astes geschaffen worden sind. Dem Idealfall der Dauerwirkung importierter Feindarten stellen sich also prinzipiell andersartige Verfahren zur Seite. Es wäre somit an der Zeit, sich bei der Diskussion derartiger Fragen an dem heutigen Stand der Forschung und der Einsicht zu orientieren, daß auch die wirtschaftlichen Schadensschwellen häufig genug Raum für die Entfaltung wirksamer Schädlingsfeinde bieten.

Aus den überzeugenden Ausführungen von G. Mathys, dem Generaldirektor der Europäischen und Mediterranen Pflanzenschutz-Organisation (EPPO), bei der Eröffnung des VII. Internationalen Pflanzenschutzkongresses in Paris (1970) geht hervor, daß wir trotz aller neuen Erkenntnisse mit einer weiteren Steigerung der Produktion und Anwendung von Pestiziden rechnen müssen. Wir möchten daher seinen Hinweis unterstreichen, daß es immer wichtiger wird, dafür zu sorgen, daß diese schärfste Waffe, über welche die Schädlingsbekämpfung verfügt, gezielt, vorsichtig und ökologisch sinnvoll eingesetzt wird. Nur so können wir ihre bekannten unerwünschten Nebenwirkungen vermindern und die Waffe scharf halten, für den Fall, daß keine andere Methode der Abwehr verfügbar ist. Es kommt also in Zukunft darauf an, vielseitig zu bleiben und, wie in Kap. 16 ausgeführt, eine umfassende Strategie der Schädlingsbekämpfung zu entwickeln. Sie wird sich an den übergeordneten Problemen der Pflanzenproduktion und der Seuchenabwehr in Ökosystemen orientieren und mehr als bisher üblich auf die

Nachhaltigkeit der Erzeugung bzw. die Dauerhaftigkeit der Lösung zu achten haben. Diese Forderungen mit dem gegenwärtigen Trend zu verbinden, aus der Landwirtschaft eine weitgehend mechanisierte Industrie zu machen, wird nicht immer leicht sein. Jedoch bilden rationelle Produktionsverfahren keinen Gegensatz zu biologischem bzw. ökologischem Vorgehen, wenn wir die »ratio« ernst nehmen und rationell als energiesparend definieren. Am Beispiel der biologisch an sich unerwünschten Einschränkungen der Fruchtfolge läßt sich zeigen, daß mit der Vermehrung von Dauerkulturen auch die Aussichten steigen können, dort ein regulatives Abwehrpotential aufzubauen (Franz, 1973). – Neben der intensiven Landwirtschaft, in der zukünftig immer weniger Menschen immer mehr erzeugen müssen, bleiben verschiedene Formen extensiver Beschäftigung mit Kulturpflanzen bestehen. Im Wald, in Erholungsgebieten und in Gärten suchen immer mehr Menschen den notwendigen Ausgleich zur Technisierung ihrer Umwelt. Sogar für die Landwirtschaft beginnt man, neben der Produktion von Lebensmitteln auch die Pflege der Landschaft selbst als hinreichende Existenzbegründung anzuerkennen. Dies ist vor allem dort förderungswürdig, wo verödete Felder (Sozialbrache) stärker überhandnehmen. In solchen Gebieten gelten andere Maßstäbe, und hier haben insbesondere auch biologische Methoden neuartige Aufgaben und Aussichten.

Der Schutz von Umwelt und Gesundheit ist heute in aller Munde. Man darf also gewiß sein, daß bald nur noch solche Methoden das Verständnis der Öffentlichkeit finden, die praktisch frei sind von hygienischen Gefahren. Deshalb wird auch niemand Krankheitserreger zur Schädlingsbekämpfung einsetzen, die gesundheitsgefährdend sind. Außerdem würden solche Mittel von den Gesundheitsbehörden gar nicht zugelassen. Auf Anregung von WHO und FAO entstanden hierzu seit 1972 detaillierte Empfehlungen, besonders für eine Prüfung und Anwendung insektenpathogener Viren in der Schädlingsbekämpfung. Zuvor war bereits das erste Viruspräparat nach über 8jähriger Prüfung durch die Gesundheitsbehörden in den USA freigegeben worden. Auf den dabei gesammelten Erfahrungen aufbauend und in Anlehnung an die Empfehlungen der WHO/FAO berief die Environmental Protection Agency der USA inzwischen eine Expertenkommission und erließ ausführliche Prüfungsrichtlinien (Summers et al., 1975). Keines der heute gebräuchlichen chemischen Pestizide hatte vor der Zulassung derartig strenge und umfassende Tests zu bestehen.

Eigentlich ist es erstaunlich, daß man erst nach 30 Jahren einer Periode weitester Anwendung synthetischer Pestizide anfängt, sich darüber Gedanken zu machen, wann ihr Gebrauch wirtschaftlich lohnt. Noch sind wir weit davon entfernt, die Werte für die wirtschaftliche Schadensschwelle auch nur für die Hauptschädlinge zu kennen. Zu ihrer Erarbeitung sind im wesentlichen die örtlichen Sachkenner berufen. Wenn in Kapitel 16 außerdem zwei Bereiche angesprochen sind, in denen andere Schadensschwellen gelten und die sich den monetären Maßstäben entziehen, dann soll das nicht von dem genannten Hauptthema ablenken. Dieser Hinweis ist vielmehr gedacht als ein Beitrag zum Thema des notwendigen Umdenkens. Mit der Verabschiedung der letzten Novellierung des Pflanzen-

Abb. 15. Die Ichneumonide *Pleolophus basizonus* beim Anstechen eines Kokons der Rotgelben Kiefernbuschhornblattwespe *(Neodiprion sertifer)*; (Aufn. Franz)

Abb. 16. Larven der Braconide *Apanteles glomeratus* verlassen nach Abschluß ihrer Entwicklung die erwachsene Raupe des Kohlweißlings (*Pieris brassicae*); (Aufn. Franz)

Abb. 17. *Trichogramma evanescens* beim Belegen der Eier der Kohleule (*Mamestra brassicae*); (Aufn. Franz)

Abb. 18. Die parasitische Zehrwespe *Prospaltella perniciosi* belegt eine San-José-Schildlaus *(Quadraspidiotus perniciosus)*; (Aufn. Franz)

Abb. 19. Die Blutlauszehrwespe *(Aphelinus mali)* neben parasitierten Blutläusen *(Eriosoma lanigerum)*; (Aufn. Franz)

Abb. 20. Die Tachine *Doryphorophaga doryphorae* neben ihrem spezifischen Wirt, der Larve des Kartoffelkäfers *(Leptinotarsa decemlineata)*; (Aufn. Franz)

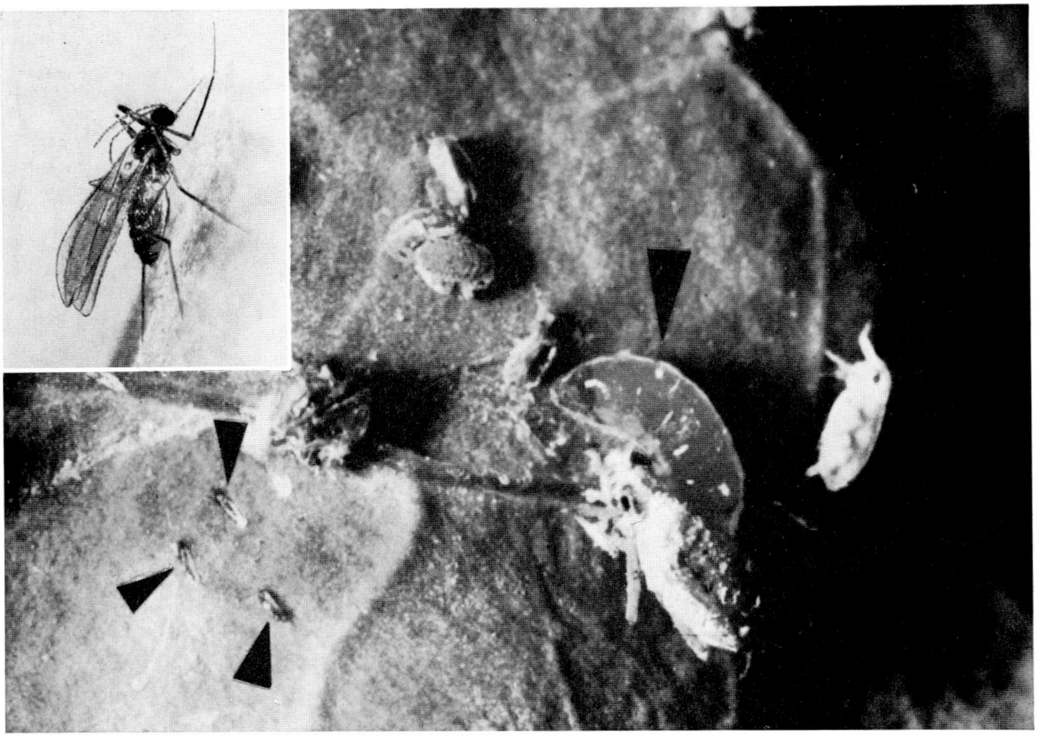

Abb. 21. Eier und Larve der räuberischen Gallmücke *Aphidoletes aphidimyza* (Pfeile) mit ihren Beutetieren, den Mehligen Kohlblattläusen (*Brevicoryne brassicae*); (Aufn. Franz). Einsatz: Imago der Gallmücke (Länge: ~ 3 mm)

Abb. 22. Schwebfliegenlarve *(Syrphus corollae)* mit ihren Beutetieren, den Schwarzen Rübenblattläusen *(Aphis fabae)* (Aufn. Institut f. d. Wissenschaftl. Film, Göttingen); Einsatz: Imago einer Schwebfliege (*Epistrophe balteata*); (Aufn. Franz)

Abb. 23. Der Siebenpunkt *(Coccinella septempunctata)* als Larve, Puppe und Imago; (Aufn. P. Starý)

Abb. 24. Räuberischer Laufkäfer (*Pterostichus* spec.) beim Angriff auf eine Kartoffelkäferlarve; (Aufn. Franz)

Abb. 25. Raubwanze *Perillus bioculatus* beim Angriff auf eine Kartoffelkäferlarve. Einsatz: Larven der gleichen Raubwanze beim Aussaugen einer Kartoffelkäferlarve; (Aufn. Franz)

Abb. 26. Frisch aus dem Ei geschlüpfte Florfliegenlarve *(Chrysopa carnea)* wandert am Eistiel nach unten; Einsatz: Imago der gleichen Art; (Aufn. Franz)

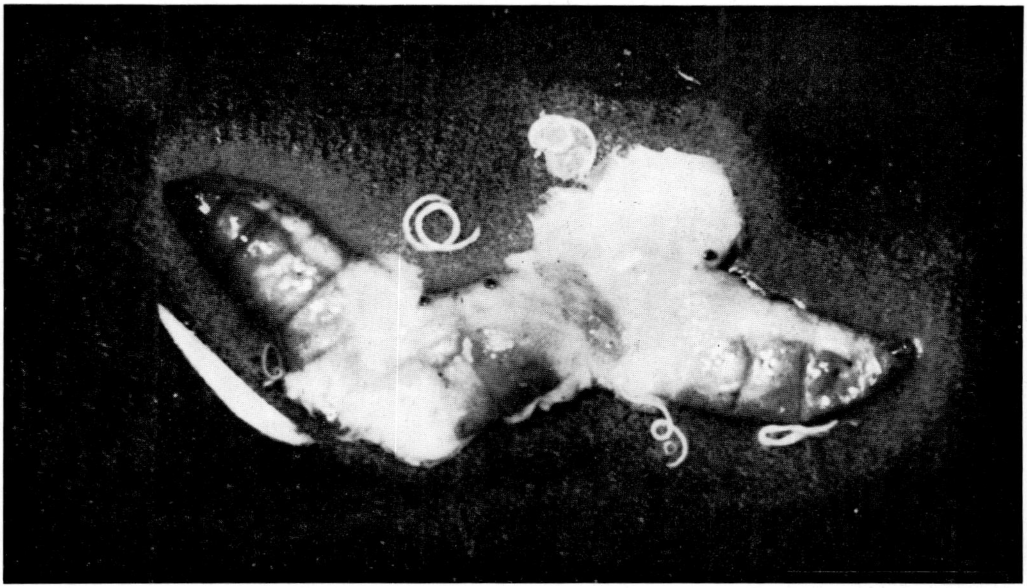

Abb. 27. Zur Produktion von entomophagen Nematoden (DD 136 = *Neoaplectana carpocapsae*) verwendete Wachsmotten-Raupe *(Galleria mellonella)*, aus der massenhaft Larven (L_2) und einige Weibchen austreten; (Aufn. Franz)

Abb. 28. Pilzinfektion von Engerlingen des Maikäfers *(Melolontha melolontha)*. Von links nach rechts zunehmende Entwicklung des Luftmyzels mit Konidienträgern (vgl. Abb. 7) von *Beauveria tenella*; (Aufn. Rühl)

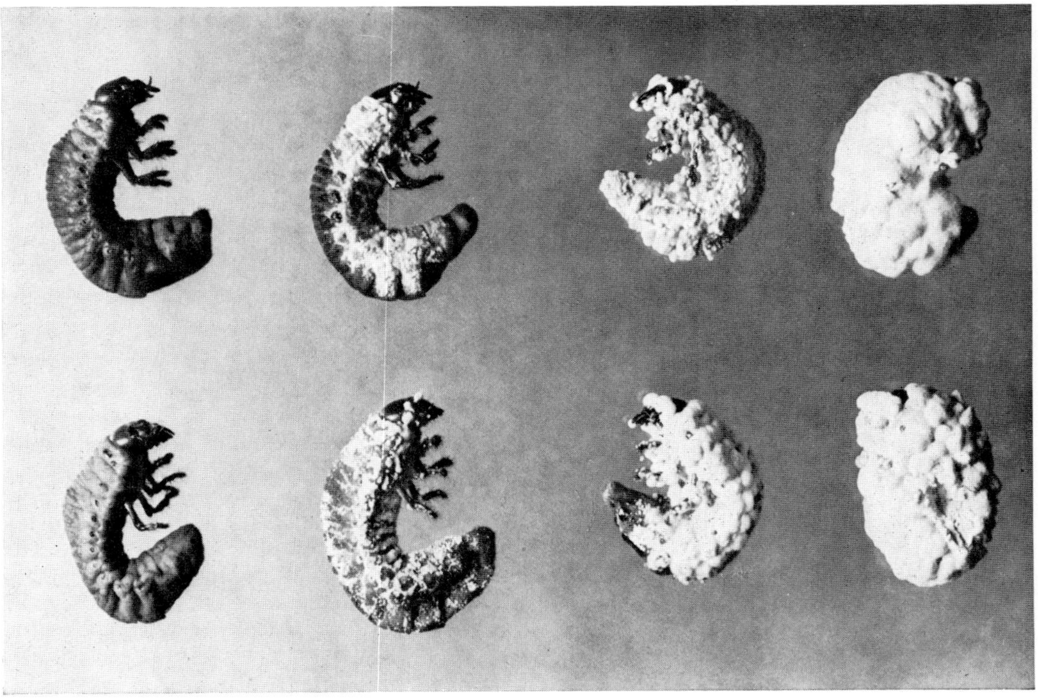

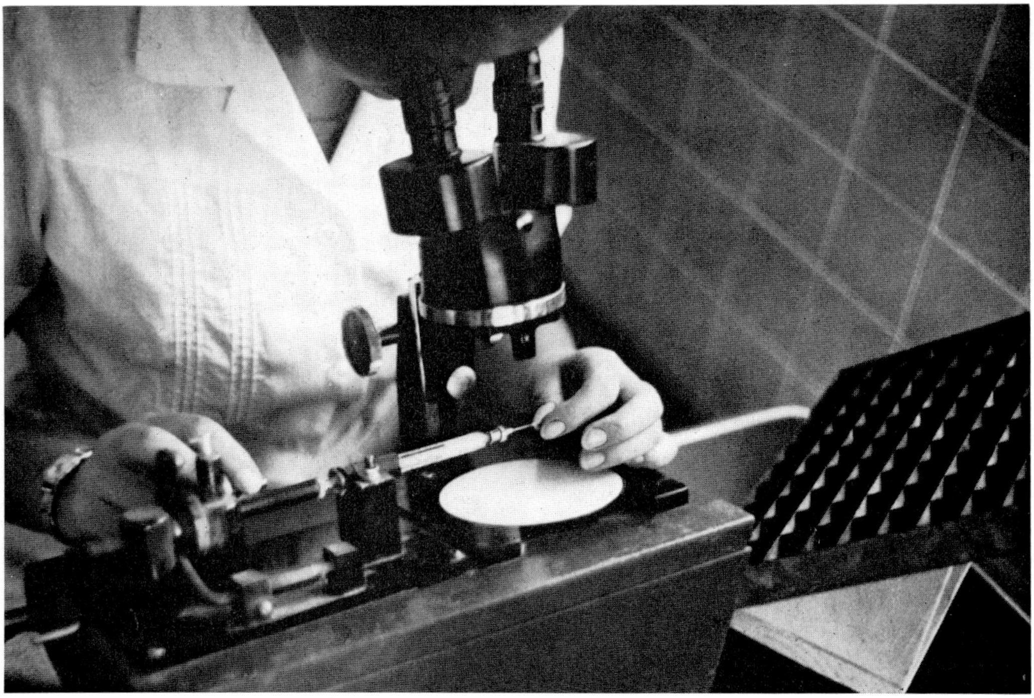

Abb. 29: Injektion von *Bacillus popilliae* in Engerlinge des Japankäfers *(Popillia japonica)* mit dem Ziel einer Vermehrung und anschließenden Sporengewinnung; (Aufn. Franz)

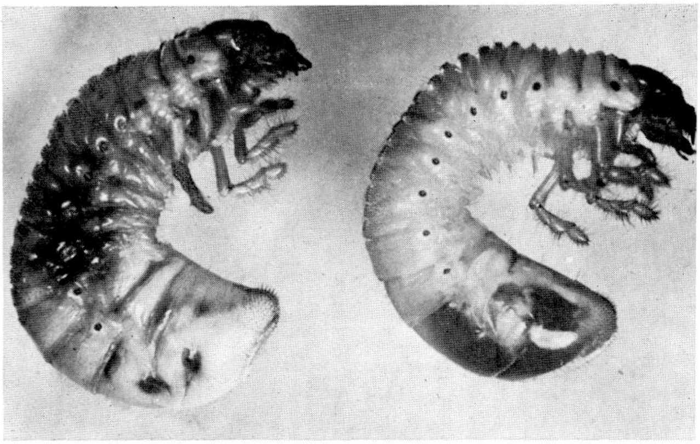

Abb. 30. Engerlinge des Maikäfers *(Melolontha* spec.); links: infiziert mit *Bacillus popilliae* (weiß verfärbtes Hinterteil); rechts: gesundes Tier; (Aufn. Krieg)

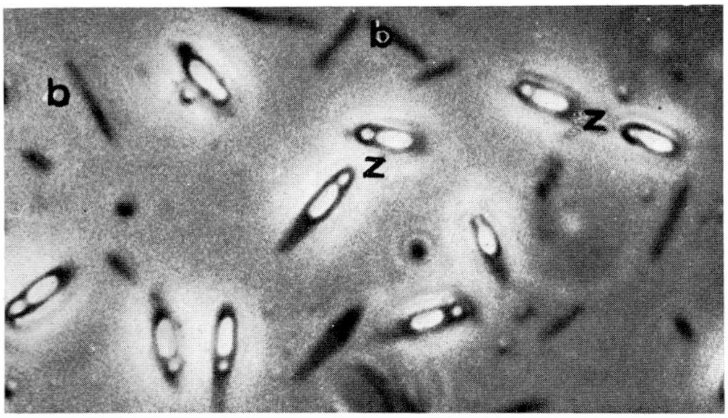

Abb. 31. *Bacillus popilliae*: stäbchenförmige vegetative Zellen (b) sowie Sporangien (z) mit großer elliptischer Spore und kleinem terminalen parasporalen Körper. Phasenmikroskopische Abbildung, Vergrößerung ca. 2500fach; (Aufn. Krieg)

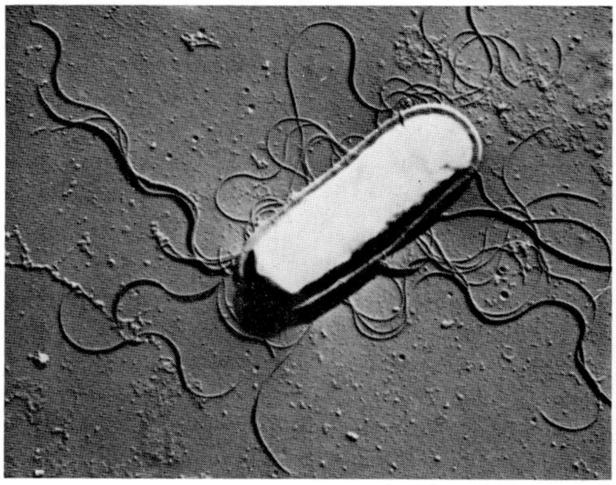

Abb. 32. *Bacillus thuringiensis*: Vegetative Zelle mit Geißeln. Elektronenmikroskopische Abbildung; Vergrößerung ca. 9000fach; (Aufn. Krieg)

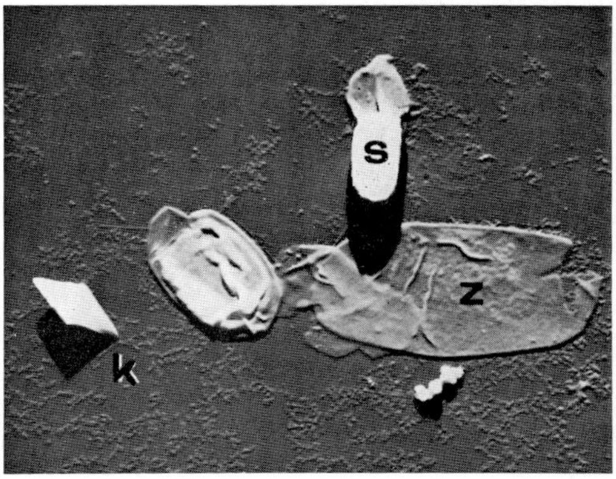

Abb. 33. *Bacillus thuringiensis*: Lyse des Sporangiums (z), wobei Spore (s) und Toxinkristall (k) ausgetreten sind. Elektronenmikroskopische Abbildung, Vergrößerung ca. 9000fach; (Aufn. Krieg)

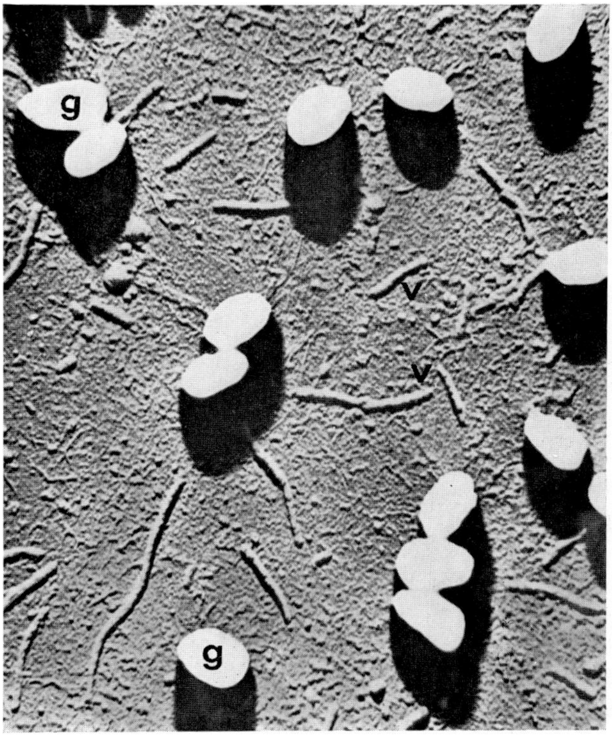

Abb. 34. *Granulose-Virus* aus Raupen des Weißen Bärenspinners *(Hyphantria cunea)*. Stäbchenförmige Virionen (v) und Viruseinschließungskörper, sog. Granula (g). Elektronenmikroskopische Abbildung, Vergrößerung ca. 20 000fach; (Aufn. Schmidt u. Philips)

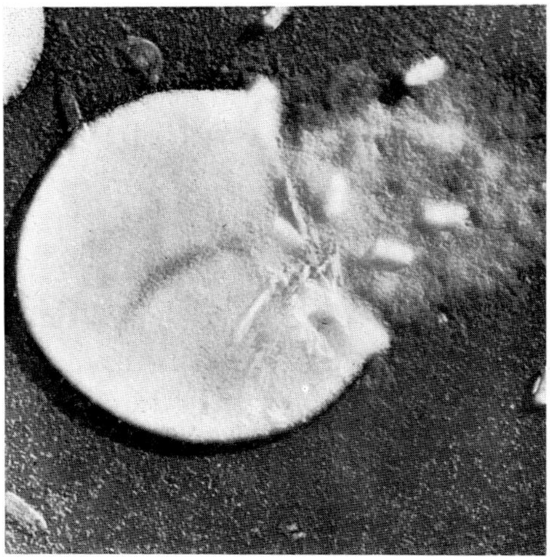

Abb. 35 (links oben). Kernpolyeder aus Raupen der Großen Wachsmotte *(Galleria mellonella).* Elektronenmikroskopische Abbildung, Vergrößerung ca. 4000fach; (Aufn. Krieg)

Abb. 36 (rechts oben). Kernpolyeder in Auflösung: Austritt von Virionen und Polyederprotein. Elektronenmikroskopische Abbildung, Vergrößerung ca. 12 500fach; (Aufn. Ponsen u. Mitarb.)

Abb. 37 (links). An einer Kernpolyedrose eingegangene Raupe des Großen Frostspanners *(Hibernia defoliaria)* in charakteristischer Haltung mit Kopf nach unten hängend; (Aufn. Franz)

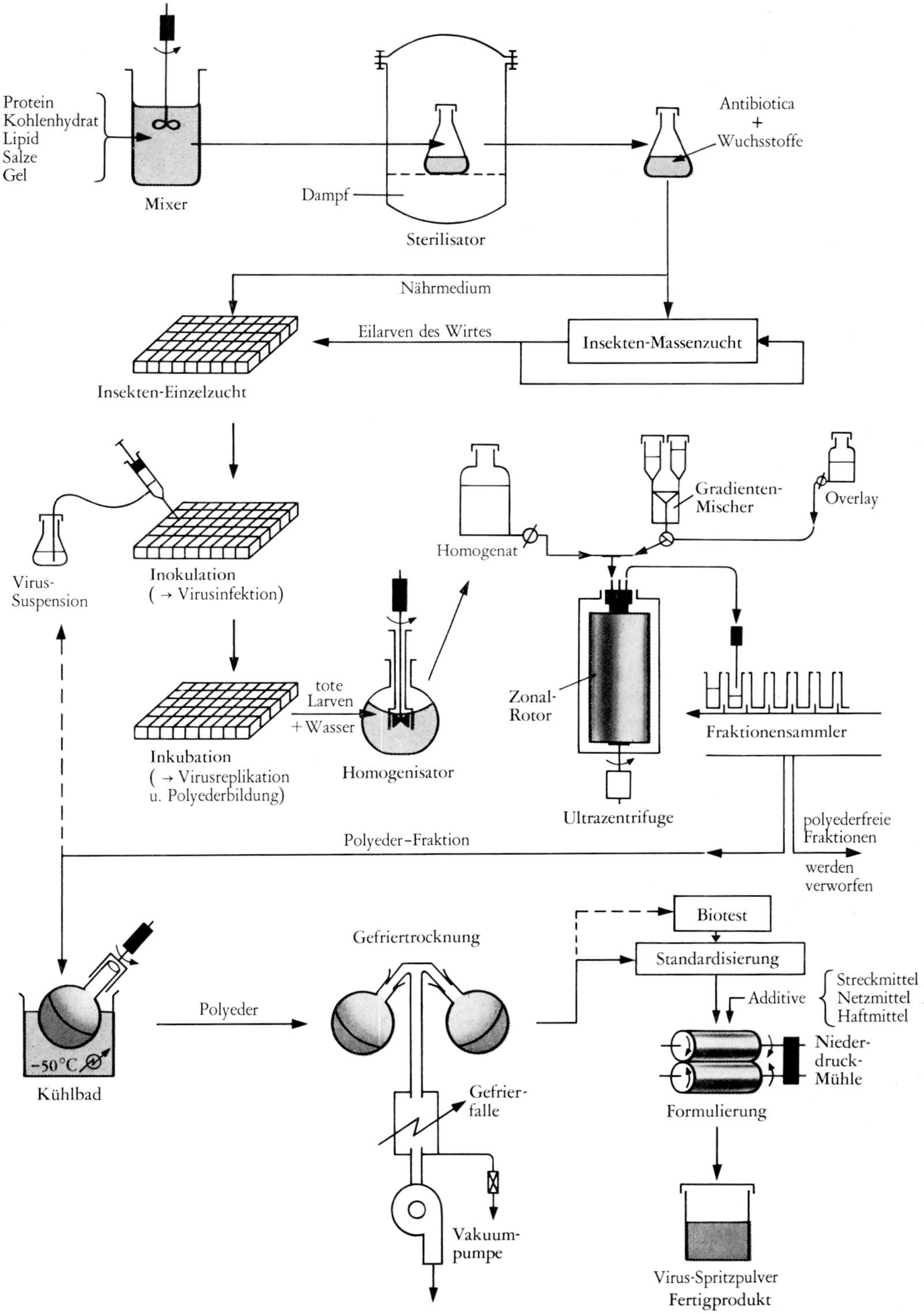

Abb. 38. Technik der Produktion eines Viruspräparates *(Kernpolyeder-Virus)* im Wirtsinsekt (nach Krieg)

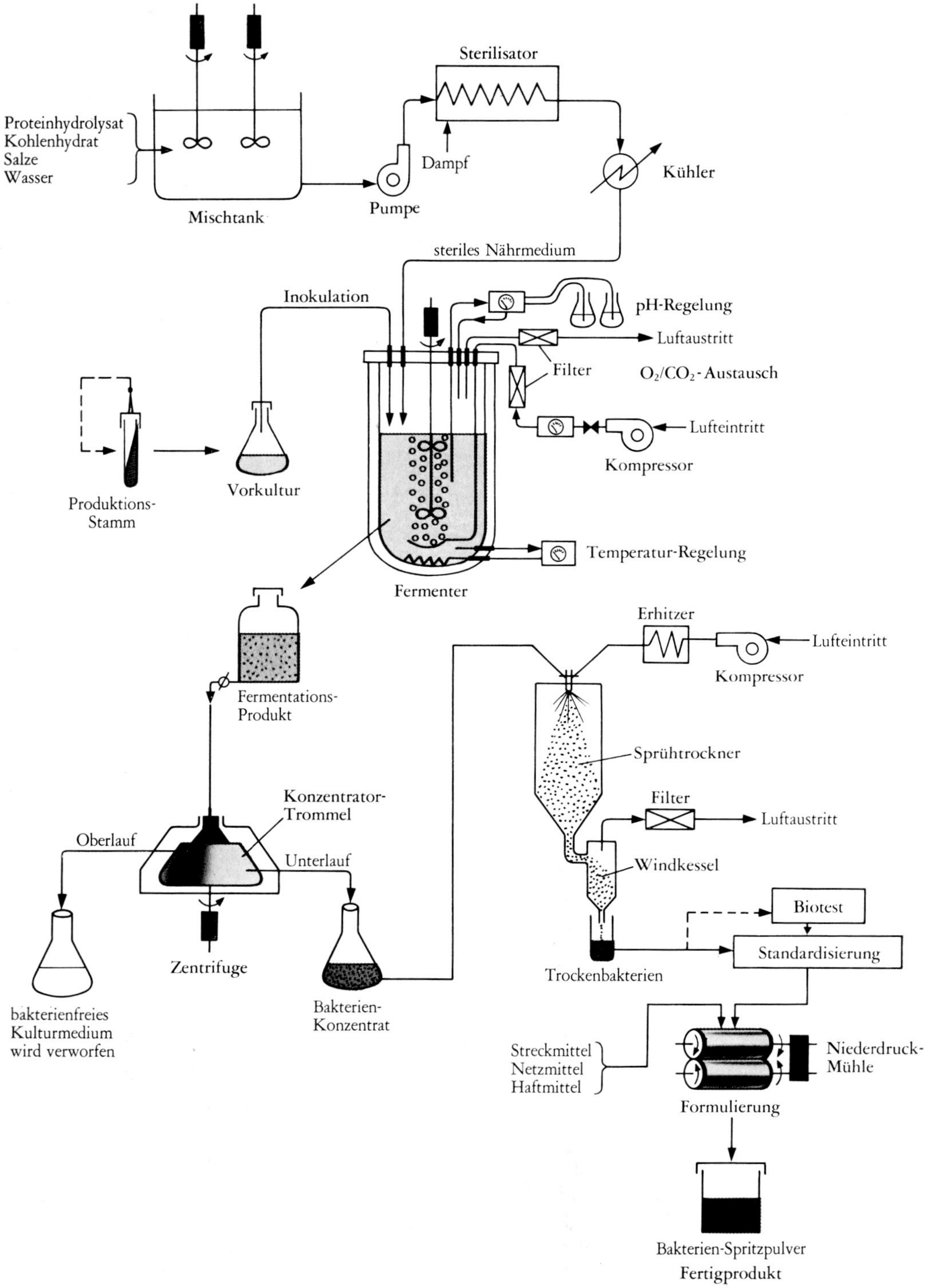

Abb. 39. Technik der Produktion eines Bakterienpräparates *(Bacillus thuringiensis)* in künstlichem Nährmedium (nach Krieg)

schutzgesetzes (1975) in der Bundesrepublik und ähnlicher Regelungen bei unseren Nachbarn wird ein Ausgleich zwischen den Gesichtspunkten des (vorrangigen) Gesundheitsschutzes und des Pflanzenschutzes angestrebt. Die wirtschaftliche Schadensschwelle ist nur relevant für den ökonomischen Bereich. Auf dem Hygienesektor wird durch Verbote oder Beschränkungen für die Anwendung gewisser chemischer Mittel seitens der Gesundheitsbehörden die Gefährdung von Mensch und Tier begrenzt. Erst allmählich ergänzt man diesen notwendigen, aber restriktiven Beitrag durch eine konstruktive Förderung, die zur Entwicklung und Anwendung von Verfahren aufruft, *weil* diese hygienisch unbedenklich sind. Ein solches Umdenken wird sich zweifellos eines Tages auch in der Bewertung von Pflanzenschutzmitteln bei ihrer Zulassung auswirken. Neben den heute üblichen Kriterien werden dann gleichberechtigt auch Fragen des Umweltschutzes und der Selektivität mitsprechen und zu einem Gesamturteil führen, bei dem der maximale »Wirkungsgrad« der alten Denkweise nur noch *ein* Gesichtspunkt ist, aber nicht mehr der allein ausschlaggebende.

Einen ersten Schritt in dieser Richtung stellt bereits die Entscheidung der Biologischen Bundesanstalt dar, eine – wenn auch zunächst freiwillige – Prüfung über die Auswirkung von Pestiziden auf Nutzarthropoden mit in die offizielle Zulassung aufzunehmen (vgl. 16.3.2.1). Die Entwicklung umweltfreundlicher, pestizidfreier Verfahren der Schädlingsabwehr zu fördern, ist zweifellos eine vordringliche öffentliche Aufgabe. Ein Modell hierfür entstand kürzlich im Rahmen des Förderungsprogrammes des Bundesministeriums für Forschung und Technologie. Eine aus Vertretern von Bundesforschungsanstalt, Hochschule und Industrie zusammengesetzte Arbeitsgruppe für die Biotechnologie der Produktion und Anwendung insektenpathogener Viren wird dabei so unterstützt, daß dem Hersteller Grundlagenarbeiten und gewisse finanzielle Risiken abgenommen werden, um diese Entwicklung zu beschleunigen. Vergleichen wir den Aufwand, den sich staatliche Stellen der westlichen Welt die Bearbeitung biologischer Methoden bisher alljährlich kosten ließen (nach Wilson [1970] etwa 20 Millionen DM) mit den Summen, welche die Industrie dieses Gebietes für chemische Präparate alljährlich investiert hat (etwa 350 Millionen DM) bzw. durch Verkauf einbrachte (etwa 6 Milliarden DM), dann stoßen wir auf ein bedauerliches Mißverhältnis. Diese Vergleichszahlen soll man bedenken, wenn man die gegenwärtige Effizienz von chemischen und nicht-chemischen Maßnahmen vergleicht (vgl. 5.1.8 u. 16.2). Diese Zahlen sollten auch jene kennen, die bei der Planung von Programmen tätig sind, die unsere bedrohliche Umweltsituation mildern sollen. So notwendig es ist, jetzt laufend entstehende Verunreinigungen messend zu verfolgen, so versprechen allein konstruktive Beiträge wie die Entwicklung pestizidfreier Schädlingsbekämpfung eine wirkliche Besserung. – Ein Blick über die Grenzen, vor allem nach Nordamerika und der UdSSR, zeigt uns manches gute Beispiel, wie sich moderne Erkenntnisse der Ökologie über die Ausbildung auf den Hochschulen auch in die Praxis übertragen lassen. Nicht das chemische Verfahren an sich, sondern seine einseitige Bevorzugung in Forschung und Anwendung stellt das Bedenkliche an der heutigen Entwicklung dar. Das von uns vertretene Ziel ist somit gewöhnlich nicht eine »Alternative« zur chemischen Methode, sondern ihre Verfeinerung, das Auffinden ergänzender Bausteine und ihr Einbau in ein System miteinander verträglicher Verfahren, ohne dabei etwas von den berechtigten Ansprüchen an die Gesamtwirkung aufzugeben.

Wir wollen den Ausblick in die Zukunft mit Vorschlägen für Forschungsvorhaben schließen, die entweder besonders dringend oder besonders aussichtsreich sind. Ein besonders dringendes Forschungsthema betrifft die pestizidfreie Bekämpfung von Krankheitsüberträgern bei Mensch, Haustieren und Kulturpflanzen. Einerseits liegen bei Vektoren die Schadensschwellen besonders niedrig, so daß sehr effektive Abwehrverfahren erforderlich sind. Anderseits sind wir auf dem Hygienesektor häufig noch gezwungen, persistente und hygienisch unerwünschte Präparate zu verwenden, weil wir zur Bekämpfung gerade dieser Schädlinge über zu wenig andere brauchbare Methoden verfügen. Daher hat sich auch ein Förderungsschwerpunkt der WHO auf diesem neuen Gebiet gebildet mit dem Ziel, biologische und biotechnische Verfahren in Zusammenarbeit mit Entwicklungsländern zu erproben. Außerdem unterhält die Organisation einen eigenen internationalen Bestimmungsdienst für Pathogene von Hygieneschädlingen (s. Anhang). Insgesamt besteht also ein großer Bedarf an pestizidfreien Bekämpfungsmöglichkeiten von Vektoren einschließlich der Überträger von Pflanzenkrankheiten.

Die folgenden Forschungsvorschläge für biologische Verfahren erscheinen uns für die Verhältnisse in Europa gegenwärtig besonders lohnend, zumal für einige Projekte schon positive Ansätze vorliegen:

1. Systematische Verwendung von Nutzarthropoden (wie Raubmilben) und Wirbeltieren (wie Gambusien) mit gesteigerter Resistenz gegen Pestizide, soweit ihre Lebensstätten diesen auch weiterhin ausgesetzt sind (Kap. 4 und 5).
2. Künstliche Konzentration bereits vorhandener oder zusätzlich auszusetzender Entomophagen an Orten oder zu Zeiten dringenden Bedarfes, durch Anbieten von attraktiven Stoffen oder Signalen, Nahrung bzw. Wirten und/oder Brutstätten (Kap. 5, 15, 16).
3. Rationelle Massenzucht von Entomophagen zur Freilassung mit kurzfristiger Wirkung (Kap. 5).
4. Ausbau der Möglichkeiten, Nutzarthropoden in Gewächshäusern zu verwenden, wo die schnelle Entstehung resistenter Formen und der verlangsamte Abbau toxischer Rückstände von Pflanzenschutzmitteln besondere Probleme geschaffen haben (Kap. 5 und 16).
5. Stärkere Berücksichtigung des Vertilgerkomplexes von verwandten Schädlingsarten in anderen Faunenbereichen bei der Einbürgerung neuer Nützlinge gegen eingeschleppte oder heimische Schädlinge oder Unkräuter, einschließlich der Adaptations-Importe (Kap. 5 und 7).
6. Ausbau von Methoden zur Beurteilung und stärkeren Förderung des Vertilgerkomplexes auch bei Schädlingen in Intensivkulturen unter gleichzeitiger Berücksichtigung seines Einflusses auf die Werte von Schadensschwellen.
7. Entwicklung von weiteren standardisierten Prüfverfahren für die Neben-

wirkung von Pestiziden u. a. Pflanzenbehandlungsmitteln auf die Fauna, vor allem auf Entomophagen, einschließlich der internationalen Einbeziehung solcher Testergebnisse in das Zulassungsverfahren (vgl. 16.3.2.1).

8. Neu- und Weiterentwicklung mikrobiologischer Präparate (Kap. 10). Besonders: Sporenpräparate von Entomophthoraceen zur Bekämpfung saugender Pflanzenschädlinge (Vektor-Insekten).

9. Versuche, durch Repellentien und Attraktantien die schädlichen Nebenwirkungen breitenwirksamer Pestizide zu verringern. Repellentien zum Vertreiben der Nutzinsekten von behandelten Flächen, wo bei kleinflächiger Applikation Ausweichgebiete geblieben sind (Kap. 15); Attraktantien, um Schädlinge auf kleine behandelte Flächen zu konzentrieren (Kap. 15 und 16) und um gegebenenfalls die Wirksamkeit von mikrobiellen Biopräparaten zu erhöhen (Kap. 10).

Die Liste aktueller und aussichtsreicher Themen ließe sich leicht verlängern. Die internationale Zusammenarbeit bei der Lösung derartiger Fragen hat sich weiter intensiviert, seitdem aus der früheren, auf Europa und Mittelmeerländer beschränkten OILB eine neue, globale Organisation für biologische Schädlingsbekämpfung (IOBC) mit der für unser Gebiet zuständigen Sektion (WPRS – vgl. Anhang) hervorgegangen ist. Entscheidend ist aber die Bereitschaft der maßgeblichen Stellen des jeweiligen Landes, bei der Förderung den langen Atem und die Einsicht in das Wesen jener anwendungs-orientierten Forschung zu zeigen, die dem Thema des konstruktiven Umweltschutzes angemessen ist. Je mehr der Staat jene Gebiete tatkräftig unterstützt, die für die Industrie nicht so interessant sind, und je mehr die industrielle Produktion biologischer Präparate anläuft und damit den von der Sache her ohnehin überholten Gegensatz zwischen den verschiedenen Bekämpfungsmethoden weiter abbaut, desto eher wird sich die hier vorgetragene Anschauung der fruchtbaren Verzahnung aller verfügbaren Methoden verwirklichen lassen. Daß hierzu neben gutem Willen, wissenschaftlicher Initiative und Verantwortung sowie entsprechender finanzieller Unterstützung auch eine objektivere Auffassung von der Stellung des Menschen inmitten einer von ihm umgestalteten Welt gehört, das hoffen wir außerdem deutlich gemacht zu haben.

Anhang

1 Internationale Organisationen mit einer gewissen Beziehung zur biologischen Schädlingsbekämpfung

CIBC = Commonwealth Institute of Biological Control (vergleiche Kapitel 5.1.6.2). In Europa: European Station, CIBC, 1, Chemin des Grillons, Delémont, Schweiz. – **EPPO** = European and Mediterranean Plant Protection Organization, mit über 30 Mitgliedsstaaten in ganz Europa einschließlich des Mittelmeergebietes (Paris, 1 rue Le Nôtre); setzt sich ständig stärker auch für die Entwicklung biologischer und integrierter Bekämpfungsverfahren gegen Pflanzenschädlinge in Europa ein, veranstaltet Symposien und Umfragen zur Information und Koordination nationaler Pflanzenschutzdienste. – **FAO** = Food and Agriculture Organization of the United Nations, ist seit 1965 vor allem auf dem Gebiet der integrierten Bekämpfung von Pflanzenschädlingen mit Expertengremien tätig. – **IAEA** = International Atomic Energy Agency, fördert vor allem die Forschungen zur Sterilisation von Schädlingen im Rahmen des Selbstvernichtungsverfahrens; organisiert Sonderkolloquien über dieses Fachgebiet (vergleiche Literaturverzeichnis). – **IOBC** = International Organization for Biological Control; die Ende März 1971 gegründete Weltorganisation für biologische Bekämpfung umfaßt verschiedene Regionen; in der westlichen Paläarktis, also Mittel- und Südeuropa einschließlich des Mittelmeergebietes, die **WPRS** = Westpaläarktische Regionale Sektion, Nachfolgeorganisation der früheren **OILB** (Organisation Internationale de Lutte Biologique). Zu ihr gehört unter anderem der Internationale Bestimmungsdienst für Nutzinsekten in München (Zoolog. Sammlung des Bayer. Staates, Entomologische Abt., Maria-Ward-Straße 1 b, 8000 München 19) und Stuttgart (Staatl. Museum f. Naturkunde, Arsenalplatz 3, 7140 Ludwigsburg). – **IUBS** = International Union for Biological Sciences, der neben zahlreichen anderen, auf biologischem Gebiet arbeitenden nationalen und internationalen Gesellschaften auch die IOBC angehört. – **IUCN** = International Union for the Conservation of Nature and Natural Resources; diese Internationale Union für die Erhaltung der Natur hat kürzlich wertvolle Leitgedanken über den vernünftigen Gebrauch von Pestiziden veröffentlicht. – **IUFRO** = International Union of Forest Research Organizations; innerhalb dieses Internationalen Verbandes der Forstlichen Forschungsorganisationen gibt es eine Arbeitsgruppe, die sich speziell mit der Populationsdynamik forstlicher Schadinsekten befaßt und dadurch wertvolle Anregungen für deren biologische Bekämpfung gegeben hat. – **SIP** = Society of Invertebrate Pathology; diese Gesellschaft für die Pathologie von Nicht-Wirbeltieren vereinigt die meisten Insektenpathologen aus der ganzen Welt, deren Forschungen im Rahmen der mikrobiologischen Bekämpfung einen besonders wichtigen Beitrag zur Gesamtheit der biologischen Methoden geleistet haben. – **WHO** = World Health Organization; die Weltgesundheitsorganisation in Genf fördert, zumeist durch Expertengruppen, die Erforschung der biotischen Begrenzungsfaktoren von hygienisch wichtigen Schädlingen, vor allem von Seuchenüberträgern. Sie unterhält einen eigenen Internationalen Bestimmungsdienst für Krankheiten derartiger Arthropoden (WHO Collaborating Centre for the Biological Control of Vectors of Human Disease. – The Ohio State University, Faculty of Entomology, Columbus, Ohio, 43210, USA).

2 Verzeichnis der Pflanzenschutzdienststellen und Forstschutzdienststellen im Bundesgebiet und Berlin (West)

a. **Biologische Bundesanstalt** für Land- und Forstwirtschaft, Messeweg 11–12, 3300 **Braunschweig-Gliesmarode** (Hauptverwaltung und 8 Institute); Königin-Luise-Straße 19, 1000 **Berlin** 33 (Dokumentationsschwerpunkt Pflanzenkrankheiten und Pflanzenschutz; 6 Institute und Dienststellen). Ferner: 7 Außeninstitute in: 6100 **Darmstadt** (für biologische Schädlingsbekämpfung); 2305 **Heikendorf-Kitzeberg;** 4400 **Münster;** 5035 **Hürth-Fischenich;** 6901 **Dossenheim;** 5550 **Bernkastel-Kues;** 3510 **Hann. Münden** – für Krankheiten verschiedener Kulturpflanzen.

b. Pflanzenschutzdienststellen der Länder

Baden-Württemberg: Landesanstalt für Pflanzenschutz, Reinsburgstraße 107, 7000 Stuttgart 1. – Pflanzenschutzamt Stuttgart, Breitscheidstraße 4, 7000 Stuttgart 1. – Pflanzenschutzamt Tübingen, Keplerstraße 2, 7400 Tübingen. – Pflanzenschutzamt Karlsruhe, Amalienstraße 25, 7500 Karlsruhe. – Pflanzenschutzamt Freiburg, Hauptstraße 34, 7800 Freiburg (Br.). – **Bayern:** Bayerische Landesanstalt für Bodenkultur und Pflanzenbau, Abt. Pflanzenschutz, Menzinger Straße 54, 8000 München 19. – **Bremen:** Pflanzenschutzamt Bremen, Bahnhofsplatz 29, Tivoli-Hochhaus, 2800 Bremen. – **Hamburg:** Institut für Angewandte Botanik – Pflanzenschutzamt Hamburg, Marseiller Straße 7, 2000 Hamburg 36. – **Hessen:** Pflanzenschutzamt Frankfurt, Friedrich-Wilhelm-von-Steuben-Straße 2, 6000 Frankfurt (Main)-Hausen. – Pflanzenschutzamt Kassel, Am Versuchsfeld 17, 3500 Kassel-Harleshausen. – **Niedersachsen:** Pflanzenschutzamt Hannover, Wunstorfer Landstraße 9, 3000 Hannover 91. – Pflanzenschutzamt Oldenburg, Mars-la-Tour-Straße 9–11, 2900 Oldenburg (Oldb). – **Nordrhein-Westfalen:** Pflanzenschutzamt Bonn-Bad Godesberg, Mittelstraße 99, 5300 Bonn-Bad Godesberg. – Institut für Pflanzenschutz, Saatgutuntersuchung und Bienenkunde, von-Esmarch-Straße 12, 4400 Münster (Westf.) – **Rheinland-Pfalz:** Landespflanzenschutzamt Rheinland-Pfalz, Essenheimer Straße 144, 6500 Mainz-Bretzenheim. – **Saarland:** Pflanzenschutzamt Saarbrücken, Lessingstraße 12, 6600 Saarbrücken. – **Schleswig-Holstein:** Pflanzenschutzamt des Landes Schleswig-Holstein, Westring 383, 2300 Kiel. – **Berlin (West):** Pflanzenschutzamt Berlin, Altkircher Straße 1 und 3, 1000 Berlin 33.

c. Spezielle Forstschutzdienststellen

Baden-Württ. Forstl. Versuchs- und Forschungsanstalt, Abt. Waldschutz, 7801 Stegen-Wittental. – Institut für angewandte Zoologie der Universität, Amalienstraße 52, Gge., 8000 München 40. – Niedersächs. Forstl. Versuchsanstalt, Abt. B – Waldschutz, Grätzelstraße 2, 3400 Göttingen.

3 Staatliche Vogelschutzwarten in der Bundesrepublik Deutschland

Staatliche Vogelschutzwarte des Landes Nordrhein-Westfalen, Ägidiusstraße 94, 4300 **Essen-Bredeney.** – Staatliche Vogelschutzwarte für Bayern, Gsteigstraße 43, 8100 **Garmisch-Partenkirchen.** – Staatliche Vogelschutzwarte für Hessen, Rheinland-Pfalz und Saarland, Steinauer Straße 44, 6000 **Frankfurt (Main)** 61. – Staatliche Vogelschutzwarte für Baden-Württemberg, Favoritepark-Forsthaus, 7140 **Ludwigsburg.** – Staatliche Vogelschutzwarte Niedersachsen, Richard-Wagner-Straße 22, 3000 **Hannover.** – Staatliche Vogelschutzwarte für Schleswig-Holstein, Olshausenstraße 40–60, 2300 **Kiel.** – Staatliche Vogelschutzwarte Hamburg, Hamburger Straße 45, 2000 **Hamburg** 76.

Bundesgesundheitsamt in Berlin (West)

a. Robert-Koch-Institut (Abtlg.: Virologie, Bakteriologie, Immunologie und Biochemie), Nordufer 20, 1000 Berlin 65. – b. Max-von-Pettenkofer-Institut (Abtlg.: Arzneimittelwesen, Humanmedizin und öffentlicher Gesundheitsdienst, Pharmakologie, Physiologie, Veterinärmedizin), Corrensplatz 1, 1000 Berlin 33. – c. Institut für Wasser-, Boden- und Lufthygiene (Abtlg.: Abwasser und Gewässerschutz, Hygiene und hygienische Zoologie, Trink- und Betriebswasser, Reinhaltung der Luft), Corrensplatz 1, 1000 Berlin 33.

5 Verzeichnis der Filme und Dia-Serien über Nutzorganismen und/oder biologische Bekämpfung

Institut für den wissenschaftlichen Film, Nonnenstieg 72, 3400 Göttingen: Natürliche Feinde von Insekten – Räuber (C 908); Natürliche Feinde von Insekten – Einbürgerung der Schlupfwespe *(Prospaltella perniciosi)* zur biologischen Bekämpfung der San-José-Schildlaus (C 862); *Perillus biocula-*

tus (Pentatomidae) – Beuteerwerb und Nahrungsaufnahme (E 774); Fortpflanzung der Schlupfwespe *Coccygomimus turionellae* (Ichneumonidae) (C 1162); Parasitismus des Nematoden *Gastromermis rosea* in *Chironomus anthracinus* (Diptera) (C 1024); *Bacillus thuringiensis* (Bacillaceae) – Vegetative Vermehrung und Sporenbildung (E 555); Viroses à Polyèdres des Insectes (Polyedervirosen der Insekten) (französischer Text) (W 810); Mycoses d'Invertébrés (Mykosen bei Invertebraten) (französ. Text) (W 1229); The Alder Woodwasp and its Insect Enemies (Die Erlenholzwespe und ihre Insektenfeinde) (englisch vertont) (W 547). – **AID** Land- und Hauswirtschaftlicher Auswertungs- und Informationsdienst, Heerstraße 124, 5300 Bonn-Bad Godesberg: Nutzinsekten als Helfer im Pflanzenschutz (Dia-Serie Nr. 1619).

Glossarium

(stichwortartige Erläuterung von einigen ausgewählten Fachausdrücken)

abiotisch: unbelebt
Abundanz: Häufigkeit; auf ein begrenztes Gebiet bezogen → *Populationsdichte*
Abwehr, humorale: Wirkung von biogenen Schutzstoffen (sog. Inhibitinen) auf Pathogene oder Parasiten im Wirt
Abwehr, zelluläre: Einwirkung von Phagozyten (Freßzellen) auf Pathogene oder Parasiten im Wirt
Adaptations-Importe: Einfuhr von Nutzorganismen, die sich an eingeschleppte Schädlinge angepaßt haben, in die Herkunftsgebiete der betreffenden Schädlinge
Akarizid: Giftstoff zum Abtöten von Milben und Zecken
Allelopathie: Antagonismus durch Wirkung von → *Suppressoren, Antibiotika* oder *Toxinen*
Allergenität: Reaktion auf der Basis von Antikörperbildung, verursacht durch Sensibilisierung mit einem entsprechenden Agens = Allergen
Alterstoleranz: Zunahme der → *Toleranz* (z. B. gegen Pathogene) im Laufe der Entwicklung
Antagonismus: Hemmung (einseitige oder gegenseitige)
Antagonist: aktiver Gegenspieler oder Hemmer
Antibiotikum: biogener Hemmstoff oder Gift, wirksam gegen Mikroben
Applikation: Verabreichung, Ausbringung, Anwendung
Artspezifität: Wirkungsbeschränkung eines Wirkstoffes, Pathogens, Parasiten usw. auf eine Spezies
Attraktans: Lockstoff
Ausbreitung, intraareale: aktive Ausbreitung oder Verfrachtung (von Nützlingen) innerhalb des eigenen Faunenbereiches
Autoparasit: ein Parasit, der sich (als Hyperparasit) an (in) Individuen der eigenen Art entwickelt
Autozidverfahren: Selbstvernichtungsverfahren

Bakteriophage: Virus, das Bakterien befällt
Bakteriose: durch Bakterien verursachte Infektionskrankheit
Bakterizid: Giftstoff zum Abtöten von Bakterien (→ *Desinfektionsmittel,* → *Chemotherapeutikum,* → *Antibiotikum,* → *Symbiotizid*)
Befallsrate: Anzahl der Fälle (z. B. Infektionen) in einer Population (%)
Begrenzungsfaktoren: der Vermehrungs- und Ausbreitungstendenz (einer Spezies) entgegenstehende Umwelteinflüsse biotischer oder abiotischer Art
Biomasse: die zur Zeit des (jährlichen) Optimums in einem *Biotop* oder einer Kultur vorhandene Organismenmenge
Biopräparat: Präparat, das lebende Zellen oder aktive Viren enthält
Biosphäre: lebenserfüllter und lebenserhaltender Raum auf der Erde
Biotest: Prüfung von Wirkstoffen oder Pathogenen am lebenden Organismus; Auswertung anhand von Wirkungskurven bzw. Wertepaaren (LD_{50} usw.)
biotisch: belebt
Biotop: Lebensstätte (z. B. Wald, See usw.)
Biozönose: Lebensgemeinschaft

Chemosterilans: ein Stoff, der Makroorganismen zu sterilisieren vermag
Chemotherapeutikum: synthetisch erzeugter Hemmstoff (oder Gift) für Mikroben, der sich für eine Therapie von Infektionskrankheiten eignet

Darmflora: natürliche Mikrobenbesiedlung des Darmkanals
Derivat: Abkömmling (bei chemischen Verbindungen)
Desinfektion: Inaktivierung von Mikroben und Viren mit chemischen Mitteln
Desinfektionsmittel: Stoff, der Mikroben bzw. Viren *in vitro* abtötet bzw. inaktiviert (meist auch ein Gift für Makroorganismen)

Determination: Bestimmung, z. B. in der Ökologie, des Bereiches, in dem die Dichte einer Population schwanken kann
dichteabhängig (in der Populationsdynamik): dichteabhängig ist ein Faktor, der um so stärker wirkt, je höher die Dichte (einer Population) angestiegen ist

Einschließungskörper: Proteinkörper, die *Virionen* einschließen, z. B. Granula (Granulose-Viren), Polyeder (Polyeder-Viren) (vgl. Abb. 9)
Endemie: in einer Population dichteunabhängig verlaufende Infektionskrankheit
endogen: »von innen kommend«, d. h. vererbt bzw. angeboren
Endotoxin: ein an (Mikro-)Organismen gebundenes (unlösliches) Toxin (Gegenstück: *Exotoxin)*
Enterotoxin: von (Mikro-)Organismen produziertes Darmgift
entomogen: »aus Insekten stammend«, wenigstens zeitweise in und von Insekten lebend (z. B. Nematoden)
Entomophage: räuberisches bzw. parasitisches Lebewesen, zumeist ein Tier, das Insekten vertilgt
Epidemie: in einer Population *dichteabhängig* verlaufende Infektionskrankheit
Epidemiologie: Seuchenlehre
Episit: → *Prädator*
Epizootie: in einer Tierpopulation *dichteabhängig* verlaufende Infektionskrankheit
Erosion: Abtragung von Boden durch Wasser oder Wind
exogen: »von außen kommend«, d. h. umweltbedingt
Exotoxin: ein von (Mikro-)Organismen ausgeschiedenes lösliches Toxin (Gegenstück: *Endotoxin*)

Faunenbereich: geographische Zone, in der eine charakteristisch zusammengesetzte Tierwelt vorherrscht
Fekundität: die Fähigkeit zur Erzeugung von Eiern
Fertilität: die Fähigkeit zur Erzeugung entwicklungsfähiger Eier
Fluktuation: Populationsschwankung von Generation zu Generation
Fruchtholz: Äste, an denen im folgenden Jahr Früchte ansetzen werden
Fungizid: Giftstoff zum Abtöten von Pilzen

Genpool: Vorrat an Erbanlagen in einer Population
Gradation: Massenvermehrung über das durchschnittliche Niveau einer Population hinaus
Gradationswahrscheinlichkeit: Wahrscheinlichkeit für das Entstehen einer → *Gradation*
Gradient: Änderung (Steigung oder Gefälle) einer ortsabhängigen Größe in Abhängigkeit vom Weg
Gruppenspezifität: Wirkungsbeschränkung eines Wirkstoffes, Pathogens, Parasiten oder Prädators auf eine Gruppe von Spezies (= *selektive* Wirkung)

Hauptwirkung: beabsichtigte oder hervorragende Wirkung eines Stoffes, Pathogens usw. auf den betreffenden Zielorganismus
Hauptwirt: (Pathologie): die Wirtsart, die von einem Pathogen hauptsächlich befallen wird (wenn *Nebenwirte* vorkommen) oder in der eine meist auffällige Erkrankung auftritt (wenn *Zwischenwirte* vorkommen)
Herbizid: Giftstoff zum Abtöten von Unkräutern
heterozygot: misch- oder spalterbig
Homöostasis: Gesamtheit aller Regelvorgänge, die Zustände eines offenen Systems stabilisieren, z. B. im Organismus, in Populationen usw.
homozygot: reinerbig
Hospitalismus: Erkrankungen von Patienten im Hospital an resistenten Keimen, die sich dort durch lange *Antibiotika-* oder *Chemotherapeutika*-Behandlung entwickelt haben
Hybridsterilität: siehe *Inkompatibilität*
Hyperparasit: Parasit (oder Pathogen) eines Parasiten (oder Pathogens)

Immunisierung: Schutzimpfung, die nicht auf *Interferenz,* sondern auf Bildung von Antikörpern beruht

Immunität: Erfolg einer *Immunisierung*
Impfung: → *Inokulation* → *Vakzinierung*
Inkompatibilität, zytoplasmatische: Unverträglichkeit von Geschlechtszellen bei einer Spezies
Inokulation: Einbringen einer Mikrobe oder eines Virus in ein System (Substrat, Organismus) (früher: Impfung)
Insektizid: Giftstoff zum Abtöten von Insekten
Interferenz: Hemmung (spezifisch oder unspezifisch) einer Zweitinfektion durch eine Erstinfektion (ohne Beteiligung von Antikörpern)
interspezifisch: zwischenartlich
intraspezifisch: innerartlich
in vitro: (lat.) »im Glase«, also außerhalb eines Lebewesens stattfindender Prozeß
in vivo: (lat.) »im Leben«, also innerhalb eines Lebewesens stattfindender Prozeß
irreversibel: nicht rückgängig zu machen

Klimasimulator: Gerät, das es erlaubt, die Bedingungen verschiedener Klimagebiete zu erzeugen (»simulieren«)
Koinzidenz: zeitliches und/oder räumliches Zusammentreffen
Konservierungsmittel: Hemmstoff für Mikroben (meist nur schwach giftig für Makroorganismen)
Kontaktinsektizide: Insektizide, die nach Berührung wirken
Kontamination: Verunreinigung (mit Wirkstoffen, Mikroben usw.)
Kontrazeption: Geburtenregelung (durch Verhinderung der Befruchtung)

LD_{50}: Letale Dosis für 50% der Organismen im Versuch *(Biotest)*
Letalgen (= Letalfaktor): mutierte Erbanlage, welche vorzeitigen Tod bedingt
Letalität: Tödlichkeit, Sterbewahrscheinlichkeit (%)
Limitation: Begrenzung (der Vermehrungstendenz von Populationen)

Massenwechsel: Schwankungen der → *Populationsdichte* durch → *Oszillationen* oder → *Fluktuationen*
Mikroben: Mikroorganismen bzw. Einzeller, z. B. Pilze, Bakterien, Rickettsien, Protozoen (dagegen nicht: *Viren*)
Mittel, systemische: Stoffe, die in dem Leitungssystem der Pflanze transportiert werden
Monokultur: Anbau von nur einer Pflanzenart
monophag: auf ein Beutetier oder einen Wirt spezialisiert
Morbidität: Anzahl der Erkrankungen bzw. Krankheitsstand in einer Population (%)
Mortalität: Anzahl der Sterbefälle bzw. Sterblichkeitsgrad in einer Population (%)
multivoltin: → *plurivoltin*
Mutagenität: Fähigkeit eines Agens (= Mutagen) zur Erzeugung von Mutationen
Mutante: Träger einer → *Mutation*
Mutation: Änderung von Erbanlagen (Genmutation, Chromosomenmutation)
Mykose: durch Pilze hervorgerufene Infektionskrankheit

Nachhaltigkeit (einer Kultur): die Fähigkeit zur andauernden optimalen Produktion
Nahrungskette: Weg der Nährstoffe oder Sukzession von Populationen, durch die in einem Ökosystem Energie fließt als Ergebnis der Beziehungen zwischen Produzenten und Konsumenten
Natalität: Vermehrungsintensität (gemessen an der durchschnittlichen Nachkommenzahl je Weibchen)
Nebenwirkung: von der erwünschten *Hauptwirkung* abweichender Effekt
Nebenwirt (Pathologie): von einem Pathogen gelegentlich befallener Wirt. Epidemiologisch wichtig, weil er als Erreger-Reservoir dienen kann (Gegensatz: *Hauptwirt*)
Nematizid: Giftstoff zum Abtöten von Nematoden (Fadenwürmern)

Ökosystem: die Gesamtheit der Beziehungen von Biozönose und Biotop
oligophag: auf wenige Beutetiere oder Wirte spezialisiert

Onkogenität: Fähigkeit eines Agens (= Onkogen, Cancerogen, Carcinogen) zur Induktion von Krebserkrankungen
OP-Insektizide: Insektizide auf der Basis von Organophosphorverbindungen
Optimum, synökologisches: die Zone der günstigsten Gesamtkonstellation aller ökologischen Bedingungen für eine Art
Oszillation: Populationsschwankung innerhalb einer Generation

Parameter: die einen Vorgang beeinflussende Variable
Parasit (Parasitologie): Schmarotzer, der von seinem Wirt lebt, zumeist ohne ihn abzutöten
Parasit bzw. *Parasitoid* (Entomologie): Schmarotzer, der seinen Wirt abtötet
Pathogen: Erreger von Infektionskrankheiten (meist Mikroben, Viren); kurz Krankheitserreger
Pathogenität: krankheitserregende Potenz eines Infektionserregers (genetisch fixiert)
Pathologie: Lehre von krankhaften Veränderungen in einem Organismus
persistent: langwirksam, langdauernd
Pestizid: giftiger, natürlicher oder synthetisierter Stoff zur Abtötung schädlicher Organismen
»pest management«: manipulierte Steuerung von Schädlingspopulationen
Photosensibilisierung: Steigerung der Empfindlichkeit gegenüber Lichtwirkung
Photosynthese: unter Einfluß des Lichtes ablaufender Aufbau von organischer Substanz in Organismen
Phytophage: Pflanzenfresser
plurivoltin: mit mehreren Generationen im Jahr
polyphag: an viele Beutetiere oder Wirte angepaßt
Population: Bevölkerung; Individuen einer Art in Kontakt
Populationsdichte: durchschnittliche Anzahl von Individuen einer Art, bezogen auf den besiedelten Raum
Populationsdynamik: Strukturänderung einer Population in der Zeit, gemessen an der Dichte, der räumlichen Verteilung, dem Altersklassenaufbau usw.
Prädator: räuberisches Tier (*Räuber* oder *Episit*)
prädisponieren: empfänglich machen (für Schädlingsbefall o. ä.)
Prämunisierung: Schutzimpfung auf der Basis von Interferenz
Prophylaxe: Vorbeugung
Protektion: langfristige Abschirmung (gegen Schadorganismen)

Regeltheorie (Kybernetik): Lehre von Kreisprozessen auf der Basis von *Rückkoppelungen;* Regelkreise für technische und biologische Vorgänge
regeneratives Potential: das natürliche Vermögen zur Erneuerung
Regulation: Steuerung nach dem Prinzip des Regelkreises; in der *Populationsdynamik* wirken mehr oder minder *dichteabhängige Begrenzungsfaktoren* als Regler für die *Populationsdichte*
Repellens: Abweisstoff
Requisiten: lebenswichtige Grundlagen der Existenz
Resistenz: Unempfindlichkeit bzw. Unempfänglichkeit (genetisch fixiert)
Rickettsiose: durch Rickettsien hervorgerufene Infektionskrankheit
Rodentizid: Giftstoff zum Abtöten von Nagetieren
Rückkoppelung: (engl. feed back) ein zur Aufrechterhaltung der (relativen) Stabilität eines dynamischen Systems dienendes Prinzip (Elemente: Stellglied, Regelgröße, Fühler, Regler)

Saprophyt: Fäulnis- bzw. Gärungserreger
Schadensschwelle, hygienische: jene tragbare Schädlingsdichte, deren Unterschreitung keinen hygienischen Vorteil bringt
Schadensschwelle, wirtschaftliche: jene tragbare Schädlingsdichte, deren Unterschreitung keinen wirtschaftlichen Vorteil bringt (wenn man die Kosten des zu erwartenden Schadens verrechnet gegen die zu seiner Verhütung erforderlichen Bekämpfungskosten – einschließlich der dabei entstehenden Nebenschäden)

Schadorganismen, potentielle: Lebewesen, die aufgrund ihrer ökologischen Ansprüche schädigend auftreten könnten

Schädlingsbekämpfung, integrierte: (im Pflanzenschutz: integrierter Pflanzenschutz): ein Verfahren, bei dem alle wirtschaftlich, ökologisch und toxikologisch vertretbaren Methoden verwendet werden, um Schadorganismen unter die wirtschaftliche Schadensschwelle zu bringen, wobei die bewußte Ausnutzung aller natürlichen Begrenzungsfaktoren im Vordergrund steht (Definition WPRS)

Schädlingsbekämpfung, konventionelle: Anwendung von Pestiziden nicht nur suppressiv bei Schädlingskalamitäten, sondern vor allem auch prophylaktisch (nach Kalender bzw. phänologischen Daten)

Selektion: Auslese von Phänotypen

Selektionsdruck: Intensität, mit der ein Selektionsfaktor auftritt

selektiv (in der Schädlingsbekämpfung): nur gegen eine Art oder Arten-Gruppe von Schädlingen wirksam

selektiv (ökologisch): eingeschränkte Wirkung beruht darauf, daß aus ökologischen Gründen nicht alle Arten (Stadien) getroffen werden

selektiv (physiologisch): eingeschränkte Wirkung beruht auf der physiologischen Empfindlichkeit bzw. Unempfindlichkeit der getroffenen Tiere

Sensitivität: Empfänglichkeit bzw. Empfindlichkeit (Gegensatz *Toleranz/Resistenz*)

Sepsis: »Blutvergiftung« durch mikrobielle *Toxine*

Sexualindex: Anteil der Weibchen in einer gleich 1 gesetzten Population

Simulation: »Durchspielen« bestimmter ökologischer und ökonomischer Abläufe an Hand von Modellen

simultan: gleichzeitig

spezifisch (bei Entomophagen): nur auf eine Beute-/Wirtsart spezialisiert

spezifisch (in der Schädlingsbekämpfung): nur gegen *eine* Schädlingsart wirkend

Sterilisation (Makrobiologie): Unfruchtbarmachung

Sterilisation (Mikrobiologie): Inaktivierung von Mikroben und Viren durch physikalische Methoden

subletal: keine Letalität erreichend

Sukzession: Aufeinanderfolge (von Pflanzengesellschaften an einem bestimmten Ort)

sukzessiv: zeitlich aufeinanderfolgend

Superinfektion: erfolgreiche Zweitinfektion, unbeeinflußt durch das Vorliegen einer Erstinfektion

Suppression: unmittelbare Unterdrückung (von Schadorganismen)

Suppressor: Hemmstoff bzw. Gift biogener Herkunft

Symbiont: in Symbiose lebender (Mikro-)Organismus

Symbiose: Zusammenleben verschiedener Arten von Organismen zu gegenseitigem Nutzen

Symbiotizid: Antibiotikum oder *Chemotherapeutikum,* das mikrobielle *Symbionten* abtötet

Synergismus: Förderung (gegenseitige)

Synergist: Mitspieler oder Förderer

Systemanalyse (im Rahmen der kybernetischen Systemtheorie): Rückführung komplexer offener Systeme (auch ökologischer und ökonomischer Art) auf die ihnen zugrundeliegenden Regelkreise; diese sind einer Modelldarstellung zugänglich

Teratogenität: Fähigkeit eines Agens (Teratogen) zur Induktion von Mißbildungen

Titer: Aktivitätsangabe für ein Präparat (z.B. in LD_{50}/g)

Toleranz (im Lebensmittelrecht): Höchstmenge zulässiger Rückstände von Pestiziden

Toleranz (Pathologie): aktuelle Unempfindlichkeit oder Unempfänglichkeit gegen Pathogene

Toleranz (gegen Pestizide): die Fähigkeit, eine gewisse Pestizid-Dosis zu ertragen

Toxikologie: Lehre von den Giften und Vergiftungen

Toxine: von (Mikro-)Organismen produzierte Gifte gegen (Makro-)Organismen

Toxizität: Giftigkeit eines Agens

Translokation: Chromosomenmutation, beruhend auf Bruchstückverlagerung an nicht homologe Chromosomen

Übertragung, horizontale: Übertragung eines Pathogens zwischen gleichzeitig lebenden Wirten
Übertragung, vertikale: Übertragung eines Pathogens von den Eltern auf die Nachkommen
Übertragung, vektorielle: → *Vektor*
Umweltkapazität: Aufnahmefähigkeit der Umwelt (für eine bestimmte Art)
univoltin: mit einer Generation im Jahr
UV: ultraviolettes Licht

Vakzine: Impfstoff in Form eines abgetöteten Pathogens (Totvakzine) oder eines lebenden virulenzabgeschwächten Pathogens (Lebendvakzine)
Vakzinierung: Schutzimpfung (→ *Prämunisierung;* → *Immunisierung*)
Valenz, ökologische: Reziproke der ökologischen Ansprüche an die Umweltbedingungen gungen)
Vektor: Makroorganismus (z. B. Insekt), der Krankheitserreger überträgt; fungiert als Wirt bei »biologischer Übertragung«
Vererbung, zytoplasmatische: Vererbung von genetischem Material, das im Zytoplasma lokalisiert ist
Verhaltensresistenz: Unempfindlichkeit (gegen bestimmte Pestizide) durch eine abgeänderte Verhaltensweise
Vertilgerkomplex: Komplex der Prädatoren, Parasiten und Pathogene (einschließlich Konkurrenten)
Virion: morphologisch-biochemisch definierte infektiöse Einheit eines *Virus* (früher: Virusteilchen, Viruspartikel)
Virose: virusbedingte Infektionskrankheit
Virulenz: pathogene Effektivität
Virus: subzellulares infektiöses Agens, das sich nur in lebenden Zellen reproduziert
Weiselstation (bei Waldameisen): Station zum Fangen ausschwärmender Geschlechtstiere
Wirkungsspezifität: Wirkung eines Stoffes, der bei verschiedenen Spezies den gleichen Effekt hervorruft
Wirt: ein (Makro-)Organismus, der einen Symbionten, ein Pathogen oder einen Parasiten beherbergt
Wirtsspezifität: Wirkung eines Pathogens, Parasiten usw. ist auf einen bestimmten Wirtskreis beschränkt (*Art-* oder *Gruppenspezifität*)
Wirtswechsel (Pathologie): obligate Abfolge von *Haupt-* und *Zwischenwirt* bei Parasiten; obligate Abfolge von *Hauptwirt* und *Vektor* bei der »biologischen Übertragung«

Zebraverfahren (bei Spritzungen): alternierendes Behandeln jeder zweiten oder dritten Reihe
Zoomasse: Anteil der → *Biomasse,* soweit sie sich auf Tiere bezieht
Zwischenwirt (Pathologie): bei Parasiten mit *Wirtswechsel* derjenige Wirt, in dem sich der Parasit bis zu einem bestimmten Stadium entwickelt oder sich so lange aufhält, bis er den (Hilfs- oder) *Hauptwirt* befallen kann
Zwischenwirte/Zwischenbeute (Entomologie): jene Wirte/Beutetiere, die (von Entomophagen) angenommen werden müssen, weil der Hauptwirt/die Hauptbeute zeitweise nicht verfügbar ist

Literatur

AID (Hrsg.), 1975. Vogelschutz heute. AID Land- u. Hauswirtschaftl. Auswertungs- u. Informationsdienst, Bonn-Bad Godesberg, Broschüre Nr. 65 (Neuaufl. 1975), 19 S.

Alfen N. K. van, Jaynes, R. A., Anagnostakis, S. L. & Day, P. R., 1975. Science, *189*, 890–891.

Baker, K. F., & Cook, R. J., 1974. Biological Control of Plant Pathogens. Freeman & Co., San Francisco, 433 pp.

Bakke, A., 1973. EPPO Bull., no. 9, 5–15.

Balser, D. S., 1964. J. Wildlife Mgt., *28*, 352–358.

Barrow, J. R., 1969. Beltwide Proc. Cotton Prod. Res. Conf. (New Orleans, USA), *7*, 32–33.

Bartlett, B. R., 1974. Environ. Ent., *3*, 553–556.

Bedding, R. A. & Akhurst, R. J., 1974. J. Austr. Ent. Soc., *13*, 129–135.

Beirne, B. P., 1967. Pest Management. Leonhard Hill, London, 123 pp.

Benham jr., G. S. & Poinar jr., G. O., 1973. Exp. Parasitol., *33*, 248–252.

Benz, G., 1974. Z. Angew. Ent., *76*, 196–228.

Beroza, M. (edit.), 1970. Chemicals Controlling Insect Behavior. Academic Press, New York, 170 pp.

Beroza, M. & Knipling, E. F., 1972. Science, *177*, 19–27.

Beroza, M., Hood, C. S., Trefrey, D., Leonard, D. E., Knipling, E. F., Klassen, W. & Stevens, L. J., 1974. J. Econ. Ent., *67*, 659–664.

Bird, F. T., 1953. Canad. Entomologist, *85*, 437–446.

Bird, F. T. & Burk, J. M., 1961. Canad. Entomologist, *93*, 228–238.

Blaszyk, P., 1972. Ber. Landwirtsch., *50*, 404–416.

Boness, M., 1973. Naturwiss. Rundschau, *26*, 515–522.

Boness, M., Schulze, W. & Skatulla, U., 1974. Anz. Schädlingsk., Pflanzen-/ Umweltsch., *47*, 119–122.

Bosch, R. van den, 1968. Bull. Ent. Soc. Amer., *14*, 112–115.

Bosch, R. van den & Stern, V. M., 1962. Ann. Rev. Ent., *7*, 367–386.

Bowers, W. S., 1972. Science, *177*, 1121–1122.

Brandt, H., 1962. Vogelschutz in Haus, Hof und Garten. Obst-, Gartenbauverlag, München, 136 pp.

Bravenboer, L. (edit.), 1973. Integrated control in glasshouses. WPRS Bull. 1973/4, 73 pp.

Brohmer, P. (fortgeführt von Tischler, W.), 1969. Fauna von Deutschland. 10. Aufl., Quelle & Meyer, Heidelberg, 595 pp.

Buhl, C. & Schütte, F., 1971. Prognose wichtiger Pflanzenschädlinge in der Landwirtschaft. Paul Parey, Berlin und Hamburg, 364 pp.

Burges, H. D. & Hall, R. A., 1973. WPRS Bull. 1973/4, 67–69.

Burges, H. D. & Hussey, N. W. (edit.), 1971. Microbial Control of Insects and Mites. Academic Press, London, 861 pp.

Bushland, R. C., 1975. Bull. Ent. Soc. Amer., *21*, 23–26.

Cantelo, W. W., 1974. Bull. Ent. Soc. Amer., *20*, 279–282.

Chaboussou, F., 1970. Bull. Soc. Ecol., *3*, 146–158.

Chambers, D. L., 1974. Proc. Tall Timbers Conf. Ecol. Animal Contr., Habitat Managem. (1973), No. 5, 135–145.

Clausen, C. P., 1956. Biological control of insect pests in the continental United States. U.S. Dept. Agr., Techn. Bull. No. 1139, 151 pp.

Croft, B. A., 1975. Coop. Extens. Serv., Michigan State Univ., Extens. Bull. E-825, 12 pp.

Croft, B. A., 1976. Entomophaga, *21* (im Druck).

Croft, B. A. & Brown, A. W. A., 1975. Ann. Rev. Ent., *20*, 285–335.

Croft, B. A., Howes, J. L. & Welch, S. M., 1976. Environ. Ent., *5*, 20–34.

Curtis, C. F., 1968. Bull. Ent. Res., *57*, 509–523.

Davidson, G., 1974. Genetic Control of Insect Pests. Academic Press, London, New York, 158 pp.

DeBach, P. (edit.), 1964. Biological Control of Insect Pests and Weeds. Chapman and Hall Ltd., London, 844 pp.

DeBach, P., 1974. Biological Control by Natural Enemies. Cambridge University Press, London, 323 pp.
DeBach, P. & White, E. B., 1960. Commercial mass culture of the California red scale parasite *Aphytis lingnanensis.* Calif. Agr. Exp. Stat. Bull. 770, 58 pp.
Dias, E. & Dawood, M. M., 1955. Mem. Inst., Cruz., *53,* 13–29.
Diercks, R., 1975. Bayer. Landwirtsch. Jahrb., *52* (2), 121–134.
Diercks, R. & Heye, C., 1970. Z. Pflanzenkrankh. Pflanzensch., *77,* 610–627.
Dowe, A., 1972. Räuberische Pilze im Boden. Die Neue Brehm-Bücherei 449. A. Ziemsen Verlag, Wittenberg Lutherstadt, 62 pp.
Duddington, C. L., 1956. The Friendly Fungi. Faber & Faber, London, 188 pp.
Dunbar, D. M. & Beard, R. L., 1975. J. Econ. Ent., *68,* 453–457.
Dysart, R. J., 1973. Proc. Tall Timbers Conf. Ecol. Animal Contr., Habitat Managem. (1972), No. 4, 165–173.
El Titi, A. & Steiner, H., 1975. Qual. Plant. Pl. Fds. Hum. Nutr., *25,* 57–75.
Elton, C. S., 1958. The Ecology of Invasions by Animals and Plants. Methuen & Co. Ltd., London; John Wiley & Sons Inc., New York, 181 pp.
Emden, H. F. van & Williams, G., 1974. Ann. Rev. Ent., *19,* 455–475.
FAO, 1966. Proceedings of the FAO Symposium on Integrated Pest Control (Rome, 1965). FAO, Rome, (1), 91 pp.; (2), 186 pp.; (3), 129 pp.
FAO, 1970. Crop Loss Assessment Methods. FAO, Rome.
FAO, 1973. Report of the fourth session of the FAO Panel of Experts on Integrated Pest Control (Rome, 1972). FAO Mtg. Rept. AGP: 1973/M/5, 35 pp.
FAO, 1974. Proc. FAO Conf. Ecology in Relation to Plant Pest Control (Rome, 1972), Publ. AGP: 1973/M/14, 326 pp.
FAO, 1975. Report on an ad hoc session of the FAO Panel of Experts on Integrated Pest Control (Rome, 1974). FAO AGP: 1974/M/8, 15 pp.
Fargues, J., 1975. Ann. Zool. Ecol. Anim., *7,* 247–264.
Fedorinchik, N. S., 1965. (Use of fungus *Trichoderma* in controlling pathogens of agricultural plants). VIZR, Leningrad, 27 pp. (Orig. russ.).
Fenner, F. & Ratcliffe, F. N., 1965. Myxomatosis. Cambridge Univ. Press, New York, 348 pp.
Ferron, P., 1975. Les champignons entomopathogènes: évolution des recherches au cours des dix dernières années. WPRS Bull. 1975/3, 54 pp.
Franz, J. M., 1961. Biologische Schädlingsbekämpfung. In: Sorauer: Handbuch der Pflanzenkrankheiten, VI, 3. Lief., 2. Aufl., Paul Parey, Berlin und Hamburg, 1–302.
Franz, J. M., 1962. Ber. 9. Wandervers. Dtsch. Ent. (Berlin, 1961). Tagungsber. Nr. 45, 159–178.
Franz, J. M., 1964a. Forest insect control by biological measures. FAO/IUFRO Symp. on Internationally Dangerous Forest Diseases and Insects (Oxford, 1964), *2,* Mtg. No. IX, 21 pp.
Franz, J. M., 1964b. Ann. Appl. Biol., *53,* 510–515.
Franz, J. M., 1970. Z. Pflanzenkrankh. Pflanzensch., *77,* 642–647.
Franz, J. M., 1970/71. Unasylva, *24* (99), 37–46; *25* (100), 45–56.
Franz, J. M., 1971. In: Burges, H. D. & Hussey, N. W. (edit.): Microbial Control of Insects and Mites. Academic Press, London, 407–444.
Franz, J. M., 1973. Z. Pflanzenkrankh. Pflanzensch., *80,* 3–12.
Franz, J. M., 1976. In: Perspectives in Forest Entomology. Academic Press, New York, N. Y., 295–308.
Franz, J. M. & Huger, A. M., 1971. Proc. 4. Int. Coll. Ins. Path., College Park, Maryland (Aug. 1970), 48–53.
Franz, J. M. & Krieg, A., 1967. Gesunde Pfl., *19,* 175–176, 178–180, 182.
Franz, J. M. & Voegele, J., 1974. OILB/SROP Broch. No. 3 (Les organismes auxiliaires en verger de pommiers), 201–210.
Franz, J. M., Phillips, D. H. & Stark, R. W., 1976. Z. Pflanzenkrankh. Pflanzensch., *83,* 59–65.
Freeman, T. E., Zettler, F. W. & Charudattan, R., 1974. PANS, *20,* 181–184.
Frings, H. & Jumber, J., 1954. Science, *119,* 318.

Frings, H., Frings, M., Cox, B. & Peissner, L., 1955. Science, *121,* 340–341.
Fuchs, W. H. & Ullrich, J., 1972. Ber. Landwirtsch., *50,* 441–453.
Geier, P. W., Clark, L. R., Anderson, D. J. & Nix, H. A. (edit.), 1973. Insects: Studies in Population Management. Ecol. Soc. Australia, Mem. 1, Canberra, 294 pp.
Gerberich, J. B. & Laird, M., 1968. FAO Fish. Tech. Pap. No. 75, 1–70.
Gerstner, W., 1956. Nachr.bl. Dtsch. Pfl.schutzd., Berlin, *10,* 1–7.
Giese, R. L., Peart, R. M. & Huber, R. T., 1975. Science, *187,* 1045–1052.
Goeden, R. D. & Louda, S. M., 1976. Ann. Rev. Ent., *21,* 325–342.
Goeden, R. D., Andres, L. A., Freeman, T. E., Harris, P., Pienkowski, R. L. & Walker, C. R., 1974a. Weed Sci., *22,* 490–495.
Goeden, R. D., Kovalev, O. V. & Ricker, D. W., 1974b. Weed. Sci., *22,* 156–158.
Gould, H. J., Parr, W. J., Woodville, H. C. & Simmonds, S. P., 1975. Entomophaga, *20,* 285–292.
Greathead, D. J. (edit.), 1976. A Review of Biological Control in Western and Southern Europe. Techn. Communic. No. 7, Commonw. Inst. Biol. Contr., Commonw. Agr. Bureaux, Farnham Royal.
Grosclaude, C., Richard, J. & Dubos, B., 1973. Plant Disease Rept., *57,* 25–28.
Gruys, P., 1975. Proc. 8. Brit. Insectic. Fungic. Conf. (1975), *3,* 823–835.
Hagen, K. S. & Franz, J. M., 1973. In: Smith, R. F., Mittler, T. E. & Smith, C. N. (edit.): History of Entomology. Annual Reviews Inc., Palo Alto. California, USA, 433–476.
Haisch, A., 1968. Z. Pflanzenkrankh. Pflanzensch., *75,* 257–272.
Hanf, M., Lang, H. & Sturm, H., 1976. BASF Mitt. Landbau, 1/76, 1–31.
Harper, J. D., 1974. Forest Insect Control with *Bacillus thuringiensis;* Survey of Current Knowledge. Univ. Print. Serv., Auburn Univ. Alabama, 64 pp.
Hasan, S., 1974. PANS, *20,* 437–443.
Hasel, K., 1971. Waldwirtschaft und Umwelt. Eine Einführung in die forstwirtschaftspolitischen Probleme der Industriegesellschaft. Paul Parey, Hamburg und Berlin, 321 pp.
Hassan, S. A., 1974a. Z. Pflanzenkrankh. Pflanzensch., *81,* 620–637.
Hassan, S. A., 1974b. Z. Angew. Ent., *76,* 120–134.
Headley, J. C., 1973. EPPO Bull., *3* (3), 51–61.
Heimpel, A. M., 1971. In: Burges, H. D. & Hussey, N. W. (edit.): Microbial Control of Insects and Mites. Academic Press, London, 469–489.
Henry, J. E. & Omar, E. A., 1974. J. Invertebrate Path., *23,* 371–377.
Herfs, W. & Franz, J. M., 1975. Anz. Schädlingsk., Pflanzen-/Umweltsch., *48,* 177–179.
Holloway, J. K., 1964. In: DeBach, P. (edit.): Biological Control of Insect Pests and Weeds. Chapman and Hall Ltd., London, 650–670.
Horber, E., 1963. Mitt. Schweiz. Landw., *11,* 145–155.
Hoyt, S. C. & Burts, E. C., 1974. Ann. Rev. Ent., *19,* 231–252.
Huber, J. & Dickler, E., 1975. Z. Pflanzenkrankh. Pflanzensch., *82,* 540–546.
Huffaker, C. B., 1964. In: DeBach, P. (edit.): Biological Control of Insect Pests and Weeds. Chapman and Hall Ltd., London, 631–649.
Huffaker, C. B. (edit.), 1971. Biological Control. Plenum Press, New York–London, 511 pp.
Hurpin, B. & Robert, P. H., 1972. J. Invertebrate Path., *19,* 291–298.
IAEA, 1973. Computer models and application of the sterile-male technique. Proc. Panel Joint FAO/IAEA Div. Atom. Energy in Food, Agr. (Vienna, 1971), STI/PUB/340, 195 pp.
IAEA, 1974. The sterile-insect technique and its field application. Proc. Panel Joint FAO/IAEA Div. Atom. Energy in Food, Agr. (Vienna, 1972), STI/PUB/364, 137 pp.
Ignoffo, C. M., 1973a. Exp. Parasitol., *33,* 380–406.
Ignoffo, C. M., 1973b. Ann. New York Acad. Sci., *217,* 141–164.
IOBC/WPRS, 1975. Integrierter Pflanzenschutz im Obstbau. 5. Symp. (Bozen, 1974), 369 S.
Iperti, G. & Hodek, I., 1974. Ann. Zool. Ecol. Anim., *6,* 41–51.
Jacobs, W. & Renner, M., 1974. Taschenlexikon zur Biologie der Insekten mit besonderer Berücksichtigung mitteleuropäischer Arten. Gustav Fischer Verlag, Stuttgart, 635 S.
Jacobson, M., 1972. Insect Sex Pheromones. Academic Press, New York, 392 pp.

Jähnichen, H., 1974. Z. Binnenfischerei DDR, *21,* 198–201.
Jaques, R. P., 1974. J. Invertebrate Path., *23,* 140–152.
Johnson, C., 1960. Calif. Agr., *14* (8), 5.
Jones, D. Price & Solomon, M. E. (edit.), 1974. Biology in Pest and Disease Control. Blackwell Scientific Publications, Oxford, London, Edinburgh, Melbourne, 398 pp.
Jong, D. J. de, 1967. Entomophaga, Mém. hors sér. no. 3, 25–32.
Jong, D. J. de & Dieren, J. P. A. van, 1974. Meded. Fak. Landbouw. Wetenschappen Gent, *39* (2), 777–788.
Katsoyannos, B. I. & Boller, E. F., 1976. Environ. Ent., *5,* 151–152.
Kaya, H. K., 1973. J. Invertebrate Path., *22,* 356–358.
Kendle, K. E., Lazarus, A., Rowe, F. P., Telford, J. M. & Vallance, D. K., 1973. Nature, *244,* 105–108.
Kennel, W., 1972. Z. Pflanzenkrankh. Pflanzensch., *79,* 401–406.
Kettlewell, H. B. D., 1956. Heredity, London, *10,* 287–301.
Kilgore, W. W. & Doutt, R. L. (edit.), 1967. Pest Control. Biological, Physical, and Selected Chemical Methods. – Academic Press, New York, London, 477 pp.
Knapp, S. E., Baldwin, N. L. & Presidente, P. J. A., 1972. J. Parasitol., *58,* 1206–1207.
Knipling, E. F., 1966. Bull. Ent. Soc. Amer., *12,* 7–15.
Knipling, E. F., 1967. In: Wright, J. W. & Pal, R. (edit.): Genetics of Vectors of Disease. Elsevier, Amsterdam, 587–616.
Knipling, E. F., 1970. BioScience, *20,* 465–470.
Knipling, E. F., 1972. J. Austral. Ent. Soc., *11* (3), Sep. 4–18.
Knipling, E. F. & McGuire jr., J. U., 1968. Population models to appraise the limitations and potentialities of *Trichogramma* in managing host insect populations. Agr. Res. Serv., U.S.D.A., Techn. Bull. No. 1387, 44 pp.
Koepf, H. H., Petterson, B. D. & Schaumann, W., 1974. Biologische Landwirtschaft. Eine Einführung in die biologisch-dynamische Wirtschaftsweise. Eugen Ulmer, Stuttgart, 300 pp.
Krieg, A., 1961a. Grundlagen der Insektenpathologie. Viren-, Rickettsien- und Bakterien-Infektionen. Wiss. Forsch.-ber., Naturwiss. Reihe, Bd. *69.* Dr. D. Steinkopff Verlag, Darmstadt, 304 pp.
Krieg, A., 1961b. *Bacillus thuringiensis* Berliner. Über seine Biologie, Pathogenie und Anwendung in der biologischen Schädlingsbekämpfung. (In memoriam Dr. Ernst Berliner [1880–1957]). Mitt. Biol. Bundesanst., Berlin-Dahlem (103), 79 pp.
Krieg, A., 1967. Neues über *Bacillus thuringiensis* und seine Anwendung. Mitt. Biol. Bundesanst., Berlin-Dahlem (125), 106 pp.
Krieg, A., 1970. Nachr.bl. Dtsch. Pfl.schutzd., Braunschweig, *22,* 97–103.
Krieg, A., 1971a. In: Burges, H. D. & Hussey, N. W. (edit.): Microbial Control of Insects and Mites. Academic Press, London, 173–179.
Krieg, A., 1971b. In: Burges, H. D. & Hussey, N. W. (edit.): Microbial Control of Insects and Mites. Academic Press, London, 459–468.
Krieg, A., 1971c. In: Burges, H. D. & Hussey, N. W. (edit.): Microbial Control of Insects and Mites. Academic Press, London, 673–677.
Krieg, A., 1973. Arthropoden-Viren. Georg Thieme-Verlag, Stuttgart, 328 pp.
Krieg, A., 1976. Z. Angew. Ent., *82,* ... (im Druck).
LaBrecque, G. C. & Smith, C. N. (edit.), 1968. Principles of Insect Chemosterilization. Appleton-Century-Crofts, New York, 354 pp.
Laird, M., 1975. Proc. 14. Annual Mtg. Northwest Mosquito, Vector Contr. Assoc. (1974), 10 pp.
Laven, H., 1967. Nature, London, *216,* 383–384.
Laven, H., 1968. Anz. Schädlingsk. Pflanzensch., *41,* 1–7.
Laven, H., 1969. Anz. Schädlingsk. Pflanzensch., *42,* 17–19.
Legner, E. F., 1970. Proc. Papers 38. Ann. Conf. California Mosquito Contr. Assoc. (Jan. 1970), 89–90.
Legner, E. F., Hauser, W. J., Fisher, T. W. & Medved, R. A., 1975a. Calif. Agr., *29* (11), 8–10.
Legner, E. F., Yu, H. S., Medved, R. A. & Badgley, M. E., 1975b. Calif. Agr., *29* (11), 3–6.

Levinson, H. Z., 1975. Naturwissenschaften, *62,* 272–282.
Lüthy, P., 1975. Vierteljahresschr. Naturforsch. Ges. Zürich, *120* (2), 81–163.
Mach, F., 1956. Zentralbl. Bakteriol., 2. Abt., *110,* 1–25.
Maksimović, M., Bjegović, P. & Vasiljević, L., 1970. Zašt. Bilja, Beograd, *21* (107), 3–15.
Maramorosch, K. (edit.), 1968. Insect Viruses. Springer-Verlag, Berlin, 192 pp.
Marsh, R. W. (edit.), 1972. Systemic Fungicides. Longman, London, 321 pp.
Marx, J. L., 1973a. Science, *181,* 736–737.
Marx, J. L., 1973b. Science, *181,* 833–835.
Mathys, G., 1970. Aspects économiques et développement de la protection des plantes. Eröffnungsvortrag, 7. Intern. Pflanzensch.-Kongr. (Paris, 1970).
Mathys, G., 1974. EPPO Bull., *4* (4), 417–428.
McLaughlin, R. E., 1971. In: Burges, H. D. & Hussey, N. W. (edit.): Microbial Control of Insects and Mites. Academic Press, London, 151–172.
Mead, A. R., 1961. The Giant African Snail – A Problem in Economic Malacology. Univ. Chicago Press, Chicago and London, 257 pp.
Mower, R. L., Snyder, W. C. & Hancock, J. G., 1975. Phytopathology, *65,* 5–10.
Müller-Kögler, E., 1965. Pilzkrankheiten bei Insekten. Anwendung zur biologischen Schädlingsbekämpfung und Grundlagen der Insektenmykologie. Paul Parey, Berlin und Hamburg, 444 pp.
Neuffer, G., 1975. Z. Pflanzenkrankh. Pflanzensch., *82,* 503–514.
Nickle, W. R., 1973. Proc. Tall Timbers Conf. Ecol. Animal Contr., Habitat Managem. (1972), No. 4, 145–163.
North, D. T., 1975. Ann. Rev. Ent., *20,* 167–182.
OILB/SROP, 1974. Les Organismes auxiliaires en verger de pommiers. Broch. No. 3, 242 pp.
OILB/SROP, 1975a. Visuelle Kontrollen im Apfelanbau. 2. Aufl., Broch. No. 2, 71 pp.
OILB/SROP, 1975b. Die Klopfmethode mit einem Anhang über Licht- und Pheromonfallen. 1. Aufl., Broch. No. 4, 142 pp.
Olson, D. & Pimentel, D., 1974. Environ. Ent., *3,* 621–624.
Ottens, H., 1969. Nature, *223,* 506.
Otto, D., 1967. Waldhygiene, *7,* 65–90.
Pfeifer, S., 1973. Taschenbuch für Vogelschutz. 4. Aufl., DBV-Verlag Stuttgart, 326 pp.
Pfeifer, S. & Keil, W., 1963. Die therapeutische Bedeutung des Vogelschutzes und der Vogelbeobachtung. Bund f. Vogelschutz, 1. Aufl., 12 pp.
Pimentel, D., 1963. Canad. Entomologist, *95,* 785–792.
Pimentel, D., 1971. Ecological effects of pesticides on non-target species. Exec. Off. Pres., Off. Sci. Techn., U.S. Governm. Print. Off., Washington, D.C., 0-423-802, 220 pp.
Pimentel, D., 1976. Bull. Ent. Soc. Amer., *22,* 20–26.
Poinar jr., G. O., 1971. In: Burges, H. D. & Hussey, N. W. (edit.): Microbial Control of Insects and Mites. Academic Press, London, 181–203.
Poinar jr., G. O., 1975. Entomogenous Nematodes – A Manual and Host List of Insect-Nematode Associations. E. J. Brill, Leiden, 317 pp.
Postner, M., 1960. Forstwiss. Zentralbl., *79,* 158–161.
Pramer, D., 1964. Science, *144,* 382–388.
Priesner, E., 1973. Fortschr. Zool., *22,* 49–135.
Proceedings of the Tall Timbers Conference on Ecological Animal Control by Habitat Management, 1969–1976. No. 1–6, Tall Timbers Res. Sta., Tallahassee, Fla., USA.
Prokhorov, M. I., 1966. (Mikrobiologische Methode zur Bekämpfung schädlicher Nagetiere.) Kolos, Leningrad, 132 pp. (Orig. russ.). (2. Aufl.).
Proverbs, M. D., 1969. Ann. Rev. Ent., *14,* 81–102.
Pschorn-Walcher, H. & Zwölfer, H., 1968. Anz. Schädlingsk. Pflanzensch., *41,* 71–76.
Putnam, A. R. & Duke, W. B., 1974. Science, *185,* 370–372.
Rabb, R. L. & Guthrie, F. E. (edit.), 1970. Concepts of Pest Management. North Carolina State Univ. Raleigh, 242 pp.
Rast, A. T. B., 1971. Groeten en Fruit, *26,* 1873.

Remaudière, G., 1961. Projet d'installation et de fonctionnement d'une unité de production d'œufs d'*Eurygaster integriceps*. FAO, Sunn Pest Inform., Doc. Centre, Sunn Pest Circ. 5, 37 pp.
Remund, U. & Boller, E. F., 1975. Z. Angew. Ent., *77*, 348–353.
Reschke, M., Heitefuss, R. & Fuchs, W. H., 1974. Z. Pflanzenkrankh. Pflanzensch., *81*, 1–27.
Ripper, W. E., 1956. Ann. Rev. Ent., *1*, 403–438.
Rishbeth, J., 1968. The possibility of stump inoculation for conifers other than pines. 3. Intern. Conf. *Fomes annosus* (Aarhus, 1968). Intern. Union Forest. Res. Organ., Sect. 24, 12 pp.
Ross, J., 1972. Brit. Vet. J., *128*, 172–176.
Runeckles, V. C., Sondheimer, E. & Walton, D. C. (edit.), 1974. Recent Adv. Phytochem. Vol. 7: The Chemistry and Biochemistry of Plant Hormones. Academic Press, New York, 192 pp.
Sachtleben, H., 1941. Biologische Bekämpfungsmaßnahmen. In: Sorauer: Handbuch der Pflanzenkrankheiten, *VI*, 2. Halbbd., Paul Parey, Berlin, 1–120.
Schieferdecker, H., 1970. In: Tagungsber. 110 »Biologische Bekämpfungsmethoden von Forstschädlingen«. Dtsch. Akad. Landwirtsch.wiss., Berlin, 137–175.
Schütte, F. & Diercks, R., 1975. Mitt. Biol. Bundesanst., Berlin-Dahlem (165), 62–81.
Schuphan, W., 1974. Anz. Schädlingsk., Pflanzen-/Umweltsch., *47*, 49–58.
Schwerdtfeger, F., 1968. Ökologie der Tiere. Band II. Demökologie. Struktur und Dynamik tierischer Populationen. Paul Parey, Hamburg und Berlin, 448 pp.
Schwerdtfeger, F., 1970. Z. Angew. Ent., *66*, 185–206.
Schwerdtfeger, F., 1971, Forst-, Holzwirt, *26* (4), 69–71.
Serebrovsky, A. S., 1940. Zool. Zhurn., *19*, 618–630. (Orig. russ.).
Shchepetilnikova, V. A., Kapustina, O. V., Molchanova, V. A. & Shchichenkov, P. I., 1968. Trudy Vses. Nauchn.-Issled. Zashch. Rast., *31*, 86–98 (Orig. russ.).
Simmonds, F. J., 1963. Canad. Entomologist, *95*, 561–567.
Simmonds, F. J., 1970. In: Royal Society, Biological Control. The United Kingdom Contrib. to the Proposed Intern. Organ. Biol. Contr., Brit. Natl. Comm. Biol. The Royal Society, London, 7–15.
Siriez, H., 1957. La Myxomatose moyen de Lutte Biologique contre le Lapin, Rongeur Nuisible. Edit. SEP Paris, 87 pp.
Sláma, K., Romanuk, M. & Sorm, F., 1974. Insect Hormones and Bioanalogues. Springer, Wien, 477 pp.
Smith, C. N., 1966. Insect Colonization and Mass Production. Academic Press, New York, London, 618 pp.
Smith, R. F., 1963. Nachr.bl. Dtsch. Pfl.schutzd., Braunschweig, *15*, 97–101.
Smith, R. F., 1970. In: Rabb, R. L. & Guthrie, F. E. (edit.): Concepts of Pest Management. North Carolina State Univ. Raleigh, 103–113.
Smith, R. F., 1971. Proc. Tall Timbers Conf. Ecol. Animal Contr., Habitat Managem. (1971), No. 3, 53–83.
Smith, R. F., 1972. Bull. Ent. Soc. Amer., *18*, 7–14.
Smith, R. F., 1973. WHO Bull., *48*, 685–698.
Smith, R. F. & Huffaker, C. B., 1974. Z. Pflanzenkrankh. Pflanzensch., *81*, 218–238.
Smith, R. F., Huffaker, C. B., Adkisson, P. L. & Newsom, L. D., 1974. EPPO Bull., *4* (3), 221–239.
Staal, G. B., 1975. Ann. Rev. Ent., *20*, 417–460.
Steiner, H., 1965a. Ges. Pflanzen, *17*, 5–13.
Steiner, H., 1965b. Entomophaga, *10*, 231–243.
Steiner, H., 1968. Anz. Schädlingsk. Pflanzensch., *41*, 129–131.
Steiner, H., 1973. EPPO Bull., *3* (1), 27–36.
Steiner, H., 1976. Obst und Garten, *95* (8).
Steiner, H. & Baggiolini, M., 1968. Anleitung zum integrierten Pflanzenschutz im Apfelanbau. Landesanst. Pflanzenschutz, Stuttgart, 63 pp.
Steiner, H., Immendorfer, G. & Bosch, J., 1970. EPPO Publ., Ser. A, no. 57, 131–146.
Steinhaus, E. A., 1949. Principles of Insect Pathology. McGraw-Hill Book Comp., Inc., New York, Toronto, London, 757 pp.
Steinhaus, E. A., 1951. Hilgardia, *20*, 359–381.

Steinhaus, E. A. (edit.), 1963. Insect Pathology. An Advanced Treatise. Vol. I + II. – Academic Press, New York, London, 661 pp., 689 pp.
Stern, V. M., 1973. Ann. Rev. Ent., *18,* 259–270.
Stern, V. M., Smith, R. F., Bosch, R. van den & Hagen, K. S., 1959. Hilgardia, *29,* 81–101.
Stresemann, E. (edit.), 1964/69. Exkursionsfauna Wirbellose II/1 und II/2. Volk und Wissen, VEV, Berlin, 518 pp., 476 pp.
Sturtevant, J., 1970. Science, *170,* 322–324.
Summers, M., Engler, R., Falcon, L. A. & Vail, P. (edit.), 1975. Baculoviruses for Insect Pest Control: Safety Considerations. Amer. Soc. Microbiol., Washington, 186 pp.
Sweetman, H. L., 1958. The Principles of Biological Control. Wm. C. Brown Comp., Dubuque, Iowa, 560 pp.
The Institute of Ecology (edit.), 1971. Man in the Living Environment. Univ. Wisconsin Press, Madison, Wisc., 300 pp.
Thompson, C. G. & Steinhaus, E. A., 1950. Calif. Agr., Berkeley, *4* (5), 8.
Tremblay, E., 1974. Z. Pflanzenkrankh. Pflanzensch., *81,* 612–619.
Tzanakakis, M. E. & Stavrinides, A. S., 1973. Ent. Exp., Appl., *16,* 39–47.
Vanderzant, E. S., 1974, Ann. Rev. Ent., *19,* 139–160.
Varley, G. C., Gradwell, G. R. & Hassell, M. P., 1974. Insect Population Ecology – An Analysis Approach. Univ. California Press, Berkeley, Los Angeles, 212 pp.
Vité, J. P., 1975. Z. Angew. Ent., *77,* 325–329.
Voegele, J., Stengel, M., Schubert, G., Daumal, J. & Pizzol, J., 1975. Ann. Zool. Ecol. Anim., *7,* 535–551.
Vrie, M. van de, 1970. Compt. Rend. 4. Symp. OILB, Lutte Integrée en Vergers (Avignon, 1969), 117–128.
Warmbrunn, K., 1976. Ges. Pflanzen, *28,* 1–4.
Waterhouse, D. F., 1974. Sci. American, *230,* 101–109.
Watkinson, I. A. & Clarke, B. S., 1973. PANS, *19,* 488–506.
Weigand, G. & Parusel, R., 1976. Ges. Pflanzen, *28,* 109–112.
Weiser, J., 1957. Českosl. Parasitol., *4,* 359–367. (Orig. tsch.).
Weiser, J., 1961. Die Mikrosporidien als Parasiten der Insekten. Monogr. Angew. Ent., Nr. 17, 149 pp.
Wellenstein, G., 1962. In: Forstwissenschaft im Dienste der Praxis. BLV Verlagsges. München, Basel, Wien, 184–199.
Wellenstein, G., 1968. Angew. Ornithol., *3,* 40–53.
Wellington, W. G., 1965. Canad. Entomologist, *97,* 1–14.
Wentworth, B. C., 1968. Nature, London, *220,* 1243–1245.
Wenzl, H., 1975. Z. Pflanzenkrankh. Pflanzensch., *82,* 410–440.
White, E. B., DeBach, P. & Garber, M. J., 1970. Hilgardia, *40,* 161–192.
Whittacker, R. H. & Feeny, P. P., 1971. Science, *171,* 757–767.
Whitten, M. J. & Foster, G. G., 1975. Ann. Rev. Ent., *20,* 461–476.
WHO, 1970. Research on alternative methods of vector control. 23. World Health Assembly, WHA23.33 (1. April 1970), A23/P&B/3, 18 pp.
Wilbert, H., 1972. Ber. Landwirtsch., *50,* 426–440.
Wilbert, H., 1975. Z. Angew. Ent., *77,* 237–241.
Wilson, F., 1963. Proc. 9. Pacific Sci. Congr. (1957), *9,* 112–123.
Wilson, F., 1964. Ann. Rev. Ent., *9,* 225–244.
Wilson, F., 1965. In: Baker, H. G. & Stebbins, G. L. (edit.): The Genetics of Colonizing Species. Academic Press, New York, London, 307–325.
Wilson, F., 1970. Advan. Sci., *26,* 374–378.
Wodziecki, K., 1973. WHO Bull., *48,* 461–467.
Wood, D. L., Silverstein, R. M. & Nakajima, M. (edit.), 1970. Control of Insect Behavior by Natural Products. Academic Press, New York, 346 pp.
WPRS, 1975. Progress in biological and integrated control. WPRS Bull. 1975/1, 152 pp.

Yen, J. H. & Barr, A. R., 1973. J. Invertebrate Path., *22,* 242–250.
Zeller, W., 1974. Der Feuerbrand des Kernobstes, hervorgerufen von *Erwinia amylovora* (Burrill) Winslow et al. Mitt. Biol. Bundesanst., Berlin-Dahlem (158), 121 pp.
Zon, J. C. J. van, 1974. Proc. EWRC 4th Intern. Symp. Aquatic Weeds (Wien, 1974), 128–133.
Zwölfer, H., 1973. EPPO Bull., *3* (3), 19–30.
Zwölfer, H., 1976. EPPO Publ., Ser. B, No. 81, 9–18.
Zwölfer, H. & Harris, P., 1971. Ann. Rev. Ent., *16,* 159–178.
Zwölfer, H. & Pschorn-Walcher, H., 1968. Anz. Schädlingsk. Pflanzensch., *41,* 51–55.

Verzeichnis der aufgeführten Namen von Tieren, Pflanzen, Mikroorganismen und Viren

(Abbildungsnummern beziehen sich auf die Kunstdrucktafeln)

Günter M. Hoffmann
Franz Nienhaus
Fritz Schönbeck
Heinrich C. Weltzien
Hubert Wilbert

Lehrbuch der Phytomedizin

Von Prof. Dr. Günter M. Hoffmann, Leiter des Instituts für Bodenkunde, Pflanzenernährung und Phytopathologie der Technischen Universität München in Weihenstephan; Prof. Dr. Franz Nienhaus, Leiter der Abteilung Virologie am Institut für Pflanzenkrankheiten der Universität Bonn; Prof. Dr. Fritz Schönbeck, Direktor des Instituts für Pflanzenkrankheiten und Pflanzenschutz der Technischen Universität Hannover; Prof. Dr. Heinrich C. Weltzien, Direktor des Instituts für Pflanzenkrankheiten der Universität Bonn; Prof. Dr. Hubert Wilbert, Leiter der Abteilung Entomologie am Institut für Pflanzenpathologie und Pflanzenschutz der Universität Göttingen

1976. 490 Seiten mit 101 Abbildungen, 62 Übersichten und 13 Tabellen. Balacron brosch. DM 88,–

Aus der täglichen Arbeit von Hochschullehrern heraus entstand dieses moderne Lehrbuch der Phytomedizin. Das Grundkonzept des Werkes ist auf die Ausbildung des Nachwuchses abgestimmt. Der gesamte wissenschaftliche Kenntnisstand wird zusammenfassend dargestellt und jeweils exemplarisch belegt. Die Gliederung des Stoffes erfolgte nicht in der herkömmlichen Weise nach Wirtspflanzen oder Schadursachen, sondern hier werden die Infektions- und Befallsabläufe, die Reaktionen der Wirtspflanzen und die Krankheitserscheinungen soweit wie möglich verallgemeinernd aufgezeigt. Die Einsicht in die Grundlagen der Populationsdynamik und Epidemiologie wecken darüber hinaus das Verständnis für eine zeitgemäße Konzeption des Pflanzenschutzes.

VERLAG PAUL PAREY · BERLIN UND HAMBURG